全国高等院校古籍整理研究工作委员会直接资助项目（1256）

陕西师范大学优秀学术著作出版基金资助出版

黄寿成 著

《隋经籍志考证》

及其王颂蔚批校研究

中国社会科学出版社

图书在版编目（CIP）数据

《隋经籍志考证》及其王颂蔚批校研究／黄寿成著．—北京：
中国社会科学出版社，2014.12

ISBN 978 - 7 - 5161 - 4669 - 9

Ⅰ.①隋…　Ⅱ.①黄…　Ⅲ.①古籍—图书目录—研究—中国—
隋代　Ⅳ.①Z838

中国版本图书馆 CIP 数据核字（2014）第 186105 号

出 版 人	赵剑英
责任编辑	宋燕鹏
责任校对	郝阳洋
责任印制	李寡寡

出　　　版	中国社会科学出版社
社　　　址	北京鼓楼西大街甲 158 号（邮编 100720）
网　　　址	http://www.csspw.cn
	中文域名：中国社科网　　010 - 64070619
发 行 部	010 - 84083685
门 市 部	010 - 84029450
经　　　销	新华书店及其他书店

印　　　刷	北京君升印刷有限公司
装　　　订	廊坊市广阳区广增装订厂
版　　　次	2014 年 12 月第 1 版
印　　　次	2014 年 12 月第 1 次印刷

开　　　本	710 × 1000　1/16
印　　　张	28
插　　　页	2
字　　　数	473 千字
定　　　价	88.00 元

凡购买中国社会科学出版社图书，如有质量问题请与本社联系调换
电话:010 - 84083683

自　序

　　本书是我出版的第一部学术著作，因此我以为有必要将自己的求学之路略作叙述。

　　我的求学道路可以说是有些坎坷的。我虽然自幼就生长于史学世家，但是初入小学不久即逢"文革"爆发，直至中学毕业，那时我们这一代人大多无缘进入高等院校进行系统的学习。不过幸运的是，在进入中学后，先父黄永年教授就有意在史学方面引导我，给我购买了中国近代史中有关鸦片战争、太平天国、洋务运动、义和团、辛亥革命的通俗读物，供我阅读，培养了我的史学爱好和兴趣。

　　记得后来他老人家还命我阅读宋人袁枢《通鉴纪事本末》、清人谷应泰《明史纪事本末》等传世文献以及著名明清史专家谢国桢先生《南明史略》等名家著述，还在版本目录学方面对我多加指教，让我见识了宋人陈振孙《直斋书录解题》和清人纪昀主持编写的《四库全书总目提要》，这些都为我以后从事历史研究及教学打下了坚实的基础。

　　我中学毕业之时，虽然大学已经开始招收工农兵学员，可是那时"文革"尚未结束，大学之门对于我们这些出身不好的"狗崽子"是关闭的。当时我们这一代人，大多只有上山下乡这一条路，好在当时国家出台了独苗不用下乡的所谓"免下"政策，于是我就进了工厂，接受工人阶级的再教育。一年多以后"文革"结束，随后又恢复了高考制度，我们这些人也有机会参加高考，可是由于我当时惩于先父因言招祸之鉴，没敢报考文科，结果屡屡受挫。

　　此后几经周折，直至1994年才考上了陕西师范大学的隋唐史的硕士研究生，师从民族史专家马驰教授，才算正式进入学术的门墙，1997年毕业后留校在历史系任教。此后深感学识的欠缺，于是在2002年又开始攻读中国古代史专业的博士研究生，师从贾二强教授。可是由于种种原因，我的博士毕业论文并未撰写研究历史文献学方面的学术课题。

而这部著述的写作又实在是有些偶然的。三年前在华南师范大学法学院任教的曹旅宁教授与我谈起先父曾收藏有一部清光绪三年（1877 年）由湖北崇文书局刊刻的乾嘉时期学者章宗源所撰写的《隋经籍志考证》，清末被誉为"苏州四才子"的王颂蔚还在书中做了大量的批校，并说起北京大学辛德勇教授对于此书的批校极为重视，称此批校本"对于地理古籍批校尤多，还辑录了许多佚文，十分珍贵"。于是我萌发了整理研究此批校本的念头，并于 2012 年以"清王颂蔚批校本《隋经籍志考证》整理与研究"申报了全国高等院校古籍整理研究工作委员会重点科研项目，此后得到各位评审专家的厚爱，此项目获得立项资助。

此项目我最初申报时，只打算对王颂蔚批校本《隋经籍志考证》做点校整理，然后在撰写一两篇研究小文附于书后，名为"整理与研究"，可是真正做起来了，却感到这种计划实在有些欠缺，对于"整理与研究"之名来说是远远不够的。特别是在仔细阅读此书，并初步点校一遍后，觉得书中有许多问题值得做进一步的深入探讨分析。而且自清乾嘉以来有关《隋书·经籍志》研究的著作颇多，甚至还有日本人兴膳宏、川合康三《隋书经籍志详考》，这就引起了我对此书深入研究的兴趣。

这部著述的篇章架构分为内篇、外篇、补篇三部分，首先是针对此书本身做了些研究并撰写了五六篇论文作为内篇，随即又将此书与姚振宗、兴膳宏、张鹏一、汪之昌有关的《隋书·经籍志》的增补研究著述加以比较分析并成文数篇作为外篇。令人遗憾的是清代名儒章学诚《隋书经籍志考证》一书不知下落，故无法将此二章之书加以比较分析。最后再加上订正光绪刊本《隋经籍志考证》及王颂蔚批校所出现的讹误以作为全书的补篇，最终完成这部有关王颂蔚批校本《隋经籍志考证》的研究著述。

是为序，我诚挚地期待着学术界师友们对这本著作的批评指正。

目　录

绪 言

自《汉书·艺文志》以后，《后汉书》《三国志》《晋书》《宋书》《南齐书》《梁书》《陈书》《魏书》《北齐书》《周书》皆无《艺文志》或《经籍志》，直至唐太宗命长孙无忌主持修撰《五代史志》（即《隋书志》）才恢复了这一修史的优良传统。而不论《艺文志》还是《经籍志》，都是对一个朝代或一个历史时期学术史的总结。因此《隋书·经籍志》也正是自东汉以来近六百年学术史的总结，这一历史时期目录之学得到了长足的发展，正如《隋志》所云："魏秘书郎郑默，始制《中经》，秘书监荀勖，又因《中经》，更著《新簿》，分为四部，总括群书。一曰甲部，纪六艺及小学等书；二曰乙部，有古诸子家、近世子家、兵书、兵家、术数；三曰丙部，有史记、旧事、皇览簿、杂事；四曰丁部，有诗赋、图赞、《汲冢书》，大凡四部合二万九千九百四十五卷。"将史籍从经部中分离出来，基本形成了目录学的四部。故此《隋书·经籍志》在正史的《艺文志》《经籍志》中具有非常重要的地位，被看成不朽之作。也正是因为此志在学术史中所具有的重要地位，清代以来，考补疏证《隋书·经籍志》者有多家，这在后人对正史《艺文志》《经籍志》的增补考证著述中实属罕见。其中有章学诚《隋书经籍志考证》、章宗源《隋经籍志考证》、姚振宗《隋书经籍志考证》、张鹏一《隋书经籍志补》、汪之昌《隋书经籍志校补》等有关《隋书·经籍志》的著述，并且大多流传至今。① 此外还有 20 世纪 90 年代日本学者兴膳宏、川合康三《隋书经籍志详考》，由汲古书院于 1995 年出版。在这些有关《隋书·经籍志》的著述中余以为章宗源《隋经籍志考证》是最有影响的考证著述之一。

---

① 案：据《二十五史艺文志经籍志考补萃编》主编山东大学王承略、刘心明两位教授所言，章学诚《隋书经籍志考证》一书他们遍寻不见，怀疑不存于世。余亦以为如此。

　　《隋经籍志考证》的修撰者章宗源，《清史稿》有传。他字逢之，浙江山阴（今浙江省绍兴市）人。据孙星衍所撰《章宗源传》云：因其兄章宗瀛在京师任翰林院编修之缘故，他以大兴（今北京市大兴区）籍参加科举考试，乾隆五十一年（1786）中举。后因妖僧明心案受牵连被贬斥，嘉庆五年（1800）卒于京师寓所。章氏少聪颖，学识渊博，"不喜好作时文，以对策博赡"。除撰有《隋经籍志考证》外，还有杂文若干卷。中举后更加好学，"积十馀年，采获经史群籍传注，辑录唐宋以来亡佚古书，盈数笈。自言欲撰《隋书经籍志考证》"。章宗源自云撰写《隋经籍志考证》"辑录已佚之书、不录见存诸书，订正异同文字"，① 可称是其积十馀年之力所成之作。但是此书撰成后章宗源秘不示人，少为人所知，全书又被恶人所毁，仅残存史部。② 钱衎石从何梦华处抄得此书史部，嘉庆二十三年（1818），钱衎石将此书自京师带回甘泉（今属浙江嘉兴）家中，其弟清代学者、藏书家钱泰吉闻之借得，请人抄录副本。直至光绪三年（1877）才由湖北崇文书局刊刻，计十三卷，此书始行于世。

　　而仅就《隋经籍志考证》残存的史部来看，章宗源确实用功颇多，考证颇为谨细。考订《隋书·经籍志》中所著录的著述的源流，如，有关《通史》的考证云："《梁书·武帝纪》：帝造《通史》，躬制赞序，凡六百卷。《文学·吴均传》：寻有敕召见，使撰《通史》，起三皇，讫齐代，均草本纪、世家功已毕，列传未就。卒。《史通·内篇》曰：梁武敕其群臣，上自太初，下终齐室，撰成《通史》六百二十卷。其书自秦以上，皆以《史记》为本，而别采他说，以广异闻。至两汉以还，则全录当时纪传，而上下通达，臭味相依。又吴、蜀二主皆入世家，五胡及拓跋氏列于《夷狄传》。大抵其体皆如《史记》，其所为异者，惟无表而已。"③ 又将《旧唐书·经籍志》《新唐书·艺文志》《宋史·艺文志》中的著录卷数、分类中的讹误一一指出，如，孙盛所撰《魏氏春秋》，"《唐志》作《魏武春秋》，'武'字，误"。④ 檀道鸾所撰《续晋阳秋》二十卷，"《旧唐志》作《注晋阳春秋》，'注'当作'续'，'春'字误增。

---

① 见孙星衍《孙渊如诗文集·五松园文稿》卷一，上海书店 1989 年版，第 26—27 页。
② 同上。
③ 见《隋经籍志考证》卷一。
④ 见《隋经籍志考证》卷二。

《新志》作《晋阳秋》，脱'续'字，卷同"。①

　　可是由于此书刊刻较晚，诸如此类问题很少引起学者的足够认识，仅有李庆《关于〈隋书经籍志考证〉的三个问题》，对于该书的成书、类目次第以及马国翰《玉函山房辑佚书》是否窃取章宗源成果诸问题做了分析。并认为《隋经籍志考证》一书仅完成史部，而其他部分根本就没有做。② 还有刘洪全《姚振宗与〈隋书经籍志考证〉》，在论述姚振宗《隋书经籍志考证》一书的同时，对于同为《隋书·经籍志》著录考证著述的章宗源《隋经籍志考证》略有涉及，并认为章书不如姚书。③ 戴维民《读〈隋书·经籍志〉的良师益友——介绍两部〈隋志〉考证著作》也略加叙述了章书，并指出"尽管褒贬不一，《章考》仍不失为一部读《隋志》的较好的参考著作，正如梁启超在《图书大辞典部》所称，《章考》是'研究古史学之一良著。'在《姚考》之前，还没有一部考证著作超过它。而《姚考》的问世无论是在学术价值、还是参考价值和完整性上又远远超过了《章考》，较之《章考》更值得一读"。④ 因此可以说此书是研究《隋志》的学者不可不读的一部著作，确为读《隋志》者之真正良师益友也！可是戴氏《姚振宗目录学研究》在论述姚振宗在目录学方面的贡献的同时，却认为"姚振宗撰《隋志考证》名虽同章氏书，但体例则异"。章书"只有史部，至多只是一部《史籍考》"。也就是说章书不如姚书。⑤

　　和章宗源《隋经籍志考证》几乎同时成书的还有章学诚《隋书经籍志考证》，可惜已不知下落。《隋经籍志考证》成书后有关《隋书·经籍志》的论著中，姚振宗《隋书经籍志考证》五十二卷，有独特的心得和见解，并且卷帙最繁，历时最久，功力最勤，成就最大，深为后人赞赏。日本学者兴膳宏、川合康三《隋书经籍志详考》，首先是对总序与各类小

---

　　① 见《隋经籍志考证》卷二。

　　② 见李庆《关于〈隋书经籍志考证〉的三个问题》，《复旦学报》（社会科学版）1985 年第 6 期。另外，据光绪刊本，章宗源的这部著述名为《隋经籍志考证》，非《隋书经籍志考证》。

　　③ 刘洪全：《姚振宗与〈隋书经籍志考证〉》，《内蒙古师大学报》（哲学社会科学版）1983 年第 1 期。

　　④ 戴维民：《读〈隋书·经籍志〉的良师益友——介绍两部〈隋书〉考证著作》，《宁夏图书馆通讯》1985 年第 2 期。

　　⑤ 戴维民：《姚振宗目录学研究》，《四川图书馆学报》1985 年第 6 期。

序的翻译，其次是对序文与小序的注释，再次是对所登录的书目、作者及小注的补注。此书对《隋志》典籍流传进行研究，有助于对汉隋之间的学术在唐代以后的遗存与流失的考察。张鹏一《隋书经籍志补》则当是在前人有关《隋书·经籍志》考证研究的基础之上，利用《魏书》《周书》《北齐书》《隋书》《北史》等正史中的史料增补著录五十五部，这实属不易。而汪之昌《隋书经籍志校补》又增补著录的史籍共有六十六部，可是此书的考证文字过于简略，特别是将一些并未完成的史籍一并著录，此种做法实不可取。

今人对《隋书·经籍志》其他考证著述也有所论及，其中多是针对姚振宗《隋书经籍志考证》的研究，如，丁延峰《姚振宗与〈隋书经籍志考证〉辨误三则》，主要考述："姚振宗的《〈隋书·经籍志〉考证》是迄今为止对《隋书·经籍志》研究最为详尽的著作。其书旁征博引，上下贯通，解决了《隋志》中的诸多疑难问题。但由于篇幅浩大，疏忽之处难免，笔者于研究个案之际，偶检三误，现予考辨。"并指出"姚振宗曰：'别详《史部·簿录篇》，《志》中所注称梁武帝、简文帝、梁元帝之谥，必非《七录》本文，自是后人追改。'是姚书的失误之一。①伍媛媛《试论〈隋书经籍志考证〉中的"类中分类"》，认为《隋书·经籍志》是我国现存最早的四部分类书目，但《隋志》分类也有编次不当之处，于是姚振宗在其《〈隋书·经籍志〉考证》中对《隋志》进行了"类中分类"。文章从"类中分类"的缘起、特点及意义等方面对姚振宗的分类法做一初步的探讨。②余庆蓉《姚振宗目录学研究补述》，以为："姚振宗备引各家论说对《七略》《汉·志》《隋·志》、四部源流等都有深入研究。"他还考订了《别录》《七略》《汉书·经籍志》以及此后辑佚书之间的关系。③王余光《清以来史志书目补辑研究》，指出："梁启超说：'至搜罗之博，则此两时代之著作，殆已全收无遗。清代补志之业，此其最精勤足称者矣。'而《隋书经籍志》考证，则最为渊博，是姚氏目录学著作中，用力最勤，考证最精之作。"还认为："唐、清两代的艺文

①　丁延峰：《姚振宗与〈隋书经籍志考证〉辨误三则》，《四川图书馆学报》2005 年第 5 期。

②　伍媛媛：《试论〈隋书经籍志考证〉中的"类中分类"》，《大学图书情报学刊》2008 年第 2 期。

③　余庆蓉：《姚振宗目录学研究补述》，《图书馆》1989 年第 4 期。

志并不完善，在此之前尚无人辑补；而《历代经籍志》所选也不如人意，如张鹏一的《隋书经籍志补》就不如姚振宗的《隋书经籍志考证》精善。"① 孙振田《姚振宗对章学诚目录学的继承与发展》，以为："清末目录学大家姚振宗对章学诚'辨章学术、考镜源流'的理论身体力行、大力实践，又对之作了修正与发展；对章学诚'互著'与'别裁'说的态度富有辩证色彩；对《校雠通义》中疏失未周之处也多所考论。"② 赵伟达、李文学《"目录学大宗"姚振宗》，认为："清代章宗源积十年辑唐宋以来亡佚古书编成《隋书经籍志考证》，而后毁于仇家，于是重作《隋书经籍志考证》52 卷，虽与章书名同，然则体殊，谓为'多心得之言，为前人所未发。'"③ 施奚彦《姚振宗〈隋书经籍志考证〉探析》，对于姚振宗的《隋书经籍志考证》的成书、体例、考证内容以及此书所体现的目录学思想等诸问题加以分析。④ 此外，葛兆光《评兴膳宏、川合康三〈隋书·经籍志详考〉》对该书进行了客观具体的评价，他认为《详考》不同于章、姚的《隋书经籍志考证》，前者侧重于对《隋志》所著录典籍本身的研究，后者侧重于对《隋志》典籍流传的研究，有助于对汉隋之间的学术在唐代以后的遗存与流失的考察。《隋书·经籍志详考》主要包括三个部分：总序和各类小序的翻译，序文和小序的注释以及对所登录的书目、作者及小注的补注，这其中最重要也最见功力的是第二部分。《隋志》的总序是对中国古代典籍的聚散和学术的兴衰做的总体叙述，而小序则是经史子集无所不包，为其做注十分困难，但《隋书·经籍志详考》一书在注释方面做得十分出色，引用了大量典籍文献，在佛道典籍的注释方面也非常全面。第三部分的补注方面，作者在考证书籍和作者之外，还将《隋志》著录与《日本国见在书目录》对照，以反映汉隋之间的学术文化在日本的影响，并将《隋志》之后的图书目录如《旧唐书·经籍志》《四库全书总目》等对本书的著录附注于下，以考见汉隋学术文化在后世的流传，还附以"辑本"一目，参考《玉函山房辑佚书》等大型辑佚资

---

　　① 王余光：《清以来史志书目补辑研究》，《图书馆学研究》2002 年第 3 期。
　　② 孙振田：《姚振宗对章学诚目录学的继承与发展》，《南京师范大学文学院学报》2007 年第 12 期。
　　③ 赵伟达、李文学：《"目录学大宗"姚振宗》，《绍兴文理学院学报》（教育教学研究版）2008 年第 1 期。
　　④ 施奚彦：《姚振宗〈隋书经籍志考证〉探析》，硕士学位论文，湖北大学，2010 年。

料，将已经散佚的书在后世辑佚的情况向读者交代，方便查阅。他还指出《详考》的不足之处主要在于附注部分没有引用敦煌文书。[①] 杜云虹的博士论文《〈隋书·经籍志〉研究》的绪论部分对张鹏一《隋书经籍志补》做了简单评述：该书沿用了《隋志》的四部分类体系，对所补之书各依其类分别著录书名、著者、所据出处，对部分书籍的内容、学术源流有所考辨。与《隋志》不同的是，对著者的著录略去其官衔、身份，而代之以著者籍贯，这种做法为后人研究地方文献提供了线索。[②] 庄婷婷《〈隋书·经籍志〉和〈隋书·经籍志补〉体例和著录方式的比较研究》将《隋志》与《隋志补》的体例与著录方式做了比较研究，认为《隋志补》继承了《隋志》的体例和著录方式，基本延续了经史子集四部分法和按书名、卷数和作者的顺序著录图书的方式，所不同的是，《隋志补》标注作者的朝代和籍贯，《隋志》标注作者的朝代和官职。由于《隋志补》中并没有《隋志》中的众多叙录，因此《隋志补》在学术上的价值远远不及《隋志》。但其在前人的基础上，尽可能增补了缺失的内容，并对所补内容进行了考据，进一步完善了《隋志》，从这一意义上来说，这两者都是研究古代目录和目录学不可多得的珍贵文献，在我国目录学史上起着巨大的作用。[③] 不过这些论文中除葛兆光对于章书、姚书以及《详考》略加比较介绍外，都没有专门将各书加以比较，更没有将章宗源《隋经籍志考证》与姚振宗《隋书经籍志考证》、兴膳宏和川合康三《隋书经籍志详考》、张鹏一《隋书经籍志补》、汪之昌《隋书经籍志校补》加以比较研究。

　　近年笔者由于承担了全国高校古委会项目整理《隋经籍志考证》王颂蔚批校本，因此仔细阅读了此书，以为有关此书增删《隋书·经籍志》著录的史籍、对于《隋志》的贡献，以及该书与姚振宗《隋书经籍志考证》、兴膳宏等《隋书经籍志详考》、张鹏一《隋书经籍志补》、汪之昌《隋书经籍志校补》等其他各家有关《隋书·经籍志》考证补遗的著述相比较等问题有必要略加考述，以辨其得失短长，究其缘由，进而将此书与其他有关《隋书·经籍志》的考证增补著述加以比较研究。有感于前人

---

　　① 葛兆光：《评兴膳宏、川合康三〈隋书·经籍志详考〉》，《唐研究》第二辑，北京大学出版社1997年版，第536—541页。

　　② 杜云虹：《〈隋书·经籍志〉研究》，博士学位论文，山东大学，2012年。

　　③ 庄婷婷：《〈隋书·经籍志〉和〈隋书·经籍志补〉体例和著录方式的比较研究》，《东南大学学报》（哲学社会科学版）2006年增刊第2期。

治史之经验，将这些考述分为内、外两篇。此外，再将此书及王颂蔚批校中出现的错误一一指出，以便读者阅读利用此书及王颂蔚校语，故将这部分考证文字附在全书最末作为补篇。祈请各位前辈、学者不吝指正。

内　篇

有关《隋经籍志考证》一书的学术价值，自清末由湖北崇文书局刊刻以来学术界颇有说法，那么这部出自清代乾嘉时期江南学者考证《隋书·经籍志》之作到底如何？这里首先就该书本身及王颂蔚的批校略作探讨。下面就《隋经籍志考证》是否仅完成史部、所增补书、所删书、此书之得失以及王颂蔚批校对于此书的贡献等诸问题做些考述。

一　《隋经籍志考证》是否仅完成史部的问题

有关《隋经籍志考证》是全部完成，还是仅完成史部这一部分的问题，学者颇有说法。其中20世纪80年代复旦大学的李庆对该书的成书、类目次第以及马国翰《玉函山房辑佚书》是否窃取章宗源成果诸问题做了分析，他认为：此书仅完成史部，其他各部章宗源并没有做。① 但是笔者近年承担了全国高校古籍整理研究工作委员会重点科研项目"清王颂蔚批校本《隋经籍志考证》整理及研究"，仔细认真地反复阅读此书，认为实际情况可能与李庆所得出的结论有异，故在此针对章宗源是否全部撰写完成了《隋经籍志考证》的问题略作辨析。

（一）

有关《隋经籍志考证》是否全部完成的问题是李庆首先提出的，他认为："且不说现刊《章考》仅有史部，是否曾撰过《隋志考证》的其余三部尚是疑问，即使退而言之，照某些论者所云，现刊《玉函山房辑佚

---

① 李庆：《关于〈隋书经籍志考证〉的三个问题》，《复旦学报》（社会科学版）1985年第6期。另外，据光绪刊本，章宗源的这部著述名为《隋经籍志考证》，非《隋书经籍志考证》。

书》原系章宗源所撰，那么章氏所撰的《隋志考证》也仍不完整，因《玉函山房辑佚书》唯经部较全，子部已是零乱之作，更无集部可言。所以，言章氏曾撰成《隋志考证》之说，实不能成立。"① 可见李庆认为《隋经籍志考证》并未撰成的主要依据就是《玉函山房辑佚书》，而且是依据"《玉函山房辑佚书》原系章宗源所撰"之说，但是李庆又在文章的第三部分的结论最后又断言"《玉函山房辑佚书》不可能是马国翰剽窃章宗源之作"。② 既然自己都认为马国翰《玉函山房辑佚书》不可能是剽窃章宗源之作，那么依据《玉函山房辑佚书》不全来论定章宗源《隋经籍志考证》其他三部分并未完成，这个论据本身就存在很大问题，也是不可靠的。

（二）

而史籍及当时学者的一些记载亦可做出反证，据《清史稿》卷四八五《文苑·章学诚附章宗源传》所云：

> 章宗源，字逢之。乾隆五十一年大兴籍举人，其祖籍亦浙江也。尝辑录唐、宋以来亡佚古书，欲撰《隋书经籍志考证》，积十馀年始成。稿为仇家所焚，仅存史部五卷。

可是现存光绪三年崇文书局刊本却有十三卷，而据《隋经籍志考证》的光绪刊本及其分类来看，确实如此。至于为何出现卷数的差异，当是《清史稿》撰者之误。不过无论怎么说，《隋经籍志考证》确实曾被人为毁坏，现今仅有史部保存了下来。另外据孙星衍《五松园文集》所收的《章宗源传》所云：

> 大吏某曾倚上官势，属予去其文，不得。得宗源书，戏云："君以生平辑录书付我，我即去此文，君必秘爱不忍割，是色空之说不足恃也。"

---

① 见李庆《关于〈隋书经籍志考证〉的三个问题》。
② 同上。

由此可见，章氏所撰《隋经籍志考证》当是此大吏为泄私愤所毁，至于孙星衍为何没有明言此书为其所毁一事，恐为慑于其淫威。

另外孙星衍《章宗源传》又云：

> 自言欲撰《隋书经籍志考证》，书成后，此皆糟粕，可斀之。然编次成帙，悉枕中秘本也。又言：辑书虽不由性灵，而学问日以进。吾为此事久之，亦能为古文，为骈体文矣。又以今世所存古书版本多经宋明人删改，尝恨曩时辑录已佚之书、不录见存诸书，订正异同文字，当补成之。其已佚各书编次成帙，皆为之叙通，知作者体例曲折，词旨明畅。

从章氏当时的得意神态来看，这部《隋经籍志考证》也不可能是一部并未完成的著述。而且在《清史稿·文苑传》中将这部《隋书·经籍志》考证之作与章学诚《隋书经籍志考证》并列，因此可以推测章宗源是撰写完成《隋经籍志考证》一书的，只是后来被毁，仅存史部而已。这类事情在漫漫的历史长河之中，是屡见不鲜的。

（三）

李庆虽然提出章氏《隋经籍志考证》一书仅完成史部的看法，可是在章书的考证文字中又有一些史籍见于经、子、集各部类，还有见于两《唐志》著录的子部、集部的史籍，其中还说明某部史籍见于哪一部的哪一类。既然章氏注意到这些史籍在《隋志》及两《唐志》中又见于除去史部以外的其他部类，凭着他"采获经史群籍传注，辑录唐宋以来亡佚古书"的治学精神，他也不会轻易放弃对经、子、集这三部类的著录考证。另外根据《清史稿·章宗源传》以及孙星衍《章宗源传》，章氏也不是在撰写中猝死，而是完成此书后又过了若干年才于嘉庆五年去世的。因此说《隋经籍志考证》当是全部完成了。

另据《清史稿》卷四八一《儒林·孙星衍传》："乾隆五十二年，以一甲进士授翰林院编修，充三通馆校理。""[嘉庆]二十三年，卒，年六十六。"而嘉庆二十三年即是1818年，据此推算，孙星衍生于1753年，即乾隆十八年。再则章宗源是乾隆五十一年中举，与孙星衍考中进士的时间仅有一年之差，因此说孙星衍与章宗源大致是同时期的人，又从孙星衍为章宗源这个地位比他低、名声也不如他的学者撰写传记来看，二人当是过从较密，所以孙氏当曾见过《隋经籍志考证》，故云"至于宗源则无书不具焉"。① 这也从另一方面说明此书并非仅完成史部，而是全部完成，只是现在仅存史部而已。

因此李庆虽然提出章宗源《隋经籍志考证》一书仅完成史部的看法，可是他的论据又不充分，他自己又否定了《玉函山房辑佚书》与《隋经籍志考证》有关联，这就从根本上动摇了他的结论。而且《清史稿·章宗源传》以及孙星衍所撰《章宗源传》皆云《隋经籍志考证》曾被毁。特别是《清史稿·章宗源传》还明言"仅存史部五卷"。目前在没有更有力的证据说明章氏仅完成史部的前提下，也只能说章书并非只完成了史部，只是现在仅存史部而已。

二　《隋经籍志考证》所增补书之考述

有关《隋经籍志考证》对于《隋书·经籍志》史部所著录的典籍有无增删的问题，只需将此书与《隋书·经籍志》加以比对，便发现此书增补著录的史籍甚多，而且增补著录这些史籍所依据的典籍涉及经史子集的诸多类目，故在此针对增补书籍及其所依据典籍的缘由做一考述。

（一）

将《隋经籍志考证》《隋书·经籍志》著录史籍加以比较，《隋经籍志考证》增补著录史籍总数达六百二十六部，虽然少于《隋志》史部所著录的八百八十二部典籍数，可是如果两两相加则远超《隋志》史部本来所著录典籍。另外《隋书·经籍志》之后便有署名后晋刘昫所修撰的《旧唐书》及由北宋大文人欧阳修、宋祁等人所撰写的《新唐书》，分别有《经籍志》《艺文志》，其中对唐代及之前的著述做了比较具体的著录，因此考证《隋书·经籍志》不能不依靠这两部史志，而《隋经籍志考证》有关两《唐志》征引颇多，据卷一所云：

---

① 　见孙星衍《孙渊如诗文集·五松园文稿》卷一，第26—27页。

《汉书决疑》十二卷颜延年撰，不著录。

两《唐志》皆载之。《新唐志》题颜游秦，据《颜师古传》，则《旧志》非是。

《汉书音义》二卷崔浩撰，不著录。

见《新唐志》。

《后汉书》五十八卷刘义庆撰，不著录。

见《唐志》。

《后汉书》五十八卷刘昭补注，不著录。

见《唐志》。

《魏略》三十八卷魏京兆鱼豢撰，不著录。

见《旧唐志》正史类，《新唐志》五十八卷，入杂史类。

《陈书》三卷顾野王撰。不著录。

《陈书》三卷傅𡌨撰。不著录。

《唐志》载：顾、傅书各三卷。

卷二云：

《荀悦汉纪注》三十卷应劭等注，不著录。

见《新唐志》。

《汉纪音义》三卷崔浩撰，不著录。

见两《唐志》。

《干宝晋纪注》六十卷刘协撰，不著录。

见《唐志》。

《崇安记》二卷周祗撰，不著录。

见两《唐志》，《旧志》入编年，《新志》入杂史。

《晋录》五卷不著录。

见《唐志》。

《宋春秋》二十卷鲍衡卿撰，不著录。

见《唐志》。

《梁典》二十九卷谢昊撰，不著录。

见《新唐志》。

卷三云：

《春秋时国语》十卷孔衍撰，不著录。

见《新唐志》。

《春秋后国语》十卷孔衍撰，不著录。

见《新唐志》。

《魏阳秋异同》八卷孙寿撰，不著录。

见《唐志》。

《吴历》六卷胡冲撰，不著录。

见《唐志》。

《删补蜀记》七卷王隐传，不著录。

见《唐志》。

《汉尚书》十卷不著录。

见《唐志》。

《后汉尚书》六卷孔衍撰，不著录。

见《唐志》。

《后汉尚书》十四卷张温撰，不著录。

见《旧唐志》。

《帝王年历》五卷陶弘景撰，不著录。

见《唐志》。

《年历》六卷皇甫谧撰，不著录。

见《唐志》。

《史记钞》十四卷葛洪撰，不著录。

见《唐志》。

《后汉书钞》三十卷葛洪撰，不著录。

见《唐志》。

《合史》二十卷萧甫撰，不著录。

见《新唐志》，又录一卷，《旧唐志》脱撰名。

《关东风俗传》六十三卷宋孝王撰，不著录。

见《唐志》。

《帝录》十卷诸葛耽撰，不著录。

见《新唐志》，《旧志》作“诸葛忱”。

《乘舆飞龙记》二卷鲍衡卿撰，不著录。

见《唐志》……《旧唐志》入编年类，《新唐志》入杂史类，
并引鲍衡卿。

卷四云：

《邺洛鼎峙记》十卷不著录。

见《唐志》，无撰名，《旧唐志》入编年类。

《苻朝杂记》一卷田融撰，不著录。

见《新唐志》。

卷五云：

《晋崇宁起居注》十卷不著录。

见《唐志》。

《陈起居注》四十一卷不著录。

见《唐志》。

卷六云：

《洛阳记》一卷戴延之撰，不著录。

见《唐志》。

《后魏洛阳记》五卷不著录。

见《唐志》。

《汉宫阁簿》三卷不著录。

见《唐志》。

《分吴会丹阳三郡记》二卷不著录。

见《新唐志》。《旧唐志》三卷。

《吴地记》一卷张勃撰，不著录。

见《唐志》。

《徐地录》一卷刘芳撰，不著录。

见《唐志》。

《南兖州记》一卷阮昇之撰，不著录。

《新唐志》：阮叙之《南兖州记》一卷。

《异物志》一卷陈祈畅撰，不著录。

见《唐志》。

《齐地记》二卷晏谟撰，不著录。

见《唐志》。

《职贡图》一卷梁元帝撰，不著录。

见《唐志》。

《交广二州记录》一卷王范撰，不著录。

见《唐志》。

《西河旧事》一卷不著录。

见《唐志》。

《关中记》一卷潘岳撰，不著录。

见《唐志》。

《古今地名》三卷不著录。

见《唐志》。

卷七云：

《世本别录》一卷不著录。

见《唐志》。

《帝谱世本》七卷宋均注，不著录。

见《唐志》。

《世本谱》二卷不著录。

见《旧唐志》，无撰人名，《新唐志》题王氏著。

《齐永元中表簿》五卷

《唐志》六卷。

《梁大同四年表簿》三卷不著录。

见《唐志》。

《梁亲表簿》五卷不著录。

见《唐志》。

《百官谱》二十卷徐勉撰，不著录。

见《唐志》。

《后魏方司格》一卷不著录。

见《唐志》。

《周宇文氏谱》一卷不著录。

见《唐志》。

卷八云：

《四部书目序录》三十九卷殷淳撰，不著录。

见《唐志》。

《开皇四年四部目录》四卷又《开皇八年四部目录》四卷《八年目录》《唐志》不载。

《唐志》题牛弘撰。

《开皇二十年书目》四卷王劭撰，不著录。

见《唐志》。

《史目》二卷杨松珍撰，不著录。

见《唐志》。

卷九云：

《晋建武以来故事》三卷不著录。

见《唐志》。

《永平故事》三卷不著录。

见《唐志》。

《晋泰始泰康故事》八卷不著录。

见《唐志》。

《晋氏故事》三卷不著录。

见《唐志》。

《晋诸杂故事》二十二卷不著录。

见《唐志》。

《晋杂议》十卷不著录。

见《唐志》。

《华林故事名》 一卷不著录。

见《唐志》。

《宋先朝故事》 二十卷刘道荟撰，不著录。

见《唐志》。

《永安故事》 三卷温子昇撰，不著录。

见《唐志》。

卷十云：

《晋惠帝百官名》 三卷陆机撰，不著录。

见《唐志》。

《晋过江人士目》 一卷不著录。

见《唐志》。

《晋永嘉流士》 十三卷卫禹撰，不著录。

见《旧唐志》。《新唐志》二卷。

《登城三战簿》 三卷不著录。

见《唐志》。

《魏官品令》 一卷不著录。

见《唐志》。

《梁百官人名》 十五卷不著录。

见《唐志》。

卷十一云：

《晋尚书仪曹新定仪注》 四十一卷徐广撰，不著录。

见《唐志》。

《梁祭地祇阴阳仪注》 二卷沈约撰，不著录。

见《唐志》。

《梁尚书仪曹仪注》 十八卷又二十卷不著录。

见《唐志》。

《梁天子丧礼》 七卷又五卷不著录。

见《唐志》。

《梁大行皇帝皇后崩仪注》一卷不著录。

见《唐志》。

《梁太子妃薨凶仪注》九卷不著录。

见《唐志》。

《梁诸侯世子卒凶仪注》不著录。

见《唐志》。

《梁陈大行皇帝崩仪注》八卷不著录。

见《唐志》。

《政典》十卷何胤撰。

《唐志》有何点《理礼仪注》九卷。

《陈杂仪注》六卷不著录。

见《唐志》。

《陈诸帝后崩仪注》五卷不著录。

见《唐志》。

《陈杂仪注凶仪》十三卷不著录。

见《唐志》。

《陈皇太后崩仪注》四卷仪曹撰，不著录。

见《唐志》

《陈皇太子妃薨仪注》五卷仪曹撰，不著录。

见《唐志》。

《北齐吉礼》七十二卷赵彦深撰，不著录。

见《新唐志》。《旧唐志》作"赵彦琛"。

《北齐皇太后丧礼》十卷不著录。

见《新唐志》。①

《隋吉礼》五十四卷高颎撰，不著录。

见《唐志》。

《诸王国杂仪注》十卷不著录。

见《唐志》。

《杂府州郡仪》十卷范汪撰，不著录。

见《唐志》。

---

① "见新唐志"四字原无，据上下文及《新唐书》卷五八《艺文志》补。

《丧服治礼仪注》九卷何胤撰，不著录。

见《唐志》。

《冠婚仪》四卷不著录。

见《唐志》。

《婚仪祭仪》二卷崔皓撰，不著录。

见《唐志》。

《魏氏郊丘》三卷不著录。

见《唐志》。

《晋明堂郊社议》三卷孔晁等撰，不著录。

见《唐志》。

《晋七庙议》三卷蔡谟撰，不著录。

见《唐志》。

《晋杂议》十卷荀颋等撰，不著录。

见《唐志》。

《要典》三十九卷王景之撰，不著录。

见《唐志》。

《祀典》五卷卢辩撰，不著录。

见《唐志》。

《皇室书仪》七卷不著录。

见《唐志》。

卷十二云：

《齐永明律》八卷宗躬撰，不著录。

见《唐志》。

《麟趾格》四卷文襄帝时撰，不著录。

见《唐志》。

《汉诸王奏事》十卷不著录。

见《唐志》故事类。

《廷尉驳事》十一卷不著录。

见《唐志》。

卷十三云：

《吴国先贤赞》三卷不著录。

见《旧唐志》，《新志》作《像赞》，俱无撰名。

《吴都钱塘先贤传》五卷梁吴均撰，不著录。

见《唐志》。

《海内先贤行状》三卷。

《唐志》著题李氏。

《益州耆旧传杂记》二卷不著录。

见《新唐志》，无撰人名。

《广州先贤传》陆胤撰，不著录。

见《旧唐志》，"胤"名，《新唐志》作"胤志"。

《广州先贤传》七卷刘芳撰，不著录。

见《新唐志》。

《会稽太守像赞》二卷贺氏撰，不著录。

见两《唐志》，《旧志》入集部。

《广陵烈士传》一卷华隔撰，不著录。

见《唐志》。

《逸人高士传》八卷习凿齿撰，不著录。

见《唐志》。

《江表传》二卷虞溥撰，不著录。

见《唐志》，又杂史类重出五卷。

《孝子传》三卷徐广撰，不著录。

见《唐志》。

《真隐传》二卷袁淑撰，不著录。

《唐志》二卷。

《孝子传》三十卷梁武帝撰，不著录。

见《新唐志》。

《李固别传》七卷不著录。

见《唐志》。

《梁冀传》二卷不著录。

见《唐志》。

《何颙传》 一卷 不著录。

见《唐志》。

《曹瞒传》 一卷 不著录。

见《唐志》。

《桓玄传》 二卷 不著录。

见《唐志》。

《诸葛亮隐没五事》 一卷 郭冲撰，不著录。

见《唐志》。

《诸王传》 一卷 不著录。

见《唐志》。

《荀氏家传》 十卷 荀伯子撰，不著录。

见《唐志》。《旧唐志》入谱牒类。

《殷氏家传》 三卷 殷敬撰，不著录。

见《新唐志》。《旧唐志》作殷敬等撰。

《敦煌张氏家传》 二十卷 张太素撰，不著录。

见《唐志》。

《邵氏家传》 十卷 不著录。

见《唐志》。

《列女传序赞》 一卷 孙夫人撰，不著录。

见《唐志》，《旧唐志》集部重出。

《列女传》 八卷 刘熙撰，不著录。

见《新唐志》。

《后妃记》 四卷 虞通之撰，不著录。

见《唐志》。

《续高僧传》 三十二卷 僧道宗撰，不著录。

见《新唐志》。《旧唐志》三十卷，作"道宣"。

《紫阳真人周君撰》 一卷 华峤撰，不著录。

见《唐志》。

《紫虚元君魏夫人内传》 项宗撰，不著录。

见《唐志》。

《皇隋灵感志》 十卷 王劭撰，不著录。

《唐志》入子部小说。

可知《隋经籍志考证》涉及两《唐志》所增补的史籍合计有一百四十部，达到此书增补著录史籍总数六百二十六部的22%多。

（二）

而《隋经籍志考证》增补的史籍所涉及两《唐志》以外的正史则有以下若干部，据卷一所云：

《史记章隐》五卷不著录。

司马贞《索隐后序》曰：后汉有延笃《音义》一卷，又别有《章隐》五卷，不计作者何人，近代鲜有二家之本。

《史记音义》宋裴骃撰，不著录。

《索隐后序》曰：裴骃亦有《音义》，前代久已散亡。

《汉书注》一百一十五卷梁元帝撰，梁有，隋亡。

《梁书·元帝纪》：帝注《汉书》一百一十五卷。

《汉事》十七卷应奉撰，不著录。

章怀《应奉传》注：袁山松《书》曰：奉又删《史记》《汉书》及《汉纪》三百六十馀年，自汉兴至其时，凡十七卷。《史记索隐·匈奴传》引应奉曰：秦筑长城，徒役之士亡出塞外，依鲜卑山，因以为号。

《后汉书外传》十卷谢沈撰，不著录。

《晋书·谢沈传》先著《后汉书》百卷，及《汉书外传》皆行于世。

《魏略》三十八卷魏京兆鱼豢撰，不著录。

裴松之《魏志注》言：《魏略》以秦朗与孔桂俱在《佞幸篇》，《明帝纪》注。东里衮见《游说传》，《三少帝纪》注。以董遇、贾洪、邯郸淳、薛夏、隗禧、苏林、乐祥等为儒宗，《王肃传》注其传有序。以脂习、王修、庞淯、文聘、成公英、郭宪、单固七人为《纯固传》，《王修传》注。王思、薛悌、郤嘉见《苛吏传》，《梁习传》注。以常林、吉茂、沐并、时苗四人为《清介传》，①《刘劭传》注。以孙宾硕、祝公道、杨阿

---

① "常林"，原误作"苏林"，据《后汉书》卷二三《常林传》注改。

若、鲍出等四人在《勇侠传》，宾硕虽汉人而纂编之《魏书》，盖以其人接魏，事义相类故也。《阎温传》注。列传以贾逵、李孚、杨沛三人为一卷，《温恢传》注。以徐福、严干、李义、张既、游楚、梁习、赵俨、裴潜、韩宣、黄朗十人共卷，《赵俨传》注。陈寿《志》韩宣名都不见，惟《魏略》有传。同上。《梁书·止足传序》曰：鱼豢《魏略·知足传》：方田、徐于管、胡，则其道本异……

《齐书》一百卷王劭撰，不著录。

《隋书·王劭传》：劭初撰《齐志》，为编年体，二十卷，复为《齐书》纪传一百卷。或文辞鄙野，或不轨不物，骇人视听，大为有识所嗤鄙。

卷二云：

《干宝晋纪注》六十卷刘协撰，不著录。

愚按：《梁书·刘昭传》：伯父彤集众家《晋书》注干宝《晋纪》四十卷。

《晋纪》卷亡，裴松之撰，不著录。

《宋书·裴松之传》：松之著有《晋纪》。贞观修书诏曰：干、陆、曹、邓略纪帝王，鸾、盛、广、松才编载纪，其文既野，其事罕有。

《宋纪》三十卷齐竟陵王司徒参军王智深撰，不著录。

《南齐书·文学传》：世祖敕王智深撰《宋纪》，智深以贫告于豫章王，王曰："须卿书成，当相论以禄。"书成三十卷，世祖召见，令拜表奏上。表未奏，而世祖崩。隆昌元年，敕索其书。初，智深为司徒袁粲所接，乃撰《宋纪》，意常依依。粲幼孤，祖母名其为愍孙，后慕荀粲，自改名。会稽贺乔讥之，智深于是著论。

《齐纪》二十卷杜台卿撰，不著录。

《北史·杜台卿传》：台卿著《齐纪》二十卷。《隋书·台卿传》同。

卷三云：

《春秋后国语》十卷孔衍撰，不著录。

《史记索隐·燕系家》："鹿毛寿"，作"厝毛寿"；《魏系家》：中尉"冯琴"，作"伏琴"；《田敬仲系家》：大弦浊"以温"，作"以春"。《苏秦列传》："合赙"，作"合相"；《滑稽列传》冠缨索"绝"，作"尽"。

《汉语》卷亡，后汉书荀爽撰，不著录。

《后汉书·荀爽传》：爽集汉事成败可为鉴戒者，谓之《汉语》。《史记》：文帝遗诏，临者无践。裴骃注：晋灼曰：《汉语》作"跣"。《索隐》曰：《汉语》，书名，荀爽所作。《汉书·昭帝纪》注：外人，字少君。《宣帝纪》注：冯殷，字子都。《霍光传》注：光嫡妻东闾氏，生上官安夫人，昭后之母。又云：东闾氏亡，霍光妻显以婢代立，素与冯殷奸也。

《献帝传》卷亡，不著录。

《魏志·武纪》注引建安二十一年诏词、延康元年禅代众仪。[①]《文纪》注：秦朗父宜禄。《明纪》注：青龙二年，山阳公薨。《袁绍传》注"沮绶为绍所辟"，"绶说绍迎天子"，"谏绍攻许"数事。《续汉·礼仪志》注：兴平元年正月，帝加元服……《后汉书·董卓传》注：马平取羌女，生腾。

《魏阳秋异同》八卷孙寿撰，不著录。

《魏志·武纪》注：太祖入中常侍张让室一事，题孙盛《异同杂语》。《北堂书钞·武功部》亦作"孙盛"。《夏侯玄传》注：玄在图圄，钟会欲狎而友玄，玄正色曰："钟君何相逼如此也？"《吕虔传》注：王祥孝后母事。《蜀志·姜维传》注：维得母书，令求当归。

《吴历》六卷胡冲撰，不著录。

《三国志》注引三十馀事，《后汉书·袁术传》注引"孙坚执张咨，斩之"一事，《吴志·孙坚传》注同。

《删补蜀记》七卷王隐撰，不著录。

《魏志注》《庞德传》《蜀志注》《后主传》《诸葛亮传》《关羽传》《许靖传》《秦宓传》《谯周传》《黄权传》《姜维传》《杨戏传》，并引王隐《蜀记》。

《蜀世谱》卷亡孙盛撰，不著录。

---

① "延康"，原作"延安"，据《三国志》卷二《魏志·文帝纪》改。

《蜀志注》《二主妃子传》《费诗张嶷吕凯传》，并引盛《蜀世谱》。《后汉书·蛮夷传》注引不韦县一事，与《吕凯传》注同。

《乘舆飞龙记》二卷鲍衡卿撰，不著录。

《南史·梁鲍泉传》：时有鲍行卿，以博学大才称，撰《乘舆飞龙记》二卷。

卷五云：

《别起居注》六百卷梁徐勉撰，不著录。

《梁书·徐勉传》：勉常以起居注烦杂，乃加删为《别起居注》六百卷。《南史·徐勉传》：勉作《流别起居注》六百六十卷。

卷六云：

《洛阳故官名》卷亡，不著录。

《续汉·礼仪志》注：洛阳宫阳殿南北行七丈，东西行三十七丈四尺。此称《洛阳宫阁传》。《百官志》注：为苍龙阙门。引《洛阳宫门名》。《后汉书·光武纪》注：有郤非殿……《后汉书·安帝纪》注：南宫有东观。引《洛阳宫阁名》。

《洛阳记》卷亡，华延儁撰。不著录。

《后汉书·皇后纪》注：城内有奉常亭。

《汉宫殿名》卷亡，不著录。

《后汉书·钟离意传》注：北宫中有德阳殿。《逢萌传》注：东都城，今名青门也。

《汉宫阙疏》卷亡，不著录。

《史记·吕太后纪》索隐：四年，筑城东面。五年，筑北面。并引《汉宫阙疏》。《汉书·郊祀志》注：神明台，高五十丈，上有九室。《史记·孝武纪·索隐》作《汉宫阙疏》。《后汉书·光武纪》注：灵台，高三丈，十二门。并称《汉宫阁疏》。《史记·高祖纪·索隐》：枳道亭，东去霸城观四里。称《汉宫殿疏》。

《西征记》卷亡，裴松之撰。不著录。

《魏志·三少帝纪》注：裴松之《西征记》曰：臣松之昔从征西

至洛阳，历观旧物，见《典论》石在太学者尚存，而庙门外无之。

《会稽记》卷亡，孔灵符撰。不著录。

《宋书·孔季恭传》：季恭，会稽山阴人，子灵符为会稽太守……《后汉书·郑弘传》注：若耶溪风，呼为"郑公风"。

《会稽旧记》卷亡，不著录。

《史记·五帝纪》正义：《会稽旧记》曰：舜，上虞人。去虞三十里有姚丘，即舜所生也。

《荆州记》卷亡，范汪撰。不著录。

《史记·五帝纪》正义：丹水县在丹川，尧子朱所封也。

《太山记》卷亡，不著录。

《史记·赵世家》正义：太山西北有长城，缘河经太山千馀里，琅琊入海。又《楚世家》正义引作《太山郡记》。

《邹山记》卷亡，不著录。

《史记·夏本纪》正义：邹山，古之峄山，言络绎相连属也。今犹多桐树。

《巴蜀异物志》卷亡，不著录。

《史记·周勃世家》集解：头上巾为冒絮。《汉书·周勃传》注同。

《太康地记》卷亡，不著录。

今有辑本，亦从《续汉志》诸书抄撮为之。

《益州记》卷亡，任豫撰。不著录。

《续汉·郡国志》注：广都县有望川源，武阳县有王乔祠、彭祖祠。《河渠书》正义：二江者，郫江、流江也。

《广州记》卷亡，裴渊撰。不著录。

《汉书·地理志》注：龙川，本博罗县之东乡也。《史记·南越尉佗传》正义同。

《湘州荥阳郡记》卷亡，不著录。

《续汉·郡国志》注：九疑山下有舜祠，故老相传，舜登九疑。又营浦县南三里馀有舜南巡止宿处，今立庙。

《冀州记》卷亡，裴秀撰。不著录。

《史记·封禅书》索隐：顾氏按：裴秀《冀州记》曰：缑山仙人庙者，昔有王乔，犍为武阳人，为柏人令。于此得仙，非王子乔也。

《秦州记》卷亡，郭仲产撰。不著录。

《后汉书·隗嚣传》注：陇山在陇州汧源县西……《续汉·郡国志》注：中平五年，分置南安郡。

《三齐略记》卷亡，不著录。

《续汉·郡国志》注：鬲城东蒲台，……牟平，惄侯国南有蹲犬山。① 又：南山康成书带草。……《后汉书·蔡邕传》注：宁戚扣牛角歌词。

《齐地记》二卷晏谟撰，不著录。

《史记·晏子传》正义：齐城三百里有夷安，即晏平仲邑。

《齐记》卷亡，伏琛撰。不著录。

《后汉书·耿弇传》注：小城内有汉景王祠。

《齐地记》卷亡，解道康撰。不著录。

《史记·封禅书》索隐：临淄天齐五泉，称解道彪《齐地记》。②

《交广二州记录》一卷王范撰，不著录。

按《吴志·孙策传》注：臣松之按：泰康八年，广州大中正王范上《交广二州春秋》。《续汉·郡国志》注：交州治羸娄县，元封五年移治苍梧广信县，建安十五年治番禺县。引王范《交广春秋》。

《西河旧事》一卷不著录。

《后汉书·明帝纪》注：白山，冬夏有雪，故曰"白山"。匈奴谓之"天山"，过之皆下马拜焉。去蒲类百里之内。

《南康记》卷亡，邓德明撰。不著录。

《汉书·张耳传》注：大庾领一也，桂阳骑田二也，九真都庞岭三也，临贺萌渚领四也，始安越城领五也。又见《后汉书》《吴佑传》《刘表传》注。

《关中记》一卷潘岳撰，不著录。

《史记·司马相如传》索隐：泾、渭、灞、浐、丰、河、镐、潦、潏……《续汉·郡国志》注引《关中记》，不著撰名。

《湘中记》卷亡，罗含撰。不著录。

《续汉·郡国志》注：营、洮、雍、祈、宜、春、烝、耒、米、

---

① "牟平"，原误作"平牟"；"蹲犬山"，原误作"犬蹲山"，皆据《后汉书》卷一一二《地理志》改。

② "齐地记"，《史记》卷二八《封禅书》索隐作"齐记"。

渌、连、浏、沩、汨、资水，①　皆注湘……《史记·屈贾列传·正义》：贾谊宅中有一井，傍有石状，相承云谊所坐。此称《湘水记》，不著录撰名。

《钱塘记》卷亡，刘道真撰，不著录。

《后汉书·朱隽传》注：郡仪曹华信立塘，以防海水，县境蒙利。

《武陵记》卷亡，黄闵撰，不著录。

《后汉书·南蛮西南夷传》注：武溪山高万仞，山半有盘瓠石室，中有石床，盘瓠行迹。

《古今地名》三卷不著录。

《史记·夏本纪》正义：王屋山方七百里，高万仞，本冀州之河阳山也。

《汝南记》卷亡，杜预撰，不著录。

《后汉书·应奉传》注：华仲妻，本汝南邓元义前妻，更嫁华仲事。

《南中八郡志》不著录。

《后汉书·南蛮西南夷传》注：貊大如驴，状颇似熊，多力，食铁，所触无不崩。又云：邛河纵横广岸二十里，深百馀丈。多大鱼，长一二丈，头特大，遥视如戴铁釜状……《续汉·郡国志》引有《南中志》，省"八郡"二字。《汉书·吴汉传》注亦引之。

《征齐道里记》卷亡，丘渊之撰，不著录。

《史记·高祖纪》正义：王莽河枯事，作《深丘道里记》，盖"丘渊"字误。

《上党记》卷亡，不著录。

《续汉·郡国志》：令狐征君隐城东山中，即壶关三老令狐茂上书讼戾太子者也……《史记·赵世家》集解：冯亭冢在壶关城西五里。

《仇池记》卷亡，不著录。

---

① "春"原作"舂"，"耒"原作"表"，"米"原作"来"，"浏"原作"倒"，"沩"原作"伪"，"汨"原作"洎"，皆据《后汉书》卷一一二《郡国志》注所引《湘中记》改。

《后汉书·南蛮西南夷传》注：仇池百顷，天形四方，壁立千仞。自然楼橹御敌，分置调均，有踰人功。仇池凡二十一道，可攀援而上。

《南雍州记》卷亡，郭仲产撰。不著录。

《史记·韩世家》正义：穰，楚之别邑。秦初侵楚，封公子悝为穰侯。后属韩，秦昭王取之。

《始安郡记》卷亡，不著录。

《续汉·郡国志》：《始安郡记》曰：县东有驳乐山，东有辽山。

《北征记》卷亡，裴松之撰。不著录。

《后汉书·献帝纪》注：裴松之《北征记》曰：中牟台下临汴水，是为官渡，曹操、袁绍垒尚存焉。

《北征记》卷亡，徐齐民撰。不著录。

《续汉·郡国志》注：徐齐民《北征记》曰：栗林东有大隧涧，① 郑庄公所阙。又云：雍丘有吕禄台，高七丈。有郦生祠。

《北征记》卷亡，伏滔撰。不著录。

《续汉·郡国志》注：濑乡有老子庙，庙中有九井，水相通。又云：城北六里有山，② 临泗，有宋桓魋石椁，皆青石，隐龟龙麟凤之象。

《从征记》卷亡，伍缉之撰。不著录。

《后汉书·东平宪王苍传》注：③ 鲁人藏孔子所乘车于庙中，是颜路所请者也。献帝时，庙遇火烧之。

《舆地图》卷亡，不著录。

《史记·淮南衡山列传》索隐：虞喜《志林》曰：《舆地图》汉家所画，非出远古也。

《外国图》卷亡，不著录。

《史记·秦本纪》正义：亶州去琅邪万里。称吴人《外国图》。

《括地图》卷亡，不著录。

---

① "栗林"，原误作"裴林"，据《后汉书》卷一〇九《郡国志》改。

② "城北六里有山"，原作"彭城北有山"，据《后汉书》卷一一一《郡国志》注所引《北征记》改。

③ "后""苍"二字原无，据《后汉书》卷四二《东平宪王苍传》增补。

《史记·大宛传》索隐：昆仑弱水，非乘龙不至，有三足神乌，为王母取食。

《秦地图》卷亡，不著录。

《汉书·地理志》：《秦地图》曰：剧清地，幽州薮。有盐官。又曰：书班氏。

卷七云：

《帝谱世本》七卷宋均注，不著录。

《史记·五帝纪》索隐：伏羲、神农、黄帝为三皇，少昊、高阳、高辛为五帝。《始皇纪》索隐言如鱼之烂，自内而出。

《系本》卷亡，孙氏注，不著录。

《史记·五帝纪》索隐曰：孙氏注《系本》，以伏羲、神农、黄帝，为三皇；少昊、高阳、高辛、唐、虞，为五帝。张守节《正义》同引孙氏《系本注》。

《司马氏系本》卷亡，晋谯国司马无忌撰。不著录。

《史记·序传》索隐：蒯聩生昭豫，昭豫生宪，宪生印。《正义》：在赵者名凯。

《嵇氏谱》卷亡，不著录。

《魏志·沛穆王林传》注：嵇康妻，林子之女也……《魏志·王粲传》注：嵇康父昭，督军粮治书侍御史。兄喜，晋扬州刺史、宗正。

《孙氏谱》卷亡，不著录。

《魏志·孙资传》注：《孙氏谱》曰：宏为南阳太守，宏子楚，字子荆。

《阮氏谱》卷亡，不著录。

《魏志·杜畿传》注：阮谌征辟，无所就，造《三礼图》，传于世。

《孔氏谱》卷亡，不著录。

《魏志·仓慈传》注：孔畴为陈相，立《孔子碑》……《汉书·孔光传》：孔子生伯鱼鲤。师古曰：伯鱼先言其字者。孔氏自为谱牒，示尊其先也。

《刘氏谱》卷亡，不著录。

《魏志·刘廙传》注：刘阜，陈留太守。

《陈氏谱》_{卷亡}，不著录。

《魏志·陈泰传》注：陈群之后，名位并微。谌孙并至大位。

《王氏谱》_{卷亡}，不著录。

《魏志·崔林传》注：王雄，字符伯。《王昶传》注：昶伯父柔，父泽……《后汉书》《献帝纪》注、《刘表传》注：王璇，晋太保祥伯父也。

《郭氏谱》_{卷亡}，不著录。

《魏志·郭淮传》注：《郭氏谱》曰：淮，祖全，大司农。父蕴，雁门太守。

《崔氏谱》_{卷亡}，不著录。

《蜀志·诸葛亮传》注：《崔氏谱》曰：崔州平，[①] 太尉烈子，均之弟也。《群辅录》引商山四皓事。

《诸葛氏谱》_{卷亡}，不著录。

《蜀志·诸葛瞻传》注：《诸葛氏谱》曰：京，字行宗。《世说·方正篇》注：恢子衡，娶河南邓攸女。

《陆氏谱》_{卷亡}，不著录。

《史记·郦生陆贾传》索隐：齐宣公支子达，食采于陆，达生发，发生皋，适楚。

《路氏谱》_{卷亡}，不著录。

《史记·齐悼惠王世家》索隐：《路氏谱》曰：中大夫名邛。

《杜氏谱》_{卷亡}，不著录。

《史记·酷吏传》正义：《杜氏谱》曰：周，字长孺。

《应氏谱》[②]_{卷亡}，不著录。

《后汉书·应劭传》注：《应氏谱》曰：劭，字仲远。

《冥氏谱》_{卷亡}，不著录。

《汉书·睢孟传》注：近代学者旁引《冥氏谱》，以相附著，私谱之文，出于间巷；家自为说，事非经典；苟引先贤，妄相假借；无所取信，宁足据乎？

---

① "崔州平"，原作"崔平"，据《三国志》卷三五《蜀志·诸葛亮传》增改。

② "应氏谱"，原作"应世谱"，据《后汉书》卷四八《应奉附子劭传》注改，下同。

卷八云：

> 《四部书目序录》三十九卷殷淳撰，不著录。
>
> 《宋书·殷淳传》：淳在秘书阁，撰《四部书目》，凡四十卷，行于世。
>
> 《史目》二卷杨松珍撰，不著录。
>
> 又《宋志》：杨松珍《历代史目》十五卷。
>
> 《史目》卷亡，裴松之撰。不著录。
>
> 《史记·五帝纪》正义引裴松之《史目》。
>
> 《文章志》卷亡，无撰名。
>
> 《魏志·王粲传》注：太祖叹仲宣无后。《卫觊传》注：潘勖，初名芝。《刘劭传》注：缪袭事魏四世。

卷九云：

> 《魏武故事》卷亡，不著录。
>
> 《魏志·武纪》注载：建安十五年十二月己亥，公令上还阳、柘、苦三县户二万，但食武平万户。① 又二十三年，公令教辟，领长史王必统事如故。《御览·职官部》亦引之。《刘表传》注载：公令：青州刺史琮，笺求还州，秩禄未优，今表为谏议大夫、参同军事。《枣祗传》注：公令：陈留太守枣祗，破黄巾，定许，兴立屯田。不幸早殁，祗子处中，宜加封爵以祀祗。《陈思王传》注：公令曰：始者谓子建，儿中最可定大事。又令曰：诸侯长史及帐下吏，知吾出辄将诸侯行意否？并引《魏武故事》。
>
> 《西京故事》卷亡，不著录。
>
> 《史记·孝景纪》正义：《西京故事》曰：景帝庙为德阳宫。
>
> 《咸宁三年武皇帝故事》卷亡，不著录。
>
> 《晋书·礼志》引云：王公大臣薨，三朝发哀，踰月不举乐。其

---

① "武平万户"，原作"武兵万"，据《三国志》卷一《魏志·武帝纪》注所引《魏武故事》改。

一朝发哀，三日不举乐。

《汉杂事》卷亡，不著录。

《后汉书·杜诗传》注：汉制，假桀戟以代斧钺。《胡广传》注：凡群臣之书，通于天子者四品。

卷十云：

《汉官目录》卷亡，不著录。

《续汉·百官志》注引之。

《汉官名秩》卷亡，不著录。

《续汉》《礼仪志》、《百官志》注引之，《百官志》注作应劭《汉官名秩》。《汉书·百官公卿表》注：斗食月奉十一斛，佐史月奉八斛，引《汉官名秩簿》

《汉官仪式选用》一卷丁孚撰，不著录。

《续汉·礼仪志》注引酎金律，《通典·礼门》同。皇后出桑于蚕宫仪，又拜诸侯王公仪"太常住盖下，东向读文"，《通典》同。元初六年《夏勤策文》，永平七年《阴太后晏驾诏》。《祭祀志》注：桓帝《祠恭怀皇后祝文》。《百官志》引中宫藏府令、比御府令，给事中宫侍郎比尚书郎，卫尉丞六百石三事。又太仆大中大夫襄言乘舆绶、诸王绶、公主绶、墨绶、黄绶式，《通典》同。并引丁孚《汉仪》。《汉书·宣纪》注：内谒者令，秩二千石。引丁孚《汉官》。《后汉书·章纪》注：九真、交阯、日南者用犀角二，[①] 长九寸，[②] 若瑇瑁甲一，[③] 郁林用象牙一，[④] 长三尺已上，[⑤] 若翠羽各二十，[⑥] 准以当金。[⑦] 引丁孚《汉仪式》。《初学记·礼部》孝灵皇帝葬

---

① "九真"上原有"酎金"二字，据《后汉书》卷四《章帝纪》注所引《汉仪式》删。"者""二"二字原无，据《后汉书》卷四《章帝纪》注所引《汉仪式》增补。

② "长九寸"原无，据《后汉书》卷四《章帝纪》注增补。

③ "一"字原无，据《后汉书》卷四《章帝纪》注所引《汉仪式》增补。

④ 同上。

⑤ "长三尺已上"原无，据《后汉书》卷四《章帝纪》注所引《汉仪式》增补。

⑥ "各二十"原无，据《后汉书》卷四《章帝纪》注所引《汉仪式》增补。

⑦ "准"字原无，据《后汉书》卷四《章帝纪》注所引《汉仪式》增补。

事,《续汉·礼仪志》注亦引之。引丁孚《汉官仪》。

《咸熙元年百官名》卷亡,不著录。

《魏志·钟会传》注:《咸熙元年百官名》:邵悌,字符伯,阳平人。

《晋武帝百官名》卷亡,不著录。

《魏志·臧霸传》注:霸子舜,晋散骑常侍,见《武帝百官名》。

卷十一云:

《宋太庙烝尝仪注》卷亡,不著录。

《宋书·礼志》:元嘉六年七月,太学博士徐道娱上议曰:伏见《太庙烝尝仪注》。

《宋藉田仪注》卷亡,不著录。

《宋书·礼志》:大明四年,尚书右丞荀万秋奏《藉田仪注》。

《晋先蚕仪注》卷亡,不著录。

《宋书·礼志》:皇后安车驾六,以两辕安车驾五为副。又曰:皇后乘油画云母安车,驾六騩马。《后魏书·礼志》删"油画"二字。又曰:皇后十二锐,步摇,大手髻,衣纯青之衣,带绶佩……并引《晋先蚕仪注》。

《宋南郊亲奉仪注》卷亡,不著录。

《宋书·礼志》:大明四年正月,有司奏《南郊亲奉仪注》。

《汉礼器制度》卷亡,不著录。

《续汉·礼仪志》曰:太傅胡广博宗旧仪,立汉制度。《后汉书·儒林传》序注:天子出,有大驾、法驾、小驾。《续汉·百官志》注:列侯功德优盛,赐特进。

卷十二云:

《齐永明律》八卷宗躬撰,不著录。

《南齐书·东昏侯纪》:永泰元年冬,诏删省科律。

《麟趾格》四卷文襄帝时撰,不著录。

《北齐书·李浑传》：①浑删定《麟趾格》。《崔暹传》：暹主议《麟趾格》。《封述传》：天平中，增损旧事，为《麟趾新格》，其名法科条，皆述删定。

《集定张杜律注》二十卷齐孔稚圭等撰，不著录。

《南齐书·孔稚圭传》：江左相承用晋世《张杜律》二十卷，世祖留心法令，诏狱官详正旧注。先是七年，删定郎王植撰定律章表奏之，曰：臣寻《晋律》，文简辞约，旨通大网，事之所质，取断难释。张斐、杜预同注一章，而生杀永殊。②自晋泰始以来，惟斟酌参用，是则吏挟威福之势，民怀不怼之怨，陛下发德音，删正刑律，敕臣集定张、杜二注。谨削其烦害，录其允衷。取张注七百三十一条，杜注七百九十一条。或二家两释，于义乃备者，又取一百七条。其注相同者，取一百三条。集为一书，凡一千五百三十二条，为二十卷。请付外详校。至九年，稚圭上表曰：臣与公卿八座共删注律，司徒臣子良，创立条绪。臣宋躬、臣王植等，抄撰同异。其中洪疑大议，圣照玄览，断自天笔，就成《律文》二十卷，《录序》一卷。

卷十三云：

《益州耆旧传杂记》二卷不著录。

《蜀志·刘焉传》注、《先主传》注、《杨洪传》注、《杨戏传》注。

《青州先贤传》卷亡，不著录。

《后汉书·史弼传》注：陶丘洪，文冠当代，举孝廉，不行，辟太尉府。

《吴都钱塘先贤传》五卷梁吴均撰，不著录。

《梁书·吴均传》：均著《钱唐先贤传》五卷。

《汉末名士录》卷亡，不著录。

《魏志·袁绍传》注：胡母班八人，世谓之“八厨”。《后汉书·袁绍传》注同。《刘表传》注：表与汝南陈翔等为“八友”。《荀攸传》

---

① “李浑”，原误作“王浑”，据《北齐书》卷二九《李浑传》改。
② “殊”，原作“除”，据《南齐书》卷四八《孔稚圭传》改。

注：袁术数何颙三罪。

《江表传》二卷虞溥撰，不著录。

《晋书·虞溥传》：溥撰《江表传》，子勃上于元帝，诏藏于秘书。《魏志·三少帝纪》注云：鄱阳内史虞溥注《江表传》，粗有条贯……愚按：此书逸篇裴松之征引最多，皆述魏、蜀、吴事，而吴事尤详。

《真隐传》二卷袁淑撰，不著录。

《宋书·隐逸传》序曰：陈郡袁淑，集古来无名高士，以为《真隐传》。

《曹瞒传》一卷不著录。

《魏志·武纪》注称吴人作《曹瞒传》。愚按：传名曹瞒，又系吴人所作，其言操少好飞鹰走狗，游荡无度。又佻易无威重，好音乐。及遣华歆入宫收伏后事，语皆质直，不为魏讳……惟《魏志》注多称太祖，自系裴松之所改，他书亦有称曹公，称太祖，然不书改其书。非吴人原本。

《荀彧别传》

《荀勖别传》

《郑玄别传》

《邴原别传》

《程晓别传》

《孙资别传》

《嵇喜为康传》

《吴质别传》

《潘尼别传》

《潘岳别传》

《刘廙别传》

《郭泰别传》

《卢谌别传》

谢鲲为《乐广传》

《任嘏别传》

钟会为其母传

又生母传

何劭为《王弼传》

《华佗别传》

《赵云别传》

《费祎别传》

《孙惠别传》

陆机《顾谭传》

《虞翻别传》

《陆机云别传》

已上见《三国志》注。

《杨孚董卓传》

《钟离意别传》

已上见《续汉志》补注。

《诸葛亮隐没五事》一卷郭冲撰，不著录。

《魏志》注引郭冲五事。

《裴氏家记》卷亡，傅畅撰。不著录。

《蜀志·孟光传》注：傅畅《裴氏家记》载裴潜弟儁、儁子越事。

《袁氏世纪》卷亡，不著录。

《魏志·袁涣传》注引《袁氏世纪》载：袁涣为太祖所严惮，及涣四子：侃、寓、奥、准事。

《荀氏家传》十卷荀伯子撰，不著录。

《魏志》《荀攸传》《荀彧传》注引《荀氏家传》。

《邵氏家传》十卷不著录。

《吴志·孙皓传》注引《会稽邵氏家传》。

《录异传》卷亡，不著录。

袁安事，《汝南先贤传》亦载之。魄照事，《晋书·艺术传》取之。《史记·秦本纪·正义》引秦置旄头骑事，称《录异传》。

《皇隋灵感志》十卷王劭撰，不著录。

《北史·王劭传》：劭采人间歌谣，① 引图书谶纬，依约符命，捃

---

① "人间"，原作"民间"，据《北史》卷三五《王劭传》改。另：《隋书》卷六九《王劭传》作"民间"。

撷佛经，① 撰为《皇隋灵感志》《隋书·劭传》作《开皇隋灵感志》。三十卷。

可知《隋经籍志考证》涉及正史所增补的史籍合计有一百四十三部，约占增补著录史籍总数六百二十六部的 23% 。而且所涉及的正史中不仅有《史记》《汉书》《后汉书》《三国志》这前四史的正文及其注释，还或多或少地涉及其后成书的《晋书》《宋书》《南齐书》《梁书》《北齐书》《隋书》《南史》《北史》等正史，也说明这一百四十三部史籍不仅在裴松之注《三国志》时仍传世，甚至在章怀太子李贤注《后汉书》的唐高宗之时当也大多存世。

（三）

由于章宗源长于史学，因此《隋经籍志考证》所增补著录的史籍中涉及地理类的也甚夥，据卷一所云：

> 《魏略》三十八卷魏京兆鱼豢撰，不著录。
> 《寰宇记》引莎车国事……

卷二云：

> 《宋纪》三十卷齐竟陵王司徒参军王智深撰，不著录。
> 《水经·泗水注》：刘义恭遣稽元敬觇候魏军。《汝水注》：汝南太守周矜起义于悬瓠。

卷三云：

> 《春秋后国语》十卷孔衍撰，不著录。
> 《元和郡县志·河东道》引《春秋后语》：智伯决水灌晋阳，城中悬釜而炊。
> 《献帝传》卷亡，不著录。
> 《水经·渭水注》：董卓发卒筑郿坞。

---

① "据"，原误作"据"，据《北史》卷三五《王劭传》改。

《魏阳秋异同》 八卷孙寿撰，不著录。

《太平寰宇记·河北道》五郡孝子事，亦引孙盛《杂语》。

卷四云：

《秦书》 三卷秦冯翊车频撰，不著录。

《水经·渭水注》：苻坚建元十四年，高陆县民穿井得龟，大二尺六寸。《济水注》：苻坚时，沙门竺僧朗从隐士张巨和游。

卷六云：

《洛阳故宫名》 卷亡，不著录。

《水经·谷水注》：有朱雀阙、白虎阙、苍龙阙、北阙、南宫阙，又南宫有谯台、临照台。

《洛阳记》 卷亡，华延儁撰。不著录。

《寰宇记·河南道》：谯门，即汉之东门。

《汉宫殿名》 卷亡，不著录。

《三辅黄图》：未央宫有宣明、长年、温室、昆德四殿。又：温室殿在未央宫。并引《汉宫阁记》。

《汉宫阙疏》 卷亡，不著录。

《三辅黄图》：长安城第二门名城东门。

《晋宫阁名》 卷亡，不著录。

《水经·谷水注》：金墉有崇天堂。开阳门，古建阳门也……《太平寰宇记·河南道》：宣武观，在大夏门内东北上。此称《晋宫阙簿》。

《河南十二县境簿》 卷亡，不著录。

《水经·谷水注》：河南县，城东十五里有千金堨。又：九曲渎在河南巩县西，西至洛阳。《伊水注》：广成泽在新城县界，黄阜西北……《太平寰宇记·河南道》：茧观在广阳门。并引《河南十二县境簿》。

《续述征记》 卷亡，郭缘生撰。不著录。

《水经·渠注》大梁城，《续述征记》为师旷城。郭缘生曾游此邑，践夷门，升吹台，终古之迹，缅焉尽在。《巨洋水注》：逢山石鼓……并称郭缘生《续述征记》。他书所引，多不著缘生名。

《述征记》卷亡，裴松之撰。不著录。

《太平寰宇记·河南道》：老子宫前有双松柏，左阶之柏久枯。此称裴松之《述征记》。

《西征记》卷亡，卢思道撰。不著录。

《太平寰宇记·河北道》：卢思道《西征记》曰：白鹿山，孤峰秀出，上有石，自然为鹿形，故山以白鹿为称。

《吴兴山墟名》卷亡，张充之撰。不著录。

《太平寰宇记·江南东道》引张充之又作"玄之"。《吴兴山墟名》，有三山、金山、石城山、杼山、金鹅山、几山、七里桥山、徐英溪、夏架山、白鹤山、青山、艺香山、西顾山、雉山、西噎山、南屿山、吴城湖、荆山、紫花洞、顾渚、苎溪二十二事。金山二事。

《三吴土地记》卷亡，顾长生撰。不著录。

《太平寰宇记·江南东道》：顾长生《三吴土地记》曰：有雪溪，水至深者。又曰：掩浦者，昔项羽观秦皇舆曰："可取而代之也。"项梁掩其口之处，因名之曰。

《三吴郡国志》卷亡，韦昭撰。不著录。

《寰宇记·江南东道》：韦昭《三吴郡国志》曰：孔姥墩，昔有孔氏少寡，有子八人，训以义方，汉哀平间俱为郡守，因名之，亦曰"八子墩"。

《徐地录》一卷刘芳撰，不著录。

《太平寰宇记·河南道》：合乡故城，古之互乡。又云：后汉承宫躬稼于蒙山。并引刘芳《徐州记》。

《南兖州记》一卷阮升之撰，不著录。

《寰宇记·淮南道》：江都台钓台，吴王濞之钓台。又：海陵县孤山有神祠，悉生大竹。高邮县有土山，上有石井、石臼。并引阮升之《南兖州记》。《河南道》：都梁山、东阳山、盱眙山。又《淮南道》：故齐宁县、江都孝义里、广陵茱萸沟六事。

《会稽记》卷亡，孔灵符撰。不著录。

愚按：《寰宇记·江南东道》引"射的白斛一百，射的玄斛一千"之语，称孔晔《记》。

《蜀记》卷亡，李膺撰。不著录。

《太平寰宇记·剑南东道》：犁刃山、废怀归县、五城县、灵江东盐亭井、宕渠郡、铜官山、剑阁、石新妇，并引李膺《蜀记》。

《蜀记》卷亡，段氏撰。不著录。

《寰宇记·剑南西道》：戎人进猓猣褥，皂、褐、碧三色相间。《江南西道》：涪州出扇。《山南西道》：渝出花竹簟，巴川以竹根为酒注子。《太平御览·布帛部》：邛州镇南蕉葛，上者一疋直十千。并引段氏《蜀记》。又《寰宇记·山南东道》：忠州垫江县以苏熏为席，丝为经，其色深碧。此称段氏《游蜀记》。

《巴蜀志》卷亡，袁休明撰。不著录。

《水经·若水注》：袁休明《巴蜀志》曰：堂琅县西高山嵯峨，岭石磊落，倾侧萦迴，下临峭壑。行者攀缘，牵援绳索，三蜀之人及南中诸郡以为至险。

《勾将山记》卷亡，袁山松撰。不著录。

《太平寰宇记·山南东道》：登勾将山，北见高筐山，巍然半天。

《嵩山记》卷亡，卢元明撰。不著录。

《太平寰宇记·河南道》：卢元明《嵩山记》曰：汉有王彦者，隐于此山，后学道得成，至今所住为王彦岭。

《罗浮山记》卷亡，袁彦伯撰。不著录。

《元和郡县志·岭南道》：袁彦伯《罗浮山记》曰：罗浮山，在博罗县西北，罗山之西有浮山，盖蓬莱之一，阜浮海而至，与罗山并体，故曰"罗浮"。《水经·沔水注》、《文选》谢灵运《初发石首城》注并引《罗浮山记》，不著袁彦伯名。

《中山记》卷亡，张曜撰。不著录。

《水经·滱水注》多引《中山记》，其言：城中有山，故曰"中山"。

《邹山记》卷亡，不著录。

《水经·汶水注》：徂徕山有美松，亦曰尤徕之山。

《名山略记》卷亡，不著录。

《太平寰宇记·山南西道》引上津县天柱山事，称殷武《名山记》。

《游天竺记》卷亡，释法显撰。不著录。

《水经·河水注》引释法显《游天竺记》。

《山图》卷亡，陶弘景撰。不著录。

《太平寰宇记·淮南道》：陶弘景《山图》曰：霍山、牛山出药草，其山东南角有伏石似牛，山中出石斛，今入贡。

《南裔异物志》卷亡，杨氏撰。不著录。

《水经·叶榆河注》：髯惟大蛇，既洪且长，采色驳荦，其文锦章，食豕吞鹿，腴成养创，宾享嘉燕，是豆是觞。《温水注》：儋耳、朱崖，俱在海中，分为东藩。并引杨氏《南裔异物志》。

《异物志》卷亡，曹叔雅撰。不著录。

《太平寰宇记·江南西道》亦引金井事，又山都木客二事，并称叔雅《庐陵异物志》。

《广州记》卷亡，裴渊撰。不著录。

《水经·浪水注》：尉佗墓后有大冈，谓之马鞍冈……又东海虾，须长丈四尺。氏鱼长二丈，大数围。

《湘州荥阳郡记》卷亡，不著录。

《水经·溱水注》：林水源石室有银饼，晋太元中，民封驱之家仆密窃三枚，驱之梦神语曰："君奴不谨。即日显戮。"觉视则奴死矣。

《秦州记》卷亡，郭仲产撰。不著录。

《水经·河水注》：河峡崖旁唐述窟。

《沙州记》卷亡，段国撰。不著录。

《寰宇记·陇右道》：三危山有鸟鼠同穴。并引段国《沙州记》。《水经·河水注》洮水与垫江水俱出嶂台山，山南即垫江源，山东则洮水源……又从东洮至西洮，百二十里。

《交州记》卷亡，刘欣期撰。不著录。

《水经·叶榆河注》：龙编县功曹左飞曾化为虎，数月，还作吏。

《交州外域记》卷亡，不著录。

《水经·叶榆河注》：后汉伏波将军路博德讨越王，越王令二使者赍郡民户口簿诣路将军，乃拜二使者为交趾、九真太守。《温水注》：从日南郡南去到林邑国四百馀里。

《交州记》卷亡，姚文感撰。不著录。

《太平寰宇记·岭南道》姚文感《交州记》曰：尉佗作朝殿，以朝天子。

《洺州记》<small>卷亡，不著录。</small>

《太平寰宇记·河北道》干将城、榆溪山、风门山、封爵观，并引《洺州记》。

《苏州记》<small>卷亡，不著录。</small>

《寰宇记·江南东道》：淹梅澳，昔有梅树，吴国采为姑苏台。梁后忽于此沈，至今河侧犹有梅溪。

《三齐略记》<small>卷亡，不著录。</small>

《水经·濡水注》：始皇于海中作石桥，海神为之竖柱。<small>《艺文类聚·灵异部》。</small>

《齐地记》<small>二卷晏谟撰，不著录。</small>

《水经·济水注》：临济县有南北二城。《元和郡县志·河南道》：太白自言高，不如东海劳。

《齐记》<small>卷亡，伏琛撰。不著录。</small>

《水经·济水注》：博昌城西有南北二城……《寰宇记·河南道》：尧山南有二水，名东、西丹水。

《交广二州记录》<small>一卷王范撰，不著录。</small>

《水经·温水注》朱注：① 朱崖、儋耳二郡，帝所置。《浪水注》：步骘杀吴巨、区景，合兵取南海。

《十三州记》<small>卷亡，黄义仲撰。不著录。</small>

《水经·河水注》：郡之言君也，郡守专权，君臣之礼弥崇。今"郡"字，"君"在其左，"邑"在其右，君为元首，邑以载名，故谓之郡。又：县，弦也，弦以贞直，言邻民之位，不轻其誓，施绳用法，不曲如弦。"弦"声近"县"，故以取名。今"系"字在半也。

《十三州记》<small>卷亡，应劭撰。不著录。</small>

《水经·淄水注》：泰山莱芜县，鲁之莱柞邑。《泗水注》漆乡，郏邑也。并引应劭《十三州记》。

《九州记》<small>卷亡，乐资撰。不著录。</small>

《水经·沔水注》：盐官县有秦延山，秦始皇径此，美人死，葬于山上，下有美人庙。此引乐资《九州志》。《江水注》：鄂，今武

---

① "朱注"二字当是衍文。

昌也。

《南康记》卷亡，邓德明撰。不著录。

《水经·浪水注》：治中卢耽少栖仙术，善解云飞……《太平寰宇记·江南西道》：聂都山，三石形似人，居中者为君，左曰夫人，右曰女郎。

《关中记》一卷潘岳撰，不著录。

《水经》《渭水注》《漆水注》……引《关中记》，不著撰名。

《湘中记》卷亡，罗含撰。不著录。

《水经·湘水注》：湘水之出于阳朔，则觞为之舟。至洞庭，日月若出入于其中也。

《始兴记》卷亡，王歆之撰。不著录。

《水经·洭水注》：白鹿城南有白鹿冈，咸康中，张鲂为县，有善政，白鹿来游，故城及冈并名焉。

《钱塘记》卷亡，刘道真撰。不著录。

《后汉书·朱儁传》注：郡议曹华信立塘，以防海水，县境蒙利。《水经·渐江水注》《御览·人事部》同……《寰宇记·江南东道》：石膏山出石膏，若雪。一名稽留山。

《宣城记》卷亡，纪义撰。不著录。

《寰宇记·江南西道》：周黄为宁国长，后迁丞相。

《安城记》卷亡，王烈之撰。不著录。

《太平寰宇记·江南西道》：庐陵县落亭石、安福县安福城。并引王烈之《安城记》。又：萍乡县罗霄山，泽水所出，天旱，祀之即雨。称王孚《安城记》。

《古今地名》三卷不著录。

《太平寰宇记·河南道》：王屋山状如垣，故以名县。

《临川记》卷亡，荀伯子撰。不著录。

《太平寰宇记·江南西道》：临川莫巨山，岭内有石人，体有尘则兴风，润则致雨，民以为准……王右军故宅，其地爽垲，山川如画。每至重阳日，郡守、从事多游于斯。

《建安记》卷亡，萧子开撰。不著录。

《太平寰宇记·江南东道》：将乐县金泉山，南枕溪有细泉出沙，彼人以夏中水小披沙，淘之得金。山之西有金泉祠焉。此引萧子开

《建安记》。又：止马亭，当飞猿岭口，马之登降于此止息，故名。此称洪氏《建安记》。

《寿阳记》卷亡，宋王元谟撰。不著录。

《寰宇记·淮南道》引有后汉朱阳《九江寿春记》。

《上党记》卷亡，不著录。

《水经·沁水注》：长平城在郡之南，秦垒在城西。《元和郡县志·河东道》：曹公之围壶关，起土山于城西北角，穿地道于城西，内筑界城以遮之。

《入东记》卷亡，吴均撰。不著录。

《寰宇记·江南西道》：吴均《入东记》曰：王羲之常游升乌山，谓宾客曰：百年之后，谁知王逸少与诸卿游此乎？因有"升山"之号，立乌亭于山上。

《冀州风土记》卷亡，卢植撰。不著录。

《寰宇记·河北道》：卢植《冀州风土记》曰：黄帝以前，未可备闻。唐虞以来，冀州乃圣贤之泉薮，帝王之旧地。

《南雍州记》卷亡，郭仲产撰。不著录。

《太平寰宇记·山南东道》：穰县石桥水污为池，出灵龟，如金缕。又云：武当山，广三四百里，干霄出雾，学道者常百数，相继不绝。并引郭仲产《南雍州记》。

《川渎记》卷亡，虞仲翔转。不著录。

《寰宇记·江南东道》：虞仲翔《川渎记》曰：太湖东通长洲松江水，南通乌程霅溪水，西通义兴荆溪水，北通晋陵滆湖水，东连嘉兴韭溪水，凡五通，谓之"五湖"。

《北征记》卷亡，伏滔撰。不著录。

《水经·济水注》：济水与清河合流至洛也。

《从征记》卷亡，伍缉之撰。不著录。

《水经注》多引《从征记》，不著伍缉之名。

《外国图》卷亡，不著录。

《水经·河水注》：从大晋国正西七万里，得昆仑之墟，诸仙居之。

《括地图》卷亡，不著录。

《水经·河水注》：冯夷恒乘云车，驾二龙。

《荆州图副记》<small>卷亡，不著录。</small>

《水经·沔水注》：武当，山形持秀，异于众岳，亭亭远出，药食延年萃焉。

卷七云：

《嵇氏谱》<small>卷亡，不著录。</small>

《水经·淮水注》：谯有嵇山，家于其侧，遂以为氏。

《阳氏谱叙》<small>卷亡，不著录。</small>

《水经·鲍秋水》注：《阳氏谱叙》曰：翁伯，是周景王之孙，食采阳樊。春秋之末，爰宅无终而易氏焉，爱仁博施，天祚玉田。

卷九云：

《江东旧事》<small>卷亡，不著录。</small>

《水经·温水注》：范文，本扬州人。随林邑贾人渡海远去，没入于王。经十馀年，王死，文害王二子，自立为王。

《邺城故事》<small>卷亡，不著录。</small>

《寰宇记·河北道》：西门豹为令，造十二渠，今名安泽陂……并引《邺城故事》。

卷十三云：

《武陵先贤传》<small>卷亡，不著录。</small>

《水经·延江水》注：潘京为郡主簿，答太守赵伟：<small>《续汉·郡国志》注作"赵厥"。</small>郡本名义陵，光武时改名武陵焉。

《陈氏家传》<small>卷亡，不著录。</small>

《太平寰宇记·河南道》：《陈氏家传》曰：纪、谌以下八十六墓，三十六碑，并在长葛县陉山之阳，又有庙存。

《沈氏家传》<small>卷亡，不著录。</small>

《太平寰宇记·江东南道》：《沈氏家传》曰：后汉沈戎，居郡乌程县馀不乡。

可见《隋经籍志考证》所增补著录史籍中涉及地理类的史籍有七十八部，约占增补著录史籍总数六百二十六部的 12%。其中除了大量征引《水经注》外，还引用了《三辅黄图》以及唐宋时人撰著的《元和郡县图志》《太平寰宇记》等地志。值得注意的是，既然章宗源在撰写《隋经籍志考证》时征引了《太平寰宇记》等地志，那么也就可以说至迟在北宋乐史修撰《太平寰宇记》之时这七十八部史籍大多还存于世。

（四）

《隋经籍志考证》所增补的史籍除了正史、地理类著述以外，还涉及史部要籍，据卷一所云：

> 《汉书注》一百二卷陆澄撰，宋有，隋亡。
>
> 《史通·补注篇》曰：陆澄注班《史》，多引迁《书》，此缺一言，彼增半句。采摘成注，标为异说。有昏耳目，难为披览。
>
> 《魏略》三十八卷魏京兆鱼豢撰，不著录。
>
> 《史通·题目篇》曰：鱼豢、姚察"察"宜作"最"。著《魏》《梁》二史，巨细毕载，芜累甚多，而俱牓之以"略"。《称谓篇》曰：鱼豢、孙盛等没吴、蜀号谥，呼权、备姓名。又《外篇·论古今正史》曰：魏时京兆鱼豢私撰《魏略》，事止明帝……《通典·边防门》注西夜并属疏勒……《史通·杂说篇》注引豢叙辽东公孙之败，《议》为天意数语，是知王隐之称本于鱼豢。

卷二云：

> 《齐纪》二十卷杜台卿撰，不著录。
>
> 《史通·叙事篇》曰：齐丘之犊，彰于载谶。原注云：台卿《齐纪》载谶云"首牛入西谷，逆犊上齐丘"也。

卷三云：

《春秋后国语》十卷孔衍撰，不著录。

《史通·内篇》曰：孔衍以《战国策》所书，未为尽善，乃引《太史公记》，参其异同，删彼二家，聚为一录，号为《春秋后语》。除二周及宋、卫、中山，其所留者七国秦、齐、燕、楚、三晋。而已。始自秦孝公，终于楚汉之际。比于《春秋》，亦尽二百三十馀年行事。始衍撰《春秋时国语》，复撰《春秋后语》，勒成二书，各为十卷。今行于世者，惟《后语》存焉。其书序云：虽《左氏》莫能加。世人皆尤其不量力，不度德。寻衍之此义，自比于丘明者。《国语》非《春秋传》也。必方以类聚，岂多嗤乎！

《吴历》六卷胡冲撰，不著录。

《通鉴考异》：诸葛恪以张约、朱恩等密书示滕允事，从《吴历》。又引：太平元年正月，立太祖庙。《吴志·三嗣主传》注亦引之。《通志略》入编年类。

《关东风俗传》六十三卷宋孝王撰，不著录。

《史通·书志篇》曰：宋孝王《关东风俗传》有《坟籍志》，其所录皆邺下文儒之士，雠校之司。所列书名，惟取当时撰著。《通典·食货门》载"北齐时授田无法，宋世良天保中献书，请以当家牛地先给贫人"。又"豪族种类不同，心意亦异，宋世良献书，请令散配郡国无士族之处"二事。《唐六典》注：宋孝王问先达司马膺之后魏、北齐赦日建金鸡事。

卷四云：

《秦书》三卷秦冯翊车频撰，不著录。

《史通·外篇》曰：前秦史官初有赵渊、车敬、梁熙、韦谭，相继著述。苻坚尝取而观之，见苟太后幸李威事，怒而焚之，灭其本。后著作郎董谊追录旧语，十不一存。宋武帝入关，曾访秦国事，又命梁州刺史吉翰访诸仇池，并无所获。先是秦秘书郎赵整参撰国史，值秦灭隐于商洛山，著书不辍。有冯翊车频助其经费，整卒，翰乃启频，纂成其书。以元嘉九年起至二十八年方罢，定为三卷。而年月失次，首尾不伦。

卷六云：

《建康宫殿簿》卷亡，不著录。

《史通·杂述篇》曰：若潘岳《关中》，陆机《洛阳》《三辅黄图》《建康宫殿》，此之谓《都邑簿者》也。

《吴兴山墟名》卷亡，张充之撰。不著录。

《舆地碑记目》：《吴兴山墟名》张玄之作，又云晋吴兴太守王韶之撰。

《三吴土地记》卷亡，顾长生撰。不著录。

王象之《舆地碑记目》曰：《三吴土地记》，顾长生作。

《三吴郡国志》卷亡，韦昭撰。不著录。

《舆地碑记目》曰：《吴兴录》，韦昭作。

《三秦记》卷亡，辛氏撰。不著录。

《通典·州郡门》注：谓辛氏《三秦》之类，皆自述乡国灵怪。今考诸书所引《三秦记》，如：骊山始皇祠，不斋戒往，即疾风暴雨。《续汉·郡国志》同。陈仓城石鼓山，将有兵，此山则鸣。同上。桃林塞，有军马经过，好行则休息林下，恶行则决河漫延不得过。[①]《水经·河水注》《元和郡县志·河南道》。狗枷堡，秦襄公时有天狗来，下有贼，狗吠之，一堡无患。《水经·渭水注》《艺文类聚·兽部》。骊山西北有温水，祭则得入，不祭则烂人肉。同上，又《初学记·地部》云：以三牲祭之，乃得入，可以去疾消病。陈仓山有石鸡，晨鸣山头，声闻三里。《史记·封禅书·正义》。河西沙角山，山头颓沙则鼓角鸣。《北堂书钞·武功部》。太白山下，军行鸣鼓角，则疾风暴雨兼至。《御览·地部》。昆明池钓鱼，绝纶，梦于武帝，求去其钓。《艺文类聚·宝玉部》《御览·人事部、鳞介部》。此类并涉语怪，至如龙门暴鳃点额。《史记·夏本纪·正义》。"终南"又名"地肺"。陆氏《尚书释文》。藏钩弋夫人法。殷敬顺《列子释文》。

《职贡图》一卷梁元帝撰，不著录。

张彦远《历代名画记》曰：《职贡图》一，梁元帝画外国酋渠、诸蕃土俗本末，仍各图其来贡者之状。

《外国图》卷亡，不著录。

---

① "漫延"，原作"漫近"，据《水经注》卷四《河水》改。

《通典·边防门》注：从隔巨北有国，名"大秦"，其种长大，身长五六丈。

卷七云：

《后魏方司格》一卷 不著录。

《史通·书志篇》曰：谱牒之作，中原有《方司殿格》。

《李氏谱》卷亡，不著录。

《元和姓纂》引"李叡娶同郡管袭女"句。

卷九云：

《永安故事》三卷温子升撰，不著录。

《史通·叙事篇》曰：子升取讥于君懋。原注：王邵《齐志》曰：时议恨邢子才不得掌兴魏之书，怅怏温子升，亦若此而撰《永安记》，率是支言。又《外篇·杂说》注曰：温子升《永安故事》言尔朱世隆之攻没建业也，怨痛之响，上彻天阍；酸苦之极，下伤人理。此皆语非简要，而徒积字成文，并由趋声对之为患也。

《京兆旧事》卷亡，不著录。

《群辅录》：韦氏三君，顺、豹、义……并引《京兆旧事》。

《邺都故事》卷亡，北齐杨楞伽撰。不著录。

《通典·职官门》：《邺都故事》曰：御史台在宫阙西南，其门北开，取"冬杀"之义。

《汉杂事》卷亡，不著录。

至《通典·职官门》：蒋满与其子同诏征见宣帝。

卷十云：

《咸熙元年百官名》卷亡，不著录。

又《唐六典》注：《宋百官春秋》云：常道乡公《咸熙百官名》有著作佐郎三人。

《元康百官名》卷亡，不著录。

《通典·职官门》：《元康百官名》曰：陈慎、戴熊，俱以都水使者领水衡都尉。《唐六典》亦引之。

卷十一云：

《宋废帝元徽仪注》卷亡，不著录。

《通典·乐门》：牲出入，奏《昭夏》。引《宋废帝元徽二年仪》注。荐毛血，奏《嘉荐》；降神及迎送，奏《昭夏》；饮福酒，奏《嘉胙》；就燎位，奏《昭远》；众官出入，奏《肃成》。并引《元徽三年仪注》。

《齐永明仪注》卷亡，不著录。

《通典·乐门》：就埋位，齐永明六年《仪注》：奏《隶幽》。

《梁东宫元会仪注》卷亡，不著录。

《通典·乐门》：梁天监六年，东宫新成，太子于崇正殿宴会，司马褧议。旧《东宫元会仪注》，宫臣先入，入时无乐，至上宫客入，方奏乐。又议：上官元会，奏《大壮》武舞、《大观》文舞。旧《东宫仪注》既不奏，问乐府有，恐是旧《仪注》阙。①

《陈元会仪注》卷亡，不著录。

《通典·乐门》：陈太建六年，徐陵、沈罕奏来年《元会仪注》。

《晋先蚕仪注》卷亡，不著录。

《通典·乐门》云：车驾住吹小菰，发吹大菰，菰即笳也。

《陈南北郊明堂仪注》卷亡，不著录。

《通典·乐门》：陈宣帝太建五年，诏定《南北郊及明堂仪注》。

卷十二云：

《魏晋律令》卷亡，不著录。

《唐六典》：魏氏受命，乃命陈群等采汉律为《魏律》十八篇，增汉萧何律《劫掠》《诈伪》《毁亡》《告劾》《系讯》《断狱》《请赇》《惊事》《偿赃》等九篇也。《通典·刑门》魏文诏陈群、刘劭

---

① "恐"，原误作"缀"，据《通典》卷一四七《乐门》改。

等定《魏新律》十八篇，《州郡令》四十五篇，《尚书官令》《军中令》合百八十馀篇。颜师古《匡谬正俗》问曰：今官曹文案于纸缝上署记，谓之"欺缝"者，何也？答曰：此语言元出《魏晋律令》。

《齐永明律》八卷宗躬撰，不著录。

《通典》曰：齐武帝令删定郎王植之集注张、杜旧律，合为一书，凡千五百三十馀条。事未施行，其文殆灭。《唐六典》曰：宋及南齐律之篇目及刑名之制略同晋氏。

《晋故事》三十卷贾充等撰，不著录。

《唐六典》曰：晋贾充等撰律、令，兼删定当时制、诰之条，为《故事》三十六卷，《通典》卷同。与《律》《令》并行。

卷十三云：

《孝子传》三卷徐广撰，不著录。

《史通·杂述篇》曰：若刘向《列女》，梁鸿《逸人》，赵采《忠臣》，徐广《孝子》，此之谓别传者也。

《梁冀传》二卷不著录。

《通典·职官门》：元嘉二年，加冀礼仪。

《扬雄家牒》卷亡，不著录。

《史通·杂述篇》曰：若《扬雄家牒》《殷敬世传》《孙氏谱记》《陆宗系历》，此之谓家史者也。

《荀氏家传》十卷荀伯子撰，不著录。

《通典·职官门》注荀爽白衣登三公……

《祖氏家传》卷亡，不著录。

《元和姓纂》：《祖氏家传》曰：祖崇之，娶东阳元旋女。

可知《隋经籍志考证》所增补著录史籍中涉及正史、地理类以外的史籍有三十六部，约占增补著录史籍总数六百二十六部的6%。虽然依据这部分典籍增补著录的史籍较少，但是征引的史籍有《史通》《唐六典》《通典》《群辅录》《元和姓纂》《通鉴考异》《通志略》《舆地碑记目》，既有唐人著述，又有宋代典籍。这也从一个方面证明以上这些现已亡佚的典籍至迟在两宋时期仍然存世。

　　另外史部即是在魏晋南北朝时期从经部分出的，而由于《隋经籍志考证》一书仅存史部，这势必导致引用的经部书籍较少，不过还是有一些经部典籍被引用。正因为经部与史部的渊源关系，故此将《隋经籍志考证》中所涉及的经部典籍在此加以分析，据卷三所云：

> 《春秋后国语》十卷孔衍撰，不著录。
> 《说文系传》引"牵受推靻""仪不如秦"二语……

卷六云：

> 《晋宫阁名》卷亡，不著录。
> 《诗·豳风·正义》：华林园中有车下李三百一十四株、萋李一株。
> 《嵩山记》卷亡，卢元明撰。不著录。
> 《禹贡·山水》《释地》：嵩山石室有自然经书，自然饮食。又：山有玉女台。
> 《交州记》卷亡，刘欣期撰。不著录。
> 《左传·宣公·正义》：犀，其毛如豕，骥有甲，头如马……《广韵》注：鸂䴋，水鸟，黄喙，喙长尺馀，南人以为酒器。
> 《浔阳记》卷亡，张僧鉴撰。不著录。
> 《尚书·禹贡·正义》：一曰乌白江，二曰蚌江，又见本篇：一曰乌江，二曰乌白江。三曰乌土江，四曰嘉靡江，五曰畎江，六曰源江，七曰廪江，八曰提江，九曰箘江。

卷十一云：

> 《汉礼器制度》卷亡，不著录。
> 《仪礼·士丧礼疏》引郑注：凌人曰：《汉礼器制度》：大盘广八尺，长一丈二尺，深三尺，漆赤中。《续汉·礼仪志》注同。《周礼·天官疏》曰：叔孙通前汉时作《汉礼器制度》，多得古之周制，故郑君依而用之也。《夏官疏》曰：冕体，《周礼》无文，叔孙通作《汉礼器制度》，取法于周，今还取彼以释之。案：彼文凡冕以版，

广八寸，长尺六寸。《仪礼·冠仪疏》《左传·桓公正义》同引之……并引胡广
《汉制度》。

可知《隋经籍志考证》所增补著录史籍中涉及经部的史籍有六部，仅约
占增补著录史籍总数六百二十六部的1%。可是所依据的经部典籍有《尚
书》《诗经》《周礼》《仪礼》《左传》等重要经书，还有《说文系传》
《广韵》等经部小学类书籍，因此说《隋经籍志考证》虽然涉及经部的史
籍很少，但还是有一定涉及面的。

（五）

《隋经籍志考证》所增补的史籍还有一些涉及子部，其中所依据的唐
宋时期修撰的类书为主要部分，据卷一所云：

> 《魏略》三十八卷魏京兆鱼豢撰，不著录。
> 《太平御览·人事部》引短人国事……

卷二云：

> 《干宝晋纪注》六十卷刘协撰，不著录。
> 《太平御览·设官部》引"李胤母丧，①拜金紫光禄大夫，给吏
> 卒，门施行马"。一事，题刘彤注。
> 《晋纪》卷七，裴松之撰。不著录。
> 《北堂书钞·设官部》：江彪三为选官，少有荐举。题松之《晋
> 纪》。
> 《晋录》五卷不著录。
> 《北堂书钞·设官部》：鲁芝清约俭啬，上赐绢三百四。袁奥行
> 谊优异，可从九卿崇重。杨泉清操自然，诏拜郎中。鲁芝素无华宅，
> 使军兵作屋五十间。《艺文类·聚菓部》：咸宁中，嘉瓜同蒂，生于

---

① "胤"，原避讳作"允"，径改，下同。

成都。《白帖》卷二十一《咸宁二年制》：故太保王祥、司空王基，①各赐绢五百匹。共引《晋录》六事，无撰名。

《宋纪》三十卷齐竟陵王司徒参军王智深撰，不著录。

《初学记·人部》：诏征士周绩，立学于东陵。又：宋明帝委貌与珪璧等质。孔淳之与释法崇为得意之交。《居处部》：氐人杨难当居仇池。《器物部》：刘彦笵举兵僧作舰艓。《宝器部》江湛举汪微为吏部郎，不受。《太平御览·礼仪部》：齐宣帝坟茔有云气。《服章部》：明帝用冕服诏。《兵部》：孝武使沈攸之伐刘诞，龙骧将军卜天生推车塞堑。《人事部》：高祖诏谢景仁，须至乃殂。

卷三云：

《春秋后国语》十卷孔衍撰，不著录。

《初学记·政理部》：秦穆公将兄三人囚于内官。《州郡部》：董安于之治晋阳，公宫之垣皆以荻蒿。《御览·州郡部、百井部》《寰宇记·河东道》，引之尤详。《白帖》卷十：田婴嬖妾，五月五日生子文。卷十四：秦师临周，以求九鼎，颜率请救于齐。皆记战国时事。"秦穆公"，当是"秦襄王"之讹。他书征引，亦无一语涉及刘、项……《太平御览·州郡部》：苏秦说魏襄王，曰：西有长蛇之城。原注曰：《史记》作"长城之地"。《学部》：苏秦夜发书，得《周书阴符》。原注：《战国策》云：得《太公阴符》之谋。《木部》：夫树杨横之则生，折而树之又生。原注：《战国策》曰：夫杨，横树之亦生，倒树之亦生。说不同，故存之也。此其字句可考《国策》《史记》之异。《御览》共引六十馀事。其注文既征同异，复释词义，如《州郡部》：殷殷輷輷，注：车马声也，"輷"，火宏切。《服章部》：魏太子击逢田子方于朝歌。注：朝歌，纣之所都，今卫州。《疾病部》：君有疾，在腠理。注：腠理，皮肤也。《珍宝部》：醮而出不意。注：醮，谓祭，盟誓之类也。未知此注为衍本注，抑李昉等所增。

《献帝传》卷亡，不著录。

---

① "卷二十一"，原误作"卷十六"；"故"，原误作"改"，皆据《白氏六帖》卷二一《太保》改。

《艺文类聚·服饰部》：尚书令王允与太史令王立，日为帝诵《孝经》。并引《献帝传》，无撰人名。惟《初学记·鸟部》引"兴平元年，益州蛮夷献鹦鹉，诏付安西将军杨定，令归本土"一事，题刘艾《汉帝传》。愚按：《太平御览·车部》引《献帝传》：董卓以地动问蔡邕，邕言：公乘青盖车，远近以为非宜。

《九州春秋抄》一卷刘孝标注，不著录。

《太平御览·兵部》引《九州春秋》：袁绍遣朱灵攻李雍。注曰：灵，字文专。又：公孙瓒曰：今吾诸营楼楠千里。注曰："楠"即"橹"字，见《说文》。

《魏阳秋异同》八卷孙寿撰，不著录。

《御览·兵部》公孙瓒为辽东属国长史事，又称《三国异同传》。

《魏世谱》卷亡，不著录。

《太平御览·皇王部》，引《魏世谱》无撰人名。

《汉末传》卷亡，不著录。

《北堂书钞·武功部》：蜀丞相亮出军围祁山，粮尽引去，张合追之，伏弩射合死。《衣冠部》：先主取成都，大会作乐，取刘璋所藏金玉、宝玦赐功臣。二事并引《汉末传》，无撰名。愚按：《太平御览·兵部》引袁希之《汉表传》三事，郭典为巨鹿太守，与董卓攻黄巾贼。又费祎持节诱纳降附，岁首行酒被刺，薨。又丞相亮围祁山事。其载丞相围祁山与《书钞》同，疑《汉表传》即《汉末传》。

《王闳本事》卷亡，不著录。

《太平御览·人事部》：闳为琅琊太守，张步欲诛之，闳堕车折齿，移病归，遂得免。

《石崇本事》卷亡，不著录。

《艺文类聚·服饰部》：崇有珊瑚如意，长三尺二寸。

《年历》六卷皇甫谧撰，不著录。

《艺文类聚·天部》：日者，众阳之宗，阳精外发，故日以昼明，名曰"曜灵"。月，群阴之宗，光内日影以宵曜，名曰"夜光"。二事引皇甫谧《年历》。《太平御览·天部》同。

卷四云：

《秦书》三卷秦冯翊车频撰，不著录。

《世说·识鉴篇》注引：苻坚本姓蒲，祖父洪诈称谶文，改曰苻。与裴景仁《秦记》同，而增"诈称"书法。苻坚背赤色有隐起，若篆文。《御览·人事部》亦引之。坚六岁戏于路，司隶徐正见而异焉。《御览·人事部》作"徐统"。《赏誉篇》注：释道安为慕容晋所掠，竺法汰渡江，至扬州土……《北堂书钞·武功部》：苻登刻兜鍪作"死休"字，示士必死为度。故战所向无前。又：苟苌围襄阳，①作飞云车以攻城，②克之。二事《御览·兵部》引同。苻坚立，有黄云五色，回绕台观，时以为景云。《御览·天部》曰：时以为瑞，赐民酺五日。《初学记·武功部》：苻坚使熊邈造金银细镂镫，金为縆以缥之。《艺文类聚·山部》：慕容评拒王猛，恒卖水与军人，众思为乱，猛因败之。《人部》：苻坚时，民歌曰"长安大街，两旁种槐"。《开元占经》载：苻生寿光三年、苻坚建元八年、九年，星变，并引车频《秦书》。"频"作"颖"。《太平御览》引十九事。

《邺洛鼎峙记》十卷不著录。

《太平御览·宗亲部》：卢道虔后妻元氏升堂讲《老子道德经》，虔弟元明隔纱帷以听之。

卷五云：

《晋武帝起居注》卷亡，不著录。

《北堂书钞·设官部》：司马璞贞固和祥，有识见才干，以为冗从仆射。《太平御览·皇亲部》：诏曰：今出掖庭才人、妓女、保林已下二百七十馀人。《职官部》：豫州刺史胡威，忠贞质直，思谋深沉，其以威监军，刺史如故。又：东安王世子瑾，贞固和祥，有识见才干，以为冗从仆射。此事与《书钞》当是一事，《书钞》名璞，须考。

《晋康帝起居注》卷亡，不著录。

《北堂书钞·设官部》《太平御览·职官部》：《晋康帝起居注》曰：尚书，万事之本，朕所责成也。而廪秩俭薄，甚非治体。今虽军

---

① "苟苌"，原作"苻苌"，据《北堂书钞》卷一二六《武功部》改。
② "以"字原无，据《北堂书钞》卷一二六《武功部》增补。

国多费，不为元凯惜禄，其依令仆给尚书各亲信五十人廪赐。

《晋孝武起居注》卷亡，不著录。

《艺文类聚·储宫部》：上临轩，设悬而不乐，遣司空谢琰纳太子妃王氏。《御览·皇亲部》引有诏语。赐文武布绢，百官诣上东门上礼。《太平御览·皇亲部》：纳采，聘太子妃，百官会于新安公主第，秘书监王操之为主人。并引《晋孝武起居注》。

《晋永安起居注》卷亡，不著录。

《初学记·服食部》：《晋永安起居注》曰：太康四年，有司奏鄯善国遣子元英入侍，以英为骑都尉，佩假归义侯印，青紫绶各一具。愚按：《隋》《唐志》无《晋永安起居注》，所记又太康事，恐误。

《宋起居注》不著录。

《初学记·礼部》云：今太庙太极，既以随时。明堂之制，国学之南，地实京邑，爽垲平畅，足以营建。《服食部》：泰始二年御史中丞羊希奏：山阴令谢沈亲忧未除，常著青绛裌衫，请免沈官。《宝器部》：泰始二年，嘉莲一双，骈花并实，合树同茎。《鸟部》：元嘉十三年，阳羡县民送白鸟，皓质洁映，有若辉璧。《太平御览·职官部》：元嘉中，以散骑常侍荀伯子为太子仆。永初中，以徐佩为太子后卫率。《兵部》：刘道符露布曰：七月二十五日，部率众军虎士攻城，逆贼程天祚等穷迫乞降。又：泰始二年，有司奏贼帅刘胡等从南城兰道来攻营。《服用部》：河西王沮渠蒙逊献青头黛百斤。《四夷部》：孝建二年七月二十日，盘盘国王遣使奉献金银、琉璃、诸香药等物。八月二十日，陁利国王遣使表奉献方物。《果部》：元嘉十八年，有司奏扬州刺史王浚州治后池有两莲骈生。十六年，华林有双莲同干，并引《宋起居注》。愚按：此书不著年号，总记宋事，似仿刘道会《晋起居注》之例，然《隋》《唐志》皆不著录，无从考其卷数。《御览·服用部》又引刘祯奏韦朗事，与《元嘉起居注》同。

《梁天监起居注》卷亡，不著录。

《太平御览·地部》：庐陵太守王希聘于玉笥山获剑二口。

《梁起居注》卷亡，不著录。

《太平御览·休征部》：《梁起居注》曰：大同六年九月，始平献嘉禾一茎七穗。

卷六云：

《洛阳宫舍记》卷亡，不著录。

《初学记·居处部》：有万春、千秋门。并引《洛阳宫舍记》。《太平御览·珍宝部》：宫中有林商等观，①皆云母置窗里，日照之，炜炜有光。此称《洛阳宫殿记》。

《洛阳故宫名》卷亡，不著录。

《初学记·居处部》：洛阳南宫有玉堂前殿、黄龙殿、翔平殿、竹殿。《艺文类聚·居处部》：侍中庐在南宫中。《太平御览·居处部》：有郤非殿、铜马殿、敬法殿、清凉殿，有飞兔门、含章门、建礼门、广怀门。并引《洛阳故宫名》……《初学记·居处部》：洛阳宫有嘉德殿。《艺文类聚·居处部》：洛阳有望舒凉室。并称《洛阳宫殿名》。

《洛阳记》卷亡，华延儁撰。不著录。

《北堂书钞·乐部》：端门内有大钟，正朔大会击之，声闻二十里。《初学记·桥部》：城西车马桥，去城三十里……《太平御览·服用部》城十八观，皆笼云母幌。

《汉宫殿名》卷亡，不著录。

《太平御览·居处部》：长安有宣平、覆盎、万秋、宣德、元城、青绮、仁寿等门。《艺文类聚·初学记、居处部》并引之。洛阳有泰夏、阊阖、西华、万春、苍龙、长秋、景福、丙舍、鸿都、濯龙等门。又：神明台，高五十丈，上有九室。并引《汉宫殿名》……《艺文类聚·居处部》：洛阳故北宫有九子坊。并称《汉宫阙名》。《初学记·居处部》：长安有馺娑宫、宜春宫，有玉堂殿、铜柱殿。并称《汉宫阙名》。

《汉宫阙疏》卷亡，不著录。

《北堂书钞·舟部》：武帝昆明池作豫章大船。称《汉宫室疏》。

《晋宫阁名》卷亡，不著录。

《初学记·居处部》：有尧母堂、永光堂、长寿堂，洛阳有承明门、崇礼门。《御览·居处部》所引多类此。并引《晋宫阁名》。"阁"或作

---

① "林商"，原作"林同"，据《太平御览》卷八〇八《珍宝部》所引《洛阳宫殿记》改。

"阙"。又《选》注："名"或作"铭"，乃字误。《北堂书钞·舟部》：灵芝池内有鸣鹤舟、指南舟。《艺文类聚·舟车部》：天渊池中有紫宫、升进、跃阳、飞龙等舟。《初学记·器物部》《御览·舟车部》。并引《晋宫阁记》。

《河南十二县境簿》卷亡，不著录。

《初学记·居处部》：晋有平乐、鹿子、桑梓诸苑。原注：《晋官阁名》并列。又曰：洛阳城西有桑梓苑。《御览·居处部》句上有"曰：河南县有鹿子苑"一句。

《三辅官殿名》卷亡，不著录。

《艺文类聚·居处部》、《太平御览·居处部》：未央宫有麒麟殿、椒房殿。又：长乐宫前殿、宣德殿、通光殿、高明殿。并引《三辅官殿名》。又：长乐宫有临华台、神仙台。并引《三辅官殿簿》。

《建康宫殿簿》卷亡，不著录。

《太平御览·居处部》引《建康宫殿簿》十馀事，其言陈永初中于台城中起昭德、嘉德、寿安等殿。

《续述征记》卷亡，郭缘生撰。不著录。

《初学记·地部》：东莱温泉。《州郡部》：彭城五沟。并称郭缘生《续述征记》。

《吴地记》卷亡，董贤撰。不著录。

《初学记·地部》：伍子胥庙，《太平御览》：富春阳城山、姑苏山、砚石山、香山、定山、曲阿、南武城、袁山松城，并引董贤《吴地记》。

《分吴会丹阳三郡记》二卷不著录。

《太平御览·人事部》：土城者，勾践时得西施，郑旦作土城贮之。《兵部》：卞山者，勾践于此山铸铜。《礼仪部》：种山，大夫种所葬也。并引《吴会分地记》。

《吴郡地理记》卷亡，王僧虔撰。不著录。

《太平御览·逸民部》：王僧虔《吴郡地理记》曰：处士陆著，汉桓、灵间，州府交辟，不就。临卒，诫诸子弟云："勿苟仕浊世。"子弟遵训，终身不仕，并有盛名。

《吴郡缘海四县记》卷亡，不著录。

《太平御览·地部》：叶海有会骸山，传云：山有金牛，昔有兄弟三人共凿求之，坎崩同死，因以为名。并引《吴郡缘海四县记》。

《吴郡临海记》卷亡，不著录。

《太平御览·地部》：《吴郡临海记》曰：虞县有穿山，下有洞穴，昔有在海中行者，举帆从穴中过。

《徐地录》一卷刘芳撰，不著录。

《北堂书钞·艺文部》：徐州有秦始皇碑。《地理部》：延陵县南有茅君山。《太平寰宇记·河南道》：合乡故城，古之互乡。又云：后汉承宫躬稼于蒙山。并引刘芳《徐州记》。

《南兖州记》一卷阮升之撰。不著录。

《太平御览·地部》：瓜步山东五里有赤岸山。《州郡部》：南兖州地有监亭一百二十三所。《寰宇记·淮南道》同。盱眙，春秋时善地道。

《兖州记》卷亡，荀绰撰。不著录。

《世说·文学篇》注：袁准有俊才，太始中位给事中。《北堂书钞·设官部》《艺文类聚·职官部》《御览·职官部》并同。

《会稽记》卷亡，孔灵符撰。不著录。

《艺文类聚·山部》：赤城山南有天台灵岳、玉石璇台，又：余姚县南百里有太平山。又：会稽山南有宛委山。又：射的山西南水中有白鹤。《太平御览·地部》：诸暨县西北有乌带山，上虞有龙头山。并引孔灵符《会稽记》。《初学记·地理部》：四明山高峰轶云，连岫蔽日。称孔晔《会稽记》。《御览·地部》：始宁县坛燕山、剡县白石山、玺山大夫种墓、诸暨罗山、陈音山、铜牛山、赤城山、亭山、永兴县洛思山、城西门怪山，《居处部》：重山南白楼亭，并称孔晔《会稽记》……《艺文类聚·山部》引涂山、土城山、秦望山三事，称孔皋《会稽记》。"皋"乃"晔"字之讹。

《会稽郡十城地志》卷亡，不著录。

《太平御览·礼仪部》：上虞县东南古冢，砖题文曰："居在本土，厥姓黄，卜葬于此大富强，《易》卦吉，《龟》卦凶。"此引《会稽郡十城地志》。

《荆州记》卷亡，庾仲雍撰。不著录。

《艺文类聚·居处部》：秭归县有屈原宅、女须庙，捣衣石犹存。《太平御览·居处部》同。《地部》：巴楚有明月峡、广德峡、东突峡，今谓之巫峡、秭归峡、归乡峡。并引庚仲雍《荆州记》。

《荆州记》卷亡，范汪撰。不著录。

《艺文类聚·居处部》：宛有三女楼、伍子胥宅。又云：安昌里有光武宅，枕白水，所谓龙飞白水也。《太平御览·服用部》：安成郡今属江州，出桃枝席。《兽部》：夷陵县峡口，猿鸣至清远。并引范汪《荆州记》。

《荆州土地志》卷亡，不著录。

《艺文类聚·舟车部》：桓宣穆遣人寻庐山，上有一湖，中有败艑。《菓部》：宜都出大枇杷。并引《荆州土地志》，不著撰名。

《荆州记》卷亡，刘澄之撰。不著录。

《初学记·地部》：刘澄之《荆州记》曰：华容县东南有云梦泽，一名巴丘湖，荆州之薮也。

《南岳记》卷亡，徐灵期撰。不著录。

《艺文类聚·居处部》：南岳有飞流坛、曲水坛。《御览·居处部》同。《服饰部》：衡山之冈有石室，有刀锯、铜铫及瓦香炉。《太平御览·地部》：当翼、轸度、机衡，谓之衡山。并引徐灵期《南岳记》。

《庐山记》卷亡，张野撰。不著录。

《艺文类聚·山部》：张野《庐山记》曰：庐山天将雨则有白云，或冠峰岫，或亘中岭，俗谓之山带，不出三日必雨。

《庐山记》卷亡，周景式撰。不著录。

《艺文类聚·山部》：周景式《庐山记》曰：匡俗，周威王时，生而神灵，庐于此山，世称卢君，故山取号焉。

《勾将山记》卷亡，袁山松撰。不著录。

《御览·地部》：尧时大水，此山不没，如筐，因名焉。并引袁山松《勾将山记》。

《太山记》卷亡，不著录。

《艺文类聚·木部》：山南有太山庙，柏树千株。长老传云，汉武所种。并引《太山记》。《太平御览·地部》引太山天门、日观、秦观、吴观、周观诸岫，语与《汉官仪》同。

《罗浮山记》卷亡，袁彦伯撰。不著录。

《太平御览·居处部》：袁彦伯《罗山疏》曰：仰望石桥，渺然在云中。

《登罗山疏》卷亡，竺法真撰。不著录。

《太平御览·香部》：旃檀、沉香。《羽族部》越王鸟、五距鸟。《兽部》增城县牛潭。《虫豸部》金花虫。《竹部》筋竹。并引竺法真《登罗山疏》。

《名山略记》卷亡，不著录。

《艺文类聚·山部》：天台山在剡县，即是众圣所降。

《南方夷物记》卷亡，不著录。

《艺文类聚·宝玉部》：玳瑁如龟，生南方海中，大者如蘧蒢。

《荆扬已南异物志》卷亡，薛莹撰。不著录。

《太平御览·果部》：楪子树产山中，实似李，冬熟，味酸。丹阳诸郡育之。

《异物志》一卷陈祁畅撰，不著录。

《太平御览·果部》甘蔗、益智、楠子、余甘、三廉，《百卉部》菖蒲。

《异物志》卷亡，曹叔雅撰。不著录。

《艺文类聚·水部》：庐陵城中有一井，水灰汁，取作粥，皆作金色，土人名灰汁为金，故名为"金井"。此引曹叔雅《异物志》。

《益州记》卷亡，任豫撰。不著录。

《艺文类聚·礼部》：文翁学堂在大城南，昔经火灾，蜀郡太守高胜修复缮立，图画圣贤古人之象及礼器瑞物。此事可与李膺《益州记》互证，《御览·礼仪部》同引之。《初学记·地部》：郫江，大江之枝也，亦曰涪江，亦曰湔水。《太平御览·地部》：广平有石纽林，禹生处也。并引任豫《益州记》……《北堂书钞·酒食部》益州有卓王孙井，旧常于此井取水煮盐。

《广州记》卷亡，裴渊撰。不著录。

《北堂书钞·仪饰部》：南海豪富女子，以金银为大钗，执以叩铜鼓，故号为"铜鼓钗"。《初学记·道释部》：桂父常食桂叶，一旦与乡曲别，飘然入云。

《广州记》卷亡，顾微撰。不著录。

《艺文类聚·山部》：白水山、牛鼻山、夫卢山、金刚山、参里山、郁林郡太山。《白帖》同。

《广州记》卷亡，刘澄之撰。不著录。

《太平御览·地部》：刘澄之《广州记》曰：新城县东俱山，山上有湖，湖中有白鹅一只，时时飞来，不可常见。

《湘州记》卷亡，甄烈撰。不著录。

《太平御览·地部》：石燕山，石形似燕，大小如一，山明云净，即翩翩飞翔。《州郡部》：宋大明中，① 望气者云：湘东有天子气，遣日者巡视，斩冈以厌之。

《冀州记》卷亡，荀绰撰。不著录。

《北堂书钞·设官部》：裴康，字仲预，楷，字叔则。并为名士。

《秦州记》卷亡，郭仲产撰。不著录。

《太平御览·州郡部》：仇池山，一名仇维山，上有池似覆壶。

《沙州记》卷亡，段国撰。不著录。

《艺文类聚·地部》龙涸北四十里有白马关。《初学记·地部》：吐谷浑于河上作桥，谓之河厉。《太平御览·地部》：羊鹘山多石少树木，甚似鲁国邹山。《人事部》：国人年五十以上齿皆落，将因地寒多障气也。

《交州记》卷亡，刘欣期撰。不著录。

《艺文类聚·山部》：浮石山在海中，时高数十丈，浮在水上。《太平御览·刑法部》：居风山去郡四里，山有金牛，夜出光耀数十里。

《扬州记》卷亡，刘澄之撰。不著录。

《初学记·地部》：吴县有松江，自吴入海，今苏州。又：新城县东有俱山，山上有湖，湖中有白鹅一只，时时飞来，不可常见。新城县事，《御览·地部》作"刘澄之《广州记》"，② 须考。《太平御览·天部》娄县有马鞍山，天将雨，辄有云来映此山，出云应之，乃大雨。

《江州记》卷亡，刘澄之撰。不著录。

《初学记·地部》：刘澄之《江州记》曰：兴平县蔡子池南有石穴，深一百许丈，石色青，堪为书研。《御览·地部》同。

---

① "宋"，原作"荆"，据《太平御览》卷一七一《州郡部》所引《湘州记》改。
② "部"字原无，据上下文补。

《豫州记》卷亡，刘澄之撰。不著录。

《初学记·地部》：刘澄之《豫州记》曰：陈县北有芍陂湖，魏将王陵与吴张休交战处也。又云：城父县有巢湖，湖周五里，中有三山，南有四鼎山。《御览·地部》同。

《梁州记》卷亡，刘澄之撰。不著录。

《初学记·地部》：刘澄之《梁州记》曰：关地西南百八十里有白水关，昔李固解印绶处……《北堂书钞·地理部》：《仙人唐公房祠碑》。《艺文类聚·兽部》同。又：南郑城沂汉上，水边有汉武堆。《艺文类聚·水部》明月池南二里有七女池。

《洺州记》卷亡，不著录。

《初学记·州郡部》：龙岗县西北有百峰山。

《苏州记》卷亡，不著录。

《太平御览·居处部》：周文学科孔子弟子言偃宅，在常熟县西。《人事部》：通贤桥东有吴丞相顾雍宅。

《丹阳记》卷亡，山谦之撰。不著录。

《初学记·地部》：大长安道西张子布桥者，本张子布宅处也。

《三齐略记》卷亡，不著录。

《初学记·地理部》：始皇作石桥，有神人驱石下海，鞭石流血。《御览·天部》同。

《齐地记》二卷晏谟撰，不著录。

《初学记·州郡部》：石塞堰，武帝时造。并引晏谟《齐记》。《寰宇记》亦多引之。

《齐记》卷亡，伏琛撰。不著录。

《初学记·天部》：安丘城南雹都泉，出雹。《太平御览·礼仪部》：朱虎城东有魏独行君子《管宁墓碑》、魏征士《邴原墓碑》……《御览·居处部》琅琊台始皇碑，称伏滔《地记》。

《齐地记》卷亡，解道康撰。不著录。

《太平御览·天部》：解道康《齐地记》曰：齐有不夜城，盖古者有日夜中燃于东境，故莱子立此城，以"不夜"为名。

《职贡图》一卷梁元帝撰，不著录。

《艺文类聚·杂文部》引梁元帝《职贡图·序》，《巧艺部》引《职贡图·赞》。

《交广二州记录》一卷王范撰，不著录。

《艺文类聚·地部》：建安二年，拜张津交州牧，锡彤弓、彤矢，与中州方伯齐同。此称苗恭《交广记》。《太平御览·州郡部》：秦改附庸为乡都。《职官部》：秦改州牧为刺史，朱明之月出巡行部，玄英之月还，诣天府表奏。此称黄恭《交广记》。又《职官部》：合浦士尹牙为郡主簿事。作黄义仲《交广二州记》。

《十三州记》卷亡，黄义仲撰。不著录。

《艺文类聚·地部》：苗恭《广交记》：建安二年，交趾太守士燮表言："伏见十二州皆称曰州，而交独为交趾刺史，何天恩不平乎？若普天之下可为十二州者，独不可为十三州？"诏报听许。拜南阳张津交州牧，锡弓矢，与中州方伯同，自津始也。

《浔阳记》卷亡，张僧鉴撰。不著录。

《初学记·地部》：鸡笼山下涧中，有数十处累石，若有人功，朝夕有涌泉溢出，号为"潮泉"。

《南康记》卷亡，邓德明撰。不著录。

《初学记·政理部》：雩都县土壤肥沃，偏宜甘蔗，郡以献御。

《南康记》卷亡，王韶之撰。不著录。

《初学记·地理部》：雩都县有君山，大风雨后闻弦管声，其山谓之"仙宫"。《艺文类聚·地部》：湘源有长濑，其傍石或像人形，土人名为"令史"。《山部》：宁都溪西有一山，状如鼓，相传谓之"石鼓"。《太平御览·地部》：归美山，山石红，丹赫若采绘，名曰"女娲石"。并引王韶之《南康记》。《御览·地部》：赤石山、峡山、宫山三事，皆语涉唐天宝，则邓、王所记外别有一《南康记》。

《关中记》一卷潘岳撰，不著录。

《北堂书钞·礼仪部》：汉诸陵皆高十二丈，惟茂陵高十四丈。《乐部》：秦始皇在骊山，运石于渭南诸山，故其歌曰："运石渭南岭，渭水为不流。"

《湘中记》卷亡，罗含撰。不著录。

《艺文类聚·山部》：南阳刘遗民尝游衡山，行数十里有绝谷，不得前，遥望见三石囷，二囷闭，一囷开。《初学记·地理部》：衡山、九疑皆有舜庙，太守至官，常遣户曹致敬修祀，则如有弦歌之声。

《湘中记》卷亡，庚仲雍撰。不著录。

《艺文类聚·山部》：庚仲雍《湘中记》曰：桂阳郴县东北有马岭山，苏耽所栖游处，因而得仙。后见耽乘白马还，此山因名"马岭"。

《始兴记》卷亡，王歆之撰。不著录。

《初学记·地部》：灵水源有温涌泉，溜如沸汤，有细赤鱼出游，莫有获之者……《艺文类聚·地部》：有贞女峡，峡西岸有石，状如女子。又芙蓉冈，高若玉山，邻枕郊郭，周四十馀里。二事又见《御览·地部》。

《钱塘记》卷亡，刘道真撰。不著录。

《艺文类聚·水部》：明圣湖在县南，去县三里，父老相传湖有金牛。《初学记·地部》：去邑十里有诏息湖，相传秦始皇巡狩，经涂暂憩，因以"诏息"为名。《太平御览》：石姥山有一石甑，大数十围。《器物部》同。灵隐山有方穴，昔有人采钟乳见龙迹。《药部》同。《珍宝部》：县东南有岘山，相传采金于此。《木部》：灵隐山四布似莲花，中央生谷树，甚高大。

《东阳记》卷亡，郑缉之撰。不著录。

《艺文类聚·水部》：北山有湖，为徐公湖。《北堂书钞·武功部》：岑山每至云雨冥晦，辄闻鼓音。《太平御览·居处部》石步廊去歌山十里，临流虚构，可容百人坐。《乐部》：晋中朝有王质者，入山伐木，至石室，见童子四人弹琴而歌，质听。俄顷，所坐斧柯烂尽。

《宣城记》卷亡，纪义撰。不著录。

《文选·重答刘秣陵书》注：临城县南四十里盖山，有舒姑泉。《艺文类聚·水部》《御览·地部》同……《艺文类聚·鸟部》：侍中纪昌睦初生，有白燕一双出屋，既表素质，宦途亦通。《御览·羽族部》同。《北堂书钞》：江矩，吴时为庐江太守，清俭，征还，船轻，皆以载土。《御览·地部、礼仪部》同。

《安城记》卷亡，王烈之撰。不著录。

《初学记·天部》：县人谢廪，行田遇神人，曰：汝无仙骨。《人事部》：县有孝子符表，母死恸殒，葬于四望冈，太守王府君表其墓。

《神境记》卷亡，王韶之撰。不著录。

《太平御览·地部》：荥阳县兰岩山有双鹤，传云昔有夫妇隐此山，化成鹤。《羽族部》同。又：九嶷有青洞，中有黄色莲花，芳气竟谷。《人事部》：荥阳有灵源山，有石髓紫芝。《百卉部》同。

《武陵记》卷亡，黄闵撰。不著录。

《太平御览·地部》：周陂，周迥数百顷，清波澄映，洲屿相望。《乐部》：有绿萝山侧明月池，碧石潭澄徹百尺。《北堂书钞·乐部》并引。

《宜都记》卷亡，袁山松撰。不著录。

《艺文类聚·地部》：自西陵泝江西北行三十里，入峡口，其山周迥，隐映如绝，复通高山重嶂，非日中夜半不见日月也。《初学记·地部》：对西陵南岸有山，其峰孤秀，自山南上至顶，俯临大江如萦带，视舟船如凫雁。并引袁山松《宜都记》。《初学记·地部》：郡西北陆行三十里，有丹口，天晴山岭忽有雾起，不过崇朝雨必降。此称《宜都山川记》。《北堂书钞·天部》：郡西北有丹山，天晴山岭有霞忽起。此即《初学记》所引，而称《宜都记》，省"山川"二字。《艺文类聚·兽部》亦引《宜都山川记》。

《古今地名》三卷不著录。

《艺文类聚·居处部》：河南有鼎门，九鼎所定。《初学记·州郡部》：韩武子食采于韩原。

《汝南记》卷亡，杜预撰。不著录。

《初学记·人事部》：李充妻谓充分异独居，告母叱遣事，引杜预《汝南记》《御览·人事部》同。

《永嘉记》卷亡，郑缉之撰。不著录。

《初学记·地部》：郑缉之《永嘉记》曰：怀化县有蒋公湖，父老传云，先代有祭祀所祈请者，湖辄下大鱼与之。《文部》：砚溪，一源中多石砚。《北堂书钞·艺文部》同。《艺文类聚·山部》有柘林，有梧桐水，有桃枝水。

《南中八郡志》不著录。

《艺文类聚·果部》：槟榔，土人以为贵，款客必先进，若邂逅不设用，相嫌恨。

《陇西记》卷亡，不著录。

《太平御览·地部》：襄武有锦镜峡，即黑水所经。其峡四望，花木明媚，照影其中，因以称之……此引《陇西记》。又《地部》云：武都县紫水有泥，其色赤紫而粘，贡之用封玺书，故诏诰有紫泥之美。

《江陵记》卷亡，伍端休记，不著录。

《太平御览·地部》：州城北有楚平王冢、枝江斑竹岗又有平王冢，未知孰是？又云：城西北有大林……又云：州城东有曹公林，建安十三年，曹操师顿此林，因谓"曹公林"。

《濑乡记》卷亡，崔元山撰。不著录。

《文选·新刻漏》注：《老子母碑》：《艺文类聚》诸书所引，皆记老子事其母，碑文称"孝文圣母李夫人碑"。《类聚·兽部》又《御览·人事部》。

《征齐道里记》卷亡，丘渊之撰。不著录。

《太平御览·时序部》：丘渊之《征齐道里记》曰：城北十五里有柳泉，苻朗常以为解禊处。①《北堂书钞·岁时部》同。《地部》：太山有延陵儿冢，称丘渊之《齐记》。又：黄丘有鸎鷰岘，称渊之《齐道记》。

《寿阳记》卷亡，宋王元谟撰。不著录。

《御览·时序部》：明义楼南有明义井，引宋王元谟《寿阳记》。

《江乘记》卷亡，不著录。

《初学记·地部》：县东南四十里有汤泉，半冷半温，共同一壑，谓"半汤泉"。《艺文类聚·草部》：樵采者常于山上得空青，此山朝出云，零雨必降，民以为常占。《北堂书钞·地理部》：城东四十五里竹里山，涂所经，甚倾崄，行者号为"翻车岘"。并引《江乘记》。

《仇池记》卷亡，不著录。

《太平御览·居处部》：城东有苜蓿园，此称郭仲产《仇池记》。

《北征记》卷亡，孟奥撰。不著录。

《初学记·天部》：凌云台东南有白石室，名为"避雷室"。《太平御览·天部》：临贺有方二丈石，有磨刀斧迹。春夏常明净，其迹甚新，秋冬则苔秽。故为雷公磨石。《居处部》：邺城避雷室西南石沟，北有华林墙，墙高九丈，方圆一里。又云：许昌有三重城，城门

---

① "苻朗"，原误作"符朗"，《晋书》有《苻朗传》，故改。

有铁镵。

《从征记》 卷亡，伍缉之撰。不著录。

《初学记·文部》：夫子床前有石砚一枚，盖夫子平生时物也。

《外国图》 卷亡，不著录。

《艺文类聚·木部》：君子国多木槿之华，人民食之。去琅邪三万里。

《括地图》 卷亡，不著录。

《初学记·天部》：谷山有丛云甘雨。《艺文类聚·水部》：负丘之山，上有赤泉，饮之不老。神宫有英泉，饮之眠三百岁乃觉，不知死。

《历阳县郡图经》 卷亡，不著录。

《文选·奏弹曹景宗》注：《历阳县郡图经》曰：东关，历阳县西南一百里。《御览·地部》：鸡笼山、梁山二事，引《历阳图经》，省"郡县"二字。

卷七云：

《帝谱世本》 七卷宋均注，不著录。

《太平御览·服章部》：黄帝作旒冕，通帛为旒冕。鲁昭公作弁，制素弁也。

卷八云：

《文章录》 卷亡，丘渊之撰。不著录。

《北堂书钞·艺文部》：应璩善为书记。《艺文类聚·人部》：杜挚与毋丘俭乡里相亲。《职官部》：应贞为中庶子。

《文章志》 卷亡，无撰名。

《太平御览·职官部》：顾恺之博学有文章。

卷九云：

《魏武故事》 卷亡，不著录。

《魏志·武纪》注载……《艺文类聚·人部》曰：辞爵逃禄，不以利累名，不以位亏德之谓让。引《魏武故事》。

《宋先朝故事》二十卷刘道荟撰。不著录。

《太平御览·兵部》：《宋先朝故事》曰：慕容超大将垣遵瑜城归顺，高祖使遵守，治攻城撞车，筑长围高三丈，外三重堑。

《京兆旧事》卷亡，不著录。

《北堂书钞·服饰部》《艺文类聚·服饰部》：杜陵萧彪，为巴郡太守，以父老，归供养。父有客，尝立屏风后，自应使命。又《书钞·政术部》：长安孙晨，家贫，为郡功曹，十月无被，有蒿一束，暮卧其中，旦收之。《仪饰部》云：夜卧蒿一束，昼收之。

《邺城故事》卷亡，不著录。

《太平御览·兵部》载石季龙凌霄观、凉马台、紫陌浮桥三事。《寰宇记·河北道》：西门豹为令，造十二渠，今名安泽陂。《御览·地部》同。

《诸葛故事》卷亡，不著录。

《艺文类聚·军器部》：《诸葛故事》曰：成都作匕首五百枚，以给骑士。

王朗《秦故事》卷亡，不著录。

《初学记·器物部》：王朗《秦故事》曰：百华灯树，正月朔朝贺于殿下，设于三阶之间。端门外设三尺、五尺灯，月照星明，虽夜犹昼。《白帖》十卷四同。

《汉杂事》卷亡，不著录。

《文选·东京赋》注：故大驾属车八十一乘。《艺文类聚·舟车部》曰：尚书、御史乘之，最后一车悬豹尾，以前皆似省中……《艺文类聚·岁时部》：正月朝贺，三公奉璧上殿。《帝王部》：秦为汉驱除，自以德兼三皇五帝，故并为号。《职官部》：诸侯功德优盛、朝廷所敬异者，赐位特进，在三公下。《北堂书钞·仪饰部》：鼓以动众，夜漏鼓鸣则起，昼漏壶干钟鸣则息。此所引《汉杂事》皆记仪制……《艺文类聚·治政部》：王凤荐辛庆忌为执金吾。《北堂书钞·衣冠部》张仓，高祖时有罪当斩。身体肥白如玉，帝一见而美之，与衣冠甚鲜，随赦。《政术部》：何武《上封事》云：辛庆忌宜在爪牙。《设官部》：薛宣为少府，谷永上书荐宣，曰："才貌行洁，达于从政。"又：赵尧以刀笔至侍御史。《太平御览·职官部》：田蚡为丞相，汲黯见蚡，揖之而已。又：金敞世名忠，孝太后使侍成帝。又：石庆为太仆，上问车中几马，庆以策数马，曰六马。《初学记·职官部》同。又：郑当时为太子舍人，交知皆天下名士。《人事部》：吴楚七国反，齐王使路中大夫告于天子。《奉使部》同。又：于定国谦逊下士，虽徒步过者与均礼。又：公孙弘为丞相，开阁延贤人。又：倪宽卑体下士，不求名誉。又：匡衡、贡禹以经术议庙祀。《礼仪部》：翟方进为丞相，遭后母丧，行服三十六日起视事。《服章部》：高祖时，大谒者臣章受诏长乐官，令群臣议举天子所服衣服。《北堂书钞·衣冠部》同。此类所引《汉杂事》皆西汉人物，可与《汉书》相证。其记东汉事不具录。又《书钞·仪饰部》：诏赐蔡邕金龟紫绶。作《汉末杂事》。《刑法部》：博士申咸以怒增刑。作《汉杂事篇》。《初学记·礼部》：封诸侯，受茅土。《艺文类聚·礼部》同。作《汉旧事》。《书钞·封爵部》作《杂事》。又：庙者所以藏主，列昭穆。作《汉书旧事》。《职官部》：诸上书者皆为二封，魏相为御史大夫，奏去副封。作《汉杂记事》。《书钞·设官部》无"记"字。

《汉官仪式选用》一卷丁孚撰，不著录。

《初学记·礼部》孝灵皇帝葬事，《续汉·礼仪志》注亦引之。引丁孚《汉官仪》。

《晋武帝太始官名》卷亡，不著录。

《太平御览·职官部》：《晋武帝太始官名》曰：大司马石苞开通爽悟，秉意不群。

《晋怀帝永嘉官名》卷亡，不著录。

《太平御览·职官部》：《晋怀帝永嘉官名》曰：吏部郎温畿，字符辅，世论以其为人夷旷似玉。

《晋官品令》卷亡，不著录。

《初学记·职官部》：三公，绿緺绶。《北堂书钞·设官部》：司马官、秘书郎、给事黄门侍郎、尚书仆射、五校尉、太子太师。皇子为郡王。举秀才、明经传者入学官。举秀才，五策皆通，为郎中。与秀才行义，为一州之俊。并引《晋官品令》。或作《晋品令》，省"官"字。

《梁五礼藉田仪注》卷亡，不著录。

《艺文类聚·礼部》《初学记·礼部》：《梁五礼藉田仪注》曰：其田东去官八里，远十六里，为千亩。天子耒耜一具，九卿耒耜九具，立方坛以祠先农。

《晋先蚕仪注》卷亡，不著录。

《太平御览·乐部》云：茄者，卷芦叶吹之以作乐也。《资产部》云：亲蚕前三日，① 太祝令质明以牢祀所谓先蚕也。并引《晋先蚕仪注》。

《晋元康仪》卷亡，不著录。

《艺文类聚·礼部》《初学记·中宫部、礼部》：《晋元康仪》曰：皇后采桑坛在蚕宫西南。

《皇后亲蚕仪注》卷亡，不著录。

《太平御览·资产部》：《皇后亲蚕仪注》曰：皇后躬桑，始将一条，执筐受桑。《艺文类聚·礼部》《初学记·礼部》亦引此三句。将三条，女尚书跪白曰："可。"止。执筐者以桑授蚕母，蚕母以桑适金室也。

《梁五礼先蚕仪注》卷亡，不著录。

《艺文类聚·礼部》《初学记·礼部》：《梁五礼先蚕仪注》曰：亲蚕前二日，② 太祝令质明以太牢祀先蚕。此与《御览·资产部》所引《晋先蚕仪注》同。

《女仪》卷亡，魏北京司徒崔浩撰。不著录。

《太平御览·时序部、服章部》：崔浩《女仪》曰：近古，妇以冬至日进履袜于舅姑。

《馈饷仪》卷亡，卢公范撰。不著录。

《太平御览·时序部》：八月旦，上柏露囊。重阳日，上五色糕，佩茱萸囊。腊日，上头膏、面脂、口脂。并引卢公范《馈饷仪》。

卷十二云：

《魏晋律令》卷亡，不著录。

《太平御览·刑法部》：刘劭《律略》曰：删旧科，采汉律为《魏律》，悬之象魏。《时序部》引《魏武明罚令》，《兵部》引魏武《船载令》《步战令》《军策令》《内戒令》，《职官部》引魏武《选

---

① "三日"，原作"二日"，据《太平御览》卷八二五《资产部》改。
② "蚕"，原作"桑"，据《初学记》卷一四《礼部》改。

令》。《初学记·职官部》《北堂书钞·设官部》引《晋官品令》。《御览·皇亲部》引《晋服制令》。又《时序部》引有《祠令》言：季夏土王日，祀黄帝；迎气日，祀中溜；立秋，祀白帝；立秋后，祀灵星；[1] 季冬藏冰，祭司寒之神。又《车部》引《卤簿令》，言天子玉辂、金辂、象辂，皇太子金辂，王公象辂，及指南车、记里车、辟恶车、安车、羊车、玉钺车十馀事，[2] 皆不著明魏晋，附此存考。

《魏武制度》卷亡，不著录。

《太平御览·居处部》：《魏武制度》奏曰：三公、列侯，门施内外塾，方三十亩。

《后魏职令》卷亡，不著录。

《太平御览·职官部》：光禄少卿，第四品，用肃勤明敏、兼识古典者。宗正少卿，第四品，用懿清冲和、识参教典者。廷尉少卿，第四品，用思理平断、明刑识法者。鸿胪少卿，第四品，用雅学详明、明枢达理者。司徒少卿，第三品，用勤有能干者。太府少卿，第四品，用勤笃有干、细务无滞者。

卷十三云：

《益州耆旧传杂记》二卷不著录。

《初学记·人部》："张松，为人短小，而放荡不理节操"二语，称《益部杂记》，省"耆旧"二字。

《广州先贤传》七卷陆胤撰，不著录。

《初学记·人事部》引罗威事母至孝，异果珍味随时进前事，称陆彻《广州先贤传》，"彻"与"胤"字以相似，易讹。"胤"避庙讳，作"允"，原字与"仪"近似。《太平御览·人事部》引太守终宠下车，尹牙以德进干任喉舌；又：徐征为人短小，果敢二事，称陆胤《广州先贤传》，他所引多不著名。

《青州先贤传》卷亡，不著录。

《艺文类聚·人部》：陈仲举昂昂如千里骥，周孟玉浏浏如松下

---

① "灵星"，原误作"炅星"，据《太平御览》卷二五《时序部》所引《祠令》改。

② "辟恶车"，原作"辟恶"，据《太平御览》卷七七五《车部》所引《卤簿令》改。

风。并引《青州先贤传》。

《南海先贤传》卷亡，不著录。

《北堂书钞·政术部》：刘盛作令，布被菜食，州郡表列，授九真太守。《设官部》：董政，字伯和，南海人。有令姿，举孝廉。

《武陵先贤传》卷亡，不著录。

《北堂书钞·设官部》王坦为中庶子，有燕来翔，坦被令为赋。《艺文类聚·岁时部》：潘京为州辟，进谒，举板答曰：今为忠臣，不得复为孝子。并引《武陵先贤传》。

《豫章耆旧传》卷亡，不著录。

《北堂书钞·岁时部》：龙硕，字显先。大皇幸寻阳，游猎诸郡，硕作章陈理，侯驾于道，叩头流血成冰。引《豫章耆旧志》。《太平御览·天部》：太守陈蕃临郡二年，甘露降。

《荆州先贤传》三卷高范撰，不著录。

《北堂书钞·政术部》：周瑜以庞统有重名，召为功曹。又：吕乂为尚书令，节俭自守。又：费祎使吴，应机辄对。《太平御览·地部》：罗献守巴东，对吴人曰：城中土一撮不可得。并作《荆州先德传》。《书钞·政术部》：董正举孝廉，负笈单步上还举板。《艺文部》：庞士元师事司马德操，与共谈，移日望飧。《乐部》：罗献守巴东，赋诗使人歌，以慰城中人。《艺文类聚·仪饰部》：罗献以泰始三年假节，增鼓吹棨戟。《御览·人事部》：马氏五常，白眉最良。

《广陵烈士传》一卷华隔撰，不著录。

《北堂书钞·设官部》：刘儁为郡主簿，郡将为贼所得，儁乞代之。《御览·职官部》同。《太平御览·人事部》：刘瑜举方正，人呼为"长须方正"。又：吴武笃学好古，师事陈仲弓。

《逸人高士传》八卷习凿齿撰，不著录。

《太平御览·礼仪部》：习凿齿《逸民高士传》曰：董威辇不知何许人也，忽见于洛阳白社中。

《逸人传》卷亡，孙盛撰。不著录。

《初学记·人事部》引孙盛《逸人传》丁兰刻木事。《御览·人事部》同。

《高士传》卷亡，魏隶撰。不著录。

《艺文类聚·人部》引魏嵇《高士传》，广成子、黄帝小童、善卷、伯成子高、鲁连、间丘先生、田生、郑仲虞、韩福、班嗣、尚子平、巢父、许由、壤父、子支伯、披裘公、段干木、庄周十八事。

《真隐传》 二卷袁淑撰，不著录。

《艺文类聚·人部》：鹖冠子、鬼谷先生。《太平御览·逸民部》：苏门先生、郑长者、南公、六国时野老、献鱼楚人、河上丈人、狐丘先生，客有候孔子者，孔子曰："宵兮泛兮，吾不测也。"共引《真隐传》十事。

《孝子传》 卷亡，周景式撰。不著录。

《艺文类聚·山部》：管宁避地辽东，过海遇风，船人皆叩头悔过。宁自思咎失，言尝入厕不冠而已。即便悔言，风寻息。《御览·地部、居处部》同。《木部》：古有兄弟，意欲分异，出见三荆同株，接叶连阴。叹曰："木犹欣聚，况兄弟哉？"遂还，相为雍和矣。《初学记·事部》《御览·人事部、木部》同。《太平御览·兽部》：余尝至绥安县，逢途逐猴。猴母负子没水，水虽深而清，乃以戟刺之，自胁以下断，脊尚连，抄著船中，子随其旁，以手扪而死。三事并引周景式《孝子传》。《初学记·兽部》：蝯，寓属也，或黄或黑，通臂好吟，雌为人所得，终不徒生。此称周索氏《孝子传》。《御览·兽部》亦引此事，只称《孝子传》，不著撰名。

《孝子图》 卷亡，刘向撰。不著录。

《太平御览·人事部》引郭巨、董永二事，作刘向《孝子图》。

《李固别传》 七卷不著录。

《太平御览·职守部》：益州及司隶辟固，皆不就。《人事部》：固被诛，弟子郭亮诣阙上书，乞收固尸。《礼仪部》：梁冀诛固，露尸四衢。

《何颙传》 一卷不著录。

《太平御览·人事部、疾病部》引《何颙别传》：① 颙有人伦鉴，谓张仲景将为名医，卒如其言。

《曹瞒传》 一卷不著录。

---

① "何颙"之"颙"，原作"颂"，据《太平御览》卷四四四《人事部》、卷七三九《疾病部》所引《何颙别传》改。

《艺文类聚》《太平御览》所引，亦或称"操"。

《李合传》

《夏仲御别传》

《孟嘉别传》

《葛仙公别传》

《刘根别传》

《陈武别传》

《孙登别传》

《王廙别传》

《许逊别传》

《郭翻别传》

《诸葛恪别传》

《许迈别传》

《曹肇曹毗传》

《蔡琰别传》

《王蕴别传》

《王蒙别传》

《张载别传》

《祢衡别传》

《张华别传》

《蒲元传》

《罗含别传》

《裴楷别传》

《娄承先传》

《马融别传》

《胡综别传》①

《冲波传》

《杜兰香别传》

《孔融别传》

---

① "胡综"，原误作"故综"，据《二十五史补编》本及《艺文类聚》卷七〇《服饰部》改。

《荀采传》

《鲁女生别传》

《陶侃传》

《董正别传》

《王威别传》

已上见《艺文类聚》。

《王蜌别传》

《桓楷别传》

《傅宣别传》

《孟宗别传》

《许肃别传》

《庾衮别传》

袁宏《山涛别传》

《赵穆别传》

已上见《初学记》。

《庾亮别传》

《颜含别传》

《王湛别传》

《傅咸别传》

《王允别传》

《卢植别传》

《葛洪别传》

《邹衍别传》

《蔡邕别传》

《孙略别传》

《边让别传》

《杜祭酒别传》

《吴猛别传》

已上见《北堂书钞》。

《石虎别传》

《雷焕别传》

《徐邈别传》

《羊祜别传》

《张纯别传》

《桓石秀别传》

《祖逖别传》

《江祚别传》

《陆绩别传》

《管宁别传》

《何晏别传》

《傅嘏别传》

《何祯别传》

《赵至别传》

《智琼别传》

《潘勖别传》

《诸葛亮别传》

《张衡别传》

《曹植别传》

《李陵别传》

《王祥别传》

《江蒙别传》

《赵岐别传》

《李燮别传》

《潘京别传》

《曹肇传》

《杨彪别传》

《张芜别传》

《马钧别传》

《贾逵别传》

《桓谭别传》

《徐延年别传》

已上见《太平御览》。凡别传一百八十四家。

《扬雄家牒》卷亡，不著录。

《艺文类聚·礼部》《太平御览·礼仪部》：《扬雄家牒》曰：子

云以天凤五年卒，弟子侯芭负土作坟，号曰"玄冢"。

《袁氏家传》卷亡，不著录。

《北堂书钞·设官部》：袁勖为参军，督刑狱，多所赦免。

《荀氏家传》十卷荀伯子撰，不著录。

《艺文类聚·礼部》荀爽对策之言，《太平御览·礼仪部》引之尤详，是知此书至宋尚存。

《严氏家传》卷亡，不著录。

《北堂书钞·设官部》：《严氏家传》曰：严奏为大皇车骑掾，委以书记。按：此与《御览·职官部》《殷氏家传》所载殷泰相类，必有误。

《殷氏家传》三卷殷敬撰。不著录。

《艺文类聚·人事部》：殷衷，荥阳令，广筑学馆，民知礼让。《北堂书钞·政术部》：殷衷，穿渠入河，民赖其利。《御览·地部、职官部》同。《太平御览·职官部》：殷亮讲学，胜赐重席至八九。又：殷泰为大皇车骑掾，委以书记。《人事部》《资产部》：殷衷见郑廉，拜其父于市廛，由是显名。《百谷部》：殷衷遭世丧乱，埋谷数百石。后为贼所执，具以谷告之。并引《殷氏家传》。又：殷亮到阳城遇两虎争一羊，亮按剑斩羊腹，虎各得一半去一事。《御览·人事部》再引之。或称《商氏世传》，"殷亮"作"商亮"，盖宋人避宣祖讳，如殷芸《小说》，改称"商芸"之类，特《御览》体例未及画一，故殷、商并称。

《敦煌张氏家传》二十卷张太素撰，不著录。

《艺文类聚·菓部》：扶风孟佗以葡萄酒遗张让，即擢凉州刺史。《太平御览·人事部》：张禧除敦煌令，有鹤负矢，禧留养，疮愈飞去。月馀，衔赤玉珠树二枝，置禧厅前。

《邵氏家传》十卷不著录。

《北堂书钞·设官部》：邵畴为郡功曹，诏图形明堂。《太平御览·职官部》：邵训为陈留太守，诏赐刀剑衣物。《人事部》：虞都尉邵夫人义姬少而寡，独处一室，非祭祀坟墓不出。又：邵孝信为执法都尉，露板谏吴王游猎。《文部》：邵仲金好赈施，临卒，取其贷钱书券焚之。《方术部》：邵信臣东向漱酒，灭南阳之火，雨中酒香。《火部》：邵贞性详审，或落生炭于君履，君不回顾。

《陶氏家传》卷亡，不著录。

　　《艺文类聚·地部》：陶汪为宣城内史，广开学舍，百姓歌之。
《北堂书钞·设官部》：陶覆之为太常丞，凡宗庙疑议，多所决定。
又：陶侃迁太子中庶子，善谈论，尤明《诗》《易》。又：陶遽为龙
阳长，杜绝请谒，计日受俸。又"陶清为荆州刺史，旌显所知三十
馀人，皆当世异行"。《太平御览·职官部》：陶猷为右军长史，每当
朝日，宿兴就路，辄先众僚。陶覆之、陶侃事并同《书钞》。

　　《嵇氏世家》卷亡，不著录。

　　《北堂书钞·设官部》：《嵇氏世家》曰：嵇仓为中书郎，书檄云
集，初不立草。《太平御览·职官部、文部》同。

　　《窦氏家传》卷亡，不著录。

　　《艺文类聚·兽部》：《窦氏家传》曰：窦攸治《尔雅》，举孝廉
为郎，世祖大会灵台，得鼠，身如豹文。群臣莫知，唯攸对曰：名
"鼮鼠"，见《尔雅》。诏诸侯子弟从攸受《尔雅》。

　　《顾恺之家传》卷亡，不著录。

　　《艺文类聚·人部》：顾恺之见谢万，谓曰：仙者之乘，或羊或
鹿，使君当乘何物？使君曰：卿辈即辕中客也。

　　《颜延之家传》卷亡，不著录。

　　《艺文类聚·杂文部》：《颜延之家传》铭曰：旷彼琅邪，实惟海
宇。谁其来迁，时惟远祖。青州隐秀，爰始真居。内辞鼎府，外秉邦
闾。建节中平，分竹黄初。形清齐石，政偃营区。葛峄明懿，平阳聪
理。式荐公庭，或登宰士。列美霸朝，双凤千里。华萼之茂，于兆
不已。

　　《李先生传》卷亡，不著录。

　　《太平御览·天部》：李先生名广，字祖和，南阳人。刘备遣军
欲取先生，先生起雾半天，备骑自相杀。又《菜部》：乔翻于羊渚遇
神人，[①] 付书一牒，曰："问李先生，当知我。"

　　《颜修内传》卷亡，不著录。

　　《太平御览·地部》：《颜修内传》曰：桥顺，字仲产，有二子，
曰璋，曰琮，师事仙人卢子基于栖霞谷。

　　《录异传》卷亡，不著录。

---

① "乔翻"，原作"郭翻"，据《太平御览》卷九七七《菜茄部》改。

《初学记·礼部》：会稽贺瑀，曾得疾死，三日苏。《书钞·礼仪部》语小异。《北堂书钞·仪饰部》：吴郡吴泰笠会稽卢氏，失博山香炉。又：嘉兴倪彦思忽见鬼魅入其家；《衣冠部》：马成病死，一日半复得生。《酒食部》：周时尹氏贵盛，会食数千人。《艺文类聚·天部》：大雪积地，洛阳令案行至袁安门，见安僵卧。《初学记·天部》亦引之。《宝玉部》：隗照善《易》，临终书板授其妻。《御览·方术部、珍宝部》并同。并引《录异传》。《太平御览》所引亦皆叙鬼物事，惟尹氏、袁安二事与《录异》似不相涉。袁安事，《汝南先贤传》亦载之。隗照事，《晋书·艺术传》取之……《艺文类聚·兽部》作《列异传》。《初学记·人部》：庐陵商人过彭泽湖，见青洪君乞如愿事，称《录异传》。《御览·人事部》同作"传"。《御览·时序部》作《录异记》。

《志怪》卷亡，曹毗撰。不著录。

《初学记·地部》《太平御览·地部》并引曹毗《志怪》，言：汉武凿昆明池，极深，悉是灰墨，无复土。东方朔曰："可问西域人。"至后汉明帝时，外国遣人入洛，试问之，答曰：经云："天地大劫将尽，则劫烧。此劫烧之馀。"

可知《隋经籍志考证》所增补著录史籍中涉及子部类书的史籍有二百五十五部，约占增补著录史籍总数六百二十六部的41%。而依据的类书有唐人欧阳询《艺文类聚》、虞世南《北堂书钞》、徐坚《初学记》、宋人李昉《太平御览》等典籍。虽《隋经籍志考证》所增补著录史籍涉及的类书只有四部，但是从仅依据这四部类书就增补著录二百五十七部史籍来看，这四部唐宋时期修撰的类书对于《隋书·经籍志》考证有着其他典籍不可替代的作用。

（六）

《隋经籍志考证》所增补著录的史籍涉及子部典籍除了上面所论述的那四部类书外，还涉及一些子部典籍，据卷一所云：

《魏略》三十八卷魏京兆鱼豢撰，不著录。

《世说·文学篇》注引天竺城中有临儿国……

卷二云：

  《崇安记》二卷周祗撰，不著录。

  《世说·德行篇》注：杨广，弘农人，杨震后也。王恭祖蒙，风流标望。父蕴，亦得世誉。《文学篇》注：殷仲堪好学，有礼思。桓玄善言理，与仲堪终日谈论不辍。《任诞篇》注：王廞叛，刘牢之讨廞，廞败。《排调篇》注：破冢，洲名，在华容县。《尤悔篇》注：殷仲堪遣人赍宝物遗相王宠幸。共七事，并引周祗《隆安记》。

卷三云：

  《魏阳秋异同》八卷孙寿撰，不著录。

  《世说·识鉴篇》注：太祖问许子将："我何如人？"《假谲篇》注：武王少好侠、放荡不修行业、常私入张让宅三事，并题孙盛《杂语》。

  《晋世谱》卷亡，不著录。

  《世说·言语篇、政事篇》，引《晋世谱》无撰名。

  《徐江州本事》卷亡，不著录。

  《世说·赏誉篇》注：徐宁，字安期，初为舆县令，桓彝与结交，谓庾亮曰：为卿得一佳吏部郎。累迁江州刺史。

卷四云：

  《秦书》三卷秦冯翊车频撰，不著录。

  《世说·识鉴篇》注引：苻坚本姓蒲，祖父洪诈称谶文，改曰苻。与裴景仁《秦记》同，而增"诈称"书法。苻坚背赤色有隐起，若篆文……坚六岁戏于路，司隶徐正见而异焉……《赏誉篇》注：释道安为慕容晋所掠，竺法汰渡江，至扬州土。

卷五云：

  《别起居注》六百卷梁徐勉撰，不著录。

　　《金楼子·聚书篇》曰：为扬州刺史时，就吴中诸士大夫写得
《起居注》，又得徐勉《起居注》。

卷六云：

　　《兖州记》_{卷亡，荀绰撰。不著录。}

　　《世说·文学篇》注：袁准有俊才，太始中位给事中。

　　《南方夷物记》_{卷亡，不著录。}

　　《一切经音义》：翡翠飞，即羽鸣翠翠翡翡，因以名焉。

　　《异物志》_{卷亡，薛珝撰。不著录。}

　　《西河旧事》_{一卷不著录。}

　　《世说·言语篇》注：河西牛羊肥，酪过精好，但泻酪置革上，①
都不解散也。

　　《浔阳记》_{卷亡，张僧鉴撰。不著录。}

　　《世说·栖逸篇》注：庾亮荐翟汤征国子博士，不赴。《尤悔篇》
注：庾亮拔周邵为西阳太守。并称《浔阳记》，不著撰名。

卷七云：

　　《挚氏世本》_{卷亡，不著录。}

　　《世说·言语篇》注引《挚氏世本》，载挚虞兄子瞻二事。

　　《阮氏谱》_{卷亡，不著录。}

　　《世说·尤悔篇》注：阮脩，仕至州主簿。

　　《孔氏谱》_{卷亡，不著录。}

　　《世说·言语篇》注：孔忱，至琅邪王文学。

　　《刘氏谱》_{卷亡，不著录。}

　　《世说·方正篇》注：刘简，仕至大司马参军。《雅量篇》注：
刘绥妻，陈留阮蕃女，字幼娥。《赏誉篇》注：刘郑妻，武周女。
《品藻篇》注：刘纳历司隶校尉，刘爽历散骑常侍。《任诞篇》注：

---

① "革上"，原作"草上"，据《世说新语》上卷上《言语篇》注改。

刘昶，沛国人。

《陈氏谱》卷亡，不著录。

《世说·德行篇》注：陈忠，州辟不就。《术解篇》注：陈述，有美容。并引《陈氏谱》。

《王氏谱》卷亡，不著录。

《世说·德行篇》注：王导娶曹淑，王献之娶郄道茂。《言语篇》注：王微祖乂，① 父澄。又：王羲之子凝之。《文学篇》注：王讷之祖彪之，父临之。《雅量篇》注：王逸少妻郄璇。《方正篇》注：王恺娶桓伯之子，王坦之娶范盖。《赏誉篇》注：王讷娶庾三寿，又：王羲之是敦从父兄弟，又：王耆之，廙第三子。《品藻篇》注：王颖，年二十卒。敳，年二十有二卒。又：王操之，羲之第六子。王桢之，徽之子。《规箴篇》注：王绪祖延，父乂。《容止篇》注：王诩，夷甫弟也。又：王讷祖默，父佑。《贤媛篇》注：钟夫人，名琰之，太傅繇孙。司徒夫人，黄门郎钟琰女。《任诞篇》注：王廞，父荟。《排调篇》注：王混，恬子。王肃之，羲之第四子。《轻诋篇》注：王彭之祖正，父彬。王彪之，小字虎犊。《汰侈篇》注：王胡之是恬从祖……又《世说·排调篇》注引王浑弟伦事……并称《王氏家谱》。

《周氏谱》卷亡，不著录。

《世说·德行篇》注：周翼，历青州刺史，六十四而卒。《贤媛篇》注：周浚娶同郡李伯宗。

《吴氏谱》卷亡，不著录。

《世说·德行篇》注：《吴氏谱》曰：坦之，仕至西中郎将功曹。

《羊氏谱》卷亡，不著录。

《世说·言语篇》注：羊权，仕至尚书左丞；羊孚，历太学博士。《文学篇》注：羊辅，仕至卫军功曹；羊楷，仕至尚书郎。《方正篇》注：羊绥，仕至中书侍郎。《伤逝篇》注：羊孚，即欣从祖。《赏誉篇》注：羊繇，历车骑掾。

---

① “乂”，原误作“又”，据《世说新语》上卷上《言语篇》改。

《许氏谱》卷亡，不著录。

《世说·政事篇》注：许柳，字季祖；许永，字思妯。《雅量篇》注：许璪，仕至吏部侍郎。《赏誉篇》注：许元度母，华轶女也。

《桓氏谱》卷亡，不著录。

《世说·政事篇》注：桓歆，仕至尚书。《规箴篇》注：桓道恭，历淮南太守。《贤媛篇》注：桓冲娶王恬女，字女宗。《仇隙篇》注：桓冲后娶庾蔑女，字姚。

《冯氏谱》卷亡，不著录。

《世说·文学篇》注：《冯氏谱》曰：冯怀，历太常、护国将军。

《殷氏谱》卷亡，不著录。

《世说·文学篇》注：殷仲堪娶王临之女，字英彦。《纰漏篇》注：殷师，仕至骠骑咨议。《任诞篇》注：殷羡，仕至豫章守。

《陆氏谱》卷亡，不著录。

《世说·文学篇》注：陆退，仕至光禄大夫。

《顾氏谱》卷亡，不著录。

《世说·文学篇》注：顾夷，辟州主簿，不就。《简傲篇》注：顾辟疆，历平北参军。

《虞氏谱》卷亡，不著录。

《世说·赏誉篇》注：虞球，会稽郡余姚人，仕至黄门侍郎。此引《虞氏谱》。

《卫氏谱》卷亡，不著录。

《世说·赏誉篇》注：《卫氏谱》曰：卫永，成阳人，位至左军长史。

《魏氏谱》卷亡，不著录。

《世说·赏誉篇》注：魏隐，[①] 历义兴太守。《排调篇》注：魏颛，[②] 仕至山阴令。

《温氏谱》卷亡，不著录。

《世说·品藻篇》注：引《序》曰：晋大夫郤至封温，子孙因氏，居太原祁县，为郡著姓。《假谲篇》注：温峤，初娶李恒女，中

---

① "魏"，原误作"卫"，据《世说新语》中卷下《赏誉篇》改。
② 同上。

娶王诩女，后娶何遂女。《尤悔篇》注：温襜，娶清河崔参女。

《曹氏谱》卷亡，不著录。

《世说·品藻篇》注：《曹氏谱》曰：茂之，彭城人，仕至尚书郎。

《李氏谱》卷亡，不著录。

《世说·品藻篇》注：《李氏谱》曰：李志，仕至员外常侍、南康相。

《袁氏谱》卷亡，不著录。

《世说·品藻篇》注：袁恪之，义熙守为侍中。《任诞篇》注：袁耽大妹名女皇，适殷浩。小妹名女正，适谢尚。《谗险篇》注：袁悦有宠于会稽王，王颇纳其言。

《索氏谱》卷亡，不著录。

《世说·伤逝篇》注：《索氏谱》曰：索元，历征虏将军、历阳太守。

《戴氏谱》卷亡，不著录。

《世说·栖逸篇》注：《戴氏谱》曰：戴逯，以武勇显，有功，封广陵侯，仕至大司农。

《贾氏谱》卷亡，不著录。

《世说·贤媛篇》注：《贾氏谱》曰：郭氏名玉璜，即广宣君也。

《郝氏谱》卷亡，不著录。

《世说·贤媛篇》注：《郝氏谱》曰：普字道匡，仕至洛阳太守。

《郗氏谱》卷亡，不著录。

《世说·栖逸篇》注：郗超娶周闵女，名马头。《排调篇》注：郗融，字景山，愔第二子。

《韩氏谱》卷亡，不著录。

《世说·栖逸篇》注：《韩氏谱》曰：韩绘之父康伯，太常卿。绘之，仕至衡阳太守。

《张氏谱》卷亡，不著录。

《世说·任诞篇》注：《张氏谱》曰：张湛，仕至中书郎。

《荀氏谱》卷亡，不著录。

《世说·排调篇》注：荀寓，字景伯。父保，御史中丞。《群辅录》荀氏八龙。并引《荀氏谱》。

《祖氏谱》卷亡，不著录。

《世说·排调篇》注：《祖氏谱》曰：祖广，仕至护军长史。

《司马氏谱》卷亡，不著录。

《世说·仇隙篇》注：《司马氏谱》曰：丞娶南阳赵氏女。

卷八云：

《晋文章纪》卷亡，顾恺之撰。不著录。

《世说·文学篇》注：顾恺之《晋文章纪》曰："阮籍劝进，落落有宏致。"

《文章录》卷亡，丘渊之撰。不著录。

《世说·识鉴篇》注：傅亮，字季友。《宠礼篇》注：伏系，字敬簪。卞范之，字敬祖。《言语篇》注：嵇康，迁拜中散大夫。并引丘渊之《文章录》。又《文学篇》注"袁豹，字士蔚"一事，作丘渊之《文章叙》。又《言语篇》注谢灵运一事，作丘渊之《新集序》……《锦绣万花谷续集》：应璩诗曰："问我何功德，三入承明庐。"又《世说·德行篇》注：嵇康，拜中散大夫。《文学篇》注：何晏能清言，士多宗之。又云：晏著论与圣人同。《巧艺篇》注：韦诞有文学，善属辞。

《文章志》卷亡，无撰名。

《世说·文学篇》注：陆机善属文。《赏誉篇》注：王羲之高爽有风气……《太平御览·职官部》：顾恺之博学有文章。

卷九云：

《明帝东宫寮属名》卷亡，不著录。

《世说·雅量篇》注：《明帝东宫寮属名》曰：羊固，字道安，太山人。

《晋东宫官名》卷亡，不著录。

《世说·任诞篇》注：张湛，字处度，高平人。《排调篇》注：庚鸿，字伯鸾，颍川人。并引《晋东宫官名》。

《征西寮属名》卷亡，不著录。

《世说·言语篇》：毛玄，字伯成，颍川人，仕至征西行军参军。《排调篇》注：郝隆，字佐治，汲郡人，仕吴至征西参军。并引《征西寮属名》。

《庾亮寮属名》卷亡，不著录。

《世说·文学篇》注：按《庾亮寮属名》：殷浩为亮司马，非为长史也。

《庾亮参佐名》卷亡，不著录。

《世说·雅量篇》注：按《庾亮启参佐名》：褚裒，时直为参军，不掌记室也。

《齐王官属名》卷亡，不著录。

《世说·方正篇》注：《齐王官属名》曰：葛旟，字虚旟，齐王从事中郎。

《大司马寮属名》卷亡，伏滔撰。不著录。

《世说·赏誉篇》注：伏滔《大司马寮属名》曰：赵悦，字悦子，下邳人。历大司马参军、左卫参军。《黜免篇》注：邓遐，字应元，陈郡人。勇力绝人，为桓温参军。枋头之役，温既怀耻忿，且惮遐，因免遐官，病卒。此引《大司马寮属名》。《品藻篇》注：刘爽，字文时，彭城人。引《大司马官属名》。①

《永嘉流人名》卷亡，不著录。

《世说·德行篇》注：胡母辅之，字彦国，泰山奉高人。湘州刺史。周镇，字康时，陈留尉氏人。《文学篇》注：裴徽，字文季，河东闻喜人。仕至冀州刺史。王衍，字夷甫。第四女适裴遐。《方正篇》注：谢裒，字幼儒，陈郡人。历吴国内史。梅陶，字叔真。《赏誉篇》注：王澄第四子微。《规箴篇》注：王澄，父乂，第三娶乐安任氏女，② 生澄。《容止篇》注：卫玠，以永嘉六年五月六日至豫章，③ 六月二十日卒。《伤逝篇》注：卫玠亡，葬南昌许征墓东。《贤媛篇》注：李康，字玄胄，江夏人。魏秦州刺史。《俭啬篇》注：卫

---

① "黜免篇注邓遐字应元陈郡人勇力绝人为桓温参军枋头之役温既怀耻忿且惮遐因免遐官病卒此引大司马寮属名品藻篇注刘爽字文时彭城人引大司马官属名" 原为注文，但是此段文字与上文有关联，应是正文，据此改。

② "乂"，原作 "义"，据《世说新语》中卷下《规箴篇》改。

③ "六日" 二字原无，据《世说新语》下卷上《容止篇》增补。

展，字道舒，河南安邑人。除江州刺史。并引《永嘉流人名》。

《王朝目录》卷亡，不著录。

《世说·品藻篇》注：《王朝目录》曰：裴绰，字仲舒，楷弟也。名亚于楷，历中书黄门侍郎。

卷十三云：

《江表传》二卷虞溥撰，不著录。

邵博《闻见后录》曰：子官长安时，或云鄠杜民家有《江表传》，因为外台言之，亟委官以取，民惊惧，焚之，世今无此书矣。

《孝子图》卷亡，刘向撰。不著录。

《法苑珠林·忠孝篇》：郭巨，河内温人，父殁，供养母。妻生男，虑防供养，乃抱儿掘地，欲埋之，于土中得一釜黄金，有券云"赐孝子郭巨"。又：丁兰刻木作母，供养如生。邻人所假借，母颜和即与，不和则不与。又：董永，父终，自卖于富公以供丧事。道逢一女，愿为永妻，助偿债。又：大舜至孝，父目失明，在家贫厄，近市而居。舜父夜卧，梦见一凤凰，自名为鸡，口衔米以哺己。视《黄帝梦书》，言子孙当有贵者。舜前舐之目，霍然开见。舜父一事，《珠林》原本似有讹舛，文句多有不可通。今约略其易明者录之。四事并称刘向《孝子传》。

《曹瞒传》一卷不著录。

故《世说》注、《文选》注，《为袁绍檄豫州》注引操破梁孝王棺事。所引皆称操名。

《郗鉴别传》

《王乂别传》

《桓彝别传》

《王丞相别传》

《阮光禄别传》

《刘尹别传》

《范宣别传》

《王献之别传》

《王恭别传》

《司马徽别传》

《向秀别传》

《卫玠别传》

《顾和别传》

《王含别传》

《孙放别传》

《庾翼别传》

《桓温别传》

《顾恺之别传》

《王长史别传》

《王中郎传》

《郄超别传》

《王胡之别传》

《王司徒传》

《钟雅别传》

《陆玩别传》

《江惇传》

《殷浩别传》

《王珉别传》

《王敦别传》

《谢鲲别传》

《王述别传》

《谢玄别传》

《樊英别传》

《左思别传》

《郭璞别传》

《诸葛恢别传》

《周颙别传》

《孔愉别传》

《蔡司徒别传》

《王彪之别传》

《罗府君别传》

《祖约别传》

《阮孚别传》

《羊曼别传》

《王劭王荟别传》

《石勒传》

《王彬别传》

《王舒传》

《王澄别传》

《王邃别传》

《卞壶别传》

《虞光禄传》

《郗惜别传》

《陈逵别传》

《贺循别传》

《桓冲别传》

《桓豁别传》

《周处别传》

《贾充别传》

《郗昙别传》

《范汪别传》

《蔡充别传》

《司马晞传》

《王雅别传》

《荀粲别传》

《司马无忌传》

《高坐别传》

《浮图澄别传》

《支遁传》

已上见《世说》注。

《袁氏家传》卷亡，不著录。

《世说·文学篇》注：袁乔有文才。《言语篇》注：乔父瓌，光
禄大夫。乔历尚书郎、益州刺史。《任诞篇》注：袁耽魁梧爽朗，仕

至司徒从事中郎。

《荀氏家传》十卷荀伯子撰，不著录。

《世说·德行篇》注荀巨伯，《排调篇》注荀隐，亦引之。而云世有此书，寻之未得……《太平御览·礼仪部》引之尤详，是知此书至宋尚存。

《谢车骑家传》卷亡，不著录。

《世说·言语篇》注《谢车骑家传》曰：玄神理明俊，善微言。叔父太傅尝问："武帝任人，至于赐予，不过斤合，当有旨不?"玄答："有辞致也。"

《顾恺之家传》卷亡，不著录。

《世说·夙悟篇》注：张敷，滔然有大成之量，仕至著作郎。二十三卒。

可知《隋经籍志考证》所增补著录史籍中涉及子部除类书以外的其他典籍有一百三十二部，约占增补著录史籍总数六百二十六部的21%。其中涉及《世说新语》的史籍为最多，达到一百二十八部，约占涉及子部除类书外其他典籍的这一百三十二部史籍的97%，不过还涉及《金楼子》《一切经音义》《闻见后录》《法苑珠林》等典籍。

（七）

集部是四部中的一个重要部分，《隋经籍志考证》所增补的史籍也有一些涉及这一部分，据卷一所云：

《魏略》三十八卷魏京兆鱼豢撰，不著录。

《文选·景福殿赋》注引《魏略·文纪》曰：灵龟出于神池。

卷三云：

《吴历》六卷胡冲撰，不著录。

《文选·奏弹曹景宗》注引诸葛恪作东关，丁奉等破北军。《辨亡论》注：曹公出濡须，孙权以水军围取。

《魏世谱》卷亡，不著录。

《文选》陆士衡《答贾长渊诗》注……引《魏世谱》无撰人名。

卷六云：

《洛阳宫舍记》卷亡，不著录。

《文选·东都赋》注：洛阳有云龙门，有端门。《藉田赋》注：有间阖门。

《洛阳故宫名》卷亡，不著录。

《文选·求为诸孙置守冢人》注：马市在城东，吴、蜀二王馆与相连。刘公干《赠徐干诗》注：洛阳宫有东掖门、西掖门。

《汉宫阁簿》三卷不著录。

《文选·上林赋》：长安有东陂池、西陂池。引《汉宫殿簿》。

《汉宫殿名》卷亡，不著录。

《文选·西都赋》注：长安有合欢殿、披香殿、鸳鸯殿、飞翔殿。

《晋宫阁名》卷亡，不著录。

《文选·灵光赋》注：华林园万年树十四株。谢玄晖《直中书省诗》注同。按此书多记华林园树木……

《河南十二县境簿》卷亡，不著录。

《文选·闲居赋》注：城南五里，洛水浮桥。① 阮嗣宗《咏怀诗》注：城东首阳山，上有首阳祠。《宋孝武宣贵妃诔》注：洛阳县东城第一建春门，并引《河南郡县境界簿》。

《吴县记》卷亡，顾征撰。不著录。

《文选·头陀寺碑文》注：顾征《吴县记》曰：佛法详其始，而典籍亦无闻焉。鲁庄七年夜明，佛生之日也。

《吴郡缘海四县记》卷亡，不著录。

《文选》谢灵运《富春诗》注：钱塘西南五十里有定山。

《会稽记》卷亡，孔灵符撰。不著录。

《文选·游天台山赋》注：赤城山瀑布，冬夏不竭。天台山，旧名，五县之馀地。赤城山上有石桥、石屏风。颜延年《和灵运诗》

---

① "洛水"，原作"浴水"，据《文选》卷一六《闲居赋》注所引《河南郡县境界簿》改。

注：秦望山在州城正南。江文通《杂体诗》注：始宁县有崞山，剡县有嵊山。

《荆州记》卷亡，庾仲雍撰。不著录。

《文选》郭景纯《游仙山诗》注：大城西有灵溪水，临沮县有青溪山。张景阳《杂诗》注有北有四关，鲁阳、伊关之属也。

《嵩山记》卷亡，卢元明撰。不著录。

《文选·洛神赋》注：山上神芝。并引《嵩高山记》，不著撰名。

《罗浮山记》卷亡，袁彦伯撰。不著录。

《文选》谢灵运《初发石首城》注并引《罗浮山记》，不著袁彦伯名。

《天台山铭序》卷亡，支遁撰。不著录。

《文选·游天台山赋》注：支遁《天台山铭序》曰：余览《内经山记》云：剡县东南有天台山。又云：往天台当由赤城为道经。又引《天台山图》。

《名山略记》卷亡，不著录。

《文选·游天台山赋》注：《名山略记》曰：天台山，即是定光寺诸佛所降葛仙公山也。

《南方夷物记》卷亡，不著录。

《文选·七启》注：《南方异物记》曰：采珠人以珠肉作鲊。

《异物志》卷亡，谯周撰。不著录。

《文选·蜀都赋》注：谯周《异物志》曰：涪陵多大龟，其甲可以卜，俗名曰"灵"。又：滇水乍深广，乍浅狭，有如倒池，故俗云"滇池"。

《巴蜀异物志》卷亡，不著录。

《文选·鹏鸟赋》注：有小鸟如鸡，体有文色，土俗因形，名之曰"鹏"。不能远飞，行不出域。

《荆扬已南异物志》卷亡，薛莹撰。不著录。

《文选·吴都赋》注：余甘如梅李，核有刺，初食之味苦，后口中更甘。

《益州记》卷亡，任豫撰。不著录。

《文选·蜀都赋》注：嘉鱼，鳞似鳟鱼。

《益州记》卷亡，谯周撰。不著录。

《文选·蜀都赋》注：谯周《益州志》曰：成都织锦，既成濯于江水，其文分明，胜于初成。他水濯之，不如江水也。

《广州记》 卷亡，裴渊撰。不著录。

《文选》陆士衡《赠顾交趾诗》注：五岭：大庾、始安、临贺、桂阳、揭阳。①

《秦州记》 卷亡，郭仲产撰。不著录。

《文选·四愁诗》注：陇坂九曲，不知高几里。

《交州记》 卷亡，刘欣期撰。不著录。

《文选·吴都赋》注：金华出珠崖，谓金有光采者。《七启》《七命》注同。又：一岁八茧蚕，出日南。

《甘州记》 卷亡，不著录。

《文选》谢灵运《七里濑诗》注：《甘州记》曰：桐庐县有七里濑，濑下数里至严陵濑。

《丹阳记》 卷亡，山谦之撰。不著录。

《文选·萧赋》注：江宁县慈母山，临江生箫管竹，圆致，异于众处……谢玄晖《登三山诗》：江宁县北二十里，滨江有三山相接，即名为"三山"。旧时津济道也。《石阙铭》注：牛头山两峰似天阙……《祭古冢文》注：东府，孝文王道子府。

《浔阳记》 卷亡，张僧鉴撰。不著录。

《文选》谢灵运《如彭蠡湖诗》注：石镜山东有一圆石，悬崖明净，照人见形。

《关中记》 一卷潘岳撰，不著录。

《文选·西都赋》注：未央宫殿，皆疏龙首。

《始兴记》 卷亡，王歆之撰。不著录。

《初学记·地部》：灵水源有温涌泉，溜如沸汤，有细赤鱼出游，莫有获之者。《文选·苦热行》注同。

《宣城记》 卷亡，纪义撰。不著录。

《文选·重答刘秣陵书》注：临城县南四十里盖山，有舒姑泉。

《古今地名》 三卷不著录。

《文选》刘越石《答卢谌诗》注：冥陵阪在吴城北，今谓之

---

① "始安"，原误作"始贺"，据《文选》卷二四《赠顾交趾诗》注改。

"吴阪"。

《濑乡记》卷亡，崔元山撰。不著录。

《文选·新刻漏》注：《老子母碑》：老子把持仙箓，玉简金字，编以白银，纪缀善恶。

《北征记》卷亡，伏滔撰。不著录。

《文选》谢灵运《初发石首城诗》注：石头城，建康西界临江城也，是曰"京师"。又灵运《拟刘桢诗》注：黎阳，津名也。

《东征记》卷亡，不著录。

《文选·西征赋》注：《东征记》曰：全节，地名，其西名"桃原"，古之桃林也。

《舆地图》卷亡，不著录。

《文选》徐敬业《登琅琊城诗》注：《舆地图》曰：梁武改南琅邪为琅邪郡，在润州。

《外国图》卷亡，不著录。

《文选》郭景纯《游仙诗》注：圜丘有不死树，食之乃寿。

《括地图》卷亡，不著录。

《文选·东都赋》注：夏德盛，二龙降之，禹使范氏御之以行，经南方。

《雍州图经》卷亡，不著录。

《文选·西征赋》注：全节，阌乡县东十里鸠涧西。潼水在华阴县界，温汤在新丰县界，温泉在蓝田县界。徐敬业《登琅邪城诗》注：金谷水，出蓝田县西终南山，西入灞水。

《宣城郡图经》卷亡，不著录。

《文选》鲍明远《还都道中诗》注：南陵，县西南水路一百三十里。谢玄晖《敬亭山诗》注：敬亭山，宣城县北十里。

《上谷郡图经》卷亡，不著录。

《文选·放歌行》注：《上谷郡图经》曰：黄金台，易水东南十八里，燕昭王置千金于台上，以延天下之士。

《四海图》卷亡，不著录。

《文选·思玄赋》注：《四海图》曰：交广南有邛州，其处极热。

《江都图经》卷亡，不著录。

《文选·为曹公与孙权书》注：《江都图经》曰：江西寿春属魏，

魏扬州刺史镇寿春。

《东郡图经》卷亡，不著录。

《文选·阳给事诔》注：《东郡图经》曰：滑台城，即郑之廪延。

《洛阳图经》卷亡，不著录。

《文选·东京赋》注：濯龙，池名，故歌曰："濯龙望如海，河桥渡似雷。"应吉甫《华林园集诗》注：华林园在城内东北隅，魏明帝起名"芳林园"，齐王芳改为"华林"。

《广陵郡图经》卷亡，王逸撰。不著录。

《文选·芜城赋》注：王逸《广陵郡图经》曰：郡城，吴王濞所筑。

《丹阳郡图经》卷亡，不著录。

《文选》范蔚宗《乐游苑诗》注：乐游苑，官城北三里，晋时药园也。谢灵运《送方山诗》注：方山，在江宁县东，下有湖水。旧扬州有四津，方山为东，石头为西。颜延年《观北湖田收诗》注：乐游苑，晋时药园，元嘉中筑堤壅水，名为"北湖"。

《蜀郡图经》卷亡，不著录。

《文选·南都赋》注：《蜀郡图经》曰：太湖山，山故县，县南十里。

《长安图》卷亡，不著录。

《文选·西征赋》注：周氏曲，咸阳县东南三十里，今名周氏陂，陂南一里，汉有兰池宫。又云：汉时七里渠有饮马桥，夏侯婴冢在桥南三里。《太平御览·地部》：高望堆，在延兴门南八里。

《弘农郡图经》卷亡，不著录。

《文选·西征赋》注：《弘农郡图经》曰：曹阳，桃林县东十二里。

《历阳县郡图经》卷亡，不著录。

《文选·奏弹曹景宗》注：《历阳县郡图经》曰：东关，历阳县西南一百里。《御览·地部》：鸡笼山、梁山二事，引《历阳图经》，省"郡县"二字。

《河南郡图经》卷亡，不著录。

《文选·西征赋》注：潘岳父冢，巩县西南三十五里。《怀旧赋》注：嵩丘，在县西南十五里。《洛神赋》注：景山，缑氏县西南七里。嗣宗《咏怀诗》注：东南有三门，最北头曰"上东门"。

卷七云：

《帝谱世本》七卷宋均注，不著录。

《文选·西京赋》注：隶首，黄帝史也。

《嵇氏谱》卷亡，不著录。

《文选·幽愤诗》注：嵇康兄喜，历徐、扬州刺史。

《刘氏谱》卷亡，不著录。

《文选·刘先生夫人墓志》注引刘瓛娶王法施女事，题王僧儒《刘氏谱》。

《王氏谱》卷亡，不著录。

《文选·王文宪集序》注引郭璞筮王氏事，并称《王氏家谱》。

《顾氏谱》卷亡，不著录。

《文选》陆士衡《赠顾交趾诗》注：顾秘，为吴王郎中令……又《文选》陆韩卿《奉答内兄希叔诗》注：[①] 顾盼，字希叔，邵陵王国常侍。

《范氏谱》卷亡，王僧孺撰。不著录。

《文选·为范尚书让吏部封侯表》注：王僧孺《范氏谱》曰：汪生少连。又曰：少连，太子舍人、余杭令。

《蔡氏谱》卷亡，不著录。

《文选》王仲宣《赠蔡子笃诗》注：《蔡氏谱》曰：睦，济阳人。

卷八云：

《文章志》卷亡，无撰名。

《文选·长笛赋》注：刘玄作《簧赋》，傅毅作《琴赋》。应贞《华林园集诗》注：应贞少以才闻，能谈论。应璩《百一诗》注：应璩，汝南人也。潘尼《赠陆机诗》注：潘尼少有清才。缪袭《挽歌诗》注：缪袭，字熙伯。潘勖《册魏九锡文》注：《魏锡》，勖所作。

---

① "奉"字原无，据《文选》卷二六《奉答内兄希叔诗》增补。

繁钦《与魏文笺》注：繁钦，少以文辨知名。陈琳《答东阿王笺》注：陈琳，字孔璋。阮瑀《为曹公与孙权书》注：阮瑀，陈留人。魏文帝《与吴质书》注：徐干以道德见称。

《文章录》卷亡，丘渊之撰。不著录。

《文选·百一诗》注：应璩，博学好属文。

《白起故事》卷亡，何晏撰。不著录。

《文选·报任安书》注：何晏《白起故事》：白起虽坑赵卒，向使预知必死，则前驱空卷，犹可畏也，况三十万披坚执锐乎？

《汉杂事》卷亡，不著录。

《文选·东京赋》注：诸侯贰车九乘，① 秦灭九国，兼其车服。故大驾属车八十一乘。

卷十三云：

《孝子图》卷亡，刘向撰。不著录。

《文苑英华》许南容、李令琛《对策》并言：梁鸿作《逸人传》，刘向修《孝子图》。

《明先生别传》

《陈寔别传》

已上见《文选》注。

《荀氏家传》十卷荀伯子撰，不著录。

然《文选·与钟大理书》注荀宏，元长《曲水诗序》注荀勖，《安陆王碑》注荀彧。

《孙氏世录》卷亡，不著录。

《文选·为萧扬州荐士表》注：《孙氏世录》曰：孙康家贫，常映雪读书，清介交游不杂。

《琅邪王氏录》卷亡，不著录。

《文选·王文宪集序》注：《琅邪王氏录》曰：其先出自周王子晋，秦有王翦、王离，世为名将。

---

① "贰车"，原作"属车"，据《文选》卷三《东京赋》注所引《汉杂事》改。

可知《隋经籍志考证》所增补著录史籍中，涉及集部典籍的有七十部，约占增补著录史籍总数六百二十六部的 11%，而考证中所征引的文献主要是《文选》。

（八）

在《隋经籍志考证》所增补著录的史籍中虽然涉及典籍颇多，可是还有相当一部分是仅依据《旧唐书·经籍志》《新唐书·艺文志》的，如卷一所云：

> 《汉书音》九卷孟康撰，梁有，隋亡。
>
> 《唐志》作"音义"。
>
> 《汉书音义》二卷崔浩撰，不著录。
>
> 见《新唐志》。
>
> 《后汉书》五十八卷刘昭补注，不著录。
>
> 见《唐志》。愚按：此称"补注"，或即马彪之《志》，然卷数与今本不合。

卷二云：

> 《荀悦汉纪注》三十卷应劭等注，不著录。
>
> 见《新唐志》。
>
> 《汉纪音义》三卷崔浩撰，不著录。
>
> 见两《唐志》。
>
> 《宋春秋》二十卷鲍衡卿撰，不著录。
>
> 见《唐志》。
>
> 《梁典》二十九卷谢昊撰，不著录。
>
> 见《新唐志》。

卷三云：

> 《春秋时国语》十卷孔衍撰，不著录。
>
> 见《新唐志》。

《汉尚书》十卷不著录。

见《唐志》。

《后汉尚书》六卷孔衍撰，不著录。

见《唐志》。

《帝王年历》五卷陶弘景撰，不著录。

见《唐志》。

《史记钞》十四卷葛洪撰，不著录。

见《唐志》。

《后汉书钞》三十卷葛洪撰，不著录。

见《唐志》。

《合史》二十卷萧萧撰，不著录。

见《新唐志》，又录一卷，《旧唐志》脱撰名。

《帝录》十卷诸葛耽撰，不著录。

见《新唐志》，《旧志》作"诸葛忱"。

卷四云：

《苻朝杂记》一卷田融撰，不著录。

见《新唐志》。

卷五云：

《晋崇宁起居注》十卷不著录。

见《唐志》。

《陈起居注》四十一卷不著录。

见《唐志》。

卷六云：

《洛阳记》一卷戴延之撰，不著录。

见《唐志》。

《后魏洛阳记》五卷不著录。

见《唐志》。

《吴地记》一卷张勃撰，不著录。

见《唐志》。

《古今地名》三卷不著录。

见《唐志》。

卷七云：

《世本别录》一卷不著录。

　见《唐志》。

《世本谱》二卷不著录。

　见《旧唐志》，无撰人名，《新唐志》题王氏著。

《齐永元中表簿》五卷

《唐志》六卷。

《梁大同四年表簿》三卷不著录。

　见《唐志》。

《梁亲表簿》五卷不著录。

　见《唐志》。

《百官谱》二十卷徐勉撰，不著录。

　见《唐志》。

《周宇文氏谱》一卷不著录。

　见《唐志》。

卷八云：

《四部书目序录》三十九卷殷淳撰，不著录。

　见《唐志》。

《开皇二十年书目》四卷王劭撰，不著录。

　见《唐志》。

卷九云：

《晋建武以来故事》三卷不著录。

见《唐志》。

《永平故事》三卷不著录。

见《唐志》。

《晋泰始泰康故事》八卷不著录。

见《唐志》。

《晋氏故事》三卷不著录。

见《唐志》。

《晋诸杂故事》二十二卷不著录。

见《唐志》。

《晋杂议》十卷不著录。

见《唐志》。

《华林故事名》一卷不著录。

见《唐志》。

卷十云：

《晋惠帝百官名》三卷陆机撰，不著录。

见《唐志》。

《晋过江人士目》一卷不著录。

见《唐志》。

《晋永嘉流士》十三卷卫禹撰，不著录。

见《旧唐志》。《新唐志》二卷。

《登城三战簿》三卷不著录。

见《唐志》。

《魏官品令》一卷不著录。

见《唐志》。

《梁百官人名》十五卷不著录。

见《唐志》。

卷十一云：

《晋尚书仪曹新定仪注》四十一卷徐广撰，不著录。

　见《唐志》。

《梁祭地祇阴阳仪注》二卷沈约撰，不著录。

　见《唐志》。

《梁尚书仪曹仪注》十八卷又二十卷不著录。

　见《唐志》。

《梁天子丧礼》七卷又五卷不著录。

　见《唐志》。

《梁大行皇帝皇后崩仪注》一卷不著录。

　见《唐志》。

《梁太子妃薨凶仪注》九卷不著录。

　见《唐志》。

《梁诸侯世子卒凶仪注》不著录。

　见《唐志》。

《梁陈大行皇帝崩仪注》八卷不著录。

　见《唐志》。

《政典》十卷何胤撰。

《唐志》有何点《理礼仪注》九卷。

《陈杂仪注》六卷不著录。

　见《唐志》。

《陈诸帝后崩仪注》五卷不著录。

　见《唐志》。

《陈杂仪注凶仪》十三卷不著录。

　见《唐志》。

《陈皇太后崩仪注》四卷仪曹撰，不著录。

　见《唐志》

《陈皇太子妃薨仪注》五卷仪曹撰，不著录。

　见《唐志》。

《北齐吉礼》七十二卷赵彦深撰，不著录。

　见《新唐志》。《旧唐志》作"赵彦琛"。

《北齐皇太后丧礼》十卷不著录。

　见《新唐志》。

《隋吉礼》五十四卷高颎撰，不著录。

见《唐志》。

《诸王国杂仪注》十卷不著录。

见《唐志》。

《杂府州郡仪》十卷范汪撰，不著录。

见《唐志》。

《丧服治礼仪注》九卷何胤撰，不著录。

见《唐志》。

《冠婚仪》四卷不著录。

见《唐志》。

《婚仪祭仪》二卷崔皓撰，不著录。

见《唐志》。

《魏氏郊丘》三卷不著录。

见《唐志》。

《晋明堂郊社议》三卷孔晁等撰，不著录。

见《唐志》。

《晋七庙议》三卷蔡谟撰，不著录。

见《唐志》。

《要典》三十九卷王景之撰，不著录。

见《唐志》。

《祀典》五卷卢辩撰，不著录。

见《唐志》。

《皇室书仪》七卷不著录。

见《唐志》。

卷十二云：

《汉诸王奏事》十卷，不著录。

见《唐志》故事类。

《廷尉驳事》十一卷，不著录。

见《唐志》。

卷十三云：

> 《吴国先贤赞》三卷 不著录。
> 见《旧唐志》，《新志》作《像赞》，俱无撰名。
> 《广州先贤传》七卷 刘芳撰，不著录。
> 见《新唐志》。
> 《会稽太守像赞》二卷 贺氏撰，不著录。
> 见两《唐志》，《旧志》入集部。
> 《真隐传》二卷 袁淑撰，不著录。
> 《唐志》二卷。
> 《孝子传》三十卷 梁武帝撰，不著录。
> 见《新唐志》。
> 《桓玄传》二卷 不著录。
> 见《唐志》。
> 《诸王传》一卷 不著录。
> 见《唐志》。
> 《列女传序赞》一卷 孙夫人撰，不著录。
> 见《唐志》，《旧唐志》集部重出。
> 《列女传》八卷 刘熙撰，不著录。
> 见《新唐志》。
> 《后妃记》四卷 虞通之撰，不著录。
> 见《唐志》。
> 《紫虚元君魏夫人内传》项宗撰，不著录。
> 见《唐志》。

可知这些《隋经籍志考证》中仅依据两《唐志》所增补著录的史籍有八十五部，约占增补著录史籍总数六百二十六部的 14%。此外在《隋经籍志考证》中还有一些增补著录的史籍仅依据一部文献的一条史料，如卷一：

> 《史记音义》宋裴骃撰，不著录。
> 《索隐后序》曰：裴骃亦有《音义》，前代久已散亡。

《汉书注》一百二卷陆澄撰，宋有，隋亡。

《史通·补注篇》曰：陆澄注班《史》，多引迁《书》，此缺一言，彼增半句。采摘成注，标为异说。有昏耳目，难为披览。

卷三：

《王闳本事》卷亡，不著录。

《太平御览·人事部》：闳为琅琊太守，张步欲诛之，闳堕车折齿，移病归，遂得免。

《徐江州本事》卷亡，不著录。

《世说·赏誉篇》注：徐宁，字安期，初为舆县令，桓彝与结交，谓庾亮曰：为卿得一佳吏部郎。累迁江州刺史。

《石崇本事》卷亡，不著录。

《艺文类聚·服饰部》：崇有珊瑚如意，长三尺二寸。

卷五：

《梁起居注》卷亡，不著录。

《太平御览·休征部》：《梁起居注》曰：大同六年九月，始平献嘉禾一茎七穗。

卷六：

《西征记》卷亡，卢思道撰。不著录。

《太平寰宇记·河北道》：卢思道《西征记》曰：白鹿山，孤峰秀出，上有石，自然为鹿形，故山以白鹿为称。

《吴县记》卷亡，顾征撰。不著录。

《文选·头陀寺碑文》注：顾征《吴县记》曰：佛法详其始，而典籍亦无闻焉。鲁庄七年夜明，佛生之日也。

《吴郡地理记》卷亡，王僧虔撰。不著录。

《太平御览·逸民部》：王僧虔《吴郡地理记》曰：处士陆著，汉桓、灵间，州府交辟，不就。临卒，诫诸子弟云："勿苟仕浊世。"

子弟遵训，终身不仕，并有盛名。

《吴郡临海记》卷亡，不著录。

《太平御览·地部》：《吴郡临海记》曰：虞县有穿山，下有洞穴，昔有在海中行者，举帆从穴中过。

《会稽旧记》卷亡，不著录。

《史记·五帝纪·正义》：《会稽旧记》曰：舜，上虞人。去虞三十里有姚丘，即舜所生也。

《会稽郡十城地志》卷亡，不著录。

《太平御览·礼仪部》：上虞县东南古冢，砖题文曰："居在本土，厥姓黄，卜葬于此大富强，《易》卦吉，《龟》卦凶。"此引《会稽郡十城地志》。

《荆州记》卷亡，刘澄之撰。不著录。

《初学记·地部》：刘澄之《荆州记》曰：华容县东南有云梦泽，一名巴丘湖，荆州之薮也。

《巴蜀志》卷亡，袁休明撰。不著录。

《水经·若水注》：袁休明《巴蜀志》曰：堂琅县西高山嵯峨，岭石磊落，倾侧萦迴，下临峭壑。行者攀缘，牵援绳索，三蜀之人及南中诸郡以为至险。

《庐山记》卷亡，张野撰。不著录。

《艺文类聚·山部》：张野《庐山记》曰：庐山天将雨则有白云，或冠峰岫，或亘中岭，俗谓之山带，不出三日必雨。

《庐山记》卷亡，周景式撰。不著录。

《艺文类聚·山部》：周景式《庐山记》曰：匡俗，周威王时，生而神灵，庐于此山，世称卢君，故山取号焉。

《游天竺记》卷亡，释法显撰，不著录。

《水经·河水注》引释法显《游天竺记》。

《山图》卷亡，陶弘景撰。不著录。

《太平寰宇记·淮南道》：陶弘景《山图》曰：霍山、牛山出药草，其山东南角有伏石似牛，山中出石斛，今入贡。

《异物志》卷亡，谯周撰。不著录。

《文选·蜀都赋》注：谯周《异物志》曰：涪陵多大龟，其甲可以卜，俗名曰"灵"。又：滇水乍深广，乍浅狭，有如倒池，故俗云

"滇池"。

《异物志》卷亡，薛珝撰。不著录。

《一切经音义》：鎯鲻、鉅鲻，引薛珝《异物志》。

《益州记》卷亡，谯周撰。不著录。

《文选·蜀都赋》注：谯周《益州志》曰：成都织锦，既成濯于江水，其文分明，胜于初成。他水濯之，不如江水也。

《广州记》卷亡，刘澄之撰。不著录。

《太平御览·地部》：刘澄之《广州记》曰：新城县东俱山，山上有湖，湖中有白鹅一只，时时飞来，不可常见。

《冀州记》卷亡，裴秀撰。不著录。

《史记·封禅书·索隐》：顾氏按：裴秀《冀州记》曰：缑山仙人庙者，昔有王乔，犍为武阳人，为柏人令。于此得仙，非王子乔也。

《交州记》卷亡，姚文感撰。不著录。

《太平寰宇记·岭南道》姚文感《交州记》曰：尉佗作朝殿，以朝天子。

《甘州记》卷亡，不著录。

《文选》谢灵运《七里濑诗》注：《甘州记》曰：桐庐县有七里濑，濑下数里至严陵濑。

《湘中记》卷亡，庾仲雍撰。不著录。

《艺文类聚·山部》：庾仲雍《湘中记》曰：桂阳郴县东北有马岭山，苏耽所栖游处，因而得仙。后见耽乘白马还，此山因名"马岭"。

《入东记》卷亡，吴均撰。不著录。

《寰宇记·江南西道》：吴均《入东记》曰：王羲之常游升乌山，谓宾客曰：百年之后，谁知王逸少与诸卿游此乎？因有"升山"之号，立乌亭于山上。

《冀州风土记》卷亡，卢植撰。不著录。

《寰宇记·河北道》：卢植《冀州风土记》曰：黄帝以前，未可备闻。唐虞以来，冀州乃圣贤之泉薮，帝王之旧地。

《始安郡记》卷亡，不著录。

《续汉·郡国志》：《始安郡记》曰：县东有驳乐山，东有辽山。

《北征记》卷亡，裴松之撰。不著录。

《后汉书·献帝纪》注：裴松之《北征记》曰：中牟台下临汴水，是为官渡，曹操、袁绍垒尚存焉。

《东征记》卷亡，不著录。

《文选·西征赋》注：《东征记》曰：全节，地名，其西名"桃原"，古之桃林也。

《上谷郡图经》卷亡，不著录。

《文选·放歌行》注：《上谷郡图经》曰：黄金台，易水东南十八里，燕昭王置千金于台上，以延天下之士。

《四海图》卷亡，不著录。

《文选·思玄赋》注：《四海图》曰：交广南有邛州，其处极热。

《江都图经》卷亡，不著录。

《文选·为曹公与孙权书》注：《江都图经》曰：江西寿春属魏，魏扬州刺史镇寿春。

《东郡图经》卷亡，不著录。

《文选·阳给事诔》注：《东郡图经》曰：滑台城，即郑之廪延。

《广陵郡图经》卷亡，王逸撰。不著录。

《文选·芜城赋》注：王逸《广陵郡图经》曰：郡城，吴王濞所筑。

《蜀郡图经》卷亡，不著录。

《文选·南都赋》注：《蜀郡图经》曰：太湖山，山故县，县南十里。

卷七：

《孙氏谱》卷亡，不著录。

《魏志·孙资传》注：《孙氏谱》曰：宏为南阳太守，宏子楚，字子荆。

《郭氏谱》卷亡，不著录。

《魏志·郭淮传》注：《郭氏谱》曰：淮，祖全，大司农。父蕴，雁门太守。

《吴氏谱》卷亡，不著录。

《世说·德行篇》注：《吴氏谱》曰：坦之，仕至西中郎将功曹。

《冯氏谱》_{卷亡，不著录。}

《世说·文学篇》注：《冯氏谱》曰：冯怀，历太常、护国将军。

《虞氏谱》_{卷亡，不著录。}

《世说·赏誉篇》注：虞球，会稽郡余姚人，仕至黄门侍郎。此引《虞氏谱》。

《卫氏谱》_{卷亡，不著录。}

《世说·赏誉篇》注：《卫氏谱》曰：卫永，成阳人，位至左军长史。

《曹氏谱》_{卷亡，不著录。}

《世说·品藻篇》注：《曹氏谱》曰：茂之，彭城人，仕至尚书郎。

《索氏谱》_{卷亡，不著录。}

《世说·伤逝篇》注：《索氏谱》曰：索元，历征虏将军、历阳太守。

《戴氏谱》_{卷亡，不著录。}

《世说·栖逸篇》注：《戴氏谱》曰：戴逯，以武勇显，有功，封广陵侯，仕至大司农。

《贾氏谱》_{卷亡，不著录。}

《世说·贤媛篇》注：《贾氏谱》曰：郭氏名玉璜，即广宣君也。

《郝氏谱》_{卷亡，不著录。}

《世说·贤媛篇》注：《郝氏谱》曰：普字道匡，仕至洛阳太守。

《韩氏谱》_{卷亡，不著录。}

《世说·栖逸篇》注：《韩氏谱》曰：韩绘之父康伯，太常卿。绘之，仕至衡阳太守。

《张氏谱》_{卷亡，不著录。}

《世说·任诞篇》注：《张氏谱》曰：张湛，仕至中书郎。

《祖氏谱》_{卷亡，不著录。}

《世说·排调篇》注：《祖氏谱》曰：祖广，仕至护军长史。

《司马氏谱》_{卷亡，不著录。}

《世说·仇隙篇》注：《司马氏谱》曰：丞娶南阳赵氏女。

《路氏谱》_{卷亡，不著录。}

《史记·齐悼惠王世家·索隐》：《路氏谱》曰：中大夫名邛。

《范氏谱》卷亡，王僧孺撰。不著录。

《文选·为范尚书让吏部封侯表》注：王僧孺《范氏谱》曰：汪生少连。又曰：少连，太子舍人、余杭令。

《杜氏谱》卷亡，不著录。

《史记·酷吏传·正义》：《杜氏谱》曰：周，字长孺。

《阳氏谱叙》卷亡，不著录。

《水经·鲍秋水》注：《阳氏谱叙》曰：翁伯，是周景王之孙，食采阳樊。春秋之末，爱宅无终而易氏焉，爱仁博施，天祚玉田。

《蔡氏谱》卷亡，不著录。

《文选》王仲宣《赠蔡子笃诗》注：《蔡氏谱》曰：睦，济阳人。

《应氏谱》[①] 卷亡，不著录。

《后汉书·应劭传》注：《应氏谱》曰：劭，字仲远。

《臾氏谱》卷亡，不著录。

《汉书·睢孟传》注：近代学者旁引《臾氏谱》，以相附著，私谱之文；家自为说，事非经典；苟引先贤，妄相假借；无所取信，宁足据乎？

卷八：

《晋文章纪》卷亡，顾恺之撰。不著录。

《世说·文学篇》注：顾恺之《晋文章纪》曰："阮籍劝进，落落有宏致。"

卷九：

《江东旧事》卷亡，不著录。

《水经·温水注》：范文，本扬州人。随林邑贾人渡海远去，没入于王。经十馀年，王死，文害王二子，自立为王。此引《江东旧事》。

---

① "应氏谱"，原作"应世谱"，据《后汉书》卷四八《应奉附子劭传》注改，下同。

《西京故事》卷亡，不著录。

《史记·孝景纪·正义》：《西京故事》曰：景帝庙为德阳宫。

《咸宁三年武皇帝故事》卷亡，不著录。

《晋书·礼志》引云：王公大臣薨，三朝发哀，踰月不举乐。其一朝发哀，三日不举乐。

《白起故事》卷亡，何晏撰。不著录。

《文选·报任安书》注：何晏《白起故事》：白起虽坑赵卒，向使预知必死，则前驱空卷，犹可畏也，况三十万披坚执锐乎？

《诸葛故事》卷亡，不著录。

《艺文类聚·军器部》：《诸葛故事》曰：成都作匕首五百枚，以给骑士。

卷十：

《汉官目录》卷亡，不著录。

《续汉·百官志》注引之。

《晋武帝百官名》卷亡，不著录。

《魏志·臧霸传》注：霸子舜，晋散骑常侍，见《武帝百官名》。

《晋武帝太始官名》卷亡，不著录。

《太平御览·职官部》：《晋武帝太始官名》曰：大司马石苞开通爽悟，秉意不群。

《晋怀帝永嘉官名》卷亡，不著录。

《太平御览·职官部》：《晋怀帝永嘉官名》曰：吏部郎温羲，字符辅，世论以其为人夷旷似玉。

《明帝东宫寮属名》卷亡，不著录。

《世说·雅量篇》注：《明帝东宫寮属名》曰：羊固，字道安，太山人。

《庾亮寮属名》卷亡，不著录。

《世说·文学篇》注：按《庾亮寮属名》：殷浩为亮司马，非为长史也。

《庾亮参佐名》卷亡，不著录。

《世说·雅量篇》注：按《庾亮启参佐名》：褚裒，时直为参军，不掌记室也。

《齐王官属名》_{卷亡，不著录。}

《世说·方正篇》注：《齐王官属名》曰：葛旟，字虚旟，齐王从事中郎。

卷十一：

《齐永明仪注》_{卷亡，不著录。}

《通典·乐门》：就埋位，齐永明六年《仪注》：奏《肆夏》。

《陈元会仪注》_{卷亡，不著录。}

《通典·乐门》：陈太建六年，徐陵、沈罕奏来年《元会仪注》。

《宋太庙烝尝仪注》_{卷亡，不著录。}

《宋书·礼志》：元嘉六年七月，太学博士徐道娱上议曰：伏见《太庙烝尝仪注》。

《宋藉田仪注》_{卷亡，不著录。}

《宋书·礼志》：大明四年，尚书右丞荀万秋奏《藉田仪注》。

《宋南郊亲奉仪注》_{卷亡，不著录。}

《宋书·礼志》：大明四年正月，有司奏《南郊亲奉仪注》。

《陈南北郊明堂仪注》_{卷亡，不著录。}

《通典·乐门》：陈宣帝太建五年，诏定《南北郊及明堂仪注》。

卷十二：

《魏武制度》_{卷亡，不著录。}

《太平御览·居处部》：《魏武制度》奏曰：三公、列侯，门施内外塾，方三十亩。

卷十三：

《裴氏家记》_{卷亡，傅畅撰。不著录。}

《蜀志·孟光传》注：傅畅《裴氏家记》载裴潜弟儁、儁子越事。

《陈氏家传》卷亡，不著录。

《太平寰宇记·河南道》：《陈氏家传》曰：纪、谌以下八十六墓，三十六碑，并在长葛县陉山之阳，又有庙存。

《沈氏家传》卷亡，不著录。

《太平寰宇记·江东南道》：《沈氏家传》曰：后汉沈戎，居郡乌程县馀不乡。

《祖氏家传》卷亡，不著录。

《元和姓纂》：《祖氏家传》曰：祖崇之，娶东阳无旋女。

《孙氏世录》卷亡，不著录。

《文选·为萧扬州荐士表》注：《孙氏世录》曰：孙康家贫，常映雪读书，清介交游不杂。

《谢车骑家传》卷亡，不著录。

《世说·言语篇》注《谢车骑家传》曰：玄神理明俊，善微言。叔父太傅尝问："武帝任人，至于赐予，不过斥合，当有旨不?"玄答："有辞致也。"

《颜延之家传》卷亡，不著录。

《艺文类聚·杂文部》：《颜延之家传》铭曰：旷彼琅邪，实惟海宇。谁其来迁，时惟远祖。青州隐秀，爰始真居。内辞鼎府，外秉邦闾。建节中平，分竹黄初。形清齐石，政偃营区。葛峄明懿，平阳聪理。式荐公庭，或登宰士。列美霸朝，双风千里。华萼之茂，于兆不已。

《琅邪王氏录》卷亡，不著录。

《文选王·文宪集序》注：《琅邪王氏录》曰：其先出自周王子晋，秦有王翦、王离，世为名将。

《颜修内传》卷亡，不著录。

《太平御览·地部》：《颜修内传》曰：桥顺，字仲产，有二子，曰璋，曰琮，师事仙人卢子基于栖霞谷。

以上共有九十部史籍，加上仅依据《旧唐书·经籍志》《新唐书·艺文志》所增补著录的八十五部史籍，合计有一百七十五部，仅约占《隋经籍志考证》所增补著录的六百二十六部典籍的28%，相反依据多部典籍增补著录的四百五十二部典籍，约占所增补著录史籍总数的72%。这说明章宗源《隋经籍志考证》所增补著录史籍确实引经据典，证据确凿。

另外，在《隋经籍志考证》所增补著录史籍所依据的典籍颇多，有些典籍是依据多部典籍做了考证，如卷四所云：

《秦书》三卷秦冯翊车频撰，不著录。

《史通·外篇》曰：前秦史官初有赵渊、车敬、梁熙、韦谭，相继著述。符坚尝取而观之，见苟太后幸李威事，怒而焚之，灭其本。后著作郎董谊追录旧语，十不一存。宋武帝入关，曾访秦国事，又命梁州刺史吉翰访诸仇池，并无所获。先是秦祕书郎赵整参撰国史，值秦灭隐于商洛山，著书不辍。有冯翊车频助其经费，整卒，翰乃启频，纂成其书。以元嘉九年起至二十八年方罢，定为三卷。而年月失次，首尾不伦。《世说·识鉴篇》注引符坚本姓蒲，祖父洪诈称谶文，改曰符，与裴景仁《秦记》同。而增"诈称"书法。符坚背赤色有隐起，若篆文。《御览·人事部》亦引之。坚六岁戏于路，司隶徐正见而异焉。《御览·人事部》作"徐统"。《赏誉篇》注：释道安为慕容晋所掠，竺法汰渡江，至扬州土。《水经·渭水注》：符坚建元十四年，高陆县民穿井得鬼，大二尺六寸。《济水注》：符坚时，沙门竺僧朗从隐士张巨和游。《北堂书钞·武功部》：符登刻兜鍪作"死休"字，示士必死为度。故战所向无前。又苟苌围襄阳，作飞云车攻城，克之。二事《御览·兵部》引同。符坚立，有黄云五色，回绕台观，时以为景云。《御览·天部》曰：时以为瑞，赐民酺五日。《初学记·武功部》：符坚使熊邈造金银细缕铠，金为綖以缫之。《艺文类聚·山部》：慕容评拒王猛，桓卖水与军人，众思为乱，猛因败之。《人部》：符坚时，民歌曰："长安大街，两旁种槐。"《开元占经》载：符生寿光三年、符坚建元八年、九年，星变，并引车频《秦书》。"频"作"颍"，《太平御览》引十九事。

既涉及史部的《史通》《水经注》，又涉及子部的《北堂书钞》《艺文类聚》《初学记》《太平御览》《世说新语》《开元占经》。卷五又云：

《宋起居注》不著录。

《初学记·礼部》云：今太庙太极，既以随时。明堂之制，国学之南，地实京邑，爽垲平畅，足以营建。《服食部》：泰始二年御史中丞羊希奏：山阴令谢沈亲忧未除，常著青绛裆衫，请免沈官。《宝器部》：泰始二年，嘉莲一双，骈花并实，合树同茎。《鸟部》：元嘉十三年，阳羡县民送白鸟，皓质洁映，有若辉璧。《太平御览·职官部》：元嘉中，以散骑常侍苟伯子为太子仆。永初中，以徐珮为太子后卫率。《兵部》：刘道符露布曰：七月二十五日，部率众军虎士攻城，逆贼程天祚等穷迫乞降。又泰始二年，有司奏贼帅刘胡等从南城兰道来攻营。《服用部》：河西王沮渠蒙逊献青头黛百斤。《四夷部》：孝建二年七月二十日，盘盘国王遣使奉献金银、琉璃、诸香药等物。八月二十日，陁利国王遣使表奉献方物。《果部》：元嘉十八年，有司奏扬州刺史王濬，州治后池有两莲骈生。十六年，华林有双莲同干，并引送其居住。愚按：此书不著年号，总记宋事，似仿刘道会《晋起居注》之例，然《隋》《唐志》皆不著录，无从考其卷数。《御览·服用部》又引刘祯奏韦朗事，与《元嘉起居注》同。

虽然这仅涉及《初学记》《太平御览》两部类书，可是却征引了九条《宋起居注》佚文。卷六又云：

> 《洛阳故宫名》卷七，不著录。
> 《水经·谷水注》：有朱雀阙、白虎阙、苍龙阙、北阙、南宫阙，又南宫有谤台、临照台。《文选·求为诸孙置守冢人》注：马市在城东，吴、蜀二王馆与相连。刘公干《赠徐干诗》注：洛阳宫有东掖门、西掖门。《初学记·居处部》：洛阳南宫有玉堂前殿、黄龙殿、翔平殿、竹殿。《艺文类聚·居处部》：侍中庐在南宫中。《太平御览·居处部》：有却非殿、铜马殿、敬法殿、清凉殿，有飞兔门、含章门、建礼门、广怀门。并引《洛阳故宫名》。《续汉·礼仪志》注：洛阳宫阳殿南北行七丈，东西行三十七丈四尺。此称《洛阳宫阁传》。《百官志》：为苍龙阙门。引《洛阳宫门名》。《后汉书·光武纪》注：有却非殿。《初学记·居处部》：洛阳宫有嘉德殿。《艺文类聚·居处部》：洛阳有望舒凉室。并称《洛阳宫殿名》。《后汉书·安帝纪》注：南宫有东观。引《洛阳宫阁名》。

可见考证《洛阳故宫名》所征引的文献既有史部的《后汉书》《水经注》，又涉及子部的《艺文类聚》《初学记》，还有集部的《文选》，也就是说所征引的典籍包括了四部中的史、子、集三大部类。同卷又云：

> 《晋官阁名》卷亡，不著录。
>
> 《水经·谷水注》：金墉有崇天堂，开阳门古建阳门也。《诗·豳风》正义：华林园中有车下李三百一十四株、萸李一株。《文选·灵光赋》注：华林园万年树十四株。谢玄晖《直中书省诗》注同按。此书多记华林园树木，《艺文类聚·菓部》所引多类此。《初学记·居处部》：有尧母堂、永光堂、长寿堂，洛阳有承明门、崇礼门。《御览·居处部》所引多类此。并引《晋官阁名》。"阁"或作"阙"。文选注："名"或作"铭"，乃字误。《北堂书钞·舟部》：灵芝池内有鸣鹤舟指南。《艺文类聚·舟车部》：天渊池中有紫宫、升近、跃阳、飞龙等舟。《初学记·器物部》《御览·舟车部》。并引《晋官阁记》。《太平寰宇记·河南道》：宣武观，在大夏门内东北上。此称《晋官阙簿》。

可知这部史籍既征引了经部的《诗经》，史部的《水经注》《太平寰宇记》，又涉及子部的《艺文类聚》《北堂书钞》《初学记》、集部的《文选》，可称是四部皆备。同卷又云：

> 《会稽记》卷亡，孔灵符撰。不著录。
>
> 《宋书·孔季恭传》：季恭，会稽山阴人，子灵符为会稽太守。《文选·游天台山赋》注：赤城山瀑布，冬夏不竭。天台山旧名五县之馀地。赤城山上有石桥、石屏风。颜延年《和灵运诗》注：秦望山在州城正南。江文通《杂体诗》注：始宁县有嶀山，剡县有嵊山。《后汉书·郑弘传》注：若耶溪风，呼为"郑公风"。《艺文类聚·山部》：赤城山南有天台、灵岳、玉石、璿台，又余姚县南百里有太平山，又会稽山南有宛委山，又射的山西南水中有白鹤。《太平御览·地部》：诸暨县西北有乌带山，上虞有龙头山。并引孔灵符《会稽记》。《初学记·地理部》：四明山高峰轶云，连岫蔽日。称孔晔《会稽记》。《御览·地部》：始宁县坛谶山、剡县白石山、玺山大夫种墓、诸暨罗山、陈音铜牛山、赤城山、亭山、永兴县洛思山、城西门怪山，《居处部》：重山南白楼亭，并称孔

喤《会稽记》。愚按：《寰宇记·江南道东》引"射的白斛一百，射的元斛一千"之语，称孔喤《记》。《御览·地部》同引之，则称孔灵符，疑喤乃灵符名，而以字行，故《宋书》本传只称灵符也。《艺文类聚·山部》引涂山、土城山、秦望山三事，称孔皋《会稽记》。"皋"乃"喤"字之讹。

章宗源在考证《会稽记》中既征引了史部的《后汉书》《宋书》《太平寰宇记》，又涉及子部的《艺文类聚》《初学记》《太平御览》，还有集部的《文选》。而且征引了《会稽记》散布在以上典籍中的佚文达到十条之多。同卷又云：

> 《交州记》卷亡，刘欣期撰。不著录。
> 《水经·叶榆河注》：龙编县功曹左飞曾化为虎，数月，还作吏。《左传·宣公正义》：犀，其毛如豕，豗有甲，头如马。《文选·吴都赋》注：金华出珠崖，谓金有光采者。《七启》《七命》注同。又一岁八茧蚕，出日南。《艺文类聚·山部》：浮石山在海中，时高数十丈，浮在水上。《太平御览·刑法部》：居风山去郡四里，山有金牛夜出，光耀数十里。《广韵》注：鹈䴘，水鸟，黄喙，喙长尺馀，南人以为酒器。并引刘欣期《交州记》。

这既涉及经部的《左传》《广韵》、史部的《水经注》，又征引了子部的《艺文类聚》《太平御览》以及集部的《文选》。同卷又云：

> 《三秦记》卷亡，辛氏撰。不著录。
> 《通典·州郡门》注谓辛氏《三秦》之类，皆自述乡国灵怪。今考诸书所引《三秦记》，如：骊山始皇祠，不斋戒往，即疾风暴雨。《续汉·郡国志》同。陈仓城石鼓山，将有兵，此山则鸣。同上。桃林塞，有军马经过，好行则休息林下，恶行则决河漫延不得过。《水经·河水注》《元和郡县志·河南道》。狗枷堡，秦襄公时有天狗来，下有贼，狗吠之，一堡无患。《水经·渭水注》《艺文类聚·兽部》。骊山西北有温水，祭则得入，不祭则烂人肉。同上，又《初学记·地部》云：以三牲祭之，乃得入，可以去疾消病。陈仓山有石鸡，晨鸣山头，声闻三里。《史记·封禅书·正

义》。河西沙角山，山头颓沙则鼓角鸣。《北堂书钞·武功部》。太白山下，军行鸣鼓角，则疾风暴雨兼至。《御览·地部》。昆明池钓鱼，绝纶，梦于武帝，求去其钓。《艺文类聚·宝玉部》《御览·人事部、鳞介部》。此类并涉语怪，至如龙门暴鳃点额。《史记·夏本纪正义》。"终南"又名"地肺"。陆氏《尚书释文》。藏钩弋夫人法。殷敬顺《列子释文》。词人承用，皆本此书。

可知章宗源在考证《三秦记》时，既征引了经部的《经典释文》，史部的《史记》《后汉书》《通典》《水经注》《元和郡县志》，又涉及子部的《列子释文》《艺文类聚》《北堂书钞》《初学记》《太平御览》。卷九又云：

《汉杂事》卷亡，不著录。

《文选·东京赋》注：诸侯贰车九乘，秦灭九国，兼其车服。故大驾属车八十一乘。《艺文类聚·舟车部》曰：尚书、御史乘之，最后一车悬豹尾，以前皆似省中。《后汉书·杜诗传》注：汉制，假棨戟以代斧钺。《胡广传》注：凡群臣之书，通于天子者四品。《艺文类聚·岁时部》：正月朝贺，三公奉璧上殿。《帝王部》：秦为汉驱除，自以德兼三皇五帝，并为号。《职官部》：诸侯功德优盛、朝廷所敬异者，赐位特进，在三公下。《北堂书钞·仪饰部》：鼓以动众，夜漏鼓鸣则起，昼漏壶干钟鸣则息。此所引《汉杂事》，皆记仪制。至《通典·职官门》：蒋满与其子同诏征见宣帝。《艺文类聚·治政部》：王凤荐辛庆忌为执金吾。《北堂书钞·衣冠部》：张仓，高祖时有罪当斩。身体肥白如玉，帝一见而美之，与衣冠甚鲜，随赦。《政术部》：何武上封事云：辛庆忌宜在爪牙。《设官部》：薛宣为少府，谷永上书荐宣，曰：才貌行洁，达于从政。又赵尧，以刀笔至侍御史。《太平御览·职官部》：田蚡为丞相，汲黯见蚡揖之而已。又金敞，世名忠孝，太后使侍成帝。又石庆为太仆，上问车中几马，庆以策数马，曰：六马。《初学记·职官部》同。又郑当，时为太子舍人交知，皆天下名士。《人事部》：吴、楚七国反，齐王使路中大夫告于天子。《奉使部》同。又于定国谦逊下士，虽徒步过者与均礼。又公孙弘为丞相，开阁延贤人。又倪宽卑体下士，不求名誉。又匡衡、贡禹以经术议庙祀。《礼仪部》：

翟方进为丞相，遭后母丧，行服三十六日，起视事。《服章部》：高祖时，大谒者臣章受诏长乐宫，令群臣议举天子所服衣服。《北堂书钞·衣冠部》同。此类所引《汉杂事》皆西汉人物，可与《汉书》相证，其记东汉事不具录。又《书钞·仪饰部》：诏赐蔡邕金龟紫绶，作《汉末杂事》。《刑法部》：博士申咸以怒增刑，作《汉杂事篇》。《初学记·礼部》：封诸侯受茅土，《艺文类聚·礼部》同。作《汉旧事》。《书钞·封爵部》作《杂事》。又庙者所以藏主，列昭穆，作《汉书旧事》。《职官部》：诸上书者皆为二封，魏相为御史大夫，奏去副封，作《汉杂记事》。《书钞·设官部》无"记"字。

可知章宗源在考证《汉杂事》时，既征引了史部的《后汉书》《通典》，又涉及子部的《艺文类聚》《北堂书钞》《初学记》《太平御览》，还有集部的《文选》。一共征引了二十一条佚文。卷十一又云：

《汉礼器制度》卷亡，不著录。

《仪礼·士丧礼疏》引郑注：凌人曰：《汉礼器制度》：大盘广八尺，长一丈二尺，深三尺，漆赤中。《续汉·礼仪志》注同。《周礼·天官疏》曰：叔孙通前汉时作《汉礼器制度》，多得古之周制，故郑君依而用之也。《夏官疏》曰：冕体周礼无文，叔孙通作《汉礼器制度》，取法于周，今还取彼以释之。案：彼文凡冕以版，广八寸，长尺六寸。《仪礼冠仪疏》《左传·桓公正义》同引之。《续汉·礼仪志》曰：太傅胡广博宗旧仪，立汉制度。《后汉书·儒林传》序注：天子出，有大驾、法驾、小驾。《续汉·百官志》注：列侯功德优盛，赐特进。并引胡广《汉制度》。

虽然《汉礼器制度》征引的佚文仅有六条，可是既涉及经部的《周礼》《仪礼》《左传》，还征引了史部的《后汉书》。卷十二又云：

《魏晋律令》卷亡，不著录。

《唐六典》魏氏受命，乃命陈群等采汉律十八篇，增汉萧何律《劫掠》《诈伪》《毁亡》《告劾》《系讯》《断狱》《请赇》《惊事》《偿赃》等九篇也。《通典·刑门》魏文诏陈群、刘劭等定《魏新

律》十八篇，《州郡令》四十五篇，《尚书官令》《军中令》，合百八
十餘篇。颜师古《匡谬正俗》问曰：今官曹文案于纸缝上署记，谓
之"欵缝"者，何也？答曰：此语言元出《魏晋律令》。《太平御
览·刑法部》：刘劭《律略》曰：删旧科，采汉律为《魏律》，悬之
象魏。《时序部》引魏武《明罚令》，《兵部》引魏武《船载令》、
《步战令》《军策令》《内戒令》，《职官部》引魏武《选令》。《初学
记·职官部》《北堂书钞·设官部》引《晋官品令》。《御览·皇亲
部》引《晋服制令》，又《时序部》引有《祠令》言：季夏土王日，
祀黄帝；迎气日，祀中霤；立秋，祀白帝；立秋后，祀灵星；[①] 季冬
藏冰，祭司寒之神。又《车部》引《卤簿令》言：天子玉辂、金辂、
象辂，皇太子金辂，王公象辂，及指南车、记里车、辟恶车、[②] 安
车、羊车、玉钺车。十餘事皆不著明魏晋，附此存考。《唐志》有刘
劭《律略论》五卷。

《魏晋律令》的考证中，既征引了史部的《唐六典》《通典》，还涉及子
部的《北堂书钞》《初学记》《太平御览》。卷十三又云：

> 《孝子图》卷亡，刘向撰。不著录。
> 《文苑英华》许南容、李令琛《对策》并言：梁鸿作《逸人
> 传》，刘向修《孝子图》。《法苑珠林·忠孝篇》：郭巨，河内温人，
> 父殁，供养母。妻生男，虑防供养，乃抱儿掘地，欲埋之于土中。得
> 一釜黄金，有券云"赐孝子郭巨"。又丁兰刻木作母，供养如生，邻
> 人所假借母。颜和即与不和，则不与。又董永，父终，自卖于富公，
> 以供丧事。道逢一女，愿为永妻，助偿债。又大舜至孝，父目失明，
> 在家贫厄，近市而居。舜父夜卧，梦见一凤凰，自名为鸡，口衔米以
> 哺己。视黄帝梦书，言子孙当有贵者。舜前舐之目，霍然开见。舜父
> 一事，《珠林》原本似有讹舛，文句多有不可通。今约略其易明者录之。四事并称刘
> 向《孝子传》。《太平御览·人事部》引郭巨、董永二事，作刘向
> 《孝子图》。洪氏《隶续》载《武梁祠画像记》，中有董永事。

---

① "灵星"，原误作"炅星"，据《太平御览》卷二五《时序部》改。
② "辟恶车"，原作"辟恶"，据《太平御览》卷七七五《车部》改。

这既涉及子部的《太平御览》《法苑珠林》，又征引了集部的《文苑英华》。

因此说以上这几部《隋经籍志考证》增补著录的史籍征引的传世文献涉及经、史、子、集四部，引用文献广泛，特别值得注意的是其中还涉及经部的《诗经》《周礼》《仪礼》《左传》《经典释文》《广韵》等多部典籍。

综上所述，《隋经籍志考证》虽然只存史部，可是征引的典籍范围囊括了经、史、子、集四部，所增补著录史籍涉及经部的有六部，涉及两《唐志》所增补的史籍合计有一百四十部，除此以外涉及其他正史的还有一百四十三部，涉及地理类的史籍有七十八部，涉及正史、地理类以外的史籍有三十六部，涉及子部类书的史籍有二百五十七部，涉及子部除类书以外的其他的典籍有一百三十部，涉及集部典籍的史籍有七十部。在增补著录的史籍中，除一百七十五部仅征引一部传世文献外，其他四百四十一部则征引了多种文献加以考证，有的史籍甚至涉及经、史、子、集四部。而依据的典籍既有经部有《尚书》《诗经》《周礼》《仪礼》《左传》《说文系传》《广韵》，又有史部的《史记》《汉书》《后汉书》《三国志》的正文及其注释以及《晋书》《宋书》《南齐书》《梁书》《北齐书》《隋书》《南史》《北史》《水经注》《三辅黄图》《元和郡县图志》《太平寰宇记》《史通》《唐六典》《通典》《群辅录》《元和姓纂》《通鉴考异》《通志略》《舆地碑记目》，还有子部的《世说新语》《艺文类聚》《北堂书钞》《初学记》《太平御览》《金楼子》《一切经音义》《闻见后录》《法苑珠林》，再有集部的《文选》。据此可见《隋经籍志考证》所征引文献资料之多，涉及的文献范围之广，这些皆可说明章宗源用功之深，学识之广博。

三 章宗源删书考述

仔细阅读此书，与《隋书·经籍志》相比，章宗源确实未将《隋志》中著录的一些史籍加以著录，至于这些史籍到底是缘于章宗源在《隋经籍志考证》未加考证而没有著录，还是章宗源出于某种考虑将这些史籍删除？下面就此问题略作考述。

（一）

如果说那些史籍是因为章宗源没做考证而未加著录的，可是在著录的史籍中也有一些基本未作考证的，如《隋经籍志考证》卷一所云：

《史记》一百三十卷目录一卷，汉中书令司马迁撰。

今存。

《汉书集解音义》二十四卷应劭撰。

《唐志》同。

《汉书音训》一卷服虔撰。

《唐志》同。

《汉书音》十二卷废太子勇命包恺等撰。

《唐志》同。

《范汉音》三卷萧该撰。

《唐志》同。

卷二又云：

《汉纪》三十卷魏秘书监荀悦撰。

今存。

卷三又云：

《春秋前传》十卷何承天撰。

《唐志》同。

《左史》六卷李概撰。

《唐志》同。

《史记正传》九卷张莹撰。

《唐志》同。

《拾遗录》二卷伪秦姚苌方士王子年撰。

《唐志》同。

卷四又云：

《华阳国志》十二卷常璩撰。梁有《蜀平记》十卷，《蜀汉伪官故事》一卷，亡。

今存。

卷五又云：

《晋建元起居注》四卷

《唐志》同。

《晋隆和兴宁起居注》五卷

《唐志》同。

《晋咸安起居注》三卷

《唐志》同。

《晋泰和起居注》六卷梁十卷。

《唐志》同。

《晋宁康起居注》六卷

《唐志》同。

《晋元兴起居注》九卷

《唐志》同。

《晋元熙起居注》二卷

《唐志》同。

《流别起居注》三十七卷。

《唐志》四十七卷。

《宋永初起居注》三卷

《唐志》六卷。

《宋景平起居注》三卷

《唐志》同。

卷六又云：

《山海经》二十三卷郭璞注。

今存。

《佛国记》 一卷沙门释法显撰。

今存。

《游行外国传》 一卷沙门释智猛撰。

《唐志》同。

《十洲记》 一卷东方朔撰。

今存。

《神异经》 一卷东方朔撰，张华注。

今存。

《山海经音》 二卷

《唐志》同。

《水经》 四十卷郦善长注。

今存。

《洛阳伽蓝记》 五卷后魏杨衔之撰。

今存。

《湘州图副记》 一卷

《唐志》同。

《四海百川水源记》 一卷释道安撰。

《唐志》同。

《历国传》 二卷释法盛撰。

《唐志》同。

卷七又云：

《后魏皇帝宗族谱》 四卷
《新唐志》同。

卷八又云：

《梁东官四部目录》 四卷刘遵撰。
《唐志》同。
《名手画录》 一卷

《唐志》同。

卷九又云：

　　　《汉武帝故事》二卷
　　　今存。
　　　《西京杂记》二卷
　　　今存。
　　　《郗太尉为尚书令故事》三卷
　　　《唐志》同。

卷十又云：

　　　《晋官属名》四卷
　　　《唐志》同。
　　　《陈将军簿》一卷
　　　《唐志》同。
　　　《职令古今百官注》十卷①郭演撰。
　　　《唐志》同。

卷十二又云：

　　　《陈令》三十卷范泉撰。
　　　《唐志》同。
　　　《晋驳事》四卷
　　　《唐志》同。

卷十三又云：

　　　《东莱耆旧传》一卷王基撰。

────────────

①　"职"字原无，据《隋书》卷三三《经籍志》增补。

《唐志》同。

《暨氏家传》一卷

《唐志》同。

《同姓名录》一卷梁元帝撰。

今存。

《列女传》七卷赵母注。

《唐志》同。

《神仙传》十卷葛洪撰。

今存。

《汉武内传》三卷

今存。

《异苑》十卷宋给事刘敬叔撰。

今存。

《搜神记》三十卷干宝撰。

今存。

《搜神后记》十卷陶潜撰。

今存。

《齐谐记》七卷宋散骑侍郎东阳无疑撰。

今存。

《续齐谐记》一卷吴均撰。

今存。

《汉武洞冥记》一卷郭氏撰。

今存。

《研神记》十卷萧绎撰。

《唐志》同。

可见这类史籍共有五十六部，其中见于《唐志》的有三十六部，即使除去这三十六部史籍，还有二十部著录更为简单，大多在书名、卷数、作者之下仅著录为"今存"，而未做任何考证，据此这些未被著录的史籍完全可以著录为"今不存"或"亡佚"之类的字词。因此说那些未被著录的史籍可能是章宗源出于某种考虑而在《隋经籍志考证》中删除的，却不是未作考证而未著录的。

（二）

而对比《隋书·经籍志》史部，被《隋经籍志考证》删除的史籍颇多，其中正史及相关著述原有八十部，被删除的史籍有刘显《汉书音》、姚察《汉书集解》、姚察《定汉书疑》《汉疏》、刘孝标注《汉书》、王韶《后汉林》、韦阐《后汉音》、卢宗道《魏志音义》、郑忠《晋书》、宋文明中所撰《宋书》十部，占12.5％；古史类原有三十四部，被删除的史籍有袁彦伯《后汉纪》一部，约占3％；杂史类原有七十三部，被删除的史籍有刘向录《战国策》《小史》《魏氏大事》、毛范《吕布本事》、张氏《晋书鸿烈》、刘仲威《梁承圣中兴略》、赵齐旦《陈王业历》、臧荣绪《续洞纪》、虞绰《帝王世纪音》、吉文甫《十五代略》、甄鸾《帝王世录》《帝王诸侯世略》、潘杰《王霸记》十三部，约占18％；霸史类原有三十三部，被删除的史籍有《蜀平记》《蜀汉伪官故事》、游览先生《南燕书》、何仲熙《秦书》《纂录》、段国《吐谷浑记》《翟辽书》《诸国略记》《永嘉后纂年记》《段业传》十部，约占30％；起居注类原有五十四部，被删除的史籍有《晋元康起居注》《永嘉建兴起居注》《晋宋先朝起居注》《明帝在蕃注》《宋泰豫起居注》《宋元徽起居注》《升明起居注》《建元起居注》《隆昌延兴建武起居注》《中兴起居注》《陈天嘉起居注》《陈天康光大起居注》《陈太建起居注》《陈至德起居注》十四部，约占26％；旧事类原有二十五部，被删除的史籍有《皇储故事》一部，占4％；职官类原有三十六部，被删除的史籍有《宋职官记》《晋百官仪服录》《大兴二年定官品事》《百官品》、王珪之《齐仪》《齐职仪》《梁勋选格》《梁官品格》《新定将军名》《吏部用人格》《百官春秋》十一部，约占31％；仪注类原有六十九部，被删除的史籍有卫敬仲《汉中兴仪》《晋杂仪注》、何胤《政礼》《陈尚书杂仪注》《陈军礼》《陈嘉礼》《后齐仪注》《杂嘉礼》、王逡之《礼仪制度》《卤簿仪》《陈卤簿图》《齐卤簿仪》《诸卫左右厢旗图样》《宋长沙檀太妃薨吊答书》、周舍《书仪疏》、鲍泉《新仪》、梁修端《文仪》、李穆叔《赵李家仪》《言语仪》《严植之仪》、马枢《迩仪》《妇人书仪》、释昙瑗《僧家书仪》《要典杂事》二十四部，约占35％；刑法类原有三十八部，被删除的史籍有《杜预杂律》《隋大业令》《晋杂制》《晋刺史六条制》《齐五服制》《陈新制》六部，约占16％；杂传类原有二百一十九部，被删除的史籍有《先

贤集》《汉世要记》《高隐传》《曾参传》《海内名士传》、范汪《范氏家
传》、纪友《纪氏家纪》《韦氏家传》《何颙使君家传》、明岌《明氏家
训》、姚氏《周齐王家传》《周氏家传》、庾斐《庾氏家传》、来奥《访来
传》、高氏《列女传》、刘歆《列女传颂》、缪袭《列女传赞》《列女传要
录》《美妇人传》、康泓《道人善道开传》、释法进《江东名德传》、王巾
《法师传》《法显传》《法显行传》、严巉《梁武皇帝大舍》、刘向撰郭元
祖赞《列仙传赞》、朱思祖《说仙传》、王珍《刘君内记》、孔稚珪《陆
先生传》、郭元祖《列仙赞序》、李氏《太上真人内记》、傅亮《应验记》
《续异苑》《灵异录》、王劭《舍利感应记》、《真应记》三十六部，约占
16%；地理类原有一百四十部，删除的有虞孝敬《广梁南徐州记》、黄闵
《神壤记》、闾先生《阕象传》《庐山南陵云精舍记》《元嘉六年地记》
《元康六年户口簿记》《九州郡县名》《司州记》《并帖省置诸郡旧事》、
任昉《地理书钞》《巴蜀记》、刘璆《京师寺塔记》、朱阳《九江寿春
记》、释昙宗《京师寺塔记》《后园记》、释昙景《外国传》《京师记》
《古来国记》《慧生行传》《水饰图》《瓯闽传》《男女二国传》《齐州图
经》《幽州图经》《李谐行记》、刘师知《聘游记》《朝觐记》、诸葛颖
《北伐记》《并州入朝道里记》《代都略记》《世界记》《大隋翻经婆罗门
法师外国传》《州郡县部簿》《西域道里记》《诸蕃国记》《并州总管内诸
州图》三十六部史籍，约占26%；谱系类原有五十三部，被删除的史籍
有《宋谱》《齐帝谱属》、王逡之《续俭百家谱》《南族谱》《百家谱拾
遗》《梁帝谱》、傅昭《百家谱》《百家谱世统》《百家谱钞》、王司空
《新集诸州谱》《诸姓谱》《益州谱》《关东关北谱》《益州谱》《吉州诸
姓谱》《江州诸姓谱》《诸州杂谱》《扬州谱钞》、姚最《述系传》《杨氏
血脉谱》《杨氏家谱状并墓记》《杨氏枝分谱》《钱图》二十三部，约占
43%；簿录类原有三十部，被删除的史籍有《魏阙书目录》《陈祕阁图书
法书目录》《陈德教殿四部目录》《陈承香殿五经史记目录》《香厨四部
目录》《杂仪注目录》《书品》七部，约占23%。《隋书·经籍志》史部
著录的典籍合计八百八十二部，而被章宗源《隋经籍志考证》所删除的
一百九十二部史籍，约占《隋志》所著录史籍的22%。这实在不能说被
删除的著述数量不多。

　　另外，在章宗源《隋经籍志考证》所删除的一百九十二部史籍中，
正史及相关著述十部，约占5%；古史类一部，约占0.5%；杂史类十三

部，约占7%；霸史类十部，约占5%；起居注类十四部，占7%；旧事类一部，约占0.5%；职官类十一部，约占6%；仪注类二十四部，约占13%；刑法类六部，约占3%；杂传类三十六部，约占19%；地理类三十六部，约占19%；谱系类二十三部，约占12%；簿录类七部，约占4%。可见被删除的著述中各类书籍中都有，其中杂传类、地理类最多，有三十六部，其次是仪注类，再次是谱系类，再次是起居注类，再次是杂史类，再次是职官类，再次是正史及相关著述、霸史类，再次是簿录类，再次是刑法类，最少的是古史类和旧事类，各有一部。

至于为什么章宗源要大量地删除《隋书·经籍志》史部中所著录的书籍，以至达一百九十二部之多，所占比例在史部中所著录的书籍中约占22%，这就需要仔细研读《隋经籍志考证》，分析其缘由。

（三）

首先看章宗源所删除《隋书·经籍志》史部中那些书籍是否是因为著录过于简单？可是那些被删除的书籍皆著录有卷数，有的还著录了撰写者的姓名，如《隋书》卷三三《经籍志》记载：

《汉书音》二卷梁寻阳太守刘显撰。

《汉书集解》一卷姚察撰。

《定汉书疑》二卷姚察撰。

《魏志音义》一卷卢宗道撰。

《后汉纪》三十卷袁彦伯撰。

《吕布本事》一卷毛范撰。

《晋书鸿烈》六卷张氏撰。

《梁承圣中兴略》十卷刘仲威撰。

《陈王业历》一卷陈中书郎赵齐旦撰。

《续洞纪》一卷臧荣绪撰。

《帝王世纪音》四卷虞绰撰。

《十五代略》十卷吉文甫撰。起庖牺，至晋。

《帝王世录》一卷甄鸾撰。

《王霸记》三卷潘杰撰。

《南燕书》七卷游览先生撰。

《秦书》八卷何仲熙撰。记符健事。

《吐谷浑记》二卷宋新亭侯段国撰。梁有《翟辽书》二卷，《诸国略记》二卷，《永嘉后纂年记》二卷，《段业传》一卷，亡。

《神壤记》一卷记荥阳山水。黄闵撰。

《京师寺塔记》十卷录一卷，刘球撰。

《外国传》五卷释昙景撰。

《冈象传》二卷间先生撰。

《广梁南徐州记》九卷虞孝敬撰。

《聘游记》三卷刘师知撰。

《北伐记》七卷诸葛颖撰。

《并州入朝道里记》一卷蔡允恭撰。

《世界记》五卷释僧祐撰。

《述系传》一卷姚最撰。

《政礼》十卷何胤撰。

《礼仪制度》十三卷王逡之撰。

《书仪疏》一卷周舍撰。

《新仪》三十卷鲍泉撰。

《文仪》二卷梁修端撰。

《赵李家仪》十卷录一卷，李穆叔撰。

《迩仪》四卷马枢撰。

《僧家书仪》五卷释昙瑗撰。

《范氏家传》一卷范汪撰。

《纪氏家纪》一卷纪友撰。

《明氏家训》一卷伪燕卫尉明岌撰。

《周齐王家传》一卷姚氏撰。

《访来传》十卷来奥撰。

《列女传》八卷高氏撰。

《列女传颂》一卷刘歆撰。

《列女传赞》一卷缪袭撰。

《道人善道开传》一卷康泓撰。

《江东名德传》三卷释法进撰。

《法师传》十卷王巾撰。

《梁武皇帝大舍》三卷严崿撰。

《列仙传赞》二卷刘向撰，晋郭元祖赞。

《说仙传》一卷朱思祖撰。

《刘君内记》一卷王珍撰。

《陆先生传》一卷孔稚珪撰。

《列仙赞序》一卷郭元祖撰。

《太上真人内记》一卷李氏撰。

《应验记》一卷宋光禄大夫傅亮撰。

《舍利感应记》三卷王劭撰。

以上这些著录卷数、撰写者姓名的史籍合计五十八部，约占章宗源所删除
《隋书·经籍志》史部书籍一百七十三部的34％，超过三分之一，这也不
能说所占的比例不高。而且这些史籍既有卷数，又有撰写者的姓名，也不
能说是著录不够完备。相反，《隋经籍志考证》所保留的史籍中有的却只
是著录书名、卷数，却没有撰写者的姓名，据《隋书》卷三三《经籍志》
记载，在这类史籍中古史类有：《齐典》十卷。杂史类有：《吴越记》六
卷、《宋中兴伐逆事》二卷、《梁帝纪》七卷、《梁太清录》八卷、《梁末
代纪》一卷、《童悟》十二卷、《历代记》三十二卷。霸史类有：《托跋
凉录》十卷。起居注有：《汉献帝起居注》五卷、《晋咸康起居注》二十
二卷、《晋建元起居注》四卷、《晋升平起居注》十卷、《晋隆和兴宁起居
注》五卷、《晋咸安起居注》三卷、《晋宁康起居注》六卷、《晋隆安起
居注》十卷、《晋元兴起居注》九卷、《晋元熙起居注》二卷、《梁大同
起居注》十卷、《后魏起居注》三百三十六卷、《陈永定起居注》八卷、
《陈天嘉起居注》二十三卷、《后周太祖号令》三卷、《隋开皇起居注》
六十卷、《南燕起居注》一卷。旧事篇有：《汉武帝故事》二卷、《西京杂
记》二卷、《汉魏吴蜀旧事》八卷、《晋朝杂事》二卷、《晋宋旧事》一
百三十五卷、《晋要事》三卷、《晋故事》四十三卷、《晋建武故事》一
卷、《晋八王故事》十卷、《大司马陶公故事》三卷、《郗太尉为尚书令故
事》三卷、《桓玄伪事》三卷、《晋东宫旧事》十卷、《秦汉已来旧事》
十卷、《开业平陈记》二十卷。职官类有：《百官阶次》一卷、《齐职仪》
五卷、《百官阶次》三卷、《吏部用人格》一卷、《魏晋百官名》五卷、
《晋百官名》三十卷、《晋官属名》四卷、《陈百官簿状》二卷、《陈将军

簿》一卷、《梁尚书职制仪注》四十一卷。仪注篇有：《晋尚书仪》十卷、
《封禅仪》六卷、《宋仪注》十卷、《宋仪注》二十卷、《徐爰家仪》一
卷、《杂凶礼》四十二卷、《杂仪注》一百八十卷、《陈吉礼》一百七十
一卷、《陈宾礼》六十五卷、《后魏仪注》五十卷、《国亲皇太子序亲簿》
一卷、《汝南君讳议》二卷、《晋卤簿图》一卷、《要典杂事》五十卷。
刑法类有：《后魏律》二十卷、《北齐律》十二卷目一卷、《周律》二十
五卷、《周大统式》三卷、《隋律》十二卷、《隋大业律》十一卷、《晋
令》四十卷、《梁令》三十卷录一卷、《梁科》三十卷、《北齐令》五十
卷、《北齐权令》二卷、《隋开皇令》三十卷目一卷、《晋杂议》十卷、
《晋弹事》十卷、《南台奏事》二十二卷、《汉名臣奏事》三十卷、《魏王
奏事》十卷、《魏廷尉决事》十卷、《晋驳事》四卷。杂传类有：《四海
耆旧传》一卷、《海内士品》一卷、《兖州先贤传》一卷、《徐州先贤传》
一卷、《续益部耆旧传》二卷、《诸国清贤传》一卷、《济北先贤传》一
卷、《庐江七贤传》二卷、《会稽先贤像赞》五卷、《零陵先贤传》一卷、
《蜀文翁学堂像题记》二卷、《止足传》十卷、《孝子传略》二卷、《孝友
传》八卷、《悼善传》十一卷、《东方朔传》八卷、《毋丘俭记》三卷、
《杂传》十一卷、《孔子弟子先儒传》十卷、《李氏家传》一卷、《桓任家
传》一卷、《王朗王肃家传》一卷、《太原王氏家传》二十三卷、《薛常
侍家传》一卷、《韦氏家传》一卷、《陆史》十五卷、《孔氏家传》五卷、
《暨氏家传》一卷、《令狐氏家传》一卷、《新旧传》四卷、《汉南家传》
三卷、《何氏家传》三卷、《梁故草堂法师传》一卷、《养性传》二卷、
《汉武内传》三卷、《清虚真人裴君内传》一卷、《正一真人三天法师张君
内传》一卷、《太极左仙公葛君内传》一卷、《仙人马君阴君内传》一卷、
《仙人许远游传》一卷、《灵人辛玄子自序》一卷、《集仙传》十卷、《洞
仙传》十卷、《王乔传》一卷、《南岳夫人内传》一卷、《嵩高寇天师传》
一卷、《华阳子自序》一卷、《道学传》二十卷、《祥瑞记》三卷、《灵异
记》十卷、《周氏冥通记》一卷。地理类有：《洛阳记》四卷、《洛阳宫
殿簿》一卷、《交州以南外国传》一卷、《日南传》一卷、《元康三年地
记》六卷、《司州记》二卷、《并帖省置诸郡旧事》一卷、《山海经音》
二卷、《庙记》一卷、《巴蜀记》一卷、《湘州图副记》一卷、《张骞出关
志》一卷、《西京记》三卷、《寻江源记》一卷、《江表行记》一卷、《淮
南记》一卷、《慧生行传》一卷、《林邑国记》一卷、《凉州异物志》一

卷、《瓯闽传》一卷、《北荒风俗记》二卷、《诸蕃风俗记》二卷、《突厥所出风俗事》一卷、《国都城记》二卷、《周地图记》一百九卷、《冀州图经》一卷、《魏聘使行记》六卷、《大魏诸州记》二十一卷、《赵记》十卷、《州郡县簿》七卷、《隋区宇图志》一百二十九卷、《隋诸郡土俗物产》一百五十一卷。谱系类有：《世本王侯大夫谱》二卷、《后魏皇帝宗族谱》四卷、《魏孝文列姓族牒》一卷、《后齐宗谱》一卷、《冀州姓族谱》二卷、《洪州诸姓谱》九卷、《诸州杂谱》八卷、《袁州诸姓谱》八卷、《扬州谱钞》五卷、《京兆韦氏谱》二卷、《谢氏谱》一十卷、《杨氏枝分谱》一卷、《杨氏谱》一卷、《北地傅氏谱》一卷、《苏氏谱》一卷、《氏族要状》十五卷、《复姓苑》一卷、《齐永元中表簿》五卷、《竹谱》一卷。目录类有：《晋义熙已来新集目录》三卷、《陈秘阁图书法书目录》一卷、《陈天嘉六年寿安殿四部目录》四卷、《开皇四年四部目录》四卷、《开皇八年四部书目录》四卷、《隋大业正御书目录》九卷、《法书目录》六卷、《名手画录》一卷、《正流论》一卷，共计一百九十六部。可见以上这些史籍著录也有比较简略的，但是在数量却是相当可观的。即使除去其中可能由于是官修而没有著录作者姓名的《汉献帝起居注》等十八部起居注、《百官阶次》二十一部典章礼仪之书、《后魏律》十九部刑法文书，仍然有一百三十八部史籍，这也超过了一百部。因此说那一百七十三部史籍被《隋经籍志考证》所删除的真正原因并不是缘于著录过于简略。

（四）

　　既然那些史籍被《隋经籍志考证》所删除的原因不是著录过于简略，那么就要从其他方面找原因，再看是否缘于书名不同，甚至书名有误。可是据《隋经籍志考证》卷六所云：

> 　　《地理风俗志》卷亡，应劭撰。不著录。
> 　　《水经·河水注》：敦，大也。煌，盛也。酒泉其水，甘若酒味故也。张掖，言张国臂掖，以威羌狄。《温水注》：郁，芳草也。郁人所贡，因氏郡矣。《御览·香部》同。《太平寰宇记·河北道》：中人城西北有左人亭，鲜虞故邑。并引应劭《地理风俗记》。
> 　　《吴郡记》一卷顾夷撰。

《后汉书·楚王英传》注：横山北有小山，俗谓姑苏台。引顾夷《吴地记》。《史记·高祖纪集解》：顾夷曰：余杭者，秦始皇至会稽，经此立为县。《汉书·伍被传》注：吴阖闾十一年，起台于姑苏山。《艺文类聚·居处部》同。《后汉书·彭修传》注：延陵，汉改曰毗陵。《北堂书钞·酒食部》：长城若下出美酒。《初学记·地部》山东两岭相趋，名曰"铜岭"。并引《吴地记》，不著顾夷名。

《舆驾东行记》一卷薛泰撰。

《唐志》作《东幸记》。《太平御览·地部》：《梁武舆驾东行记》曰：有覆船山、酒罂山，南次高骊山，传云：昔高骊国女来，东海神乘船致酒礼聘之，女不肯，海神拨船覆，酒流入曲阿，故曲阿酒美也。

《隋诸郡土俗物产记》一百卷。

《唐志》：《诸郡土俗物产记》十九卷。

卷七：

《梁武帝总集境内十八州谱》六百九十卷梁有，隋亡。

《元和姓纂》：梁天监《十八州谱》"路氏"一卷，东阳、巨鹿《谱》旧望。《唐书·柳冲传》：晋太元中，河东贾弼撰《姓氏簿状》，十八州百十六郡，合七百一十二篇。① 《唐志》：王僧儒《十八州谱》七百一十二卷。

《魏孝文列姓族牒》一卷

《唐志》有《后魏谱》二卷。

《后齐宗谱》一卷

《唐志》有《齐高氏谱》六卷。

卷八：

《梁天监六年四部书目录》四卷殷钧撰。

《梁书·殷钧传》：天监初，钧启校定秘阁四部书目。《唐志》：

---

① "篇"，原作"卷"，据《新唐书》卷一九九《儒学·柳冲传》改。

丘宾卿《梁天监四年书目》四卷。①

　　《隋大业正御书目录》九卷。

　　《北史》：隋西京嘉则殿有书三十七万卷，炀帝命柳顾言等诠次，除其重复猥杂，得正御本三万七千馀卷，纳于东都修文殿。又写五十副本，简为三品。《隋志》序曰：上品红琉璃轴，中品绀琉璃轴，下品漆琉璃轴，于东都观文殿东西厢朐屋贮之。东屋藏甲乙，西屋藏丙丁。分置西京、东都官省，其正御书皆装翦华绮，宝轴锦标，于观天殿前为书室四十间，窗户褥幔，咸极珍丽。

卷九：

　　《沔南故事》三卷应思远撰。

　　《唐志》有应詹《江南故事》三卷。《通志略》两载之，"江南"作"征南"。

卷十：

　　《官仪职训》一卷韦昭撰，梁有，隋亡。

　　《吴志·韦曜传》：曜上辞曰：愚以官爵，今之所急，不宜乖舛，自忘至微。作《官职训》一卷。

　　《魏晋百官名》五卷。

　　《太平御览·兵部》：三公拜，赐鹖尾骹箭十二枚。《初学记·武部》同。三公拜，赐鱼皮布叉一、貜皮鞯一、琢蕺金校豹皮鞯一，又紫茸题头高桥鞍一具，《初学记·武部》同。又黄地织成金缕万岁障泥一具，《初学记·武部》《北堂书钞·武功部》并同。赤茸珂石鞘尾一具，驼马鞭二枚。《初学记·武部》同。《服章部》：三公朝，赐青林文绮纶袴褶一方。并引《魏百官名》。

　　《晋武帝百官名》卷亡，不著录。

　　《魏志·臧霸传》注：霸子舜，晋散骑常侍，见《武帝百官名》。

　　《梁尚书职志仪注》四十一卷无撰名。

---

① "四卷"，原作"四部"，据《新唐书》卷五八《艺文志》改。

《酉阳杂俎·续集·贬误篇》：《梁职仪》曰：八座尚书，以紫纱裹手版，垂白丝于首如笔。

《宋废帝元徽仪注》卷亡，不著录。

《通典·乐门》：牲出入，奏《昭夏》，引《宋废帝元徽二年仪》注。荐毛血，奏《嘉荐》；降神及迎送，奏《昭夏》；饮福酒，奏《嘉胙》；就燎位，奏《昭远》；众官出入，奏《肃成》。并引《元徽三年仪注》。

卷十三：

《兖州先贤传》。

《旧唐志》有仲长统《兖州山阳先贤赞》一卷，《新唐志》作《山阳先贤传》，无"兖州"二字。据《元和姓纂》称晋太宰参军长仲谷著《山阳先贤传》。

《太原王氏家传》二十三卷。

《唐志》二十一卷。无"太原"二字。《世说·品藻篇》注：王祎之，少知名，仕至中书郎，未三十而卒。赠散骑常侍。此作《王氏世家》。

《庾氏家传》一卷庾斐撰。

《唐志》：《汉南庾氏家传》三卷，庾守业撰。

以上共有十八部史籍，在这些史籍的著录中出现了《隋书·经籍志》著录的书名与章宗源《隋经籍志考证》所引史籍书名不完全一致的情况，有的甚至差异颇大，可是章宗源仍然将这些史籍收入《隋经籍志考证》之中，并加以考证，因此说《隋经籍志考证》删除《隋志》著录史籍的缘由并不是在于《隋志》著录与章宗源考证中所引史籍书名不完全一致。

另外，还有一个值得注意的问题，即那些被《隋经籍志考证》删除的史籍是否缘于其书在《隋书·经籍志》中重复出现？据《隋经籍志考证》卷二所云：

《战国春秋》二十卷李槩撰。

《北齐书·李公续传》：公绪弟槩，字季节，撰《战国春秋》。愚按：《元和姓纂》曰：木，端木之后，避仇改木氏，有木槩著《战国策春秋》，"策"字误增，《通志》同误。见《七录》。《通志·氏族略》依《姓纂》称为木氏，然他书皆称李季节。《广韵序》有李季节音谱。两《唐志》并作李槩，《新志》列伪史类。

卷四又云：

> 《战国春秋》二十卷李槩撰。
> 古史类已见，此重出。

可见《战国春秋》先后在《隋经籍志考证》卷二、卷四两次出现，不仅书名相同，就连作者姓名、卷数也一致，完全是同一史籍，确如章宗源所云是重复出现。卷六又云：

> 《吴郡记》一卷顾夷撰。
> 《后汉书·楚王英传》注：横山北有小山，俗谓姑苏台。引顾夷《吴地记》。《史记·高祖纪集解》：顾夷曰：余杭者，秦始皇至会稽，经此立为县。《汉书·伍被传》注：吴阖闾十一年，起台于姑苏山。《艺文类聚·居处部》同。《后汉书·彭修传》注：延陵，汉改曰毗陵。《北堂书钞·酒食部》：长城若下出美酒。《初学记·地部》：山东两岭相趚，名曰"铜岭"。并引《吴地记》，不著顾夷名。
> 《吴郡记》二卷晋本州主簿顾夷撰。
> 前已著顾夷《吴郡记》一卷，此疑重出。

这两部《吴郡记》虽然卷数不同，但是书名、作者姓名皆相同，所以此二书当为同一著述，至于卷数不同或是著录有误，或是后一书有缺失。卷六又云：

> 《西征记》二卷戴延之撰。
> 《水经·河水注》多引戴延之《西征记》，其言天津桥东故城，谓之逯明垒。《广韵》注曰：有逯明垒，云是石勒十八骑中人。按此邑作地名，一作人名，同引一书而互异。《史记·高祖纪》正义：函谷道，形如

函也，其山壁立数仞，谷中容一车。《太平御览·州郡部》：函谷道形如函也。孙卿子曰：秦有松柏之塞，是也。亦一事而语异。函谷道地形如函，姚察《训纂》语当本此。《后汉书·班固传》注：端门东有崇贤门，次外有云龙门，只称戴延之《记》。《杨赐传》：太极殿西有金商门，称延之《西征记》。《水经·洛水注》：僵人穴僵尸，称延之《从刘武王西征记》，他书皆省"从刘武王"四字。

《西征记》一卷戴祚撰。

《唐志》二卷。《封氏闻见记》：戴祚《西征记》曰：开封县二佛寺，余至此见鸽，大小如鸠，戏时两两相对。《御览·羽族部》云：祚至雍丘，始见鸽，大小如鸠，色似鹦鹉，戏时两两相对。祚，江东人，晋末从刘裕西征姚泓，至开封县始识鸽。则江东旧亦无鸽。愚按：《隋志》有戴延之《西征记》二卷，此又著戴祚《西征记》一卷。《唐志》惟有戴祚，无延之他书，所引多称，延之惟开封见鸽事。《御览》同作"戴祚"。据封氏言：祚，晋末从刘裕西征姚泓。《水经·洛水注》言：延之从刘武王西征，是祚与延之本一人，祚乃其名，而以字行。《隋志》两见，当系重出。

这两部《西征记》虽然卷数不同，但是书名相同，作者一为名，一为字，所以此二书当为同一著述，至于卷数不同当是著录有误。

由此可知，那些被章宗源所删除的史籍也不是缘于其书在《隋书·经籍志》中重复出现，这就还要从其他方面找原因。

（五）

再看正史注或类书等文献中是否征引，是那些史籍被删除的一条标准。

《隋书·经籍志》卷三三《经籍志》有云："《外国传》五卷释昙景撰。"可是此书却被《隋经籍志考证》所删，而据《史记》卷一二三《大宛传索隐》有云：案：《外国传》云"外国称天下有三众：中国人众，大秦宝众，月氏马众"。其后又有《后汉书》卷八六《西南夷哀牢传》注引《外国传》曰："诸薄国女子织作白叠花布。"只是此《外国传》不知出于何人之手。不过这种情况《隋经籍志考证》中有屡次出现。

《隋书·经籍志》卷三三《经籍志》有云"宋《职官记》九卷"，

可是此书却也被《隋经籍志考证》所删，而据《宋书》卷七一《徐湛之传》所云："湛之亦以《职官记》及令文'尚书令敷奏出内，事无不总，令缺则仆射总任'。"虽然这段记载可能出于这九卷宋《职官记》，但是也不能确定。

《隋书·经籍志》卷三三《经籍志》有云"《隋大业令》三十卷"，可是此书也确实被《隋经籍志考证》所删，而据《隋书》卷七一《诚节·皇甫诞附子无逸传》："《大业令》行，旧爵例除，以［皇甫］无逸诚义之后，赐爵平舆侯。"这段记载可能与这三十卷《隋大业令》有关。

由此可见，只有《隋大业令》可能见于《隋书》，但是《隋志》中所著录的释昙景《外国传》、宋《职官记》是否被《后汉书》《宋书》所征引，也不能确定。退一步说，即使这三部被《隋经籍志考证》所删除的史籍确实见于《后汉书》注以及《宋书》《隋书》，也有可能是章宗源的疏忽，因为在清代还没有发明电子计算机，更没有各种检索软件，难以将史籍中的记载一览无遗地全部搜索出来。

另外，《隋经籍志考证》中所著录考述甚至增补著录的一些史籍也没有被正史注或类书等文献所征引，如卷一有服虔《汉书音训》、包恺《汉书音》、崔浩《汉书音义》、刘义庆《后汉书》、萧该《范汉音》，卷二有应劭等注《荀悦汉纪注》、崔浩《汉纪音义》、鲍衡卿《宋春秋》、谢昊《梁典》，卷三有孔衍《春秋时国语》、何承天《春秋前传》《吴越记》《汉尚书》、孔衍《后汉尚书》、李槩《左史》、王蔑《史汉要集》、张莹《史记正传》、陶弘景《帝王年历》、葛洪《史记钞》《后汉书钞》、王子年《拾遗录》，卷四有田融《苻朝杂记》，卷五有《晋建元起居注》《晋隆和兴宁起居注》《晋咸安起居注》《晋泰和起居注》《晋宁康起居注》《晋元兴起居注》《晋元熙起居注》《晋崇宁起居注》《宋景平起居注》《陈起居注》，卷六有戴延之《洛阳记》《后魏洛阳记》、张勃《吴地记》、沈怀文《隋王入沔记》、释智猛《游行外国传》《山海经音》《湘州图副记》、释道安《四海百川水源记》、释法盛《历国传》，卷七有《世本别录》《梁大同四年表簿》《梁亲表簿》、徐勉《百官谱》《后魏皇帝宗族谱》《周宇文氏谱》，卷八有刘遵《梁东宫四部目录》、王劭《开皇二十年书目》《名手画录》，卷九有《晋建武以来故事》《永平故事》《晋泰始泰康故事》《晋氏故事》《晋诸杂故事》《晋杂议》《郗太尉为尚书令故事》《华林故事名》《天正旧事》，卷十有陆机《晋惠帝百官名》《晋官属

名》《晋过江人士目》《登城三战簿》《魏官品令》《陈将军簿》《梁百官
人名》《职令古今百官注》，卷十一有徐广《晋尚书仪曹新定仪注》、沈约
《梁仪注》《梁祭地祇阴阳仪注》《梁尚书仪曹仪注》《梁天子丧礼》《梁
大行皇帝皇后崩仪注》《梁太子妃薨凶仪注》《梁诸侯世子卒凶仪注》
《梁陈大行皇帝崩仪注》《陈杂仪注》《陈诸帝后崩仪注》《陈杂仪注凶
仪》《陈皇太后崩仪注》《陈皇太子妃薨仪注》、高颎《隋吉礼》《诸王国
杂仪注》、范汪《杂府州郡仪》、何胤《丧服治礼仪注》《冠婚仪》、崔皓
《婚仪祭仪》《魏氏郊丘》、孔晁《晋明堂郊社议》、蔡谟《晋七庙议》、
王景之《要典》、卢辩《祀典》《皇室书仪》，卷十二有范泉《陈令》、
《晋驳事》《廷尉驳事》，卷十三有王基《东莱耆旧传》、刘芳《广州先贤
传》、梁武帝《孝子传》《桓玄传》《诸王传》《暨氏家传》、赵母注《列
女传》、刘熙《列女传》、虞通之《后妃记》、项宗《紫虚元君魏夫人内
传》、萧绎《研神记》，合计一百零七部，而这些史籍均仅见于《旧唐
书·经籍志》《新唐书·艺文志》。可知章宗源并没有以是否被正史注或
类书等文献所征引来作为史籍的取舍的标准。

再看章宗源是否以《旧唐书·经籍志》《新唐书·艺文志》著录与否
来增删书目，在这方面《隋经籍志考证》中所增补的史籍中确实有许多
只是依据《旧唐书·经籍志》《新唐书·艺文志》著录为依据的，如：崔
浩《汉书音义》、刘义庆《后汉书》、应劭等注《荀悦汉纪注》、崔浩
《汉纪音义》、鲍衡卿《宋春秋》、谢昊《梁典》、孔衍《春秋时国语》
《汉尚书》、孔衍《后汉尚书》、陶弘景《帝王年历》、葛洪《史记钞》
《后汉书钞》、田融《苻朝杂记》《晋崇宁起居注》《陈起居注》、戴延之
《洛阳记》《后魏洛阳记》、张勃《吴地记》《世本别录》《梁大同四年表
簿》《梁亲表簿》、徐勉《百官谱》《周宇文氏谱》、王劭《开皇二十年书
目》《晋建武以来故事》《永平故事》《晋泰始泰康故事》《晋氏故事》
《晋诸杂故事》《晋杂议》《华林故事名》、陆机《晋惠帝百官名》《晋过
江人士目》《登城三战簿》《魏官品令》《梁百官人名》、徐广《晋尚书仪
曹新定仪注》、沈约《梁仪注》《梁祭地祇阴阳仪注》《梁尚书仪曹仪注》
《梁天子丧礼》《梁大行皇帝皇后崩仪注》《梁太子妃薨凶仪注》《梁诸侯
世子卒凶仪注》《梁陈大行皇帝崩仪注》《陈杂仪注》《陈诸帝后崩仪注》
《陈杂仪注凶仪》《陈皇太后崩仪注》《陈皇太子妃薨仪注》、高颎《隋吉
礼》《诸王国杂仪注》、范汪《杂府州郡仪》、何胤《丧服治礼仪注》《冠

婚仪》、崔皓《婚仪祭仪》《魏氏郊丘》、孔晁《晋明堂郊社议》、蔡谟《晋七庙议》、王景之《要典》、卢辩《祀典》《皇室书仪》《廷尉驳事》、刘芳《广州先贤传》、梁武帝《孝子传》《桓玄传》《诸王传》、刘熙《列女传》、虞通之《后妃记》、项宗《紫虚元君魏夫人内传》。可是《隋经籍志考证》中所删除的史籍中书名仍然有见于《旧唐书·经籍志》《新唐书·艺文志》的有：

《后汉纪》三十卷袁彦伯撰。据《旧唐书》卷四六《经籍志》记载："《后汉纪》又三十卷袁宏撰。"《新唐书》卷五八《艺文志》记载："袁宏《后汉纪》三十卷。"而彦伯即袁宏的字，《隋志》所记《后汉纪》不论书名、卷数还是作者与两《唐书志》所载完全相同。

《战国策》三十二卷刘向录。据《旧唐书》卷四六《经籍志》记载："《战国策》三十二卷刘向撰。"《新唐书》卷五八《艺文志》记载："刘向《战国策》三十二卷。"可见《隋志》所记《战国策》书名、卷数相同，只是《隋志》著录刘向录，两《唐书志》著录为刘向撰。

《十五代略》十卷吉文甫撰。据《旧唐书》卷四六《经籍志》记载："《十五代略》十卷吉文甫撰。"《新唐书》卷五八《艺文志》记载："吉文甫《十五代略》十卷。"可见《隋志》所记《十五代略》不论书名、卷数还是作者姓名与两《唐书志》所载完全相同。

《西域道里记》三卷，据《新唐书》卷五八《艺文志》记载："程士章《西域道里记》三卷。"虽然《隋志》所记《西域道里记》书名、卷数与《新唐书·艺文志》相同，但是没有著录作者姓名，因此也不好确定两《唐书》与《隋书》所著录的是同一部《西域道里记》。

《书品》二卷，据《旧唐书》卷四六《经籍志》记载："《书品》一卷庾肩吾撰。"《新唐书》卷五八《艺文志》记载："庾肩吾《书品》一卷。"虽然《隋志》所记《书品》书名与两《唐书志》相同，但是没有著录作者姓名，卷数也不相同，因此《隋志》所记《书品》与两《唐书志》所记《书品》可能并非同一书籍。

《晋杂仪注》十一卷，据《旧唐书》卷四六《经籍志》记载："《晋杂仪注》二十一卷。"《新唐书》卷五八《艺文志》记载："《晋杂仪注》二十一卷。"虽然《隋志》所记《晋杂仪注》书名与两《唐书志》相同，但是卷数不相同，因此《隋志》所记《晋杂仪注》与两《唐书志》所记《晋杂仪注》当非同一书籍。

《韦氏家传》一卷，据《旧唐书》卷四六《经籍志》记载："《韦氏家传》三卷皇甫谧撰。"《新唐书》卷五八《艺文志》记载："《韦氏家传》三卷。"虽然《隋志》所记《韦氏家传》书名与两《唐书志》相同，但是卷数不相同，也没有作者姓名，因此《隋志》所记《韦氏家传》与两《唐书志》所记《韦氏家传》可能不是同一书籍。

《列仙传赞》二卷刘向撰，晋郭元祖赞。据《旧唐书》卷四六《经籍志》记载："《列仙传赞》二卷刘向撰。"虽然《隋志》所记《列仙传赞》与《旧唐书·经籍志》所著录的书名、卷数相同，但是所著的作者信息有差异。

据此《隋经籍志考证》中所删除的史籍中书名仍然有见于《旧唐书·经籍志》《新唐书·艺文志》的只有袁宏《后汉纪》、刘向录《战国策》、吉文甫《十五代略》，而《西域道里记》《妇人书仪》《列仙传赞》却因为不好确定两《唐志》与《隋志》所著录的同名书是否是同一史籍，《书品》《晋杂仪注》《韦氏家传》与两《唐书志》所记著录的名书相同，但是卷数不同，所以《隋志》中所著录的与两《唐书志》所著录的可能不是同一书籍。因此《后汉纪》《战国策》《十五代略》这三部史籍被删除可能是章宗源撰写《隋经籍志考证》的疏漏，因为清代科学技术所限，仅凭一个学者的能力很难做到在阅读史籍时毫无疏漏，由此推测章宗源《隋经籍志考证》删除《隋书·经籍志》所著录史籍可能就是以《旧唐书·经籍志》《新唐书·艺文志》著录与否作为一项最基本的标准。

综上所述，章宗源《隋经籍志考证》所删除共有一百九十二部史籍，占《隋书·经籍志》史部著录的典籍八百八十二部的五分之一以上，数量实在不少。至于为何《隋经籍志考证》删除这么多史籍，笔者以为当是缘于这些被删除的史籍在清代章宗源撰写《隋经籍志考证》时大多已亡佚，甚至在当时仍然传世的书籍中也看不到这些史籍所遗留的痕迹，特别是《史记》《汉书》《后汉书》《三国志》这前四史注释以及《北堂书钞》《艺文类聚》《初学记》《太平御览》等类书，还有一些传世典籍中皆无这些被删除史籍的佚文，这可能是章宗源删除这些史籍的一个缘由。但是在《隋经籍志考证》中还是保存绝大多数《隋书·经籍志》中著录的史籍，而这些史籍中也有相当多的也没有佚文残存于传世史籍中，但是其中有些史籍却被《旧唐书·经籍志》《新唐书·艺文志》著录。还有在《隋经籍志考证》增补著录的史籍中还有相当多的也仅见于两《唐志》的著录。基于这两点考虑，章宗源所删除史籍的最重要依据可能是这些史籍是否见于《旧唐书·经籍志》《新唐书·艺文志》著录，再加上是否有佚文见于传世典籍这个依据。另外，有的被删除的史籍仍见于两《唐志》，当是章宗源撰写《隋经籍志考证》的疏漏，我们在这方面不必过分地苛求章宗源等前辈学者。

四　章宗源《隋经籍志考证》之得失

认真阅读此书，可以看出章宗源在《隋书·经籍志》上是下了大工夫的，故在此对于《隋经籍志考证》在《隋书·经籍志》史部考证研究所做的贡献略作考释，祈请学者指正。

（一）

与《隋书·经籍志》相对比，《隋经籍志考证》所增补著录的史籍也颇多，据卷一所记载有延笃《史记音义》一卷、《史记章隐》五卷、裴骃《史记音义》、颜延年《汉书决疑》十二卷、崔浩《汉书音义》二卷、应奉《汉书后序》十二卷、《汉事》十七卷、谢沈《后汉书外传》十卷、刘义庆《后汉书》五十八卷、刘昭补注《后汉书》一百二十五卷、范蔚宗《汉书缵》十八卷、鱼豢《魏略》三十八卷、张勃《吴录》三十卷、顾野王《陈书》三卷、傅绰《陈书》三卷、王劭《齐书》一百卷，计十六部。据卷二记载有应劭等注《荀悦汉纪注》三十卷、崔浩《汉纪音义》三卷、刘协《干宝晋纪注》六十卷、周祗《崇安记》二卷、裴松之《晋纪》、《晋录》五卷、王智深《宋纪》三十卷、鲍衡卿《宋春秋》二十卷、谢昊《梁典》二十九卷、杜台卿《齐纪》二十卷，计十部。据卷三记载有孔衍《春秋时国语》十卷、孔衍《春秋后国语》十卷、荀爽《汉语》《献帝传》、刘孝标注《九州春秋抄》一卷、孙寿《魏阳秋异同》八卷、胡冲《吴历》六卷、王隐《删补蜀记》七卷、孙盛《蜀世谱》《魏世谱》《晋世谱》《汉尚书》十卷、孔衍《后汉尚书》六卷、张温《后汉尚书》十四卷、《汉末传》《王阆本事》《徐江州本事》《石崇本事》、陶弘景《帝王年历》五卷、皇甫谧《年历》六卷、葛洪《史记钞》十四卷、葛洪《后汉书钞》三十卷、萧肃《合史》二十卷、宋孝王《关东风俗传》六十三卷、诸葛耽《帝录》十卷、鲍衡卿《乘舆飞龙记》二卷，计二十六部。据卷四记载有车频《秦书》三卷、《邺洛鼎峙记》、田融《苻朝杂记》一卷，计三部。据卷五记载有《晋武帝起居注》《晋康帝起居注》《晋孝武起居注》《晋永安起居注》《晋崇宁起居注》十卷、《宋起居注》《梁天监起居注》《梁起居注》《别起居注》六百卷、《陈起居注》四十一卷、《禁中起居注》《明帝起居注》，计十二部。据卷六记载有《洛阳宫舍记》《洛阳故宫名》、华延儁《洛阳记》、戴延之《洛阳记》一卷、《后魏洛阳记》五卷、《汉宫阁簿》三卷、《汉宫殿名》《汉宫阙疏》《晋宫阁名》《河南十二县境簿》《三辅宫殿名》《建康宫殿簿》、郭缘生《续述征记》、裴松之《述征记》《西征记》、卢思道《西征记》、张充之《吴兴山墟名》、顾征《吴县记》、董贤《吴地记》、《分吴会丹阳三郡记》二卷、顾长生《三吴土地记》、韦昭《三吴郡国志》、王僧虔《吴郡地理记》、张勃《吴地记》一卷、《吴郡缘海四县记》《吴郡临海记》、刘芳《徐地录》一卷、阮升之《南兖州记》一卷、荀绰《兖州记》、孔灵符《会稽记》《会稽旧记》《会稽郡十城地志》、庾仲雍《荆州记》、范汪《荆州记》《荆州土地志》、刘澄之《荆州记》、李膺《蜀记》、段氏《蜀记》、袁休明《巴蜀志》、徐灵期《南岳记》、释慧远《庐山纪略》一卷、张野《庐山记》、周景式《庐山记》、袁山松《勾将山记》《太山记》、卢元明《嵩山记》、袁彦伯《罗浮山记》、竺法真《登罗山疏》、张曜《中山记》《邹山记》支遁《天台山铭序》《名山略记》、释法显《游天竺记》、陶弘景《山图》、杨氏《南裔异物志》《南方夷物记》、谯周《异物志》《巴蜀异物志》、薛莹《荆扬已南异物志》、薛珝《异物志》、陈祁畅《异物志》一卷、曹叔雅《异物志》《太康地记》、任豫《益州记》、谯周《益州记》、裴渊《广州记》、顾微《广州记》、刘澄之《广州记》、甄烈《湘州记》《湘州荥阳郡记》、荀绰《冀州记》、裴秀《冀州记》、郭冲产《秦州记》、段国《沙州记》、刘欣期《交州记》《交州外域记》、姚文感《交州记》、刘澄之《扬州记》《江州记》《豫州记》《梁州记》《甘州记》《洛州记》《苏州记》、辛氏《三秦记》、山谦之《丹阳记》《三齐略记》、晏谟《齐地记》二卷、伏琛《齐记》、解道康《齐地记》、梁元帝《职贡图》一卷、王范《交广二州记录》一卷、黄义仲《十三州记》、应劭《十三州记》、乐资《九州记》、《西河旧事》一卷、张僧鉴《浔阳记》、邓德明《南康记》、王韶之《南康记》、潘岳《关中记》一卷、罗含《湘中记》、庾仲雍《湘中记》、王歆之《始兴记》、刘道真《钱塘记》、郑缉之《东阳记》、纪义《宣城记》、王烈之《安城记》、王韶之《神境记》、史筌《武昌记》、黄闵《武陵记》、袁山松《宜都记》《古今地名》三卷、杜预《汝南记》、郑缉之《永嘉记》《南中八郡志》、荀伯子《临川记》《陇西记》、伍端休《江陵记》、崔元山《濑乡记》、萧子开《建安记》、丘渊之《征齐道里记》、王元谟《寿阳记》《上党记》、吴均《入东记》《江乘记》《仇池记》、卢植《冀州风土记》、郭仲产《南雍州记》、虞仲翔《川渎记》《始安郡记》、裴松之《北征记》、徐齐民《北征记》、孟奥《北征记》、伏滔《北征记》、伍缉之《从征记》《东征记》《舆地图》《外国图》《括地图》《秦地图》《雍州图经》《宣城郡图经》《上谷郡图经》《四海图》《江都图经》《东郡图经》《洛阳图经》、王逸《广陵郡图经》《丹阳郡图经》《蜀郡图经》《长安图》《弘农郡图经》《历阳县郡图经》《河南郡图经》《荆州图副记》，计一百五十五部。据卷七记载有《世本别录》一卷、宋均注《帝谱世本》七卷、孙氏注《系本》《世本谱》《梁大同四年表簿》三卷、《梁亲表簿》五卷、徐勉《百官谱》二十卷、《后魏方司格》一卷、《周宇文氏谱》一卷、司马无忌《司马氏系本》《挚氏世本》《嵇氏谱》《庚氏谱》《孙氏谱》《阮氏谱》《孔氏谱》《刘氏谱》《陈氏谱》《王氏谱》《郭氏谱》《崔氏谱》《诸葛氏谱》《周氏谱》《吴氏谱》《羊氏谱》《许氏谱》《桓氏谱》《冯氏谱》《殷氏谱》《陆氏谱》《顾氏谱》《虞氏谱》《卫氏谱》《魏氏谱》《温氏谱》《曹氏谱》《李氏谱》《袁氏谱》《索氏谱》《戴氏谱》《贾氏谱》《郝氏谱》《郗氏谱》《韩氏谱》《张氏谱》《荀氏谱》《祖氏谱》《司马氏谱》《路氏谱》、王僧孺《范氏谱》《杜氏谱》《阳氏谱叙》《蔡氏谱》《应氏谱》《炅氏谱》，计五十五部。据卷八记载有殷淳《四部书目序录》三十九卷、王劭《开皇二十年书目》四卷、杨松珍《史目》二卷、裴松之《史目》、顾恺之《晋文章纪》《文章志》、丘渊之《文章录》，计七部。据卷九记载有《江东旧事》《魏武故事》《西京故事》《晋建武以来故事》三卷、《永平故事》三卷、《晋泰始泰康故事》八卷、《晋氏故事》三卷、《晋诸杂故事》二十二卷、《晋杂议》十卷、《华林故事名》一卷、《咸宁三年武皇帝故事》、刘道荟《宋先朝故事》二十卷、温子升《永安故事》三卷、《京兆旧事》、杨楞伽《邺都故事》《邺城故事》《白起故事》《诸葛故事》、王朗《秦故事》《汉杂事》，计二十部。据卷十记载有《汉官目录》《汉官名秩》、丁孚《汉官仪式选用》一卷、《咸熙元年百官名》《晋武帝

百官名》、陆机《晋惠帝百官名》三卷、《晋武帝太始官名》《晋怀帝永
嘉官名》《元康百官名》《明帝东宫寮属名》《晋东宫官名》《征西寮属
名》《庾亮寮属名》《齐王官属名》、伏滔《大司马寮属名》《晋过江人士
目》一卷、卫禹《晋永嘉流士》十三卷、《永嘉流人名》《王朝目录》
《登城三战簿》三卷、《魏官品令》一卷、《晋官品令》《梁百官人名》十
五卷，计二十三部。据卷十一记载有徐广《晋尚书仪曹新定仪注》四十
一卷、《宋废帝元徽仪注》《齐永明仪注》《梁东宫元会仪注》《陈元会仪
注》《宋太庙烝尝仪注》《宋藉田仪注》《梁五礼藉田仪注》《晋先蚕仪
注》《晋元康仪》《皇后亲蚕仪注》《梁五礼先蚕仪注》《宋南郊亲奉仪
注》《陈南北郊明堂仪注》、沈约《梁仪注》十卷、《梁祭地祇阴阳仪注》
二卷、《梁尚书仪曹仪注》十八卷又二十卷、《梁天子丧礼》七卷又五卷、
《梁大行皇帝皇后崩仪注》一卷、《梁太子妃薨凶仪注》九卷、《梁诸侯世
子卒凶仪注》《梁陈大行皇帝崩仪注》八卷、《陈杂仪注》六卷、《陈诸
帝后崩仪注》五卷、《陈杂仪注凶仪》十三卷、《陈皇太后崩仪注》四卷、
《陈皇太子妃薨仪注》五卷、赵彦深《北齐吉礼》七十二卷、《北齐皇太
后丧礼》十卷、高颎《隋吉礼》五十四卷、《汉礼器制度》《诸王国杂仪
注》十卷、范汪《杂府州郡仪》十卷、何胤《丧服治礼仪注》九卷、
《冠婚仪》四卷、崔皓《婚仪祭仪》二卷、《魏氏郊丘》三卷、孔晁等
《晋明堂郊社议》三卷、蔡谟《晋七庙议》三卷、王景之《要典》三十
九卷、卢辩《祀典》五卷、《皇室书仪》七卷、崔浩《女仪》、卢公范
《馈饷仪》，计四十四部。据卷十二记载有《魏晋律令》、宗躬《齐永明
律》八卷、《麟趾格》四卷、贾充等《晋故事》三十卷、孔稚圭等《集
定张杜律注》二十卷、《汉诸王奏事》十卷、《魏武制度》《廷尉驳事》
十一卷、《后魏职令》，计九部。据卷十三记载有《益州耆旧传杂记》二
卷、陆胤《广州先贤传》、刘芳《广州先贤传》七卷、《青州先贤传》
《吴国先贤赞》三卷、吴均《吴都钱塘先贤传》五卷、《南海先贤传》
《武陵先贤传》《豫章耆旧传》、贺氏《会稽太守像赞》二卷、高范《荆
州先贤传》三卷、华隔《广陵烈士传》一卷、《汉末名士录》、习凿齿
《逸人高士传》八卷、虞溥《江表传》二卷、孙盛《逸人传》、魏隶《高
士传》、袁淑《真隐传》二卷、徐广《孝子传》三卷、周景式《孝子
传》、刘向《孝子图》、梁武帝《孝子传》三十卷、《李固别传》七卷、
《梁冀传》二卷、《何颙传》一卷、《曹瞒传》一卷、《荀勖别传》《郑玄

别传》《邴原别传》《程晓别传》《孙资别传》、嵇喜《嵇康传》《吴质别传》《潘尼别传》《潘岳别传》《刘廙别传》《郭泰别传》《卢谌别传》、谢鲲《乐广传》《任嘏别传》、何劭《王弼传》《华佗别传》《赵云别传》《费祎别传》《孙惠别传》、陆机《顾谭传》《虞翻别传》《陆机云别传》《杨孚董卓传》《钟离意别传》《郗鉴别传》《王乂别传》《桓彝别传》《王丞相别传》《阮光禄别传》《刘尹别传》《范宣别传》《王献之别传》《王恭别传》《司马徽别传》《向秀别传》《卫玠别传》《顾和别传》《王含别传》《孙放别传》《庾翼别传》《桓温别传》《顾恺之别传》《王长史别传》《王中郎传》《郗超别传》《王胡之别传》《王司徒传》《钟雅别传》《陆玩别传》《江惇传》《殷浩别传》《王珉别传》《王敦别传》《谢鲲别传》《王述别传》《谢玄别传》《樊英别传》《左思别传》《郭璞别传》《诸葛恢别传》《周顗别传》《孔愉别传》《蔡司徒别传》《王彪之别传》《罗府君别传》《祖约别传》《阮孚别传》《羊曼别传》《王劭王荟别传》《石勒传》《王彬别传》《王舒传》《王澄别传》《王邃别传》《卞壶别传》《虞光禄传》《郗惜别传》《陈逵别传》《贺循别传》《桓冲别传》《桓豁别传》《周处别传》《贾充别传》《郗昙别传》《范汪别传》《蔡充别传》《司马晞传》《王雅别传》《荀粲别传》《司马无忌传》《高坐别传》《浮图澄别传》《支遁传》《明先生别传》《陈寔别传》《李合传》《夏仲御别传》《孟嘉别传》《葛仙公别传》《刘根别传》《陈武别传》《孙登别传》《王廙别传》《许逊别传》《郭翻别传》《诸葛恪别传》《许迈别传》《曹肇曹毗传》《蔡琰别传》《王蕴别传》《王蒙别传》《张载别传》《祢衡别传》《张华别传》《蒲元传》《罗含别传》《裴楷别传》《娄承先传》《马融别传》《胡综别传》《冲波传》《杜兰香别传》《孔融别传》《荀采传》《鲁女生别传》《陶侃传》《董正别传》《王威别传》《王嘏别传》《桓楷别传》《傅宣别传》《孟宗别传》《许肃别传》《庾衮别传》、袁宏《山涛别传》《赵穆别传》《庾亮别传》《颜含别传》《王湛别传》《傅咸别传》《王允别传》《卢植别传》《葛洪别传》《邹衍别传》《蔡邕别传》《孙略别传》《边让别传》《杜祭酒别传》《吴猛别传》《石虎别传》《雷焕别传》《徐邈别传》《羊祜别传》《张纯别传》《桓石秀别传》《祖逖别传》《江祚别传》《陆绩别传》《管宁别传》《何晏别传》《傅嘏别传》《何祯别传》《赵至别传》《智琼别传》《潘勖别传》《诸葛亮别传》《张衡别传》《曹植别传》《李陵别传》《王祥别传》《江蒙别传》《赵岐别传》

《李燮别传》《潘京别传》《曹肇传》《杨彪别传》《张芜别传》《马钧别传》《贾逵别传》《桓谭别传》《徐延年别传》《桓玄传》二卷、郭冲《诸葛亮隐没五事》一卷、《扬雄家牒》、傅畅《裴氏家记》《诸王传》一卷、《袁氏家传》《袁氏世纪》、荀伯子《荀氏家传》十卷、《严氏家传》、殷敬《殷氏家传》三卷、张太素《敦煌张氏家传》二十卷、《邵氏家传》十卷、《陶氏家传》《嵇氏世家》《陈氏家传》《窦氏家传》《沈氏家传》《祖氏家传》《孙氏世录》《谢车骑家传》《顾恺之家传》《颜延之家传》《琅邪王氏录》、孙夫人《列女传序赞》一卷、刘熙《列女传》八卷、虞通之《后妃记》四卷、僧惠皎《高僧传》十四卷、僧道宗《续高僧传》三十二卷、项宗《紫虚元君魏夫人内传》《李先生传》《颜修内传》《录异传》、曹毗《志怪》、王劭《皇隋灵感志》十卷，计二百四十五部。增补著录的史籍总计六百二十六部。

据此可知，《隋经籍志考证》增补著录史籍总数达六百二十六部，而各类史籍占比例如下：卷一正史及相关著述类史籍合计十六部，约占2%；卷二古史类史籍合计十二部，约占2%；卷三杂史等类史籍合计二十六部，约占4%；卷四霸史类史籍合计三部，约占0.5%；卷五起居注等类史籍合计十二部，约占2%；卷六地理类史籍合计一百五十六部，约占25%；卷七谱系类史籍合计五十五部，约占9%；卷八簿录类史籍合计七部，约占1%；卷九旧事类史籍合计二十部，约占3%；卷十职官类史籍合计二十三部，约占4%；卷十一仪注类史籍合计四十四部，约占7%；卷十二刑法类史籍合计九部，约占1%；卷十三杂传类史籍合计二百四十五部，约占39%。这样在增补著录的各类史籍中杂传类最多，有二百四十五部；其次是地理类，再次是谱系类，再次是仪注类，再次是杂史类，再次是职官类，再次是旧事类，再次是正史及相关著述类，再次是起居注类，再次是刑法类，再次是簿录类，增补著录最少的是霸史类，仅有三部。而就增补著录的各类史籍在其本类中与《隋书·经籍志》所著录的史籍相比又是怎样的？其中正史及相关著述原有八十部，增补十六部；古史类原有三十四部，增补十部；杂史类原有七十三部，增补二十六部；霸史类原有三十三部，增补三部；起居注类原有五十四部，增补十二部；地理类原有一百四十部，增补一百五十六部；谱系类原有五十三部，增补五十五部；簿录类原有三十部，增补七部；旧事类原有二十五部，增补二十部；职官类原有三十六部，增补二十三部；仪注类原有六十九部，增补四十四部；刑法类原有三十八部，增补九部；杂传类原有二百一十九部，增补二百四十五部。其中杂传类增补著录史籍于《隋书·经籍志》所占比例最高，其次是地理类，所占比例最低的仍然是霸史类。

（二）

《隋经籍志考证》针对传世典籍具体地进行了勘误、质疑、考证，而校勘典籍之误则是其中一项重要的工作，如卷一所云：

> 《汉书音义》七卷韦昭撰。
> "韦昭"《旧唐志》讹作"韩韦"。
> 《梁书》四十九卷梁中书令谢昊撰，本一百卷。
> 《史通·外篇》曰：《梁书》，武帝时沈约与周兴嗣、鲍行卿、谢昊《隋志》作"吴"。相承撰录，已有百篇。值承圣沦没，并从焚荡。《唐志》有谢昊、姚察《梁书》三十四卷。昊与姚察合著，恐《唐志》有误。《通志·艺文略》讹"谢"作"林"。

卷二云：

> 《魏氏春秋》二十卷孙盛撰。
> 《晋书·孙盛传》：盛著《魏氏春秋》……《唐志》作《魏武春秋》，"武"字，误。

卷五云：

> 《晋咸宁起居注》十卷李轨撰。
> 《艺文类聚·服饰部、鸟部》：太医司马程据上雉头裘一领，诏曰：此裘非常衣服，消费功用，其于殿前烧之……《初学记·服食部》《北堂书钞·衣冠部》《太平御览·服章部》并引之，太医司马脱"医"字。

卷七云：

《姓氏英贤谱》一百卷贾执撰。

《唐书·柳冲传》：贾执作《姓氏英贤》无"谱"字。一百篇……殷敬顺《列子释文》引吴郡有庚桑姓，称为士族二语，称贾逮《姓氏英览》讹"执"为"逮"，讹"贤"为"览"，脱去"谱"字……

卷十云：

《汉官典职仪式选用》二卷汉卫尉蔡质撰。

《后汉书·蔡邕传》注：邕叔父卫尉质注《汉职仪》……惟作《汉书典职》，"书"字误……

卷十二云：

《魏名臣奏事》四十卷目一卷，陈寿撰。

《唐志》入故事类，三十卷，脱"陈寿"名。《魏志·明纪》注引散骑常侍何曾表……并引《魏名臣奏》。《隋志》总集类又有陈长寿《魏名臣奏》三十卷，当是重出，"长"字误增。

卷十三云：

《长沙耆旧传赞》三卷晋临川王郎中刘彧撰。

《水经·洛水注》：祝良为洛阳令，祈雨感应。《北堂书钞·礼仪部》《太平御览·天部》同。桓楷为赵郡太守，路有遗囊，行人莫取。《初学记·天部》《艺文类聚·天部》：文虔补户曹掾，零雨废民业，虔在社斋戒，梦见白头翁事。并引《长沙耆旧传》。《隋志》脱去"耆"字。《新唐志》四卷，《旧唐志》三卷，并讹作《旧邦传赞》。"刘彧"，《旧唐志》作"刘成"。

这些皆是对于典籍中的误字、脱字、衍字所作的勘误。

再者是对于典籍书名、作者所作的订正，如卷二所云：

《齐纪》二十卷杜台卿撰，不著录。

　　《北史·杜台卿传》：台卿著《齐纪》二十卷。《隋书·台卿传》同。
《史通·叙事篇》曰：齐丘之犊，彰于载谶。原注云：台卿《齐纪》
载谶云"首牛入西谷，逆犊上齐丘"也。《唐志》编年类有《北齐纪》
二十卷，无撰名，列于王劭《志》前，当即台卿之书，脱载其名。

卷三云：

　　《越绝记》十六卷子贡撰。
　　今存十五卷。《四库目录》曰：汉袁康撰，其友吴平同定。旧称
　　子贡作，误。

卷六云：

　　《陈留风俗传》三卷圈称撰。
　　《元和姓纂》：后汉末有圈称，字幼举，撰《陈留风俗传》……
　　但称字幼举，师古《书》为"孟举"，误。

以上是对于撰者名字所作的订正，分别考出那二十卷《齐纪》作者是杜
台卿，《越绝记》的作者不是子贡，而是袁康。指出颜师古《汉书注》中
将圈称的字误作"孟举"，应为"幼举"。此外卷十一所云：

　　《馈饷仪》卷亡，卢公范撰。不著录。
　　《太平御览·时序部》：八月旦，上柏露囊。重阳日，上五色糕，
　　佩茱萸囊。腊日，上头膏、面脂、口脂。并引卢公范《馈饷仪》。又
　　作《卢公家范》，则"范"字非人名。

通过对于《太平御览·时序部》所引佚文分析，得出"范"字非人名的
结论。
　　还对于有关史籍分类的问题也做了订正，如卷二所云：

　　《淮海乱离志》四卷萧世怡撰。叙梁末侯景之乱。
　　《周书·萧世怡传》：不载其著书。惟《萧圆肃传》《北史·圆肃传》

同。称圆肃撰《淮海乱离志》四卷。《新唐志》同四卷，入杂史类，而题名萧大圜。刘知几《史通》同。然大圜本传亦不载。《通志·校雠略》曰：《海宇乱离志》，《唐志》类于杂史，是。《隋志》类于编年，非。《旧唐志》入编年，亦作"淮海"，惟《通志》作"海宇"。

卷四云：

> 《燕书》二十卷记慕容儁事。伪燕尚书范亨撰。
> 《史通·外篇》曰：前燕有起居注，杜辅全录以为《燕纪》……《唐志》《宋志》皆二十卷，《旧唐志》入编年类，误。

这里指出《隋书·经籍志》将萧世怡《淮海乱离志》入编年类，《旧唐书·经籍志》将范亨《燕书》入编年类，都是错误的，应分别入杂史类、霸史类，亦可看出章宗源治学的严谨态度。

对于有些问题不能完全确定正误，章宗源则采取质疑，这类问题见卷一云：

> 《汉书决疑》十二卷颜延年撰，不著录。
> 两《唐志》皆载之。《新唐志》题颜游秦，据《颜师古传》，则《旧志》非是。
> 《三国志评》三卷徐爰撰。
> 裴松之注《臧洪传》《程昱传》《黄权传》《顾雍传》《全琮传》《周鲂传》《离牧传》《是仪传》，并引徐众《三国评》。《唐志》杂史类有徐众《三国评》三卷，"爰"，疑"众"字之讹。

卷三云：

> 《汉末传》卷亡，不著录。
> 《北堂书钞·武功部》：蜀丞相亮出军围祁山，粮尽引去，张合追之，伏弩射合死。《衣冠部》：先主取成都，大会作乐，取刘璋所藏金玉、宝玦赐功臣。二事并引《汉末传》，无撰名。愚按：《太平御览·兵部》引袁希之《汉表传》三事，郭典为巨鹿太守，与董卓攻黄巾贼。

又费祎持节诱纳降附，岁首行酒被刺，薨。又丞相亮围祁山事。其载丞相围祁山与
《书钞》同，疑《汉表传》即《汉末传》。

卷六云：

　　《扶南异物志》一卷朱应撰。

　　《唐志》同，作"朱应"。《通典·边防门》注：大宛马，解人
语，知音舞。大月氏牛，尾重十斤，割之供食，寻生如故。《史记·
大宛传·正义》：大秦国北附庸小邑，有羊羔自然生于土中。又：大
秦金二枚，皆大如瓜，掷之滋息无极。并称宋膺《异物志》，省"扶
南"二字，"朱"作"宋"，"应"作"膺"，未知孰是。

　　《丹阳记》卷亡，山谦之撰。不著录。

　　《文选·萧赋》注：江宁县慈母山，临江生萧管竹，圆致，异于
众处。《艺文类聚》《北堂书钞·乐部》并引。谢玄晖《登三山诗》：江宁县北
二十里，滨江有三山相接，即名为"三山"。旧时津济道也。《石阙
铭》注：牛头山两峰似天阙。《艺文类聚·居处部》同。《祭古冢文》注：
东府，孝文王道子府。《初学记·地部》：大长安道西张子布桥者，
本张子布宅处也。并引山谦之《丹阳记》。愚按：谦之，刘宋人，故
《世说》注已引其书。《言语篇》注引东府事，与《选》注同。虽不著名谦之，然可
知为谦之。若《太平御览地部》所引《丹阳记》，如烈洲句下载《舆地
志》，张公洲下载《梁书》，加子洲载《三十国春秋》，其书皆在山谦
之后，不宜入《丹阳记》，恐非谦之本文。

卷七云：

　　《后魏辨宗录》二卷①元晖业撰。

　　《后魏书·元晖业传》：晖业撰魏藩王家世，② 号为《辨宗室录》
《北齐书·晖业传》作《辨宗录》。四十卷。《唐志》二卷。按此卷数《隋》
《唐》二志与《后魏》《北齐》本传过相悬绝，必有讹误。

────────────

①　"辨"，原作"辩"，据《魏书》卷一九上《元晖业传》改，下同。
②　"家世"，原作"世家"，据《魏书》卷一九上《元晖业传》改。

卷十云：

> 《王朝目录》卷亡，不著录。
>
> 《世说·品藻篇》注：《王朝目录》曰：裴绰，字仲舒，楷弟也。
> 名亚于楷，历中书黄门侍郎。愚按：《吴志·宗室·刘匡传》注曰：
> 朗之名位见《三朝录》。疑与《世说》注所引当是一书，然"王朝"
> "三朝"，未审孰是。

卷十三云：

> 《四海耆旧传》一卷
>
> 《新唐志》著题韦氏，《旧唐志》作李氏。《群辅录》注公沙孚
> 事，引《北海耆旧传》。"北"字疑误。

以上这些史籍的著录考述或是作者不同，或是书名有疑，或卷数悬殊，故
此章宗源采取了与前一类不同的论述方法存疑。对于有的史籍甚至怀疑是
否存在，如卷二所云：

> 《晋纪》十一卷讫明帝，晋荆州别驾邓粲撰。
>
> 《晋书·邓粲传》：粲以父骞有忠信言而世无知者，[1] 乃著《元明
> 纪》十篇……《唐志》：粲《纪》十一卷，外又有粲《晋阳秋》三
> 十二卷。《旧唐志》二十二卷。粲不闻撰《晋阳秋》，当是误增。朱氏《经义
> 考》踵《唐志》之误。
>
> 《齐典》十卷。
>
> 《隋志》无撰人名。愚按：《南齐书·檀超传》：时豫章熊襄著
> 《齐典》，上起十代。其序云：《尚书·尧典》谓之《虞书》，则附所
> 述，故通谓之齐，名为《河洛金匮》。未知《隋志》所载即襄所撰
> 否？《唐志》杂史类有熊襄《十代记》十卷。

---

① "骞"，原作"谦"，据《晋书》卷八二《邓粲传》改。

可知章宗源对于《旧唐书》卷四六《经籍志》所著录"《晋阳春秋》二十二卷邓粲撰",《新唐书》卷五八《艺文志》所著录邓粲"又《晋阳秋》三十二卷"均持怀疑态度,认为"当是误增"。而《隋书·经籍志》所著录的《齐典》十卷则质疑撰写者熊襄。另外,对于典籍中所引佚文质疑,如卷五所云:

> 《晋永安起居注》卷亡,不著录。
>
> 《初学记·服食部》:《晋永安起居注》曰:太康四年,有司奏鄯善国遣子元英入侍,以英为骑都尉,佩假归义侯印,青紫绶各一具。愚按:隋、唐《志》无《晋永安起居注》,所记又太康事,恐误。

卷九云:

> 《晋建武故事》一卷
>
> 《初学记·武部》:王敦死,秘不发丧,贼于水南北渡,攻官垒,栅皆重铠浴铁,都督应詹等出精锐拒之。《御览·兵部》同。《艺文类聚·菓部》:咸和六年,平西将军庾亮送橘,十二实共同一蒂。《御览·果部》同。《兽部》:咸和六年,计贡合集于朝堂,有野麕走至堂前,逐获之。《太平御览·兽部》:咸和七年,左右启以米饴熊,上曰:"此无益而费谷,且恶兽不宜畜。"遣使打杀,以肉赐左右直人。并引《晋建武故事》。愚按:王敦死在太宁二年,馀三事皆在咸和,而入《建武故事》未审其义。

卷十一云:

> 《梁东宫元会仪注》卷亡,不著录。
>
> 《通典·乐门》:梁天监六年,东宫新成,太子于崇正殿宴会,司马褧议。旧《东宫元会仪注》,官臣先入,入时无乐,至上官客入,方奏乐。又议:上官元会,奏《大壮》武舞、《大观》文舞。旧《东宫仪注》既不奏,问乐府有,恐是旧《仪注》阙。①

---

① "恐",原误作"缀",据《通典》卷一四七《乐门》改。

这里则是对于那些佚文的出处采取质疑的处理方法。

再则由于章宗源对于一些史籍的分类提出质疑，则将史籍的不同分类分别列出，不做取舍、纠谬，如卷四所云：

> 《敦煌实录》十卷刘景撰。
>
> 《宋书·大且渠传》：元嘉十四年，茂虔表献《敦煌实录》十卷……《唐志》二十卷，《旧唐志》入杂传类。
>
> 《汉赵记》十卷和苞撰。
>
> 《史通·外篇》曰：前赵刘聪时，领左国史公师渊撰《高祖本纪》及功臣传二十人，甚得良史之体。凌修谮其讪谤先帝，聪怒而诛之。刘曜时，平舆子和苞撰《汉赵记》十篇，事止当年，不终曜灭……《唐志》十四卷，《旧唐志》入编年类。

卷五云：

> 《后周太祖号令》三卷。
>
> 《周书·文帝纪》：大统七年，太祖奏行十二条制，恐百官不勉于职事，又下令申明之。愚按：《张轨》《柳蚪》《薛寘列传》并言修《起居注》，而《隋》《唐志》皆不著录，此号令三卷似宜列诸律令，而入起居注类，未详其义。

可见章宗源在《隋经籍志考证》对于一些问题则采取存疑的态度，而这类存疑的考述在全书的每卷中皆有。

至于增补考证方面，除了增补著录了上文所云的六百二十六部史籍外，还具体地对于一些史籍做了增补考证，如卷一所云：

> 《魏略》三十八卷魏京兆鱼豢撰，不著录。
>
> 见《旧唐志》正史类。《新唐志》五十八卷，入杂史类。《史通·题目篇》曰：鱼豢、姚察"察"宜作"最"。著《魏》《梁》二史，巨细毕载，芜累甚多，而俱牓之以"略"。《称谓篇》曰：鱼豢、孙盛等没吴、蜀号谥，呼权、备姓名。又《外篇·论古今正史》曰：

魏时京兆鱼豢私撰《魏略》，事止明帝。愚按：《魏略》有纪、志、列传，自是正史之体。《文选·景福殿赋》注引《魏略·文纪》曰：灵龟出于神池。《初学记·天部》引《五行志》曰：延康元年，大霖雨五十馀日，魏有天下乃霁，将受大祚之应也。《太平御览·天部》同。裴松之《魏志注》言：《魏略》以秦朗与孔桂俱在《佞幸篇》，《明帝纪》注。东里衮见《游说传》，《三少帝纪》注。以董遇、贾洪、邯郸淳、薛夏、隗禧、苏林、乐祥等为儒宗，《王肃传》注其传有序。以脂习、王修、庞淯、文聘、成公英、郭宪、单固七人为《纯固传》，《王修传》注。王思、薛悌、郗嘉见《苛吏传》，《梁习传》注。以常林、吉茂、沐并、时苗四人为《清介传》，①《刘劭传》注。以孙宾硕、祝公道、杨阿若、鲍出等四人在《勇侠传》，宾硕虽汉人而豢编之《魏书》，盖以其人接魏，事义相类故也。《阎温传》注。列传以贾逵、李孚、杨沛三人为一卷，《温恢传》注。以徐福、严干、李义、张既、游楚、梁习、赵俨、裴潜、韩宣、黄朗十人共卷，《赵俨传》注。陈寿《志》韩宣名都不见，惟《魏略》有传。同上。《梁书·止足传序》曰：鱼豢《魏略·知足传》：方田、徐于管、胡，则其道本异。《世说·文学篇》注引天竺城中有临儿国，《通典·边防门》注西夜并属疏勒，二事皆题《魏略·西戎传》。《魏志·东夷传》注引《魏略·西戎传》七事。《太平御览·人事部》引短人国事，《寰宇记》引莎车国事，则皆作《西戎传》。豢之论赞实称曰"议"，裴注多引其词，而《西戎传》议尤可考见。《史通·杂说篇》注引豢叙辽东公孙之败，《议》为天意数语，是知王隐之称本于鱼豢。《史通》：王隐曰议。

卷二云：

　　《晋纪》十卷晋前军咨议曹嘉之撰。

　　《魏志·楚王彪传》注：王隐《晋书》曰：吏部郎中李重启、东莞太守曹嘉，无"之"字，《北堂书钞·设官部》亦引此事，作"曹嘉之"。良素修洁，先代之后，可以为员外散骑侍郎。《世说·方正篇》注引曹嘉之《晋纪》"和峤为中书令，荀勖为监，峤专车而坐"事。《赏誉篇》

① "常林"，原误作"苏林"，据《后汉书》卷二三《常林传》改。

注：刘畴避乱坞壁，吹笳而群胡散去。又：蔡谟称刘王乔为司徒美选。《文选·思旧赋》注：稽康刑于东市，顾日影弹琴。颜延年《五君咏》注：山涛举阮咸为吏部郎，三上，武帝不能用。刘越石《劝进表》注：刘琨封印表毕，对使者流涕遣之。张华《女史箴》注：华惧后族之盛，作《女史箴》。《初学记·职官部》：荀勖迁尚书令，恚曰："夺我凤凰池。"《北堂书钞·天部》：诸葛诞，霹雳震柱，读书自若。《设官部》：诏荀勖守尚书令。《艺文类聚·职官部》：汝南史曜为山涛所知。《太平御览·职官部》：王戎再至司徒，见者不知是台司。又羊暨为刺史，牛产犊。及迁官，遗之而去。《人事部》：夏侯玄为征西，贾充送玄，执手曰："贾侯。"共十一事，并作曹嘉之。《唐志》卷同。

卷三云：

《魏末传》二卷 梁又有《魏末传》，并《魏氏大事》三卷，亡。

无撰名。《魏志·明纪》注引明帝从文帝猎，诏使射鹿子事。《艺文类聚·兽部》《御览·皇王部、皇亲部、资产部》《世说·言语篇》注俱引之，大同小异。《曹爽传》注：何晏妇金乡公主，即晏同母妹。臣松之按：《魏末传》此搢绅所不忍言，虽楚王之妻嫂，不是过也。设令此言出于旧史，犹将莫之或信，况底下之书乎！按：诸王公传，沛王出自杜夫人所生，晏母姓尹，公主若与沛王同生焉，得与晏同母？《初学记·帝戚部》《艺文类聚·储官部》《御览·皇亲部》，皆引金乡公主事。《诸葛诞传》注：诞杀乐琳，表曰："圣朝名臣，臣即魏臣，不明臣，臣即吴臣。"诸语。臣松之以为《魏末传》所言率鄙陋。

卷五云：

《宋起居注》不著录。

《初学记·礼部》云：今太庙太极，既以随时。明堂之制，国学之南，地实京邑，爽垲平畅，足以营建。《服食部》：泰始二年御史中丞羊希奏：山阴令谢沈亲忧未除，常着青绛裆衫，请免沈官。《宝器部》：泰始二年，嘉莲一双，骈花并实，合树同茎。《鸟部》：元嘉十三年，阳羡县民送白鸟，皓质洁映，有若辉璧。《太平御览·职官部》：元嘉中，以散骑常侍荀伯子为太子仆。永初中，以徐佩为太子后卫率。《兵部》：刘道符露布曰：七月二十五日，部率众军虎士攻城，逆贼程天祚等穷迫乞降。又：泰始二年，有司奏贼帅刘胡等从南城兰道来攻营。《服用部》：河西王沮渠蒙逊献青头黛百斤。《四夷部》：孝建二年七月二十日，盘盘国王遣使奉献金银、琉璃、诸香药等物。八月二十日，陁利国王遣使表奉献方物。《果部》：元嘉十八年，有司奏扬州刺史王浚州治后池有两莲骈生。十六年，华林有双莲同干，并引《宋起居注》。愚按：此书不著年号，总记宋事，似仿刘道会《晋起居注》之例，然隋、唐《志》皆不著录，无从考其卷数。《御览·服用部》又引刘祯奏韦朗事，与《元嘉起居注》同。

卷六云：

　　《陈留风俗传》三卷圈称撰。

　　《元和姓纂》：后汉末有圈称，字幼举，撰《陈留风俗传》。《广韵》注同。《匡谬正俗》引圈称自序，为圈公之后。圈公，秦博士，避地南山。惠太子即位，以圈公为司徒。师古按班《书》述四皓，但有园公，非圈公也。公避地入商洛深山，不为博士。又汉初不置司徒，且呼惠帝为惠太子，无意义。孟举之说实为鄙野。愚按：《水经注》《史记索隐》诸书所引《陈留风俗传》皆无圈公一事，《群辅录》园公注只引《陈留志》，乃江敞所撰，十五卷，见杂传类。非圈称之书。阮简为开封令，有劫贼，外白甚急，简方围棋，长啸曰："局上有劫，亦甚急。"此事《水经·渠注》作《陈留志》，而《太平御览·州郡部》《寰宇记·河南道》并作《陈留风俗传》，盖圈称、江敞同纪陈留事，故各互见也。

卷八云：

　　又《开皇八年四部目录》四卷《八年目录》《唐志》不载。

　　《唐志》题牛弘撰。《隋志》序曰：开皇三年，牛弘表请遣使，搜访异本，民间异书，往往间出。及平陈后，经籍渐备。其所得多太建时书，总集编次，存为古本。召韦霈、杜頵等，于秘书内补续残缺，为正副二本，凡三万馀卷。

卷十二云：

> 《北齐律》十二卷目一卷。
>
> 《唐志》：赵郡王叡《北齐律》二十卷。《通典》曰：北齐文宣受禅后，议造《齐律》，积年不成。其决狱依魏旧式。武成河清三年，尚书令赵郡王叡等，奏上《齐律》十二篇。《唐六典》曰：凡定罪九百四十九条，大抵采魏晋故事。至武帝又造《刑书要制》，与《律》兼行。宣帝广《刑书要制》为《刑经圣制》，谓之"法经"。

卷十三云：

> 《曹瞒传》一卷不著录。
>
> 见《唐志》。《魏志·武纪》注称吴人作《曹瞒传》。愚按：传名曹瞒，又系吴人所作，其言操少好飞鹰走狗，游荡无度。又佻易无威重，好音乐。及遣华歆入宫收伏后事，语皆质直，不为魏讳。故《世说》注、《文选》注，《为袁绍檄豫州》注引操破梁孝王棺事。所引皆称操名。《艺文类聚》《太平御览》所引，亦或称"操"。惟《魏志》注多称太祖，自系裴松之所改，他书亦有称曹公，称太祖，然不书改其书。非吴人原本。
>
> 《幽明录》二十卷刘义庆撰。
>
> 此书见引甚多，"幽明"或作"幽冥"。《史通》言：唐修《晋书》，多取《幽明录》。今考《太平御览》所引，如《人事部》石勒问佛图澄擒刘曜兆，谢安石梦乘桓温舆行见白鸡而止，魏武帝梦三马食一槽，王茂弘梦人以百万钱买大儿长豫，此类皆《晋书》所取资。《唐志》三十卷，入子部小说。

以上所举的只是很少的一部分，而实际上这类考证在《隋经籍志考证》一书中比比皆是。

另外，此书中除了"玄""弘""胤""丘"等常见的避讳字之外，还将《隋书·经籍志》及《旧唐书·经籍志》《新唐书·艺文志》中涉及《隋志》的避讳字逐一找出，加以考释，如卷三所云：

《魏晋世语》十卷晋襄阳令郭颁撰。

《魏志·三少帝纪》注引：《旧唐志》作《魏晋代语》，避唐"世"字讳……

卷四云：

《凉书》十卷记张轨事。伪凉大将军从事中郎刘景撰。

《后魏书·刘晒传》：晒著《凉书》十卷。"晒"，《隋志》作"景"，避唐嫌名。《史通·外篇》曰：建康太守索晖、从事中郎刘晒，各著《凉书》。

可知《隋经籍志考证》中还考出《旧唐书·经籍志》中将"世"避讳作"代"字，《隋书·经籍志》中将"晒"避讳作"景"字。

再则将《隋书·经籍志》中重复著录的史籍也指出，如卷三所云：

《梁帝纪》七卷。

无撰名。按：正史类有姚察《梁帝纪》七卷，此恐重出。

卷四云：

《汉之书》十卷常璩撰。

《颜氏家训·证书篇》曰：《蜀李书》一名《汉之书》……《新唐志》有《蜀李书》九卷，《旧志》入编年类。又有《汉之书》十卷，重出。

《战国春秋》二十卷李槩撰。

古史类已见，此重出。

卷六云：

《春秋土地名》三卷晋裴秀客京相璠撰。

《隋志》经部春秋类已见，此系重出。

《西征记》一卷_{戴祚撰}。

《唐志》二卷……愚按：《隋志》有戴延之《西征记》二卷，此又着戴祚《西征记》一卷。《唐志》惟有戴祚，无延之，他书所引多称延之，惟开封见鸧事。《御览》同作"戴祚"。据《封氏》言：祚，晋末从刘裕西征姚泓。《水经·洛水注》言：延之从刘武王西征，是祚与延之本一人，祚乃其名，而以字行。《隋志》两见，当系重出。

卷十二云：

《汉朝议驳》三十卷_{应劭撰}。

《后汉书·应劭传》：初，安帝时河间人尹次、颍川人史玉皆坐杀人当死，次兄初及玉母军并谒官曹求代其命，因缢而物故。尚书陈忠以罪疑从轻，议活次、玉。劭后追驳之，据正典刑。有可存者，劭凡为《驳议》三十篇，皆此类也……《唐志》卷同。又故事类有劭《汉朝驳》无"议"字。三十卷，自是重出。

《汉名臣奏事》三十卷

《唐志》二十九卷，又有陈寿《汉名臣奏事》三十卷。《史记·惠景侯者年表集解》引杜业奏，《汉书·扬雄传》注张衡奏……引并称《汉名臣奏》。《隋志》总集类重出……

《魏名臣奏事》四十卷_{目一卷，陈寿撰}。

《唐志》入故事类，三十卷，脱"陈寿"名。《魏志·明纪》注引散骑常侍何曾表，《三少帝纪》注太尉华歆表……并引《魏名臣奏》。《隋志》总集类又有陈长寿《魏名臣奏》三十卷，当是重出，"长"字误增。

可见《梁帝纪》《汉之书》《战国春秋》《春秋土地名》《西征记》《汉朝议驳》《汉名臣奏事》《魏名臣奏事》八部史籍存在着重复现象，特别是有的史籍竟然同时出现在《隋书·经籍志》的史部中。这既说明《隋志》仍有疏忽之处，又说明章宗源考证之缜密。

另外，书中还附带征引考述了一些时期的史官制度，如卷五所云：

汉时起居注，似在宫中为女史之职。

《通典·职官门》曰：王莽时，又置柱下五史，秩如御史，听事侍傍，记其言行，又起居之职。

今存者有汉献帝及晋代已来起居注，皆近侍之臣所录。

《通典》曰：自魏至晋，起居注则著作掌之，其后起居皆近侍之臣录记也。录其言行与其勋伐，有其职而无其官。《唐六典》引《魏起居注》：青龙中，议秘书丞朗宜居三台上。

近代已来别有其职。

《通典》曰：后魏始置起居令史，每行幸宴会，则在御左右，记录帝言及宴宾客训答。后又别置修起居注二人，以他官领之。北齐有起居省。后周有外史，掌书王言及动作之事，以为国志，即起居之职。又有著作二人，掌缀国录，则起居注、著作之任，自此而分也。

这里主要对自汉代至北周的史官制度做了简单的考述。

据此可知，章宗源《隋经籍志考证》的这些考证文字既说明传世典籍中确实存在一些讹误、让人质疑之处及《隋书·经籍志》确有可做进一步勘误之必要，也可看出章宗源治学之严谨、缜密。

（三）

至于《隋经籍志考证》所删除《隋书·经籍志》史部所著录的典籍，据前文所考，其中正史及相关著述原有八十部，被删除有十部，占12.5%；古史类的史籍原有三十四部，被删除仅有一部，约占3%；杂史类的史籍原有七十三部，被删除有十三部，约占18%；霸史类的史籍原有三十三部，被删除有十部，约占30%；起居注类的史籍原有五十四部，被删除有十四部，约占26%；旧事类的史籍原有二十五部，被删除有一部，占4%；职官类的史籍原有三十六部，被删除有十一部，约占31%；仪注类的史籍原有六十九部，被删除有二十四部，约占35%；刑法类的史籍原有三十八部，被删除有六部，约占16%；杂传类的史籍原有二百一十九部，被删除有三十六部，约占16%；地理类的史籍原有一百四十部，被删除有三十六部，约占26%；谱系类的史籍原有五十三部，被删除有二十三部，约占43%；簿录类的史籍原有三十部，被删除有七部，约占23%。《隋书·经籍志》史部著录的典籍合计八百八十二部，而被章宗源《隋经籍志考证》所删除共有一百九十二部，约占22%。实在不能说被删除的著述数量不多。

另外，在章宗源《隋经籍志考证》所删除的一百九十二部史籍中，正史及相关著述十部，约占5%；古史类一部，约占0.5%；杂史类十三部，约占7%；霸史类十部，约占5%；起居注类十四部，约占7%；旧事类一部，约占0.5%；职官类十一部，约占6%；仪注类二十四部，约占13%；刑法类六部，约占3%；杂传类三十六部，约占19%；地理类三十六部，约占19%；谱系类二十三部，约占12%；簿录类七部，约占4%。可见被删除的著述中各类书籍中都有，其中杂传类、地理类最多，有三十六部，其次是仪注类，再次是谱系类，再次是起居注类，再次是杂史类，再次是职官类，再次是正史及相关著述、霸史类，再次是簿录类，再次是刑法类，最少的是古史类和旧事类，各有一部。

在被删除的一百七十六部史籍中，仅见于《隋书·经籍志》的有刘显《汉书音》、姚察《汉书集解》《定汉书疑》《汉疏》、刘孝标注《汉书》、王韶《后汉林》、韦阐《后汉音》、卢宗道《魏志音义》、郑忠《晋书》、宋文明中所撰《宋书》、刘向录《战国策》、毛范《吕布本事》、张氏《晋书鸿烈》、刘仲威《梁承圣中兴略》、赵齐旦《陈王业历》、臧荣绪《续洞纪》、虞绰《帝王世纪音》、甄鸾《帝王世录》、潘杰《王霸记》、游览先生《南燕书》、何仲熙《秦书》《纂录》、段国《吐谷浑记》《翟辽书》《诸国略记》《永嘉后纂年记》《段业传》《晋元康起居注》《永嘉建兴起居注》《晋宋先朝起居注》《明帝在蕃注》《宋泰豫起居注》《宋元徽起居注》《升明起居注》《建元起居注》《隆昌延兴建武起居注》《中兴起居注》《陈天嘉起居注》《陈天康光大起居注》《陈太建起居注》《陈至德起居注》《皇储故事》《定官品事》《百官品》、王珪之《齐仪》《梁官品格》《新定将军名》《吏部用人格》、卫敬仲《汉中兴仪》、何胤《政礼》《陈尚书杂仪注》《陈军礼》《陈嘉礼》《后齐仪注》《杂嘉礼》、王逡之《礼仪制度》《卤簿仪》《陈卤簿图》《齐卤簿仪》《诸卫左右厢旗图样》《宋长沙檀太妃薨吊答书》、周舍《书仪疏》、梁修端《文仪》、李穆叔《赵李家仪》《言语仪》《严植之仪》、马枢《迩仪》、释昙瑗《僧家书仪》《要典杂事》《杜预杂律》《隋大业令》《晋杂制》《晋刺史六条制》《齐五服制》《陈新制》《先贤集》《汉世要记》《高隐传》《曾参传》

《海内名士传》、范汪《范氏家传》、纪友《纪氏家纪》《何颙使君家传》、明岌《明氏家训》、姚氏《周齐王家传》《周氏家传》、来奥《访来传》、高氏《列女传》、缪袭《列女传赞》《列女传要录》《美妇人传》、康泓《道人善道开传》、释法进《江东名德传》、王巾《法师传》、严曶《梁武皇帝大舍》、刘向撰郭元祖赞《列仙传赞》、朱思祖《说仙传》、王珍《刘君内记》、孔稚珪《陆先生传》、郭元祖《列仙赞序》、李氏《太上真人内记》、傅亮《应验记》《续异苑》《灵异录》、王劭《舍利感应记》《真应记》《神壤记》《庐山南陵云精舍记》《元康六年户口簿记》《元嘉六年地记》《九州郡县名》、刘球《京师寺塔记》、释昙景《外国传》《京师录》《后园记》《古来国名》《慧生行传》、闾先生《闶象传》、虞孝敬《广梁南徐州记》《水饰图》《瓯闽传》《男女二国传》《古今地谱》《齐州图经》《幽州图经》《李谐行记》、刘师知《聘游记》《朝觐记》、诸葛颖《北伐记》、蔡允恭《并州入朝道里记》《代都略记》、释僧祐《世界记》《州郡县簿》《大隋翻经婆罗门法师外国传》《诸蕃国记》《并州总管内诸州图》《齐帝谱属》《百家谱世统》《百家谱钞》《王司空新集诸州谱》《诸姓谱》《益州谱》《关东关北谱》《益州谱》《吉州诸姓谱》《江州诸姓谱》《诸州杂谱》《扬州谱钞》《杨氏血脉谱》、姚最《杨氏家谱状并墓记》《述系传》《钱图》《魏阙书目录》《陈德教殿四部目录》《陈承香殿五经史记目录》《香厨四部目录》《杂仪注目录》，共一百六十一部，约占被删除的一百七十六部史籍的91%。因此说这些史籍在《隋经籍志考证》未被章宗源所著录是有一定的道理的，其主要缘由应是这些史籍仅见于《隋书·经籍志》，而未见于其他传世文献征引或著录。

另外那些《隋书·经籍志》著录的却未被《隋经籍志考证》所著录的史籍还有一些见于其他史籍，其中有《汉书》孟康音九卷、袁彦伯《后汉纪》三十卷、《小史》八卷、吉文甫《十五代略》十卷、《百官春秋》二十卷、《晋杂仪注》十一卷、鲍泉《新仪》三十卷、《妇人书仪》八卷、《韦氏家传》一卷、庾斐《庾氏家传》一卷、刘歆《列女传颂》一卷、《法显传》二卷、《法显行传》一卷、《西域道里记》三卷、《书品》二卷，合计十五部，仅约占被删除的一百七十六部史籍的9%。

而以上这十五部虽然或见于其他史籍著录，或被其他传世文献所征引，可是其中情况各异，其中《小史》八卷似乎有著录，又被征引，据《新唐书》卷五八《艺文志》云："《高氏小史》一百二十卷高峻。初六十卷，其子迥厘益之。峻，元和中人"。《魏书》卷四上《太武帝纪》有云："《小史》《御览》亦无立皇太子事，而自临朝听政后，悉称皇太子。"卷三三《宋隐王宪屈遵张蒲谷浑公孙表张济李先贾彝薛提传》史臣曰："此《传》全写《高氏小史》，疑收书亡而后人补之。"《通鉴》卷一一九宋武帝永初三年十一月条云："营阳王讳义符，小字车兵，武帝长子也。考异曰：《宋本纪》《高氏小史》皆作"荥阳"；臧后、谢晦、蔡廓传作"营阳"。营阳，南方郡名也，今从之。"可是《隋书》卷三三《经籍志》却在《小史》前后分别著录的是"《南越志》八卷沈氏撰"和"《汉灵献二帝纪》三卷汉侍中刘芳撰，残缺。梁有六卷。"因此这部《小史》当是记载汉代事迹的著述，与记载北朝史事的《高氏小史》非是一书，在传世史籍中既无著录，又未被征引。庾斐《庾氏家传》一卷，《旧唐书》卷四六《经籍志》云："《庾氏家传》三卷庾守业撰。"《新唐书》卷五八《艺文志》云："《汉南庾氏家传》三卷庾守业。"可见《旧唐志》亦著录此书，可是《新唐志》著录的书名却不相同，而且旧、新《唐志》所著录的卷数与《隋志》著录的不同，另外，《隋志》著录的作者庾斐与旧、新《唐志》所著录的作者庾守业很难断定是同一人，因此旧、新《唐志》所著录的《庾氏家传》与《隋志》著录的当非同一史籍。《书品》二卷，《旧唐书》卷四六《经籍志》云："《书品》一卷庾肩吾撰。"《新唐书》卷五七《艺文志》云："庾肩吾《书品》一卷"，可见旧、新《唐志》所著录的与《隋志》著录的虽然书名同为《书品》，但是卷数不同，另外《隋志》未著录作者，而《书品》中古时期也非绝无仅有，如《旧唐书》卷一九一《李嗣真传》云："撰《明堂新礼》十卷。《孝经指要》《诗品》《书品》《画品》各一卷。"因此旧、新《唐志》所著录的《书品》与《隋志》所著录的当非同一著述。这样看可以确定这三部史籍虽然书名相同或书名相近，可是旧、新《唐志》所著录的与《隋志》所著录的却不是同一著述。

《百官春秋》二十卷，《旧唐书》卷四六《经籍志》云："《百官春秋》十三卷王道秀撰。"《新唐书》卷五八《艺文志》云："王道秀《百官春秋》十三卷。"《初学记》卷二二《武部》云："《百官春秋》曰：大驾，公卿奉引，太仆执辔，大将军陪乘。光武东京郊祀，法驾则河南尹奉引，奉车都尉执辔，侍中参乘。"可见《百官春秋》虽然在旧、新《唐志》均有著录，可是不但卷数不同，而且只有旧、新《唐志》却著录撰写者为王道秀，因此《隋志》所著录的《百官春秋》与旧、新《唐志》

所著录的未必就是同一著述。《晋杂仪注》十一卷，《旧唐书》卷四六《经籍志》云"《晋杂仪注》二十一卷"，《新唐书》卷五八《艺文志》云"《晋杂仪注》二十一卷"，可见《晋杂仪注》虽然也在旧、新《唐志》著录，可是不但卷数不同。因此也难以确定这是同一部史籍。《韦氏家传》一卷，《旧唐书》卷四六《经籍志》云："《韦氏家传》三卷 皇甫谧撰。"《新唐书》卷五八《艺文志》云："《韦氏家传》三卷。"可见《隋志》与旧、新《唐志》所著录的虽然书名同为《韦氏家传》，但是卷数不同，而且唯有《旧唐志》著录作者姓名，其他诸书皆未著录，因此《隋志》与旧、新《唐志》所著录的《韦氏家传》未必是同一部史籍。也可以说不能确定《隋志》与旧、新《唐志》所著录的这三部史籍分别是同一著述。

《汉书》孟康音九卷，据《通鉴》卷三五汉平帝元始二年九月条胡注云："媠，孟康音'儿'。"卷五〇东汉安帝建光元年八月条胡注云："令，孟康音'连'，师古音'零'。"因此说胡三省在注《通鉴》时确实使用了《汉书》孟康音。袁彦伯《后汉纪》三十卷，据《晋书》卷九二《袁宏传》云："撰《后汉纪》三十卷及《竹林名士传》三卷、诗赋诔表等杂文凡三百首，传于世。"《旧唐书》卷四六《经籍志》云："《后汉纪》三十卷张璠撰。又三十卷 袁宏撰。"《新唐书》卷五八《艺文志》云："袁宏《后汉纪》三十卷。"《史通》外篇《古今正史》云："晋东阳太守袁宏抄撮《汉氏后书》，依荀悦体，著《后汉纪》三十 或误作'十三'篇。"《太平御览》卷二〇八《职官部》云："袁宏《后汉纪》曰：第五伦为司空，有人与伦千里马者，伦虽不取，每三公有所选举，伦心不忘也，然亦终不用。"卷四三九《人事部》云："袁弘《后汉纪》曰：初，弘农王唐姬，故会稽太守唐瑁女也。王薨，父欲嫁之，不从。及关中破，为李傕所略，不敢自说也。傕欲妻之，姬弗听。尚书贾诩闻之，以为宜加爵号。于是，迎置于园，拜为弘农王妃。"卷六五四《释部》云："袁弘《后汉纪》曰：楚王英好游侠，交通宾客，晚节喜黄老，修浮图祠。八年，上临辟雍，礼毕，诏天下死罪得以缣赎罪。英遣郎中令诣彭城曰：'臣托在藩蔽，尾骹率先天下，过恶素积。喜闻大恩，谨奉黄缣二十五匹，白纨五匹，以赎其愆。'楚相以闻。诏曰：'楚王诵黄老之微言，尚浮图之仁祠，洁斋三月，与神为誓，有何嫌惧而赎其罪？令还缣纨，以供桑门之盛馔。'"《文选》卷十六潘安仁《闲居赋》注云："袁宏《后汉纪》'郭林宗曰：大丈夫焉能久处斗筲之役乎'。"案《晋书·袁宏传》记载袁宏字彦伯。因此说袁宏《后汉纪》既被旧、新《唐志》著录，又有许多文字被传世文献所征引。吉文甫《十五代略》十卷，《旧唐书》卷四六《经籍志》云："《十五代略》十卷吉文甫撰。"《新唐书》卷五八《艺文志》云"吉文甫《十五代略》十卷"，可知吉文甫《十五代略》既被《旧唐志》《新唐志》著录，而且卷数也相同，因此诸书著录的是同一著述。鲍泉《新仪》三十卷，《新唐书》卷五八《艺文志》云："鲍泉《新仪》三十卷"，《梁书》卷三〇《鲍泉传》云："撰《新仪》四十卷，行于世。"因此《隋书·经籍志》所著录的与《新唐书·艺文志》著录的是同一著述，不过《隋志》《新唐志》所著录的卷数与《梁书·鲍泉传》所记载的卷数不同，这还有待做进一步考述。《妇人书仪》八卷，《旧唐书》卷四六《经籍志》云："《妇人书仪》八卷唐瑾撰。"《新唐书》卷五八《艺文志》云："唐瑾《妇人书仪》八卷。"虽然《隋志》未著录作者，而旧、新《唐志》却著录作者为唐瑾，不过这是同一著述。《西域道里记》三卷，《新唐书》卷五八《艺文志》云："程士章《西域道里记》三卷。"可知两处著录书名、卷数相同，只是《隋志》未著录作者名，因此著录的是同一部著述。刘歆《列女传颂》一卷，《文选》卷一五《思玄赋》注云："刘歆《列女传颂》曰：材女修身，广观善恶。"可见《文选》所征引的《列女传颂》确实是《隋书·经籍志》所著录的那部史籍。《法显传》二卷，《水经注》卷一《河水》云："《法显传》曰：恒水东南流，径拘夷那褐国南，城北双树间，有希连禅河，河边，世尊于此北首般泥洹，分舍利处。"又云，"《法显传》曰：恒水东南流，径僧迦施国南，佛自忉利天东下三道宝阶，为母说法处，宝阶既没，阿育王于宝阶处作塔，后作石柱，柱上作师子像，外道少信，师子为吼，怖效心诚。恒水又东径罽宾饶夷城，城南接恒水，城之西北六七里，恒水北岸，佛为诸弟子说法处。恒水又东南径沙祇国北，出沙祇城，南门道东，佛嚼杨枝刺土中，生长七尺，不增不减，今犹尚在。恒水又东南，径迦维罗卫城北，故净王宫也。城东五十里有王园，园有池水，夫人入池洗浴，出北岸二十步，东向举手，扳树生太子，太子堕地，行七步，二龙吐水浴太子，遂成井池。众僧所汲养也。太子与难陀等扑象角力，射箭入地，今有泉水，行旅所资饮也。"卷二《河水》云："《法显传》曰：国有佛钵，月氏王大兴兵众，来伐此国，欲持钵去，置钵象上，象不能进；更作四轮车载钵，八象共牵，复不进，王知钵缘未至，于是起塔留钵供养。钵容二斗，杂色而黑多，四际分明，厚可二分，甚光泽。贫人以少花投中便满；富人以多花供养，正复百千万斛，终亦不满。佛图调曰：佛钵，青玉也。受三斗许，彼国宝之。供养时，愿终日香花不满，则如言；愿一把满，则亦便如言。"可知《水经注》中所征引的《法显传》确实是《隋志》所著录的那部史传。《法显行传》一卷，《水经注》卷一六《河水》云："《释法显行传》，西国有爵离浮图，其高与此相状，东都西域，俱为庄妙矣。"因此说《水经注》中所征引的《法显行传》与《隋志》所著录的是同一部典籍。可知这九部著述确实或为旧、新《唐志》所著录，或为传世史籍中有佚文。

如果仅见于《隋志》的那一百六十一部典籍加上可以确定的、虽然书名相同但是并非同一著述的那三部典籍以及无法确定是旧、新《唐志》所著录的与《隋志》所著录是同一典籍的三部，合计一百六十七部，约占被《隋经籍志考证》从《隋书·经籍志》删除的那一百九十二部典籍的87%；相反，可以确定旧、新《唐志》所著录的与《隋志》所著录是同一典籍的仅有九部，约占那一百九十二部典籍的5%。因此说章宗源删除那些典籍还是有一定的道理的，不过毕竟还有九部典籍确系是误删的。再则将《隋书·经籍志》史部著录的八百八十二部典籍删去一百九十二部，被删除的典籍约占22%，实在有点过多，有些过于武断了，这些都不能不说是《隋经籍志考证》的失误之处。

综上所述，虽然章宗源《隋经籍志考证》删除了一百九十二部典籍，几乎占了《隋书·经籍志》史部著录的八百八十二部典籍的22%，存在着删除史籍过多、删书过于武断以及误删了九部典籍的问题。但是瑕不掩瑜，《隋经籍志考证》增补著录史籍达总数六百二十六部，而且所增补著录的史籍据有所据。这样将删除的一百九十二部除去，《隋经籍志考证》中所著录考证的史籍达到一千三百零六部。在增补著录的各类史籍中杂传类最多，有二百四十一部；其次是地理类，再次是谱系类，再次是仪注类，再次是杂史类，再次是职官类，再次是旧事类，再次是正史及相关著述类，再次是起居注类，再次是刑法类，再次是簿录类，增补著录最少的是霸史类，仅有三部。再则，章宗源针对所征引的传世典籍进行了勘误、质疑、考证，对于其中一些问题则采取存疑的态度，却没有轻易作出取舍。并对《隋志》中重复著录的《梁帝纪》《汉之书》《战国春秋》《春秋土地名》《西征记》《汉朝议驳》《汉名臣奏事》《魏名臣奏事》八部史籍逐一指出，删其重复。以上这些既说明《隋志》以及相关的一些传世典籍中确实存在一些讹误、让人质疑之处，确有必要加以校勘，纠其讹谬，又可看出章宗源之博学及治学之缜密，更说明《隋经籍志考证》一书之精要。

五　王颂蔚批校《隋经籍志考证》考述

王颂蔚批校本更是少为人所知，只有历史地理学家辛德勇教授称此批校本"对于地理古籍批校尤多，还辑录了许多佚文，十分珍贵"。① 笔者近日由于承担了此书王颂蔚批校本的整理工作，认真阅读了此书，与辛教授颇有同感，同时也注意到了章宗源、王颂蔚在《隋书·经籍志》的考证辑佚方面所做的贡献，故在此将《隋经籍志考证》的王颂蔚批校略作考述。

（一）

在《隋经籍志考证》一书中王颂蔚所做的校语颇多，涉及章宗源所著录考证的史籍也不少，王颂蔚还增补著录了几部史籍，据王颂蔚批校本涉及《隋经籍志考证》卷一正史及相关著述有裴骃《史记》、班固《汉书》、应劭《汉书集解音义》、晋灼《汉书集注》、姚察《汉书训纂》、刘宝《汉书驳议》、项岱《汉书叙传》、刘珍《东观汉记》、谢承《后汉书》、薛莹《后汉记》、华峤《汉后书》、谢沈《后汉书》、袁山松《后汉书》、范蔚宗《后汉书》、② 范蔚宗撰刘昭注《后汉书》、臧兢《范汉音训》、萧该《范汉音》、萧子显《后汉书》、鱼豢《魏略》、王沈《魏书》、陈寿《三国志》、王隐《晋书》、萧子云《晋书》、庾诜《东晋新书》、徐爰《宋书》、沈约《宋书》、萧子显《齐书》、江淹《齐史》、谢吴《梁书》、姚察《梁书帝纪》、梁武帝《通史》三十一部史籍，约占章宗源所著录考证的八十三部史籍的37%；卷二古史类有荀悦《汉纪》、张璠《后汉纪》、袁晔《献帝春秋》、刘协《干宝晋纪注》、刘谦之《晋纪》、徐广

---

① 见《未亥斋读书记》，华东师范大学出版社2001年版，第204页。
② 范蔚宗即范晔。

《晋纪》、裴松之《晋纪》、萧方等《三十国春秋》八部史籍，约占章宗源所著录考证的四十三部史籍的19%；卷三杂史类有沈氏《南越志》、刘艾《汉灵献二帝纪》、乐资《山阳公载记》、胡冲《吴历》、张缅《晋书钞》、鱼豢《典略》、张缅《后汉略》七部史籍，不足章宗源所著录考证的八十五部史籍的1%；卷四霸史类有田融《赵书》、常璩《汉之书》、范亨《燕书》、裴景仁撰席惠明注《秦记》、车频《秦书》、段龟龙《凉记》六部史籍，占章宗源所著录考证的二十五部史籍的24%；卷五起居注类有《汉献帝起居注》、李轨《晋泰始起居注》、刘道会《晋起居注》、《宋元嘉起居注》《宋大明起居注》《齐永明起居注》《梁天监起居注》七部史籍，约占章宗源所著录考证的五十一部史籍的14%；卷六地理类有《洛阳记》、陆机《洛阳记》《洛阳宫殿簿》《洛阳故宫名》、杨佺期《洛阳图》、华延儁《洛阳记》《后魏洛阳记》《汉宫阙疏》《河南十二县境簿》、山谦之《吴兴记》、刘损《京口记》、盛弘之《荆州记》、雷次宗《豫章记》、李膺《蜀记》、谯周《三巴记》、释慧远《庐山纪略》《邹山记》、李彤《圣贤冢墓记》、杨孚《异物志》、万震《南州异物志》、朱应《扶南异物志》、沈莹《临海水土物志》《三辅故事》、刘澄之《永初山川古今记》《永初二年郡国志》《元康三年地记》《晋元康地道记》《晋地道记》《晋地记》《晋太康地道记》、李氏《益州记》、任豫《益州记》、郭仲彦《湘州记》《湘州荥阳郡记》、郭仲产《秦州记》、段国《沙州记》、刘欣期《交州记》、刘澄之《梁州记》《三齐略记》、伏琛《齐记》、黄义仲《十三州记》、王韶之《南康记》、潘岳《关中记》、罗含《湘中记》《湘东记》、王歆之《始兴记》《始兴郡记》、刘道真《钱塘记》、郑缉之《东阳记》、黄闵《武陵记》、杜预《汝南记》《上党记》《仇池记》、阚骃《十三州志》、徐齐民《北征记》、伏滔《北征记》、伍缉之《从征记》、顾野王《舆地志》《周地图记》《荆州图副记》六十部史籍，约占章宗源所著录考证以及王颂蔚增补的二百六十六部史籍的23%；卷七谱系类有《世本王侯大夫谱》、宋衷《世本》《世谱》、贾执《百家谱》、傅昭《百家谱》五部史籍，约占章宗源所著录考证以及王颂蔚增补的八十八部史籍的6%；卷八簿录类有殷钧《梁天监六年四部书目录》、阮孝绪《七录》二部史籍，约占章宗源所著录考证的二十九部史籍的7%；卷九旧事类有《隆安故事》《东宫故事》《汉杂事》三部史籍，约占章宗源所著录考证以及王颂蔚增补的四十六部史籍的7%；卷十职官类有应劭《汉官

仪》《汉制度》、徐勉《梁选部》三部史籍，约占章宗源所著录考证以及
王颂蔚增补的五十一部史籍的 6%；卷十一仪注类有萧子云《东宫新记》、
明山宾《梁吉礼仪注》、严植之《凶仪注》、司马裦《嘉仪注》、徐广
《车服杂注》、王俭《吉书仪》、鲍泉《新仪》七部史籍，约占章宗源所
著录考证的八十六部史籍的 8%；卷十二刑法类有蔡法度《梁律》《梁
令》、陈寿《魏名臣奏事》、高堂隆《魏台杂访议》四部史籍，约占章宗
源所著录考证的四十一部史籍的 10%；卷十三杂传类有《海内先贤传》、
刘义庆《徐州先贤传赞》《益州耆旧传杂记》、周斐《汝南先贤传》、习
凿齿《襄阳耆旧记》《青州先贤传》、嵇康撰周续之注《圣贤高士传赞》、
阮孝绪《高隐传》、师觉授《孝子传》、梁元帝《显忠录》、刘昼《高才
不遇传》、钟岏《良吏传》、张隐《文士传》、刘向《列士传》、管辰《管
辂传》《郑玄别传》《赵畋传》、虞通之《妒记》、魏文帝《列异传》、陆
琼《嘉瑞记》二十部史籍，约占章宗源所著录考证以及王颂蔚增补的四
百一十八部史籍的 5%。可知就数量上看，卷六地理类最多，卷八簿录类
最少。百分比来看，最高的是正史及相关著述，其次是霸史类，再次是地
理类，再次是古史类，再次是起居注类，再次是刑法类，再次是仪注类，
再次是簿录类、旧事类，再次是谱系类、职官类，最少的是杂史类，不
足 1%。

　　另外，王颂蔚批校涉及或补充著录《隋经籍志考证》的史籍有一百
六十三部。其中涉及正史及相关著述的有三十一部，约占 19%；古史类
涉及八部史籍，约占 5%；杂史类涉及七部史籍，约占 4%；霸史类涉及
六部史籍，约占 4%；起居注类涉及七部史籍，约占 4%；地理类涉及六
十部史籍，约占 37%；谱系类涉及五部史籍，约占 3%；簿录类涉及两部
史籍，约占 1%；旧事类涉及三部史籍，约占 2%；职官类涉及三部史籍，
约占 2%；仪注类涉及七部史籍，约占 4%；刑法类涉及四部史籍，约占
2%；杂传类涉及二十部史籍，约占 12%。因此说王颂蔚批校所涉及或补
充著录《隋经籍志考证》的史籍中，地理类最多，其次是是正史及相关
著述，再次是杂传类，再次是古史类，再次是杂史类、起居注类、仪注
类，再次是霸史类，再次是谱系类，再次是刑法类，再次是旧事类、职官
类，簿录类最少。这一方面可以说明王颂蔚在地理、正史以及杂传三类最
下工夫；另一方面说明这三类典籍散布在传世文献中的佚文最多。

（二）

王颂蔚还在《隋经籍志考证》的基础上对于著录的史籍做了增补考证，其中利用传世文献考证了一些史籍的成书经过，如卷一所云：

《史记》八十卷宋南中郎外兵参军裴骃注。

王颂蔚批校云：《宋书·裴松之传》：子骃注司马迁《史记》行于世。

《汉书驳议》二卷晋安北将军刘宝撰。

王颂蔚批校云：《汉书叙例》：宝，字道真……《汉书》别有《驳义》。

《汉后书》十七卷本九十七卷，今残缺。晋少府卿华峤撰。

王颂蔚批校云：刘昭补注《续汉书志·序》云：叔骏之书，是谓十典，秒缓杀青，竟亦不成。

《后汉书》九十七卷宋太子詹事范蔚宗撰。

王颂蔚批校云：《宋书·范晔传》：左迁宣城太守，不得志，乃删众家《后汉书》为一家之作。晔狱中与诸甥侄书以《自序》曰"既造《后汉》"至"称情狂言耳"。

《后汉书》一百二十五卷范蔚宗本，梁剡令刘昭注。

王颂蔚批校云：集注《后汉》一百八十卷。《梁书·文学·刘昭传》。

《三国志》六十五卷叙录一卷，晋太子中庶子陈寿撰，宋太中大夫裴松之注。

王颂蔚批校云：《宋书·裴松之传》：上使注陈寿《三国志》，松之鸠集传记，增广异闻，既成奏上，上善之，曰："此为不朽矣。"

《东晋新书》七卷梁庾诜撰，梁有，隋亡。

王颂蔚批校云：案《梁书·处士·庾诜传》：诜所撰《晋朝杂事》五卷。

《宋书》一百卷梁尚书仆射沈约撰。

王颂蔚批校云：《宋书·自序》：永明五年春，又被敕撰《宋书》。六年二月，毕功，表上之，曰："臣今谨更创立"至"奉书以闻"。

《齐书》六十卷梁吏部尚书萧子显撰。

王颂蔚批校云：《梁书·萧子恪附传》：子显又启撰《齐史》，书成，表奏之，诏付秘阁。著《齐书》六十卷。

卷二又云：

《汉纪》三十卷_{魏秘书监荀悦撰}。

王颂蔚批校云：《魏志·荀悦传》注：张璠《汉纪》称悦清虚沉静，善于著述。建安初，为书监侍中，被诏删《汉书》，作《汉纪》三十篇，因事以明臧否，致有典要，其书大行于世。

《晋纪》四十五卷_{宋中散大夫徐广撰}。

王颂蔚批校云：《宋书·徐广传》：义熙"二年，尚书奏曰"至"便敕撰集""十二年，《晋纪》成，凡四十六卷，表上之"。

《宋书·荀伯子传》："徐广重其才学，举伯子及王韶之并为佐郎，助撰晋史及著桓玄等传。"

卷三又云：

《后汉略》二十五卷_{张缅撰}。

王颂蔚批校云：《梁书》本传：缅少勤学，尤明后汉及晋代众家。客有执卷质缅者，随问便对，略无遗失。抄《后汉》《晋书》众家异同，为《后汉纪》四十卷。

卷五又云：

《齐永明起居注》二十五卷_{梁有三十四卷}。

王颂蔚批校云：《宋书·自序》："永明二年，又忝兼著作郎，撰次起居注。"

《梁天监起居注》_{卷亡，不著录}。

王颂蔚批校云：《梁书·裴子野传》："高祖以为著作郎，掌国史及起居注。"《王僧儒传》："直文德省，撰《中表簿》及《起居注》。"

卷六又云：

《京口记》二卷宋太常卿刘损撰。

王颂蔚批校云：《宋书·刘粹传》：族弟损，字子骞，卫将军毅从父弟也。官至吴郡太守，追赠太常。损父镇之，闲居京口。故损撰此书。《唐志》作"刘损之"，《御览》引此书，作"刘祯"，皆误也。

《扶南异物志》一卷朱应撰。

王颂蔚批校云：《梁书·海南诸国传序》："吴孙权时，遣宣化从事朱应、中郎康泰通焉，其所经及传闻，则有百数十国，因立记传。"

卷七又云：

《世本王侯大夫谱》二卷。

王颂蔚批校云：《后汉书·班彪传》：又有记录黄帝以来至春秋时帝王公侯卿大夫，号曰《世本》，一十五篇。

王颂蔚批校云：《世谱》百卷。

《北史·周本纪上》：明帝又捃采众书，自羲、农已来，讫于魏末，叙为《世谱》，凡百卷。前查《周书》。

《百家谱》十五卷傅昭撰。

王颂蔚批校云：《梁书·傅昭传》：博极古今，尤善人物，魏晋以来，官宦簿伐，姻通内外，举而论之，无所遗失。

卷十一又云：

《东宫新记》二十卷萧子云撰。

王颂蔚批校云：子云撰《东宫新记》，奏之，敕赐束帛。《梁书·萧子恪附传》。子云所著《东宫新记》二十卷。又。

《车服杂注》一卷徐广撰。

王颂蔚批校云：《宋书·徐广传》：义熙初，高祖使撰《车服仪注》。

王颂蔚批校云：《新仪》三十卷鲍泉撰。

泉于《仪礼》尤明，撰《新仪》四十卷，行于世。《梁书·鲍泉传》。《南史·鲍泉传》作"三十卷"。

卷十二又云：

《梁律》二十卷梁义兴太守蔡法度撰。

王颂蔚批校云：《武帝纪》：天监元年八月丁未，诏中书监王莹等八人参定律令。

《梁令》三十卷录一卷。

王颂蔚批校云：《武帝纪》：天监二年夏四月癸卯，尚书删定郎蔡法度上《梁令》三十卷。

《魏名臣奏事》四十卷目一卷，陈寿撰。

王颂蔚批校云：《魏志·文帝纪》注：魏郊祀奏中，尚书卢毓议祀厉殃事。按此《魏名臣奏》或分类据郊祀，即其一也。

卷十三又云：

《徐州先贤传赞》九卷刘义庆撰。

王颂蔚批校云：《宋书·临川王道规附传》：义庆撰《徐州先贤传》十卷，奏上之。

《圣贤高士传赞》三卷嵇康撰，周续之注。

王颂蔚批校云：《魏志·王粲附嵇康传》注："撰录上古以来圣贤、隐逸、遁心、遗名者，集为传赞，自混沌至于管宁，凡百一十有九人，盖求之于宇宙之内，而发之乎千载之外者矣。故世人莫得而名焉。"

《显忠录》二十卷梁元帝撰。

王颂蔚批校云：颂蔚案：元帝所撰乃《忠臣传》。

王颂蔚批校云：《瑞命记》。

晋安王子勋所署黄门侍郎顾昭之撰。一作"照之"。

可知王颂蔚的批校利用传世文献考证了《史记》裴骃注、刘宝《汉书驳

议》、华峤《汉后书》、范晔《后汉书》、范晔撰刘昭注《后汉书》、陈寿撰裴松之注《三国志》、庾诜《东晋新书》、沈约《宋书》、萧子显《齐书》、荀悦《汉纪》、徐广《晋纪》、张缅《后汉略》《齐永明起居注》《梁天监起居注》、刘损《京口记》、朱应《扶南异物志》《世本王侯大夫谱》《世谱》、傅昭《百家谱》、萧子云《东宫新记》、徐广《车服杂注》、鲍泉《新仪》、蔡法度《梁律》《梁令》、陈寿《魏名臣奏事》、刘义庆《徐州先贤传赞》、嵇康撰周续之注《圣贤高士传赞》、梁元帝《显忠录》、顾昭之《瑞命记》等史籍的成书源流。

王颂蔚在校语中还考订了一些史籍撰写者的生平及家世，如卷一所云：

> 《汉书驳议》二卷晋安北将军刘宝撰。
> 王颂蔚批校云：《汉书叙例》：宝，字道真，高平人，晋安北将军。侍皇太子讲。
> 《齐史》十三卷梁江淹撰。梁有，今亡。
> 王颂蔚批校云：《梁书·江淹传》：建元初，又为骠骑建安王记室，带东武令，参掌诏册，并典国史。永明初，迁骁骑将军，掌国史。

卷二又云：

> 《晋纪》二十三卷宋中散大夫刘谦之撰。
> 王颂蔚批校云：据《宋书·刘康祖传》应作"太中大夫"。

卷三又云：

> 《晋书钞》三十卷梁豫章内史张缅撰。
> 王颂蔚批校云：《梁书》本传：缅少勤学，尤明后汉及晋代众家。客有执卷质缅者，随问便对，略无遗失。

卷十三又云：

《孝子传》八卷师觉授撰。

王颂蔚批校云：《宋书·宗炳传》："炳外弟师觉授亦有素业，以琴书自娱。临川王义庆辟为祭酒、主簿，并不就，乃表荐之，会病卒。"

可知王颂蔚在这些校语分别对于刘宝、江淹、刘谦之、张缅、师觉授五人家世、学业、仕宦等情况做了考证。

再则，王颂蔚在批校中对于一些史籍还做了一些评述，如卷一所云：

《后汉书》一百三十卷无帝纪，吴武陵太守谢承撰。

王颂蔚批校云：案：旧与《谢沈书》参看。

《郑玄传》注。案：谢承《书》载玄所注与此略同，不言注《孝经》，唯此书独有也。

《后汉书》九十五卷本一百卷，晋秘书监袁山松撰。

王颂蔚批校云：刘昭补注《后汉书志序》云：沈、松因循，尤解功创，时改见句，非更搜求，加艺文以矫前弃，流书品采自近录。初平、永嘉，图籍焚丧，尘消烟灭，焉识其限，借南晋之新虚，为东汉之故实。据此谢沈、袁山松《书》俱有《艺文志》。

《后汉书》一百二十五卷范蔚宗本，梁剡令刘昭注。

刘昭补注《续汉书志序》云："范晔《后汉》，良诚跨众氏，序或未周，志随全阙。"又"寻本书当为《礼乐志》"至"其大旨也"。

《梁书帝纪》七卷姚察撰。

王颂蔚批校云：案今姚思廉《梁书》列传第二至第十三、第十九、第二十一、第二十四、第二十七至第二十九、第三十一至第三十四、第三十六、第四十二至第四十五、第四十七史论语皆称"臣吏部尚书姚察"，然则此二十馀卷疑皆思廉承父旧文也。本纪乃思廉自撰，不与察同，故独无察论语。而察之帝纪既不为思廉所取材，于是单行于世矣。

卷十三又云：

《管辂传》三卷管辰撰。

王颂蔚批校云：《方技·管辂传》注：刘侯云："甚多此类，辰所载才十一二耳。"

可见王颂蔚的批校对于谢承、袁山松以及刘昭注《后汉书》分别作了考证评述，指出各部史籍的长处。还指出姚思廉《梁书》中的一些论语是沿袭姚察《梁书帝纪》旧文，而本纪论语则出自姚思廉之手，此外还评述了管辰《管辂传》。

再则，还指出《隋经籍志考证》中的个别出错之处，如卷一所云：

《魏略》三十八卷魏京兆鱼豢撰，不著录。

以苏林、吉茂、沐并、时苗四人为《清介传》，《刘劭传》注。王颂蔚批校云：案："苏"，当作"常"，此见《常林传》注，非《刘劭传》也。……以徐福、严干、李义、张既、游楚、梁习、赵俨、裴潜、韩宣、黄朗十人共卷，《赵俨传》注。王颂蔚批校云："赵俨"，当作"裴潜"。

卷八又云：

《文章志》四卷挚虞撰。

《后汉书·桓彬传》王颂蔚校语作"《后汉书·桓荣附传》"。注：桓麟文见在者十八篇，有碑九首，诔七首，说一首，王颂蔚校语改作"七说"。《沛相郭府君书》一首。

卷十三又云：

《妒记》二卷虞通之撰。

《宋书·后妃下有王颂蔚校语"孝武文穆王皇后"传》：宋世诸主，莫不严妒，太宗每疾之。湖熟令袁慆妻以妒忌赐死，"湖熟"，王颂蔚校语改作"湖孰"。使近世虞通之撰《妒妃记》。《南史·王藻传》亦载此言。

可知王颂蔚的批校中指出《隋经籍志考证》中考证著录鱼豢《魏略》、挚虞《文章志》、虞通之《妒记》中出现的讹误，并加以校正。

另外，章宗源在《隋经籍志考证》中引用文献原文时也时有疏漏，王颂蔚依据有关文献做了增补，如卷一所云：

《宋书》六十五卷宋中散大夫徐爰撰。

《徐爰传》“《徐爰传》”，王颂蔚校作“《恩幸·徐爰传》”。先是元嘉中，使何承天草创国史。世祖初，又诏山谦之、苏宝生踵成之。六年，又以爰领著作郎，使终其业。爰虽因前作，而专为一家之书。上表曰：皇宋剩定鲸鲵，王颂蔚校语删“皇宋剩定鲸鲵”，改作“臣闻虞史炳图，原光被之美，夏载昭策，先随山之勤。天飞虽王德所至，终陟固有资田跃，神宗始于俾乂，上日兆于纳揆。其在《殷颂》，《长发》玄王，受命作周，实唯雍伯，考行之盛则，振古之弘轨。降逮二汉，亦同兹义，基帝创乎丰郊，绍祚本于昆邑。魏以武命《国志》，晋以宣启《阳秋》，明黄初非更姓之本，太始为造物之末，又近代之令准，式远之鸿规。典谋缅邈，纪传成准，善恶具书，成败毕记。然馀分紫色，滔天泯夏，亲所芟夷，而不序于始传，涉、圣、卓、绍，烟起云腾，非所诛灭，而显冠乎首述，岂不以事先归之前录，功偕著之后撰。伏惟皇宋承金行之浇季，钟经纶之屯极，拥玄光以凤翔，秉神符而龙举，剩定鲸鲵”。天人伫属。下有王颂蔚校语“晋禄数终，上帝临宋，便应奄膺纮宇，对越神工”。而恭服勤于三分，让德迈于不嗣。下有王颂蔚校语“其为巍巍荡荡，赫赫明明，历观遂闻，莫或斯等”。宜依衔书改文，登舟变号，起元义熙，为王业之始，战序宣力，为功臣之断。其伪玄篡窃，同于新莽，虽灵武克殄，自详之晋录。及犯命于纪，受戮霸朝，虽揖禅让之前，皆之宋策。王颂蔚校语删“典”，改作“国典体大，方垂不朽”。请外详议，伏须尊承。表语《南史》不同。

卷六又云：

《洛阳记》一卷陆机撰。

《后汉书·光武纪》注：太学在下有王颂蔚校语“洛阳城故”。开阳门外，下有王颂蔚校语“去宫八里”。讲堂长十丈，广三丈。

《异物志》一卷后汉议郎杨孚撰。

《后汉书·贾琮传》注：王颂蔚批校云：此不云“杨孚”。翠鸟形似燕，翡赤而翠青，其羽可以为饰。《马融传》注：鸬下有王颂蔚校语“能没于深水，取鱼而食之”。不生卵，而孕雏于池泽间，既胎而又吐生。

《武陵记》卷亡，黄闵撰。不著录。

《后汉书·南蛮西南夷传》注：武溪山高_{下有王颂蔚校语"可"字。}万仞，山半有盘瓠石室，_{下有王颂蔚校语"可容数万人"。}中有石床，盘瓠行迹。

《仇池记》_{卷亡，不著录。}

《后汉书·南蛮西南夷传》注：仇池百顷，天形四方，壁立千仞。自然楼橹御敌，分置调均，_{下有王颂蔚批校语"竦起数丈"。}有瑜人功。仇池凡二十一道，可攀援而上。_{下有王颂蔚批校语"至'交灌'"。此引《仇池记》，无撰名。}

卷八又云：

《七录》十二卷_{阮孝绪撰。}

《梁书·_{下有王颂蔚校语"处士"二字。}阮孝绪传》：孝绪著《七录》，_{王颂蔚校语作"所著《七录》等书二百五十卷"。}行于世。

卷十又云：

《汉官》五卷_{应劭注。}

《后汉书·应劭传》：时始迁都于许，旧章湮没，书记罕存。劭慨然叹息，乃缀集所闻，著《汉官礼仪故事》。[①]_{下有王颂蔚批校语"凡朝廷制度，百官典式，多劭所立。"}

卷十一又云：

严植之撰《凶仪注》四百七十九卷_{录四十九卷隋亡。}

《梁书·严植之传》植之撰《凶礼仪注》四百七十九卷。_{王颂蔚校语作"高祖诏求通儒治五礼，有司奏植之治凶礼，撰《凶礼仪注》四百七十九卷。"}

司马褧撰《嘉仪注》一百一十二卷_{录三卷隋亡。}

《梁书·司马褧传》：褧_{下有王颂蔚校语"父燮，善《三礼》，仕齐官至国子博士。褧少传家业，礼文所涉书，略皆遍睹。天监初，诏通儒治五礼，有司举绲治嘉礼。}

---

① "官"字原无，据《后汉书》卷四八《应劭传》补。

是时创定礼乐，裴所议多见施行。裴学尤精于事数，国家吉凶礼，当世名儒明山宾、贺场等疑不能断，皆取决焉。"裴王颂蔚校语作"所"。撰《嘉仪注》一百一十二卷。

可知王颂蔚依据典籍增补了章宗源所做的考证徐爰《宋书》、陆机《洛阳记》、杨孚《异物志》、黄闵《武陵记》《仇池记》、阮孝绪《七录》、应劭《汉官》、严植之《凶仪注》、司马裴《嘉仪注》时所出现的疏漏。因此说王颂蔚校语对于进一步完善《隋经籍志考证》起着重要作用。

（三）

此外王颂蔚批校还针对《隋经籍志考证》做了大量的增补考证，如卷一所云：

《魏书》四十八卷晋司空王沈撰。

《晋书·王沈传》：沈与荀顗、阮籍共撰《魏书》，多为时讳，未若陈寿之实录也。《史通·曲笔篇》曰：王沈魏录，滥述贬甄之铭。《书事篇》曰：若王沈、孙盛之伍，论王业则党悖而诬忠义，叙国家则抑正顺而褒篡夺，述风俗则矜夷狄而陋华夏。又《外篇》曰：《魏史》，黄初、太和中始命卫顗、缪袭草创纪传，又命韦诞、应璩、王沈、阮籍、孙该、傅玄共撰定。其后王沈独就其业，勒成四十卷。《宋书·五行志》曰：王沈《魏书》志篇阙，凡厥灾异，但编帝纪而已。《律志》曰：自杨伟改创《景初》，而《魏书》阙志。愚按：《水经》《渠水》《辽水》《淮水注》并引《魏书·国志》，《颖水注》：宣王次丘头，① 王凌面缚水次，故号武丘一事，复通《魏书·郡国志》。疑沈《书》固有志篇，特阙《五行》《律历》也。裴松之《魏志·武纪》注所多引述操令，若庚申、庚戌、丙戌、丁亥令，皆以日纪。又有褒赏令载祀桥玄文，裴注不言《魏书》，以类推之，当亦是耳。《邓哀王传》注讥其"容貌姿美"一类之言，② 而分以为

---

① "丘"，原避讳作"邱"，径改，下同。

② "邓哀王"，原误作"邓克王"；"之言"，原作"言之"，皆据《三国志》卷二〇《魏书·邓哀王传》改。

三。《史通·叙事篇》亦云。《蜀·诸葛传》注：臣松之以为亮在渭滨，魏人蹑迹而云呕血，盖亮亡而自夸大也。夫以孔明之略，岂为仲达呕血乎？《魏·后妃传》注引卞太后二事，又甄后表让建长秋宫、三公奏文昭后谥法、郭后立谢表、青龙二年哀策，《太平御览·皇亲部》引卞后、甄后、毛后、郭后各一事，而《贬甄铭》未见。

王颂蔚批校云："操攻谭不克，乃自执桴鼓，应时破之。"《献帝纪》注。

可知即使章宗源对王沈《魏书》做了考证，引用了史部的《三国志》《晋书》《魏书》《史通》，子部的《太平御览》，可是王颂蔚还能在《后汉书·献帝纪》中又检出一条佚文。又据卷二云：

《三十国春秋》三十一卷梁湘东世子萧方等撰。

《梁书·忠壮世子方等传》：方等撰《三十国春秋》。《史通·称谓篇》曰：萧方等存三十国名谥，僭帝者皆称之以王。变通其理，事在合宜，小道可观，见于萧氏矣。《摸拟篇》曰：《左传》：楚武王欲伐随，熊率且比曰："季梁在，何益？"至萧方等《三十国春秋》说朝廷闻慕容儁死，曰："中原可图矣！"桓温曰："慕容恪在，其忧方大！"以此拟《左氏》所谓貌异心同也。《外篇·杂说》曰：刘敬叔《异苑》称晋武库失火，高祖斩蛇剑穿屋而飞，其言不经，故梁武帝令殷芸编诸《小说》。及萧方等撰《三十国春秋》，乃刊为正言。《郡斋读书附志》杜延业云：方等采削群史，以晋为主，附列二十九国。愚按：《太平御览·时序部》：燕王慕容熙后符氏，季夏思冻鱼脍。《兵部》蜀主李雄攻谯，登于涪城。又：秦王坚下书曰：朕将巡狩会稽。又：夏王勃勃自号真兴元年。又：吴王晧使刘恪守牛渚。《人事部》：秦王符坚悬珠帘以朝群臣。其称谓可与《史通》相证。若慕容垂遗其子宝伐魏，战于参合陂。姚襄至荥阳，与李历战于麻田。石勒遣石虎率精骑掩李矩。三事皆见《御览·兵部》。此皆直称其名。乃征引所削，非方等原本，故《通鉴问疑》亦曰：今欲将诸国篇据者，皆依《三十国春秋》书为某主也。《初学记·文部》：王隐始成《晋书》，家贫无纸，遂南投陶侃于荆州。又江州投庾亮，书始就焉。今《晋书·隐逸传》阙载其投陶侃。《居处部》：张华望气，见气起斗牛间，雷孔章曰："其宝剑乎?"其语与"武库火，剑穿屋"相类。
《新唐志》入伪史类，方等名误削"等"字，《隋志》刊本又或误作
"万等"。《宋志》编年、霸史两类重出。

　　王颂蔚批校云：《御览》百七十六引《三十国春秋·西凉传》。

可见即使章宗源在考证《三十国春秋》时，引用了史部的《晋书》《梁
书》《新唐志》《宋史》《通鉴问疑》《史通》《郡斋读书附志》，子部的
《初学记》《太平御览》，还能从《太平御览》中找出一条佚文。又据卷
三云：

　　　　《吴历》六卷胡冲撰，不著录。

　　　　见《唐志》。《三国志》注引三十馀事，《后汉书·袁术传》注
　　引"孙坚执张咨，斩之"一事，《吴志·孙坚传》注同。《文选·奏弹曹景
　　宗》注引诸葛恪作东关，丁奉等破北军。《辨亡论》注：曹公出濡
　　须，孙权以水军围取。《太平御览·偏霸部》亦引濡须事。《通鉴考异》：诸
　　葛恪以张约、朱恩等密书示滕允事，从《吴历》。又引：太平元年正
　　月，立太祖庙。《吴志·三嗣主传》注亦引之。《通志略》入编年类。

　　　　王颂蔚批校云：《宋书·五行志》：太和六年正月戊辰朔，日有
　　蚀之。见《吴历》。

王颂蔚在章宗源广泛引用史部的《后汉书》《三国志》《通鉴考异》《通
志略》，子部的《太平御览》，集部的《文选》对《吴历》考证之后，还
能从《宋书》中寻觅出一条佚文。又据卷四云：

　　　　《秦记》十一卷宋殿中将军裴景仁撰，梁雍州主簿席惠明注。

　　　　《宋书·沈昙庆传》：下有王颂蔚校语"时殿中员外将军"。裴景
　　仁助戍彭城，本伧人多悉戎事，昙庆使撰《秦记》十卷，叙苻氏本
　　末，其书传于世。《史通·叙事篇》曰：按裴景仁《秦记》，称苻坚
　　方食，抚盘而诟。王劭《齐志》述：受纥洛干感恩，脱帽而谢。及
　　彦鸾撰以新史，重规删其旧录，乃易"抚盘"以"推案"，变"脱
　　帽"为"免冠"。夫近世通无案食，羌俗不施冠冕，直以事不类古，
　　改从雅言，欲学者何以考时俗之不同，察古今之有异? 又《外篇》

曰：河东裴景仁正车频《秦书》讹僻，删为《秦记》十一篇。《世说·排调篇》注：苻朗降谢玄，用为散骑侍郎。善识味，著《苻子》数十篇，盖老庄之流也。《太平御览·人事部》：姚苌围苻坚，遣仆射尹纬诣阙陈事。坚曰："卿，宰相才也。"王颂蔚批校云：三百七十七。二事题裴景仁《秦书》。《初学记·地部》：苻健至长安，贾元等上尊号，设坛城南渭水之阳。又：苻健皇始四年，山鸡来，入人家栖宿，养子而去。《御览·地部》皇始五年，凤凰降渭滨。三事题裴景仁《苻书》。《御览·人事部》：苻坚幸太学，博士卢壹曰：① 韦逞母宋传其父业，得《周官音义》，课授后生。于是就宋立讲室，隔纱幔而授业焉。《初学记·人部》同。此作景仁《前秦记》。《艺文类聚·人部》：苻坚祖洪见坚状貌，欲令头坚腹软，字之曰"坚头"。王颂蔚批校云：《御览》三百六十四同。《草部》：苻洪之先居武都，家生蒲，长五丈，状如竹，咸异之，谓之蒲家，因以氏焉。洪后以谶文改姓苻氏。《木部》：初，长安谣云"凤凰止阿房"，至慕容冲入阿房而居焉。冲小字"凤皇"。《服饰部》：韦逞母授经书，并题《秦记》，不著景仁名。《御览·人事部》：邵宏言称字之法。又：司马勋杀赵琨而弃其尸，琨子琼求父尸不得，有群鸟悲鸣，寻鸟向山而得父尸。又：姚苌大破苻登，置酒高会，曰："吾不如王兄有四。"又：桓温问杨亮曰："姚襄何如人？"答曰："天下杰也。"《服章部》：皇始四年，新平县有长人见。《工艺部》：吕光破龟兹，获鸠摩罗什。《饮食部》：苻朗善别味。共七事，亦引《秦记》，不著撰名。姚和都亦撰《秦纪》，字从"系"，景仁《记》从言。诸书征引不著景仁名者，皆作《记》。自系景仁之书，且韦逞母授经、苻朗别味二事，与著景仁名所纪正同。《旧唐志》"席惠明"作"杜惠明"，入编年类。《新唐志》亦作"杜"，入伪史类。

　　王颂蔚批校云："《秦记》曰：② 苻朗"至"远矣"，《御览》三百八十七，四页。"《秦记》曰：苻健③ 至"父尸"。四百十一，二页。

---

①　"卢壹"，原误作"卢壶"，据《太平御览》卷四〇四《人事部》改。

②　"曰"字原无，据《太平御览》补，下句同。

③　"苻健"，原误作"苻坚"，据《太平御览》卷四一一《人事部·孝感》所引《秦记》改。

可知即使章宗源对裴景仁《秦记》做了考证，并征引了史部的《宋书》《旧唐书》《新唐书》《史通》，子部的《世说新语》《艺文类聚》《太平御览》，可是王颂蔚还是能从《太平御览》再找出两条佚文。又据卷六云：

> 《三辅故事》二卷晋世撰。
> 　《唐志》地理类有《三辅旧事》三卷，不著撰名。故事类又有韦氏《三辅旧事》一卷。愚按：《汉书·郊祀志》注建章官、承露盘，仙人掌。《续汉祭祀志》注：长安城东灵星祠。《史记·始皇纪·索隐》：聚天下兵器，铸铜人。《后汉书·盆子传》注：长安城中有蕙街；或称《三辅故事》，或称《旧事》。《初学记》《艺文类聚》诸书亦故事、旧事互引。疑同一书，而《唐志》重出也。《北堂书钞·艺文部》引娄敬为高车使者，持节至匈奴，与分地界，作丹书铁券，曰："海以南冠盖之士处焉，海以北控弦之士处焉。"《御览·奉使部》同。又云：卫太子大鼻，《御览》作"岳鼻"。武帝病，太子入省。江充曰："上恶大鼻，当持纸塞其鼻而入。"帝怒。《御览·人事部、疾病部》又江充语武帝曰："太子不欲闻陛下脓臭。"考《汉书·娄敬传、匈奴传、卫太子传、江充传》，并可补阙。《太平御览·资产部》引更始遣将军李松攻王莽，屠儿卖饼者皆从之，屠儿杜虞手杀莽。《汉书·莽传》称商人杜吴杀莽。"吴""虞"通用字。《隋志》称此书撰自晋世，故梁刘昭已引其词。《唐志》题为韦氏，据《后汉书·韦彪传》：帝数召彪入，问以三辅旧事、礼仪风俗。群辅录载顺、豹、义，为韦氏三君，又韦孟达为扶风三达之一，是韦氏固三辅闻人也。《文选·西京赋》注：建章官北作清渊海。《陶征士诔》注：四皓，秦时为博士，辟于上洛熊耳山。二事称《三辅三代旧事》。《选》注所引他事，祇称《故事》《旧事》，无"三代"二字。"三代"二字未详。
> 　　王颂蔚批校云："石渠阁在未央殿北，藏秘书之所。"《后书·章帝纪》。"永阳县北有石龙山。"《后汉书·王常传》注。

虽然章宗源在对《三辅故事》考证之时广泛征引了史部的《汉书》《后汉书》《隋书》《旧唐书》《新唐书》，子部的《北堂书钞》《艺文类聚》《初学记》《太平御览》，集部的《文选》，可是王颂蔚仍然从《后汉书》

中再找出两条佚文。又据卷九云：

  《汉杂事》_{卷亡，不著录。}

  《文选·东京赋》注：诸侯贰车九乘，① 秦灭九国，兼其车服。故大驾属车八十一乘。《艺文类聚·舟车部》曰：尚书、御史乘之，最后一车悬豹尾，以前皆似省中。《后汉书·杜诗传》注：汉制，假鈇戟以代斧钺。《胡广传》注：凡群臣之书，通于天子者四品。下有王颂蔚校语："至'臣甲乙上'，按：似见独此。"《艺文类聚·岁时部》：正月朝贺，三公奉璧上殿。《帝王部》：秦为汉驱除，自以德兼三皇五帝，故并为号。《职官部》：诸侯功德优盛、朝廷所敬异者，赐位特进，在三公下。《北堂书钞·仪饰部》：鼓以动众，夜漏鼓鸣则起，昼漏壶干钟鸣则息。此所引《汉杂事》皆记仪制。至《通典·职官门》：蒋满与其子同诏征见宣帝。《艺文类聚·治政部》：王凤荐辛庆忌为执金吾。《北堂书钞·衣冠部》：张仓，高祖时有罪当斩。身体肥白如玉，帝一见而美之，与衣冠甚鲜，随赦。《政术部》：何武《上封事》云：辛庆忌宜在爪牙。《设官部》：薛宣为少府，谷永上书荐宣，曰："才貌行洁，达于从政。"又：赵尧以刀笔至侍御史。《太平御览·职官部》：田蚡为丞相，汲黯见蚡，揖之而已。又：金敞世名忠，孝太后使侍成帝。又：石庆为太仆，上问车中几马，庆以策数马，曰六马。《初学记·职官部》同。又：郑当时为太子舍人，交知皆天下名士。《人事部》：吴楚七国反，齐王使路中大夫告于天子。《奉使部》同。又：于定国谦逊下士，虽徒步过者与均礼。又：公孙弘为丞相，开阁延贤人。又：倪宽卑体下士，不求名誉。又：匡衡、贡禹以经术议庙祀。《礼仪部》：翟方进为丞相，遭后母丧，行服三十六日起视事。《服章部》：高祖时，大谒者臣章受诏长乐官，令群臣议举天子所服衣服。《北堂书钞·衣冠部》同。此类所引《汉杂事》皆西汉人物，可与《汉书》相证。_{其记东汉事不具录。}又《书钞·仪饰部》：诏赐蔡邕金龟紫绶。作《汉末杂事》。《刑法部》：博士申威以怒增刑。作《汉杂事篇》。《初学记·礼部》：封诸侯，受茅土。《艺文类聚·礼部》同。作《汉旧事》。《书钞·封爵部》作《杂事》。又：庙者所以藏主，列昭穆。

---

① "贰车"，原作"属车"，据《文选》卷三《东京赋》注所引《汉杂事》改。

作《汉书旧事》。《职官部》：诸上书者皆为二封，魏相为御史大夫，奏去副封。作《汉杂记事》。《书钞·设官部》无"记"字。
　　　　王颂蔚批校云：《杨震传》注："诸侯功德优盛"至"三公下"。十三页。

可见章宗源在《汉杂事》考证中下了大工夫，征引了史部的《后汉书》《通典》，子部的《北堂书钞》《艺文类聚》《初学记》《太平御览》，集部的《文选》，可是王颂蔚仍然能够从《后汉书》中再找出一条佚文。又据卷十三云：

　　《襄阳耆旧记》五卷习凿齿撰。
　　《唐志》作《耆旧传》，《宋志》作《记》。《郡斋读书后志》曰：《记》五卷，前载襄汉人物，中载山川城邑，后载牧守。观其记录，丛杂非传体也，名当从《隋志》。愚案：《续汉·郡国志》注：蔡阳有松子亭，下有神陂。引《襄阳耆旧传》。《文选·南都赋》注同引之，则称《耆旧记》。刘昭生处梁代，其所见在《隋志》前，则知称"传"之名其来已久。《三国志》注多省文，称《襄阳记》，《水经注》《后汉书》江亦同省文。其载董恢教费祎对孙权语。臣松之案：《汉晋春秋》所载，不云董恢所教，辞亦小异。二书俱出习氏，而不同若此。
　　　　王颂蔚批校云："戎号周成王，义称临江王。"《岑彭传》注。

可知章宗源征引了史部的《后汉书》《新唐书》《宋史》《郡斋读书志》《水经注》，集部的《文选》，对习凿齿《襄阳耆旧记》做了考证，可是王颂蔚还是从《后汉书》辑出一条佚文。
　　以上所考可见章宗源虽然征引了经史子集四部中的三大部分的典籍，可称是广征博引，但是王颂蔚仍然从传世典籍中寻觅出一些佚文，这就不能不说王颂蔚的批校对于《隋经籍志考证》一书的进一步完善起了重用作用。

（四）

　　王颂蔚批校所作的《隋经籍志考证》增补考证远超过原书，贡献更为显著。据卷一所云：

《后汉书》八十五卷本一百二十二卷，晋祠部郎谢沈撰。

《唐志》一百二卷，今存姚氏缉本一卷。

王颂蔚批校云："敬闲居不修人伦"至"光武公车征，不行。"《后汉书·郅恽传》注。"蔡邕引中兴以来所修者为《祭祀》，志即邕之意也。"《续汉书·祭祀志》补注。"上以公卿所奏"至"供馔"，又。"蔡邕撰"至"其下者"，又《天文志》补注，二页。"死者以千数"，又，《五行志》补注。案：此语安帝永初元年郡县。"钟离意讥起"至"百人"，又，六页。"赤眉攻雍乡"，《续汉书·郡国志》补注。"牛兰山也"，又。"属国降羌胡数千人，居山田畜。"又。

可见章宗源在《隋经籍志考证》中对于谢沈《后汉书》的考证仅有寥寥数语，征引文献只有《唐志》，可是王颂蔚的批校则详加考证，引用了《后汉书》注中的谢沈《书》的多条佚文。又据同卷云：

《范汉音》三卷萧该撰。

《唐志》同。

王颂蔚批校云：《光武帝纪》注："俗本多误作'邬'，而萧该音一古反，云属太原郡。"又萧该《音义》云："潞属上党。"《皇后纪赞》："祁祁皇孅"注"《萧该音》：'离'。"《隗嚣传》注：臣贤按：萧该《音》引《字诂》："'鍉'即'题'，音徒启反。"《齐武王演传》注：萧该《音》："'淳'作'谆'者，误。"又萧该《音义》："亦作'塾'。"

可知王颂蔚征引《后汉书》的李贤注对于《隋经籍志考证》所做的考证做了许多补充。又据卷五云：

《宋大明起居注》十五卷梁三十四卷。

《唐志》十五卷。

王颂蔚批校云：《宋书·州郡志》引《起居注》（或即下《宋起居注》）："孝武大明五年，分广陵为沛郡，治肥如县。"《起居注》："大明八年，省光城左郡为弋阳县。"

可见章宗源只是利用《唐志》略作考述，但是王颂蔚却仍然能从《宋书》中辑出两条佚文。又据卷六云：

> 《庐山纪略》 一卷释慧远撰，不著录。
> 今存。
> 王颂蔚批校云："山在寻阳南"至"名代"。《续汉书·郡国志》补注引释慧远《庐山记略》，六页。

可见对于《庐山纪略》章宗源未作考释，仅云"今存"，可是王颂蔚仍然能从《后汉书》的李贤注中辑出一条佚文。又据卷十三云：

> 《郑玄别传》
> 王颂蔚批校云：《后汉书·郑玄传》注：《郑玄别传》言："年十一二"至"愿也"。
> 《郭泰别传》
> 王颂蔚批校云：《后汉书·郭太传》注引云："泰名显，士争归之。"

对于《郑玄别传》《郭泰别传》章宗源未作任何考证，仅著录书名，可是王颂蔚却能从《后汉书》的李贤注中分别辑出一条佚文。再则据卷二云：

> 《献帝春秋》 十卷袁晔撰。①
> 《吴志·陆瑁传》注云：袁迪孙晔，字思光，作《献帝春秋》。《续汉·五行志》注引：建安七年，五色大鸟集魏郡，众鸟数千随之。《百官志》注：孙权以步骘行交州刺史。《水经·浊漳水注》：司空围邺，引漳水以注之，遂拔邺。《文选·西征赋》注：兴平二年，东架车行，又与陈伯之书注引臧洪《报袁绍书》。《三国志》注、《后汉书》注、《太平御览》共引数十事。《通鉴考异》引刘表上诸葛玄

---

① "晔"，原避讳缺末笔，径改，下同。

领豫章太守一句，作袁晔《献帝春秋》。①

　　王颂蔚批校云："河南中部掾"至"投河而死"，《灵帝纪》注，十一页。"尺口以上男女五十馀人，皆下狱死。"《献帝纪》注。"张嘉"，又。"赤气广六七尺，东至寅，西至戌地"。又。"宣播"，又。"时省幽、并州"至"雍也"，又，八页。"帝时召群臣卿士"至"皇帝玺绶"，《献帝纪》注，九页。"灵帝数失子"至"史侯"，《灵思何皇后纪》注。"操刑之不滥，君之明也。杨彪获罪，惧者甚众。"《杨震附传》注。"绍使琳为书八条，责以恩义，告喻使降。"《臧洪传》注。"术从日碑"至"忧恚"，②《孔融传》注。"董承之诛"至"于寿春"，《荀彧传》注。"初，卓为前将军"至"凰耳"，《皇甫嵩传》注，五页。"凉州义从"至"为'章'"，③《董卓传》注，一页。《献帝春秋》："'咨'作'资'。后为孙坚所杀。"又。《献帝春秋》："'碟'作'车'。"又。"车驾出洛"至"败之"。又，十三页。"候者得书，绍使陈琳易其词。"《公孙瓒传》注。"融敷席方四五里，费以巨万。"《陶谦传》注。"太傅袁隗"至"下狱死"，《袁绍传》注，二页。"绍劝督"至"自若"，又，五页。"绍合冀州"至"祚国"，又，七页。"日碑"至"而死"，又，八页。"使将作大匠"至"邺侯"，又，八页。"袁，舜后。黄应代赤，故包有此言。"又。"收彪下狱考实，遂以策罢。"又。"操引军"至"敖仓"，又，十三页。"绍令军中"至"缚之"，又，十四页。"绍为人政宽"至"丧亲"，又，十五页。"谭、尚遂寻干戈"至"平原"，又，四页。"建安七年"至"随之"，④《续汉书·五行志》补注，六页。"孙权以步骘行交州刺史。"又，《续汉书·百官志》补注。

虽然章宗源既征引了史部的《后汉书》注、《三国志》注、《通鉴考异》《水经注》，又引用子部的《太平御览》和集部的《文选》，对袁晔《献帝春秋》进行考证，而王颂蔚只征引了《后汉书》的李贤注，可是征引的佚文却有三十一条之多。又据卷六云：

---

①　"袁晔"，原误作"表暐"，据《资治通鉴》卷六一东汉献帝兴平二年《考异》及上文改。

②　"忧恚"，原误作"而死"，据《后汉书》卷七〇《孔融传》注所引《献帝春秋》改。

③　"凉州"，原误作"梁州"，据《后汉书》卷七二《董卓传》注所引《献帝春秋》改。

④　"随之"，原误作"后池"，据《后汉书》卷一〇四《五行志》所引《献帝春秋》改。

《三巴记》一卷谯周撰。

《玉篇·巴部》：阆白水东南绕，如"巴"字。《通典》《州郡门》、《御览·地部、州郡部》并见。《艺文类聚·乐部》：阆中有渝水，賨民锐气善舞，高祖使乐人习之，故乐府中有巴渝舞。《太平御览·人事部、礼仪部》并引巴国将军曼子事。俱见谯周《三巴记》。《续汉·郡国志》引有《巴汉志》。

王颂蔚批校云：《巴汉记》："汉末以为西城郡。"《续汉书·郡国志》"西城"补注。"县有度水，水有二原，一曰清检。二曰浊检。"又"沔阳"补注。"建安十三年"至"入泸"，又补注。"山有大小石城势者。"又"朐忍"补注。"有彭池、大泽、名山、灵台，见《孔子内谶》。"又"阆中"补注。"涪陵，巴郡之南"至"其民"，又。"和帝分宕渠之东置。"又"宣汉"补注，引《巴汉记》。案此疑《巴记》文。"羡水出羡山。"，又。"汉水二源，东源出县之养山，名养。"又"氐道"补注。"西汉"至"汉沔"，又，四页。"初平六年"至"巴西郡"，《续汉书·郡国志》补注引谯周《巴记》，一页。"灵帝分涪陵置永宁县。"又引《巴记》。"和帝分枳置。"又"平都"补注，引《巴记》。"初平四年，复分为南充国县。"又引《巴记》。"分宕渠之北而置之。"又"汉昌"补注。

《宋书·州郡志》：谯周《巴记》云："初平六年，荆州帐下司马赵颕建议分巴郡诸县汉安以下为永宁郡。建安六年，刘璋改永宁为巴东郡，以涪陵县分立丹兴、汉葭二县，立巴东属国都尉，后为涪陵郡。"谯周《巴记》云："建安六年，刘璋分巴郡垫江以上为巴西郡。"谯周《巴记》："初平六年，分充国为南充国。"

可见章宗源依据经部的《玉篇》、史部的《通典》以及子部的《艺文类聚》《太平御览》，对于谯周《三巴记》做了考证，可是王颂蔚仍然能从《后汉书》注、《宋书》中辑出大量佚文。又据同卷云：

《北征记》卷亡，徐齐民撰。不著录。

《续汉·郡国志》注：徐齐民《北征记》曰：棐林东有大隧涧，[①] 郑庄公所阙。下有王颂蔚校语"又大城东临濮水，水东溱水注

---

① "棐林"，原误作"裴林"，据《后汉书》卷一〇九《郡国志》改，下同。

于洧，城西临洧水。"又云：雍丘有吕禄台，高七丈。有郦生祠。

　　王颂蔚批校云：案：此章氏大误，《郡国志》云：菀陵有棐林。乃地名，非县名也。《北征记》所谓"县东南"盖指菀陵。言章氏误以棐林为县名，又误"棐"为"裴"，下脱"南"，皆讹谬甚者。

　　"索水"，又，不著撰人。"城在许之南"至"受终之坛也"，又，一页。"城周三十七里，南临溮水，凡二十四门。"又，"睢阳"补注。"城周十四里，南临污水。"又，"相"补注。案：刘注于下文引《北征记》，标明伏滔。标此则前所引疑皆徐《书》。"有吕禄台，高七丈。有郦生祠。"又，"雍丘"补注。"城周三里。"又，"匡城"补注。"城西二十里有山，山有楚元王墓。"又，"彭城"补注。案：刘注于此条后遂引伏滔《北征记》，足证不标明撰人者皆徐齐民《书》。

　　虽然章宗源在对《北征记》考证中利用了《后汉书·郡国志》注，可是王颂蔚仍然从《后汉书·郡国志》的李贤注中辑出十条佚文。此外，王颂蔚对于徐爰《宋书》批校所征引的佚文达二百多条，近六千字；增补著录考证的《永初二年郡国志》征引佚文也有一二百条、三千多字。拘于文字过多，在此不再赘述。

　　再则，王颂蔚还从传世文献中辑出《晋元康地道记》《晋地记》《晋太康地道记》《永初二年郡国志》《湘东记》《世谱》《百家谱》《隆安故事》《新仪》《赵瞰传》等史籍，并利用《后汉书》注、《宋书》《梁书》《北史》对于这些的史籍详加考述，这亦可看出王颂蔚批校之价值。

　　综上所述，王颂蔚批校涉及或补充著录《隋经籍志考证》的史籍有一百六十三部。其中涉及地理类最多，有六十部史籍，约占37%；其次是是正史及相关著述，有三十一部史籍，约占19%；再次是杂传类，有二十部史籍，约占12%；簿录类最少，有两部史籍，约占1%。这一方面可以说王颂蔚在地理、正史以及杂传三类最下工夫；另一方面说明这三类典籍散布在传世文献中的佚文最多。王颂蔚的批校既考证了一些史籍的成书及过程，又评述了一些史籍的史料价值，增补了章宗源所做的考证所出现的疏漏，进一步完善了《隋经籍志考证》。另外，章宗源虽然在此书中征引了经史子集四部中的三大部分的典籍，可称是广征博引，但是王颂蔚仍然能从传世典籍中寻觅出一些佚文，特别是针对《隋经籍志考证》仅有一两句的考证或仅著录书名的一些史籍，他仍然能辑出佚文，有的甚至达二百多条。因此说王颂蔚的批校对于《隋经籍志考证》一书来说具有很高的文献价值，在进一步完善《隋经籍志考证》方面有着其他著述难以替代的重用作用。这也就不能不说王颂蔚确实可称是《隋经籍志考证》的功臣，亦可看出他的博学及考证功力之深厚。

小结

内篇就《隋经籍志考证》是否仅完成史部、增补的书籍、所删除的史籍及王颂蔚批校等问题，逐一做了考述。认为章宗源《隋经籍志考证》是一部完整的考证《隋书·经籍志》著述，只是由于人为的原因此书大半被毁，仅有史部存世。此书所增补著录的六百二十六部史籍中，除一百七十五部仅征引一部传世文献外，其他四百五十一部则征引了多种文献加以考证，有的史籍甚至涉及经、史、子、集四部。而章宗源《隋经籍志考证》所删除共有一百九十二部史籍，大致占《隋书·经籍志》史部著录的典籍八百八十二部的五分之一以上，至于《隋经籍志考证》删除这些史籍，原因当是缘于这些被删除的史籍在清代章宗源撰写《隋经籍志考证》时大多已亡佚，甚至在当时仍然传世的书籍中也看不到这些史籍所遗留的痕迹，不过就该书删除的史籍来看，章氏还是有些疏漏之处。从整体上看，此书有得有失，此书虽然删除了一百九十二部典籍，可是却增补著录了六百一十六部史籍，并且所增补著录的史籍皆有所据。因此可以说章氏对于《隋书·经籍志》的贡献还是远大于过失的，这可看出章宗源之博学。再则王颂蔚批校涉及或补充著录《隋经籍志考证》的史籍有一百六十三部。其中涉及史部的许多类，其中在正史、地理、杂传这三类史籍中所下工夫最大。在批校中，王颂蔚还利用现存的典籍考证了一些史籍的成书及过程，又评述了一些史籍的史料价值，补正了章宗源所做的考证所出现的疏漏，又广征博引，辑出残存在传世文献中的一些佚文，进一步完善了《隋经籍志考证》。因此说王颂蔚的批校对于《隋经籍志考证》一书来说具有很高的文献价值。

外　篇

清代乾嘉以来有关《隋书·经籍志》的考证研究成果颇多，最著名的除章宗源《隋经籍志考证》外，还有姚振宗《隋书经籍志考证》、章学诚《隋书经籍志考证》、汪之昌《隋书经籍志校补》，以及张鹏一《隋书经籍志补》，还有日本学者兴膳宏、川合康三《隋经籍志详考》等论著，其中章学诚《隋书经籍志考证》不知下落，姚振宗《隋书经籍志考证》、日本学者兴膳宏等《隋经籍志详考》部头较大。那么这些有关《隋书·经籍志》的考证著述到底各有哪些长处和不足？以往学者论述较少，笔者在做《隋经籍志考证》的王颂蔚批校本的整理工作中，不仅仔细阅读了《隋经籍志考证》，还阅读了《隋书经籍志考证》《隋书经籍志校补》《隋书经籍志补》《隋经籍志详考》这其他的几部有关《隋书·经籍志》的著述，并加以比较，发现诸多问题，故对此略作分析阐述。

一　与姚振宗《隋书经籍志考证》之比较

《隋书经籍志考证》（以下简称姚书）共五十二卷，姚振宗用时十年时间完成，书中颇多独特的见解。从目前各家有关《隋书·经籍志》的考证研究著述来看，这部书是卷帙最多、历时最久的一部，并深为后人赞赏。近人陈训慈对于姚振宗评价颇高，认为"清乾隆至嘉庆间，越中治部录之学，惟推二章氏（章学诚、章宗源），越百年馀而有先生，其成就且过之，信足矜式于百世矣"。《清史稿》卷四八五《文苑传》中又将姚振宗与二章均列入传记，其中《章学诚附姚振宗传》并盛赞姚振宗："目录之学，卓然大宗。论者谓足绍二章之传。"因此余有必要将此书与章宗源《隋经籍志考证》（以下简称章书）加以比对，对二书之优劣短长略作考述。

（一）

正史是史书中最重要的一部分，可是《隋书·经籍志》中还包括了一些与正史相关的著述，并将这些史书都归入正史类。《隋书》卷三三《经籍志》有关正史这一部分史籍的渊源有云："古者天子诸侯，必有国史，以纪言行，后世多务，共道弥繁。夏殷已上，左史记言，右史记事，周则太史、小史、内史、外史、御史，分掌其事，而诸侯之国，亦置史官。又《春秋国语》引周志、郑书之说，推寻事迹，似当时记事，各有职司，后又合而撰之，总成书记。其后陵夷衰乱，史官放绝，秦灭先王之典，遗制莫存。至汉武帝时，始置太史公，命司马谈为之，以掌其职。时天下计书，皆先上太史，副上丞相，遗文古事，靡不毕臻。谈乃据《左氏》《国语》《世本》《战国策》《楚汉春秋》，接其后事，成一家之言。谈卒，其子迁又为太史令，嗣成其志。上自黄帝，讫于炎汉，合十二本纪、十表、八书、三十世家、七十列传，谓之《史记》。""自是世有著述，皆拟班、马，以为正史，作者尤广。一代之史，至数十家。唯《史记》《汉书》，师法相传，并有解释。《三国志》及范晔《后汉》，虽有音注，既近世之作，并读之可知。梁时，明《汉书》有刘显、韦稜，陈时有姚察，隋代有包恺、萧该，并为名家。"而正是由于这一部分在史部有着特殊的地位，因此章宗源、姚振宗均颇下工夫，因此有必要对章书、姚书考证著述的这部分史籍做些分析。在此为了更好地考述，略作一表。

书名及作者	隋志	章书	姚书	备注
司马迁《史记》	著录	著录	著录	
裴骃注《史记》	著录	著录	著录	
延笃《史记音义》		著录		
《史记章隐》		著录		
徐野民《史记音义》	著录	著录	著录	
裴骃《史记音义》		著录		
邹诞生《史记音义》	著录	著录	著录	
谯周《古史考》	著录	著录	著录	
班固《汉书》	著录	著录	著录	

续表

书名及作者	隋志	章书	姚书	备注
应劭《汉书集解音义》	著录	著录	著录	
服虔《汉书音训》	著录	著录	著录	
韦昭《汉书音义》	著录	著录	著录	
刘显《汉书音》	著录		著录	
夏侯咏《汉书音》	著录	著录	著录	
萧该《汉书音义》	著录	著录	著录	
包恺《汉书音》	著录	著录	著录	
晋灼《汉书集注》	著录	著录	著录	
陆澄《汉书注》	著录	著录	著录	此《汉书注》章书著录一卷。
陆澄《汉书注》	著录	著录		此《汉书注》章书著录一百零二卷，姚书在一卷本的考证中。
韦稜《汉书续训》	著录	著录	著录	
姚察《汉书训纂》	著录	著录	著录	
姚察《汉书集解》	著录		著录	
诸葛亮《论前汉事》	著录	著录	著录	
刘宝《汉书驳议》	著录	著录	著录	
姚察《定汉书疑》	著录		著录	
项岱《汉书叙传》	著录	著录	著录	
《汉疏》	著录		著录	
刘孝标注《汉书》	著录		著录	
孟康《汉书音》	著录	著录	著录	
梁元帝《汉书注》	著录	著录	著录	
颜延年《汉书决疑》		著录		
崔浩《汉书音义》		著录		
应奉《汉书后序》		著录		
应奉《汉事》		著录		
刘珍《东观汉记》	著录	著录	著录	
谢承《后汉书》	著录	著录	著录	
薛莹《后汉记》	著录	著录	著录	
司马彪《续汉书》	著录	著录	著录	
华峤《汉后书》	著录	著录	著录	

续表

书名及作者	隋志	章书	姚书	备注
谢沈《后汉书》	著录	著录	著录	
谢沈《后汉书外传》		著录		
张莹《后汉南记》	著录	著录	著录	
袁山松《后汉书》	著录	著录	著录	
刘义庆《后汉书》		著录		
范蔚宗《后汉书》	著录	著录	著录	
刘昭注《后汉书》	著录	著录	著录	
刘昭补注《后汉书》		著录		
刘芳《后汉书音》	著录	著录	著录	
臧兢《范汉音训》	著录	著录	著录	
萧该《范汉音》	著录	著录	著录	
范蔚宗《后汉书赞论》	著录	著录	著录	
范蔚宗《汉书缵》		著录	著录	
萧子显《后汉书》	著录	著录	著录	
王韶《后汉林》	著录		著录	
韦阐《后汉音》	著录		著录	
鱼豢《魏略》		著录		
王沈《魏书》	著录	著录	著录	
韦昭《吴书》	著录	著录	著录	
环济《吴纪》	著录	著录	著录	
张勃《吴录》		著录	著录	
陈寿《三国志》	著录	著录	著录	
卢宗道《魏志音义》	著录		著录	
何常侍《论三国志》	著录	著录	著录	
徐爰《三国志评》	著录	著录	著录	
王涛《三国志序评》	著录	著录	著录	
王隐《晋书》	著录	著录	著录	
虞预《晋书》	著录	著录	著录	
朱凤《晋书》	著录	著录	著录	
何法盛《晋中兴书》	著录	著录	著录	
谢灵运《晋书》	著录	著录	著录	

续表

书名及作者	隋志	章书	姚书	备注
臧荣绪《晋书》	著录	著录	著录	
萧子云《晋书》	著录	著录	著录	
萧子显《晋史草》	著录	著录	著录	
郑忠《晋书》	著录		著录	
沈约《晋书》	著录	著录	著录	
庾诜《东晋新书》	著录	著录	著录	
徐爰《宋书》	著录	著录	著录	
孙严《宋书》	著录	著录	著录	
沈约《宋书》	著录	著录	著录	
宋大明中所撰《宋书》	著录		著录	
萧子显《齐书》	著录	著录	著录	
刘陟《齐纪》	著录	著录	著录	
沈约《齐纪》	著录	著录	著录	
江淹《齐史》	著录	著录	著录	
谢昊《梁书》	著录	著录	著录	章书、《隋志》作"谢昊"，《详考》作"谢昊"。
许亨《梁史》	著录	著录	著录	
姚察《梁书帝纪》	著录	著录	著录	
梁武帝《通史》	著录	著录	著录	
魏收《后魏书》	著录	著录	著录	
魏彦深《后魏书》	著录	著录	著录	
顾野王《陈书》		著录		
傅绰《陈书》		著录		
陆琼《陈书》	著录	著录	著录	
牛弘《周史》	著录	著录	著录	
王劭《齐书》		著录		

可知《隋志》、章书、姚书所著录正史及相关类史籍合计有九十五部，其中章书删除《隋志》著录的有刘显《汉书音》、姚察《汉书集解》《定汉书疑》《汉疏》、刘孝标注《汉书》、王韶《后汉林》、韦阐《后汉音》、卢宗道《魏志音义》、郑忠《晋书》、宋大明中所撰《宋书》十部

史籍，可是增补著录的有延笃《史记音义》《史记章隐》、裴骃《史记音义》、颜延年《汉书决疑》、崔浩《汉书音义》、应奉《汉书后序》《汉事》、谢沈《后汉书外传》、刘义庆《后汉书》、刘昭补注《后汉书》、范蔚宗《汉书缵》、鱼豢《魏略》、张勃《吴录》、顾野王《陈书》、傅绛《陈书》、王劭《齐书》十六部史籍，约占这九十五部史籍的17%。姚书仅删除《隋志》著录的陆澄一百零二卷本《汉书注》，不过在陆澄一卷本《汉书注》的考证文字中提到此一百零二卷本；姚书还增补著录了范蔚宗《汉书缵》、张勃《吴录》等两部史籍，约占这九十五部史籍的2%。这样看章书一共著录八十五部史籍，约占89%；姚书一共著录八十部史籍，约占85%。据此看，这部分史籍的考证著录中，章书虽然删除了《隋志》所著录的十部史籍，但是却增补著录了十六部史籍，比姚书所著录的史籍多一些。而据内篇所考章宗源对于他所删除的书还是有所考虑的。

（二）

古史也是史部典籍中的一个比较重要的组成部分，《隋书》卷三三《经籍志》叙其源流云："起汉献帝，雅好典籍，以班固《汉书》文繁难省，命颍川荀悦作《春秋左传》之体，为《汉纪》三十篇……至晋太康元年，汲郡人发魏襄王冢，得古竹简书，字皆科斗……《纪年》皆用夏正建寅之月为岁首，起自夏、殷、周三代王事，无诸侯国别。唯特记晋国，起自殇叔，次文侯、昭侯，以至曲沃庄伯，尽晋国灭。独记魏事，下至魏哀王……其著书皆编年相次，文意大似《春秋经》。诸所记事，多与《春秋左氏》扶同……今依其世代，编而叙之，以见作者之别，谓之古史。"古史在史部的地位虽然不如正史，可是由于司马迁撰《史记》，创纪传体史书，所谓《春秋左传》之体的编年体地位下降，不过编年体仍然在史部有着相当重要的地位，因此无论章宗源还是姚振宗对于古史类史籍也就颇下工夫，这就有必要针对章书、姚书在这一类史籍著录中的得失短长做些考述。为了更清楚地说明这个问题，下面先做一表格将二书所增补著录的书目与《隋志》加以比较分析。

书名及作者	隋志	章书	姚书	备注
《纪年》	著录	著录	著录	
荀悦《汉纪》	著录	著录	著录	
应劭注《荀悦汉纪注》		著录		
崔浩《汉纪音义》		著录		
袁彦伯《后汉纪》	著录		著录	
张璠《后汉纪》	著录	著录	著录	
袁晔《献帝春秋》	著录	著录	著录	
孙盛《魏氏春秋》	著录	著录	著录	
阴澹《魏纪》	著录	著录	著录	
孔舒元《汉魏春秋》	著录	著录	著录	
陆机《晋纪》	著录	著录	著录	
干宝《晋纪》	著录	著录	著录	
刘协《干宝晋纪注》		著录		
曹嘉之《晋纪》	著录	著录	著录	
习凿齿《汉晋阳秋》	著录	著录	著录	
邓粲《晋纪》	著录	著录	著录	
孙盛《晋阳秋》	著录	著录	著录	
刘谦之《晋纪》	著录	著录	著录	
王韶之《晋纪》	著录	著录	著录	
周祗《崇安记》		著录		
徐广《晋纪》	著录	著录	著录	
裴松之《晋纪》		著录		
檀道鸾《续晋阳秋》	著录	著录	著录	
郭季产《续晋纪》	著录	著录	著录	
《晋录》		著录		
裴子野《宋略》	著录	著录	著录	
王智深《宋纪》		著录		
王琰《宋春秋》	著录	著录	著录	
鲍衡卿《宋春秋》		著录		
吴均《齐春秋》	著录	著录	著录	
王逸《齐典》	著录	著录	著录	
《齐典》	著录	著录	著录	

续表

书名及作者	隋志	章书	姚书	备注
萧方等《三十国春秋》	著录	著录	著录	
李槩《战国春秋》	著录	著录	著录	
刘璠《梁典》	著录	著录	著录	
何之元《梁典》	著录	著录	著录	
谢昊《梁典》		著录		
阴僧仁《梁撮要》	著录	著录	著录	
姚最《梁后略》	著录	著录	著录	
萧韶《梁太清纪》	著录	著录	著录	
萧世怡《淮海乱离志》	著录	著录	著录	
崔子发《齐纪》	著录	著录	著录	
杜台卿《齐纪》		著录		
王劭《齐志》	著录	著录	著录	

可知《隋志》、章书、姚书所著录的古史类史籍合计有四十四部，其中章书删除《隋志》著录的有袁彦伯《后汉纪》一部史籍，可是增补著录的有应劭注《荀悦汉纪注》、崔浩《汉纪音义》、刘协《干宝晋纪注》、周祗《崇安记》、裴松之《晋纪》《晋录》、王智深《宋纪》、鲍衡卿《宋春秋》、谢昊《梁典》、杜台卿《齐纪》十部史籍，约占这四十四部史籍的23％。姚书既没有删除一部《隋志》著录的史籍，也没有增补著录一部史籍。这样看即使将章书增补著录的十部史籍中减去该书所删除的而姚书没有删除《隋志》著录的那一部史籍，章书仍然比姚书多考证著录出九部史籍。而且在这四十四部史籍中，章书共著录四十三部，约占98％；姚书共著录三十四部，约占77％。因此在这部分史籍的考证著录中，章书虽然删除了《隋志》所著录的一部史籍，但是却增补著录了十部史籍，还是比姚书所著录的史籍多。

（三）

杂史类这部分典籍最为繁杂，既有《周书》、国语、杂传，又有载记、世谱等史籍。《隋书》卷三三《经籍志》云：“汉初，得《战国策》，盖战国游士记其策谋。其后陆贾作《楚汉春秋》，以述诛锄秦、项之事。

又有《越绝》，相承以为子贡所作。后汉赵晔，又为《吴越春秋》。其属辞比事，皆不与《春秋》《史记》《汉书》相似，盖率尔而作，非史策之正也。灵、献之世，天下大乱，史官失其常守。博达之士，愍其废绝，各记闻见，以备遗亡。"可见杂史类史籍非正史，却是所谓博达之士的所见所闻。对于章书、姚书在这一类史籍中的增补著录也需做些考释，下面列表加以分析。

书名及作者	隋志	章书	姚书	备注
《周书》	著录	著录	著录	
《古文琐语》	著录	著录	著录	
孔衍《春秋时国语》		著录		
孔衍《春秋后国语》		著录		
何承天《春秋前传》	著录	著录	著录	
何承天《春秋前杂传》	著录	著录	著录	
乐资《春秋后传》	著录	著录	著录	
刘向录《战国策》	著录		著录	
高诱《战国策》	著录	著录	著录	
延笃《战国策论》	著录	著录	著录	
陆贾《楚汉春秋》	著录	著录	著录	
荀爽《汉语》		著录		
伏无忌《古今注》	著录	著录	著录	
子贡《越绝记》	著录	著录	著录	章书引《四库目录》曰："汉袁康撰，其友吴平同定，旧称子贡作，误。"《隋志》亦作"子贡撰"。
赵晔《吴越春秋》	著录	著录	著录	
杨方《吴越春秋削繁》	著录	著录	著录	
皇甫遵《吴越春秋》	著录	著录	著录	
《吴越记》	著录	著录	著录	
沈氏《南越志》	著录	著录	著录	章书考证为沈怀远撰。
《小史》	著录		著录	
刘艾《汉灵献二帝纪》	著录	著录	著录	《隋志》、姚书作"刘芳撰"。
《献帝传》		著录		

续表

书名及作者	隋志	章书	姚书	备注
乐资《山阳公载记》	著录	著录	著录	
王粲《汉末英雄记》	著录	著录	著录	
司马彪《九州春秋》	著录	著录	著录	
刘孝标《九州春秋抄》		著录		
《魏武本纪》	著录	著录	著录	
孙寿《魏阳秋异同》		著录		
胡冲《吴历》		著录		
王隐《删补蜀记》		著录		
孙盛《蜀世谱》		著录		
《魏世谱》		著录		
《晋世谱》		著录		
《汉尚书》		著录		
孔衍《后汉尚书》		著录		
孔衍《魏尚书》	著录	著录	著录	
张温《后汉尚书》		著录		
郭颁《魏晋世语》	著录	著录	著录	
《汉末传》		著录		
《魏末传》	著录	著录	著录	
《魏氏大事》	著录		著录	
毛范《吕布本事》	著录		著录	
傅畅《晋诸公赞》	著录	著录	著录	
荀绰《晋后略记》	著录	著录	著录	
《王闳本事》		著录		
《徐江州本事》		著录		
《石崇本事》		著录		
张缅《晋书钞》	著录	著录	著录	
张氏《晋书鸿烈》	著录		著录	
《宋中兴伐逆事》	著录	著录	著录	
谢绰《宋拾遗》	著录	著录	著录	
李槩《左史》	著录	著录	著录	
梁祚《魏国统》	著录	著录	著录	

书名及作者	隋志	章书	姚书	备注
《梁帝纪》	著录	著录	著录	
《梁太清录》	著录	著录	著录	
刘仲威《梁承圣中兴略》	著录		著录	
《梁末代纪》	著录	著录	著录	
周兴嗣《梁皇帝实录》	著录	著录	著录	
谢吴《梁皇帝实录》	著录	著录	著录	
臧严《栖凤春秋》	著录	著录	著录	
赵齐旦《陈王业历》	著录		著录	
魏飒《史要》	著录	著录	著录	《隋志》、姚书作"卫飒"。
鱼豢《典略》	著录	著录	著录	
王蔑《史汉要集》	著录	著录	著录	一本作"史记要集"。
张温《三史略》	著录	著录	著录	
张莹《史记正传》	著录	著录	著录	
张缅《后汉略》	著录	著录	著录	
侯谨《汉皇德纪》	著录	著录	著录	
韦昭《洞纪》	著录	著录	著录	
臧荣绪《续洞纪》	著录		著录	
陶弘景《帝王年历》		著录		
皇甫谧《帝王世纪》	著录	著录	著录	
皇甫谧《年历》		著录		
虞绰《帝王世纪音》	著录		著录	
来奥《帝王本纪》	著录	著录	著录	
何茂材《续帝王世纪》	著录	著录	著录	
吉文甫《十五代略》	著录		著录	
环济《帝王要略》	著录	著录	著录	
孟仪《周载》	著录	著录	著录	
葛洪《汉书钞》	著录	著录	著录	
葛洪《史记钞》		著录		
葛洪《后汉书钞》		著录		
王子年《拾遗录》	著录	著录	著录	
萧绮《王子年拾遗记》	著录	著录	著录	

书名及作者	隋志	章书	姚书	备注
杨晔《华夷帝王世记》	著录	著录	著录	
阮孝绪《正史削繁》	著录	著录	著录	
《童悟》	著录	著录	著录	
萧肃《合史》		著录		
宋孝王《关东风俗传》		著录		
甄鸾《帝王世录》	著录		著录	
刘绍《先圣本纪》	著录	著录	著录	
姚恭《年历帝纪》	著录	著录	著录	
《帝王诸侯世略》	著录		著录	
潘杰《王霸记》	著录		著录	
诸葛耽《帝录》		著录		
鲍衡卿《乘舆飞龙记》		著录		
《历代记》	著录	著录	著录	
王劭《隋书》	著录	著录	著录	

可知《隋志》、章书、姚书所著录的杂史类史籍合计有九十八部，其中章书删除《隋志》著录的有刘向录《战国策》《小史》《魏氏大事》、毛范《吕布本事》、张氏《晋书鸿烈》、刘仲威《梁承圣中兴略》、赵齐旦《陈王业历》、臧荣绪《续洞纪》、虞绰《帝王世纪音》、吉文甫《十五代略》、甄鸾《帝王世录》《帝王诸侯世略》、潘杰《王霸记》十三部史籍，可是增补著录的有孔衍《春秋时国语》《春秋后国语》、荀爽《汉语》《献帝传》、刘孝标《九州春秋抄》、孙寿《魏阳秋异同》、胡冲《吴历》、王隐《删补蜀记》、孙盛《蜀世谱》《魏世谱》《晋世谱》《汉尚书》、孔衍《后汉尚书》、张温《后汉尚书》《汉末传》《王闳本事》《徐江州本事》《石崇本事》、陶弘景《帝王年历》、皇甫谧《年历》、葛洪《史记钞》《后汉书钞》、萧肃《合史》、宋孝王《关东风俗传》、诸葛耽《帝录》、鲍衡卿《乘舆飞龙记》二十六部史籍，约占这九十八部史籍的27％。姚书既没有删除一部《隋志》著录的史籍，也没有增补著录一部史籍。这样看即使将章书增补著录的二十六部史籍减去该书所删除姚书却没有删除的《隋志》著录的那十三部史籍，章书仍然比姚书多考证著录

出十三部史籍。而且在这九十八部史籍中，章书一共著录八十五部，约占87%；姚书一共著录七十二部，约占73%。因此说在这部分史籍的考证著录中，章书虽然删除了《隋志》所著录的十三部史籍，但是却增补著录了二十六部史籍，远比姚书所著录的史籍多。

（四）

《隋书》卷三三《经籍志》所著录的霸史实际上主要是记载五胡十六国时期各割据政权的史籍，而这一部分史籍的产生当然与各割据政权不无关联，正如《隋志》所云："自晋永嘉之乱，皇纲失驭，九州君长，据有中原者甚众。或推奉正朔，或假名窃号，然其君臣忠义之节，经国字民之务，盖亦勤矣。而当时臣子，亦各记录。后魏克平诸国，据有嵩、华，始命司徒崔浩，博采旧闻，缀述国史。"可是这一时期各割据政权的历史正史中少有记载，因此霸史类史籍的著录虽然较少，不过对于了解这一时期史家的撰述还是颇有用途的，这就有必要比较章书、姚书在这一类史籍的著录情况，为此略作一表。

书名及作者	隋志	章书	姚书	备注
田融《赵书》	著录	著录	著录	
王度《二石传》	著录	著录	著录	
王度《二石伪治时事》	著录	著录	著录	
常璩《汉之书》	著录	著录	著录	
常璩《华阳国志》	著录	著录	著录	
梁有《蜀平记》	著录		著录	
《蜀汉伪官故事》	著录		著录	
范亨《燕书》	著录	著录	著录	
张诠《南燕录》	著录	著录	著录	
王景晖《南燕录》	著录	著录	著录	
游览先生《南燕书》	著录		著录	
高闾《燕志》	著录	著录	著录	
何仲熙《秦书》	著录		著录	
裴景仁《秦记》	著录	著录	著录	
姚和都《秦纪》	著录	著录	著录	

书名及作者	隋志	章书	姚书	备注
张谘《凉记》	著录	著录	著录	
刘昞《凉书》	著录	著录	著录	
喻归《西河记》	著录	著录	著录	
车频《秦书》		著录		
段龟龙《凉记》	著录	著录	著录	
高道让《凉书》	著录	著录	著录	
《凉书》	著录	著录	著录	
《托跋凉录》	著录	著录	著录	
刘昞《敦煌实录》	著录	著录	著录	
崔鸿《十六国春秋》	著录	著录	著录	
《纂录》	著录		著录	
李槩《战国春秋》	著录	著录	著录	
和苞《汉赵记》	著录	著录	著录	
段国《吐谷浑记》	著录		著录	
梁有《翟辽书》	著录		著录	
《诸国略记》	著录		著录	
《永嘉后纂年记》	著录		著录	
《段业传》	著录		著录	
《天启纪》	著录	著录	著录	
《邺洛鼎峙记》		著录		
田融《苻朝杂记》		著录		

可知《隋志》、章书、姚书所著录的霸史类史籍合计有三十六部，其中章书删除《隋志》著录的有《蜀平记》《蜀汉伪官故事》、游览先生《南燕书》、何仲熙《秦书》《纂录》、段国《吐谷浑记》《翟辽书》《诸国略记》《永嘉后纂年记》《段业传》十部史籍，可是增补著录的有车频《秦书》《邺洛鼎峙记》、田融《苻朝杂记》三部史籍，约占这三十六部史籍的8%。姚书既没有删除一部《隋志》著录的史籍，也没有增补著录一部史籍。而且在这三十六部史籍中，章书一共著录二十六部，约占72%；姚书一共著录三十三部，约占92%。所以在这部分史籍的考证著录中，章书所著录的史籍比姚书少。

（五）

　　起居注即是古代史官据逐日所记皇帝有关军国大事的言行编撰而成的，《隋书》卷三三《经籍志》记其源流有云："《周官》，内史掌王之命，遂书其副而藏之，是其职也。汉武帝有《禁中起居注》，后汉明德马后撰《明帝起居注》，然则汉时起居，似在宫中，为女史之职。然皆零落，不可复知。今之存者，有汉献帝及晋代已来《起居注》，皆近侍之臣所录。"可惜的是，时至今日汉晋乃至南北朝时期的起居注皆已亡佚，好在《隋志》对于起居注著录颇多，加之章宗源在《隋经籍志考证》这部书中又增补著录了一些不见于《隋志》的起居注，并摘引了残存于传世文献中的一些佚文。因此针对在这一部分史籍的著录中章书与姚书有何差异也要做点考释，下面略作一表加以比较。

书名及作者	隋志	章书	姚书	备注
郭璞注《穆天子传》	著录	著录	著录	
《汉献帝起居注》	著录	著录	著录	
李轨《晋泰始起居注》	著录	著录	著录	
李轨《晋咸宁起居注》	著录	著录	著录	
李轨《晋泰康起居注》	著录	著录	著录	
《晋元康起居注》	著录		著录	
《永平元康永宁起居注》	著录	著录	著录	
《晋惠帝起居注》	著录	著录	著录	
《晋武帝起居注》		著录		
《晋康帝起居注》		著录		
《晋孝武起居注》		著录		
《晋永安起居注》		著录		
《永嘉建兴起居注》	著录		著录	
《晋建武大兴永昌起居注》	著录	著录	著录	
《晋元康起居注》	著录		著录	
李轨《晋咸和起居注》	著录	著录	著录	
《晋咸康起居注》	著录	著录	著录	
《晋建元起居注》	著录	著录	著录	

续表

书名及作者	隋志	章书	姚书	备注
《晋永和起居注》	著录	著录	著录	
《晋升平起居注》	著录	著录	著录	
《晋隆和兴宁起居注》	著录	著录	著录	
《晋咸安起居注》	著录	著录	著录	
《晋泰和起居注》	著录	著录	著录	
《晋宁康起居注》	著录	著录	著录	
《晋泰元起居注》	著录	著录	著录	
《晋隆安起居注》	著录	著录	著录	
《晋元兴起居注》	著录	著录	著录	
《晋义熙起居注》	著录	著录	著录	
《晋元熙起居注》	著录	著录	著录	
刘道会《晋起居注》	著录	著录	著录	
《流别起居注》	著录	著录	著录	
《晋崇宁起居注》		著录		
《晋宋起居注钞》	著录	著录	著录	
《晋宋先朝起居注》	著录		著录	
《宋永初起居注》	著录	著录	著录	
《宋景平起居注》	著录	著录	著录	
《宋元嘉起居注》	著录	著录	著录	
《宋孝建起居注》	著录	著录	著录	
《宋大明起居注》	著录	著录	著录	
《宋景和起居注》	著录	著录	著录	
《明帝在蕃注》	著录		著录	
《宋泰始起居注》	著录	著录	著录	
《宋泰豫起居注》	著录		著录	
梁有《宋元徽起居注》	著录		著录	姚书作"宋成徽起居注"。
《昇明起居注》	著录		著录	
《宋起居注》		著录		
《齐永明起居注》	著录	著录	著录	
《建元起居注》	著录		著录	
《隆昌延兴建武起居注》	著录		著录	

续表

书名及作者	隋志	章书	姚书	备注
《中兴起居注》	著录		著录	
《梁大同起居注》	著录	著录	著录	
《梁天监起居注》		著录		
《梁起居注》		著录		
徐勉《别起居注》		著录		
《后魏起居注》	著录	著录	著录	
《陈永定起居注》	著录	著录	著录	
《陈天嘉起居注》	著录		著录	
《陈天康光大起居注》	著录		著录	
《陈太建起居注》	著录		著录	
《陈至德起居注》	著录		著录	
《陈起居注》		著录		
《后周太祖号令》	著录	著录	著录	
《隋开皇起居注》	著录	著录	著录	
《南燕起居注》	著录	著录	著录	
《禁中起居注》		著录		
《明帝起居注》		著录		

可知《隋志》、章书、姚书所著录的起居注类史籍合计有六十六部，其中章书删除《隋志》著录的有《晋元康起居注》《永嘉建兴起居注》《晋宋先朝起居注》《明帝在蕃注》《宋泰豫起居注》《宋元徽起居注》《昇明起居注》《建元起居注》《隆昌延兴建武起居注》《中兴起居注》《陈天嘉起居注》《陈天康光大起居注》《陈太建起居注》《陈至德起居注》十四部史籍，可是增补著录的有《晋武帝起居注》《晋康帝起居注》《晋孝武起居注》《晋永安起居注》《晋崇宁起居注》《宋起居注》《梁天监起居注》《梁起居注》、徐勉《别起居注》《陈起居注》《禁中起居注》《明帝起居注》十二部史籍，约占这六十六部史籍的18%。姚书既没有删除一部《隋志》著录的史籍，也没有增补著录一部史籍。而在这六十六部史籍中，章书一共著录五十二部，约占79%；姚书一共著录五十四部，约占82%。因此这部分考证著录的史籍中，章书比姚书所著录的史籍略少。

（六）

地理类史籍又是史部中的一个重要组成部分，究其渊源，《隋书》卷三三《经籍志》有云："《书》录禹别九州，定其山川，分其圻界，条其物产，辨其贡赋，斯之谓也……汉初，萧何得秦图书，故知天下要害。后又得《山海经》，相传以为夏禹所记。武帝时，计书既上太史，郡国地志，固亦在焉。而史迁所记，但述河渠而已。其后刘向略言地域，丞相张禹使属朱贡条记风俗，班固因之作《地理志》。其州国郡县山川夷险时俗之异，经星之分，风气所生，区域之广，户口之数，各有攸叙，与古《禹贡》《周官》所记相埒。是后载笔之士，管窥末学，不能及远，但记州郡之名而已。晋世，挚虞依《禹贡》《周官》，作《畿服经》，其州郡及县分野封略事业，国邑山陵水泉，乡亭城道里土田，民物风俗，先贤旧好，靡不具悉。"知现存最早的地理史籍即《山海经》，不过《隋志》中所著录的地理类典籍多已不存，幸而有此《隋志》以及考证著述存世，才得以窥其大概。而且无论章书还是姚书这一类史籍都是史部各类中比较多的一类，因此更有必要将这一类章书、姚书增补著录史籍做些分析，下面列表作一比较。

书名及作者	隋志	章书	姚书	备注
郭璞注《山海经》	著录	著录	著录	
郭璞注《水经》	著录	著录	著录	
《黄图》	著录	著录	著录	
应劭《地理风俗志》		著录	著录	
《洛阳记》	著录	著录	著录	
陆机《洛阳记》	著录	著录	著录	
《洛阳宫殿簿》	著录	著录	著录	
《洛阳宫舍记》		著录	著录	
《洛阳故宫名》		著录	著录	
杨佺期《洛阳图》	著录	著录	著录	
华延儁《洛阳记》		著录	著录	
戴延之《洛阳记》		著录	著录	
《后魏洛阳记》		著录	著录	

续表

书名及作者	隋志	章书	姚书	备注
《汉宫阁簿》		著录	著录	
《汉宫殿名》		著录	著录	
《汉宫阙疏》		著录	著录	
《晋宫阁名》		著录	著录	
《河南十二县境簿》		著录	著录	
《三辅宫殿名》		著录	著录	
《建康宫殿簿》		著录	著录	
郭缘生《述征记》	著录	著录	著录	
郭缘生《续述征记》		著录		
裴松之《述征记》		著录	著录	
裴松之《西征记》		著录	著录	
戴延之《西征记》	著录	著录	著录	
卢思道《西征记》		著录	著录	
顾启期《娄地记》	著录	著录	著录	
周处《风土记》	著录	著录	著录	
山谦之《吴兴记》	著录	著录	著录	
张充之《吴兴山墟名》		著录	著录	
顾夷《吴郡记》	著录	著录	著录	
顾征《吴县记》		著录	著录	
董贤《吴地记》		著录	著录	
《分吴会丹阳三郡记》		著录	著录	
顾长生《三吴土地记》		著录	著录	
韦昭《三吴郡国志》		著录	著录	
王僧虔《吴郡地理记》		著录	著录	
张勃《吴地记》		著录	著录	
《吴郡缘海四县记》		著录	著录	
《吴郡临海记》		著录	著录	
刘损《京口记》	著录	著录	著录	
山谦之《南徐州记》	著录	著录	著录	
刘芳《徐地录》		著录	著录	
虞孝敬《广梁南徐州记》	著录		著录	

续表

书名及作者	隋志	章书	姚书	备注
阮升之《南兖州记》		著录	著录	
荀绰《兖州记》		著录	著录	
贺循《会稽记》	著录	著录	著录	
孔灵符《会稽记》		著录	著录	
朱育《会稽土地记》	著录	著录	著录	
《会稽旧记》		著录	著录	姚书作"会稽旧志"。
《会稽郡十城地志》		著录	著录	
沈怀文《隋王入沔记》	著录	著录	著录	
盛弘之《荆州记》	著录	著录	著录	
庾仲雍《荆州记》		著录	著录	
范汪《荆州记》		著录	著录	
《荆州土地志》		著录	著录	
刘澄之《荆州记》		著录		
黄闵《神壤记》	著录		著录	
雷次宗《豫章记》	著录	著录	著录	
张僧鉴《豫章记》		著录	著录	
扬雄《蜀王本记》	著录	著录	著录	
李膺《蜀记》		著录		
段氏《蜀记》		著录	著录	
谯周《三巴记》	著录	著录	著录	
盖泓《珠崖传》	著录	著录	著录	
袁休明《巴蜀志》		著录	著录	
圈称《陈留风俗传》	著录	著录	著录	
陆翙《邺中记》	著录	著录	著录	
京相璠《春秋土地名》	著录	著录	著录	
宗居士《衡山记》	著录	著录	著录	
徐灵期《南岳记》		著录	著录	
释慧远《庐山纪略》		著录		
张野《庐山记》		著录	著录	
周景式《庐山记》		著录	著录	
袁山松《勾将山记》		著录	著录	

书名及作者	隋志	章书	姚书	备注
《太山记》		著录	著录	
卢元明《嵩山记》		著录	著录	
袁彦伯《罗浮山记》		著录	著录	
竺法真《登罗山疏》		著录	著录	
张曜《中山记》		著录	著录	
《邹山记》		著录	著录	
支遁《天台山铭序》		著录	著录	
《名山略记》		著录	著录	
释法显《游天竺记》		著录		
陶弘景《山图》		著录	著录	
谢灵运《游名山志》	著录	著录	著录	
李彤《圣贤冢墓记》	著录	著录	著录	
释法显《佛国记》	著录	著录	著录	
释智猛《游行外国传》	著录	著录	著录	
《交州以南外国传》	著录	著录	著录	
东方朔《十洲记》	著录	著录	著录	
东方朔《神异经》	著录	著录	著录	
杨孚《异物志》	著录	著录	著录	
杨氏《南裔异物志》		著录		
《南方异物记》		著录		
谯周《异物志》		著录	著录	
万震《南州异物志》	著录	著录	著录	
《巴蜀异物志》		著录	著录	
薛莹《荆扬已南异物志》		著录	著录	
薛珝《异物志》		著录	著录	
陈祁畅《异物志》		著录	著录	
曹叔雅《异物志》		著录	著录	姚书作"庐陵异物志"。
朱应《扶南异物志》	著录	著录	著录	
《凉州异物志》	著录	著录	著录	
闻先生《阎象传》	著录		著录	
沈莹《临海水土物志》	著录	著录	著录	

续表

书名及作者	隋志	章书	姚书	备注
杨孚《交州异物志》	著录	著录	著录	
常宽《蜀志》	著录	著录	著录	
束皙《发蒙记》	著录	著录	著录	
陆澄《地理书》	著录	著录	著录	
《三辅故事》	著录	著录	著录	
庾仲雍《湘州记》	著录	著录	著录	
顾夷《吴郡记》	著录		著录	此前已著录，此属重复。
《日南传》	著录	著录	著录	
庾仲雍《江记》	著录	著录	著录	
庾仲雍《汉水记》	著录	著录	著录	
谢灵运《居名山志》	著录	著录	著录	
戴祚《西征记》	著录	著录	著录	
《庐山南陵云精舍记》	著录		著录	
刘澄之《永初山川古今记》	著录	著录	著录	
《元康三年地记》	著录	著录	著录	
《元嘉六年地记》	著录		著录	
《元康六年户口簿记》	著录		著录	姚书只在考证文字中提到此书。
《太康地记》		著录		
《九州郡县名》	著录		著录	
《司州记》	著录		著录	
《并帖省置诸郡旧事》	著录		著录	
任昉《地记》	著录	著录	著录	
郭璞注《山海经图赞》	著录	著录	著录	
《山海经音》	著录	著录	著录	
郦善长注《水经》	著录	著录	著录	
《庙记》	著录	著录	著录	
陆澄《地理书钞》	著录	著录	著录	
任昉《地理书钞》	著录		著录	
刘黄门《地理书抄》	著录	著录	著录	章书又作"刘澄之"。
杨衒之《洛阳伽蓝记》	著录	著录	著录	
萧世诚《荆南地志》	著录	著录	著录	

续表

书名及作者	隋志	章书	姚书	备注
《巴蜀记》	著录		著录	
李氏《益州记》	著录	著录	著录	
任豫《益州记》		著录	著录	"任豫"姚书作"任预"。
谯周《益州志》		著录	著录	
裴渊《广州记》		著录	著录	
顾微《广州记》		著录	著录	
刘澄之《广州记》		著录		
郭仲彦《湘州记》	著录	著录	著录	
甄烈《湘州记》		著录	著录	
《湘州荥阳郡记》		著录	著录	姚书作"湘州荥阳记"。
荀绰《冀州记》		著录	著录	
裴秀《冀州记》		著录	著录	
郭仲产《秦州记》		著录	著录	
段国《沙州记》		著录	著录	
刘欣期《交州记》		著录	著录	
《交州外域记》		著录	著录	
姚文感《交州记》		著录	著录	
刘澄之《扬州记》		著录		
刘澄之《江州记》		著录		
刘澄之《豫州记》		著录		
刘澄之《梁州记》		著录		
《甘州记》		著录	著录	
《洛州记》		著录		
《苏州记》		著录		
《湘州图副记》	著录	著录	著录	
释道安《四海百川水源记》	著录	著录	著录	
刘璆《京师寺塔记》	著录		著录	
辛氏《三秦记》		著录	著录	
山谦之《丹阳记》		著录	著录	
《三齐略记》		著录	著录	
晏谟《齐地记》		著录	著录	

续表

书名及作者	隋志	章书	姚书	备注
伏琛《齐记》		著录	著录	姚书作"齐地记"。
解道康《齐地记》		著录	著录	
梁元帝《职贡图》		著录	著录	
王范《交广二州记录》		著录	著录	
黄义仲《十三州记》		著录	著录	
应劭《十三州记》		著录	著录	
乐资《九州志》		著录	著录	
《西河旧事》		著录	著录	
张僧鉴《浔阳记》		著录	著录	
邓德明《南康记》		著录	著录	
王韶之《南康记》		著录	著录	
潘岳《关中记》		著录	著录	
罗含《湘中记》		著录	著录	
庾仲雍《湘中记》		著录		
王歆之《始兴记》		著录	著录	
刘道真《钱塘记》		著录	著录	
郑缉之《东阳记》		著录	著录	
纪义《宣城记》		著录	著录	
王烈之《安城记》		著录	著录	姚书作"安成记"，误。
王韶之《神境记》		著录	著录	
史筌《武昌记》		著录	著录	
黄闵《武陵记》		著录	著录	
袁山松《宜都记》		著录	著录	
《古今地名》	著录	著录	著录	《隋志》、姚书作"古今地谱"。
杜预《汝南记》		著录	著录	
郑缉之《永嘉记》		著录		
《南中八郡志》		著录	著录	
荀伯于《临川记》		著录	著录	
《陇西记》		著录	著录	
伍端休《江陵记》		著录	著录	
崔玄山《濑乡记》		著录	著录	

书名及作者	隋志	章书	姚书	备注
萧子开《建安记》		著录	著录	
丘渊之《征齐道里记》		著录	著录	
王玄谟《寿阳记》		著录	著录	
朱阳《九江寿春记》			著录	章书在著录王玄谟《寿阳记》时亦考证此书。
《上党记》		著录	著录	
吴均《入东记》		著录	著录	
《江乘记》		著录	著录	姚书作"江乘地记"。
《仇池记》		著录	著录	姚书记载作者为"郭仲产"。
卢植《冀州风土记》		著录	著录	
张光禄《华山精舍记》	著录	著录	著录	
《张骞出关志》	著录	著录	著录	
鲍至《南雍州记》	著录	著录	著录	
释昙宗《京师寺塔记》	著录		著录	
郭仲产《南雍州记》		著录	著录	
虞仲翔《川渎记》		著录	著录	姚书作"吴郡临海川渎记"。
《寻江源记》	著录	著录	著录	
《后园记》	著录		著录	
《始安郡记》		著录	著录	
释昙景《外国传》	著录		著录	
释法盛《历国传》	著录	著录	著录	
《西京记》	著录	著录	著录	
《京师记》	著录		著录	
《江表行记》	著录	著录	著录	
《淮南记》	著录	著录	著录	
《古来国记》	著录		著录	姚书作"古来国名"。
阚骃《十三州志》	著录	著录	著录	
《林邑国记》	著录	著录	著录	
《慧生行传》	著录		著录	
戴氏《宋武北征记》	著录	著录	著录	
裴松之《北征记》		著录	著录	

续表

书名及作者	隋志	章书	姚书	备注
徐齐民《北征记》		著录	著录	
孟奥《北征记》		著录	著录	
伏滔《北征记》		著录	著录	
伍缉之《从征记》		著录	著录	
《东征记》		著录	著录	
刘澄之《司州山川古今记》	著录	著录	著录	
张氏《江图》	著录	著录	著录	
刘氏《江图》	著录	著录	著录	
《水饰图》	著录		著录	
《瓯闽传》	著录		著录	姚书作"甄闽传"。
《北荒风俗记》	著录	著录	著录	
《诸蕃风俗记》	著录	著录	著录	
《男女二国传》	著录		著录	
《突厥所出风俗事》	著录	著录	著录	
顾野王《舆地志》	著录	著录	著录	
《舆地图》		著录		
姚最《序行记》	著录	著录	著录	
温子升《魏永安记》	著录	著录	著录	
《国都城记》	著录	著录	著录	
《周地图记》	著录	著录	著录	
《冀州图经》	著录	著录	著录	
《齐州图经》	著录		著录	
李叔布《齐州记》	著录	著录	著录	
《幽州图经》	著录		著录	
《外国图》		著录	著录	姚书作"吴人外国图"。
《括地图》		著录	著录	
《秦地图》		著录		
《雍州图经》		著录		
《宣城郡图经》		著录		
《上谷郡图经》		著录		
《四海图》		著录	著录	

书名及作者	隋志	章书	姚书	备注
《江都图经》		著录		
《东郡图经》		著录		
《洛阳图经》		著录		
《广陵郡图经》		著录		
《丹阳郡图经》		著录		
《蜀郡图经》		著录		
《长安图》		著录	著录	
《弘农郡图经》		著录		
《历阳县郡图经》		著录		
《河南郡图经》		著录		
《荆州图副记》		著录	著录	
江得藻《聘北道里记》	著录	著录	著录	
《魏聘使行记》	著录	著录	著录	
《李谐行记》	著录		著录	
刘师知《聘游记》	著录		著录	章书《聘北道里记》考证文字中提到此书。
《朝觐记》	著录		著录	
李绘《封君义行记》	著录	著录	著录	
薛泰《舆驾东行记》	著录	著录	著录	
诸葛颖《北伐记》	著录		著录	
诸葛颖《巡抚扬州记》	著录	著录	著录	
《大魏诸州记》	著录	著录	著录	
《并州入朝道里记》	著录		著录	
《赵记》	著录	著录	著录	
《代都略记》	著录		著录	
《世界记》	著录		著录	
《大隋翻经婆罗门法师外国传》	著录		著录	
《州郡县部簿》	著录		著录	
《隋区宇图志》	著录	著录	著录	
裴矩《隋西域图》	著录	著录	著录	
郎蔚之《隋诸州图经集》	著录	著录	著录	
《隋诸郡土俗物产记》	著录	著录	著录	

续表

书名及作者	隋志	章书	姚书	备注
《西域道里记》	著录		著录	
《诸蕃国记》	著录		著录	
许善心《方物志》	著录	著录	著录	
《并州总管内诸州图》	著录		著录	

可知《隋志》、章书、姚书所著录的地理类史籍合计有二百九十五部，其中章书删除《隋志》著录的有虞孝敬《广梁南徐州记》、黄闵《神壤记》、间先生《阁象传》《庐山南陵云精舍记》《元嘉六年地记》《元康六年户口簿记》《九州郡县名》《司州记》《并帖省置诸郡旧事》、任昉《地理书钞》《巴蜀记》、刘璆《京师寺塔记》、朱阳《九江寿春记》、释昙宗《京师寺塔记》《后园记》、释昙景《外国传》《京师记》《古来国记》《慧生行传》《水饰图》《瓯闽传》《男女二国传》《齐州图经》《幽州图经》《李谐行记》、刘师知《聘游记》《朝觐记》、诸葛颖《北伐记》《并州入朝道里记》《代都略记》《世界记》《大隋翻经婆罗门法师外国传》《州郡县部簿》《西域道里记》《诸蕃国记》《并州总管内诸州图》三十六部史籍，可是增补著录的有应劭《地理风俗志》《洛阳宫舍记》《洛阳故宫名》、华延儁《洛阳记》、戴延之《洛阳记》《后魏洛阳记》《汉宫阁簿》《汉宫殿名》《汉宫阙疏》《晋宫阁名》、《河南十二县境簿》《三辅宫殿名》《建康宫殿簿》、郭缘生《续述征记》、裴松之《述征记》《西征记》、卢思道《西征记》、张充之《吴兴山墟名》、顾征《吴县记》、董贤《吴地记》《分吴会丹阳三郡记》、顾长生《三吴土地记》、韦昭《三吴郡国志》、王僧虔《吴郡地理记》、张勃《吴地记》《吴郡缘海四县记》《吴郡临海记》、刘芳《徐地录》、阮升之《南兖州记》、荀绰《兖州记》、孔灵符《会稽记》《会稽旧记》《会稽郡十城地志》、庾仲雍《荆州记》、范汪《荆州记》《荆州土地志》、刘澄之《荆州记》、张僧鉴《豫章记》、李膺《蜀记》、段氏《蜀记》、袁休明《巴蜀志》、徐灵期《南岳记》、释慧远《庐山纪略》、张野《庐山记》、周景式《庐山记》、袁山松《勾将山记》《太山记》、卢元明《嵩山记》、袁彦伯《罗浮山记》、竺法真《登罗山疏》、张曜《中山记》《邹山记》、支遁《天台山铭序》《名山略记》、释法显《游天竺记》、陶弘景《山图》、杨氏《南裔异物志》《南方夷物

记》、谯周《异物志》《巴蜀异物志》、薛莹《荆扬已南异物志》、薛珝《异物志》、陈祁畅《异物志》、曹叔雅《异物志》、《太康地记》、任豫《益州记》、谯周《益州志》、裴渊《广州记》、顾微《广州记》、刘澄之《广州记》、甄烈《湘州记》《湘州荥阳郡记》、荀绰《冀州记》、裴秀《冀州记》、郭仲产《秦州记》、段国《沙州记》、刘欣期《交州记》《交州外域记》、姚文感《交州记》、刘澄之《扬州记》《江州记》《豫州记》《梁州记》《甘州记》《洛州记》《苏州记》、辛氏《三秦记》、山谦之《丹阳记》《三齐略记》、晏谟《齐地记》、伏琛《齐记》、解道康《齐地记》、梁元帝《职贡图》、王范《交广二州记录》、黄义仲《十三州记》、应劭《十三州记》、乐资《九州志》《西河旧事》、张僧鉴《浔阳记》、邓德明《南康记》、王韶之《南康记》、潘岳《关中记》、罗含《湘中记》、庾仲雍《湘中记》、王歆之《始兴记》、刘道真《钱塘记》、郑缉之《东阳记》、纪义《宣城记》、王烈之《安城记》、王韶之《神境记》、史筌《武昌记》、黄闵《武陵记》、袁山松《宜都记》、杜预《汝南记》、郑缉之《永嘉记》《南中八郡志》、荀伯子《临川记》《陇西记》、伍端休《江陵记》、崔玄山《濑乡记》、萧子开《建安记》、丘渊之《征齐道里记》、王元谟《寿阳记》《上党记》、吴均《入东记》、《江乘记》《仇池记》、卢植《冀州风土记》、郭仲产《南雍州记》、虞仲翔《川渎记》《始安郡记》、裴松之《北征记》、徐齐民《北征记》、孟奥《北征记》、伏滔《北征记》、伍缉之《从征记》《东征记》《舆地图》《外国图》《括地图》《秦地图》《雍州图经》《宣城郡图经》《上谷郡图经》《四海图》《江都图经》《东郡图经》《洛阳图经》《广陵郡图经》《丹阳郡图经》《蜀郡图经》《长安图》《弘农郡图经》《历阳县郡图经》《河南郡图经》《荆州图副记》一百五十六部史籍，约占这二百九十五部史籍的53%。姚书没有删除一部《隋志》著录的史籍，可是却增补著录了应劭《地理风俗志》《洛阳宫舍记》《洛阳故宫名》、华延儁《洛阳记》、戴延之《洛阳记》《后魏洛阳记》《汉宫阁簿》《汉宫殿名》《汉宫阙疏》《晋宫阁名》《河南十二县境簿》《三辅宫殿名》《建康宫殿簿》、裴松之《述征记》《西征记》、卢思道《西征记》、张充之《吴兴山墟名》、顾征《吴县记》、董贤《吴地记》《分吴会丹阳三郡记》、顾长生《三吴土地记》、韦昭《三吴郡国志》、王僧虔《吴郡地理记》、张勃《吴地记》《吴郡缘海四县记》《吴郡临海记》、刘芳《徐地录》、阮升之《南兖州记》、荀绰《兖州记》、孔灵符《会稽记》《会稽旧记》《会稽郡十城地志》、庾仲雍《荆州记》、范汪《荆州记》《荆州土地志》、张僧鉴《豫章记》、段氏《蜀记》、袁休明《巴蜀志》、徐灵期《南岳记》、张野《庐山记》、周景式《庐山记》、袁山松《勾将山记》《太山记》、卢元明《嵩山记》、袁彦伯《罗浮山记》、竺法真《登罗山疏》、张曜《中山记》《邹山记》、支遁《天台山铭序》、《名山略记》、陶弘景《山图》、谯周《异物志》《巴蜀异物志》、薛莹《荆扬已南异物志》、薛珝《异物志》、陈祁畅《异物志》、曹叔雅《异物志》、任豫《益州记》、谯周《益州志》、裴渊《广州记》、顾微《广州记》、甄烈《湘州记》、《湘州荥阳郡记》、荀绰《冀州记》、裴秀《冀州记》、郭仲产《秦州记》、段国《沙州记》、刘欣期《交州记》《交州外域记》、姚文感《交州记》《甘州记》、辛氏《三秦记》、山谦之《丹阳记》、《三齐略记》、晏谟《齐地记》、伏琛《齐记》、解道康《齐地记》、梁元帝《职贡图》、王范《交广二州记录》、黄义仲《十三州记》、应劭《十三州记》、乐资《九州志》《西河旧事》、张僧鉴《浔阳记》、邓德明《南康记》、王韶之《南康记》、潘岳《关中记》、罗含《湘中记》、王歆之《始兴记》、刘道真《钱塘记》、纪义《宣城记》、郑缉之《东阳记》、王烈之《安城记》、王韶之《神境记》、史笙《武昌记》、黄闵《武陵记》、袁山松《宜都记》、杜预《汝南记》《南中八郡志》、荀伯于《临川记》《陇西记》、伍端休《江陵记》、崔玄山《濑乡记》、萧子开《建安记》、丘渊之《征齐道里记》、王玄谟《寿阳记》、朱阳《九江寿春记》《上党记》、吴均《入东记》《江乘记》《仇池记》、卢植《冀州风土记》、郭仲产《南雍州记》、虞仲翔《川渎记》《始安郡记》、裴松之《北征记》、徐齐民《北征记》、孟奥《北征记》、伏滔《北征记》、伍缉之《从征记》《东征记》《外国图》《括地图》《四海图》《长安图》《荆州图副记》一百二十六部史籍，约占这二百九十五部史籍的43%。不过姚书所增补著录的这一百二十六部史籍皆是章书亦增补著录的，可是章书成书远早于姚书，姚书中多次提到"章氏《考证》"云云，可见姚书所增补著录的史籍当是借用章书已有的成果。而且在这二百九十五部史籍中，章书共著录二百五十九部，约占88%；姚书共著录二百六十五部，约占90%。据此看，这部分史籍的考证著录中，章书虽然删除了《隋志》所著录的三十部史籍，但增补著录的史籍还是比姚书所增补著录的史籍多一些。

（七）

谱系类典籍与魏晋南北朝时期士族崛起，甚至与某些时期门阀士族专制朝政的政治格局关系密切。而这一类典籍的源流，据《隋书》卷三三《经籍志》所云："氏姓之书，其所由来远矣……汉初，得《世本》，叙黄帝已来祖世所出。而汉又有《帝王年谱》，后汉有《邓氏官谱》。晋世，挚虞作《族姓昭穆记》十卷，齐、梁之间，其书转广。后魏迁洛，有八氏十姓，咸出帝族。又有三十六族，则诸国之从魏者，九十二姓，世为部落大人者，并为河南洛阳人。其中国士人，则第其门阀，有四海大姓、郡姓、州姓、县姓。及周太祖入关，诸姓子孙有功者，并令为其宗长，仍撰谱录，纪其所承。又以关内诸州，为其本望。"虽然杨隋政权实行科举制度，士族已失去政治特权，但是这一阶层在社会上仍然有一定的影响力，因此《隋志》修撰之时对于这一类史籍很是比较重视的。而由于章书、姚书又是有关《隋书·经籍志》的考证著述，所以仍然要列表做些分析考述。

书名及作者	隋志	章书	姚书	备注
《世本王侯大夫谱》	著录	著录	著录	
刘向《世本》	著录	著录	著录	
宋衷《世本》	著录	著录	著录	
《世本别录》		著录		
宋均注《帝谱世本》		著录		
孙氏注《系本》		著录		
《世本谱》		著录		
《汉氏帝王谱》	著录	著录	著录	
梁有《宋谱》	著录		著录	
刘湛《百家谱》	著录	著录	著录	
《齐帝谱属》	著录		著录	
王俭《百家集谱》	著录	著录	著录	
王逡之《续俭百家谱》	著录		著录	

续表

书名及作者	隋志	章书	姚书	备注
《南族谱》	著录		著录	
《百家谱拾遗》	著录		著录	
《齐梁帝谱》	著录	著录	著录	
《梁帝谱》	著录		著录	
《梁大同四年表簿》		著录		
《梁亲表簿》		著录		
王僧儒《百家谱》	著录	著录	著录	
王僧儒《百家谱集钞》	著录	著录	著录	
贾执《百家谱》	著录	著录	著录	
傅昭《百家谱》	著录		著录	
徐勉《百官谱》		著录		
《百家谱世统》	著录		著录	
《百家谱钞》	著录		著录	
贾执《姓氏英贤谱》	著录	著录	著录	
王司空《新集诸州谱》	著录		著录	
《诸姓谱》	著录		著录	
《益州谱》	著录		著录	
《关东关北谱》	著录		著录	
《梁武帝总集境内十八州谱》	著录	著录	著录	姚书作"梁武帝总责境内十八州谱"。
《氏族要状》	著录	著录	著录	
《后魏皇帝宗族谱》	著录	著录	著录	
元晖业《后魏辨宗录》	著录	著录	著录	
《魏孝文列姓族牒》	著录	著录	著录	
《后魏方司格》		著录		
《后齐宗谱》	著录	著录	著录	
《周宇文氏谱》		著录		
《益州谱》	著录		著录	
《冀州姓族谱》	著录	著录	著录	
《洪州诸姓谱》	著录	著录	著录	
《吉州诸姓谱》	著录		著录	
《江州诸姓谱》	著录		著录	

续表

书名及作者	隋志	章书	姚书	备注
《诸州杂谱》	著录		著录	
《袁州诸姓谱》	著录	著录	著录	
《扬州谱钞》	著录		著录	
《司马氏系本》		著录		
《挚氏世本》		著录		
姚最《述系传》	著录		著录	
《京兆韦氏谱》	著录	著录	著录	
《谢氏谱》	著录	著录	著录	
《杨氏血脉谱》	著录		著录	
《杨氏家谱状并墓记》	著录		著录	
《杨氏枝分谱》	著录		著录	
《杨氏谱》	著录	著录	著录	
《北地傅氏谱》	著录	著录	著录	
《苏氏谱》	著录	著录	著录	
《嵇氏谱》		著录		
《庾氏谱》		著录		
《孙氏谱》		著录		
《阮氏谱》		著录		
《孔氏谱》		著录		
《刘氏谱》		著录		
《陈氏谱》		著录		
《王氏谱》		著录		
《郭氏谱》		著录		
《崔氏谱》		著录		
《诸葛氏谱》		著录		
《周氏谱》		著录		
《吴氏谱》		著录		
《羊氏谱》		著录		
《许氏谱》		著录		
《桓氏谱》		著录		
《冯氏谱》		著录		

书名及作者	隋志	章书	姚书	备注
《殷氏谱》		著录		
《陆氏谱》		著录		
《顾氏谱》		著录		
《虞氏谱》		著录		
《卫氏谱》		著录		
《魏氏谱》		著录		
《温氏谱》		著录		
《曹氏谱》		著录		
《李氏谱》		著录		
《袁氏谱》		著录		
《索氏谱》		著录		
《戴氏谱》		著录		
《贾氏谱》		著录		
《郝氏谱》		著录		
《郗氏谱》		著录		
《韩氏谱》		著录		
《张氏谱》		著录		
《荀氏谱》		著录		
《祖氏谱》		著录		
《司马氏谱》		著录		
《路氏谱》		著录		
王僧孺《范氏谱》		著录		
《杜氏谱》		著录		
《阳氏谱叙》		著录		
《蔡氏谱》		著录		
《应氏谱》		著录		
《臾氏谱》		著录		
何氏《姓苑》	著录	著录	著录	
《复姓苑》	著录	著录	著录	
《齐永元中表簿》	著录	著录	著录	
《竹谱》	著录	著录	著录	

续表

书名及作者	隋志	章书	姚书	备注
顾烜《钱谱》	著录	著录	著录	
《钱图》	著录		著录	
挚虞《族姓昭穆记》		著录		

可知《隋志》、章书、姚书所著录的谱系类史籍合计有一百零九部，其中章书删除《隋志》著录的有《宋谱》《齐帝谱属》、王逡之《续俭百家谱》《南族谱》《百家谱拾遗》《梁帝谱》、傅昭《百家谱》《百家谱世统》《百家谱钞》、王司空《新集诸州谱》《诸姓谱》《益州谱》《关东关北谱》《益州谱》《吉州诸姓谱》《江州诸姓谱》《诸州杂谱》《扬州谱钞》、姚最《述系传》《杨氏血脉谱》《杨氏家谱状并墓记》《杨氏枝分谱》《钱图》二十三部史籍，可是增补著录的有《世本别录》、宋均注《帝谱世本》、孙氏注《系本》《世本谱》《梁大同四年表簿》《梁亲表簿》、徐勉《百官谱》《后魏方司格》《周宇文氏谱》《司马氏系本》《挚氏世本》《嵇氏谱》《庾氏谱》《孙氏谱》《阮氏谱》《孔氏谱》《刘氏谱》《陈氏谱》《王氏谱》《郭氏谱》《崔氏谱》《诸葛氏谱》《周氏谱》《吴氏谱》《羊氏谱》《许氏谱》《桓氏谱》《冯氏谱》《殷氏谱》《陆氏谱》《顾氏谱》《虞氏谱》《卫氏谱》《魏氏谱》《温氏谱》《曹氏谱》《李氏谱》《袁氏谱》《索氏谱》《戴氏谱》《贾氏谱》《郝氏谱》《郗氏谱》《韩氏谱》《张氏谱》《荀氏谱》《祖氏谱》《司马氏谱》《路氏谱》、王僧孺《范氏谱》《杜氏谱》《阳氏谱叙》《蔡氏谱》《应氏谱》《炅氏谱》、挚虞《族姓昭穆记》五十六部史籍，约占这一百零九部史籍的50%。可是姚书没有增删任何一部《隋志》著录的史籍。而在这一百零九部史籍中，章书共著录八十六部，约占79%；姚书共著录五十四部，约占50%。据此看，这部分史籍的考证著录中，章书虽然删除了《隋志》所著录的二十四部史籍，但还是远比姚书所著录的史籍多。

（八）

簿录类史籍在各史《经籍志》《艺文志》中也是不可缺少的一部分，据《隋书》卷三三《经籍志》可知其源流，即"古者史官既司典籍，盖有目录，以为纲记，体制埋灭，不可复知。孔子删书，别为之序，各陈作者所由。韩、毛二《诗》，亦皆相类。汉时刘向《别录》、刘歆《七略》，剖析条流，各有其部，推寻事迹，疑则古之制也。自是之后，不能辨其流别，但记书名而已。博览之士，疾其浑漫，故王俭作《七志》，阮孝绪作《七录》，并皆别行。"而目录之学又是学术研究中不可缺少的一门学问，因此也要对于章书、姚书这一类史籍的著录情况列表做一考述分析。

书名及作者	隋志	章书	姚书	备注
刘向《七略别录》	著录	著录	著录	
刘歆《七略》	著录	著录	著录	
荀勖《晋中经》	著录	著录	著录	
《晋义熙以来新集目录》	著录	著录	著录	
王俭《宋元徽元年四部书目录》	著录	著录	著录	
王俭《今书七志》	著录	著录	著录	
殷钧《梁天监六年四部书目录》	著录	著录	著录	
刘遵《梁东宫四部目录》	著录	著录	著录	
刘孝标《梁文德殿四部目录》	著录	著录	著录	
阮孝绪《七录》	著录	著录	著录	
《魏阙书目录》	著录		著录	
《陈祕阁图书法书目录》	著录		著录	
《陈天嘉六年寿安殿四部目录》	著录	著录	著录	
《陈德教殿四部目录》	著录		著录	
《陈承香殿五经史记目录》	著录		著录	
殷淳《四部书目序录》		著录		
《开皇四年四部目录》	著录	著录	著录	《唐志》题牛弘撰。
《开皇八年四部目录》	著录	著录	著录	《唐志》题牛弘撰。
《开皇二十年书目》		著录		
《香厨四部目录》	著录		著录	
《隋大业正御书目录》	著录	著录	著录	
《法书目录》	著录	著录	著录	
杨松珍《史目》		著录		
裴松之《史目》		著录		

续表

书名及作者	隋志	章书	姚书	备注
《杂仪注目录》	著录		著录	
荀勖《杂撰文章家集叙》	著录	著录	著录	
挚虞《文章志》	著录	著录	著录	
傅亮《续文章志》	著录	著录	著录	
宋明帝《晋江左文章志》	著录	著录	著录	
沈约《宋世文章志》	著录	著录	著录	
顾恺之《晋文章纪》		著录		
《文章志》		著录		
丘渊之《文章录》		著录		
《书品》	著录		著录	
《名手画录》	著录	著录	著录	
《正流论》	著录	著录	著录	

可知《隋志》、章书、姚书所著录的簿录类史籍合计有三十六部，其中章书删除《隋志》著录的有《魏阙书目录》《陈祕阁图书法书目录》《陈德教殿四部目录》《陈承香殿五经史记目录》《香厨四部目录》《杂仪注目录》《书品》七部史籍，可是增补著录的有殷淳《四部书目序录》《开皇二十年书目》、杨松珍《史目》、裴松之《史目》、顾恺之《晋文章纪》《文章志》、丘渊之《文章录》七部史籍，约占这三十六部史籍的19%。姚书既没有删除一部《隋志》著录的史籍，也没有增补著录任何一部史籍。而在这三十六部史籍中，章书共著录二十九部，约占81%；姚书共著录二十九部，约占81%。因此看这部分史籍的考证著录中，章书虽然删除了《隋志》所著录的十部史籍，但是却增补著录了十六部史籍，比姚书所著录的史籍多。因此可以推测章氏对于他所删除的史籍还是有自己的考虑的。

（九）

旧事篇典籍也是史部的一个组成部分，实为记典章制度之书，究其原委，《隋书》卷三三《经籍志》有云："古者朝廷之政，发号施令，百司奉之，藏于官府，各修其职，守而弗忘……汉时，萧何定律令，张苍制章程，叔孙通定仪法，条流派别，制度渐广。晋初，甲令已下，至九百馀卷，晋武帝命车骑将军贾充，博引群儒，删采其要，增律十篇。其余不足经远者为法令，施行制度者为令，品式章程者为故事，各还其官府。缙绅之士，撰而录之，遂成篇卷。"而只有对典章制度有了比较深厚的了解，才能进一步做好学术研究，因此也有必要认真地将章书、姚书在这一部分史籍的增补著录情况做些比较分析，为此略作一表。

书名及作者	隋志	章书	姚书	备注
《汉武帝故事》	著录	著录	著录	
《西京杂记》	著录	著录	著录	
《汉魏吴蜀旧事》	著录	著录	著录	
《江东旧事》		著录		
《魏武故事》		著录		
《晋朝杂事》	著录	著录	著录	
《晋宋旧事》	著录	著录	著录	
《西京故事》		著录		
《晋要事》	著录	著录	著录	
《晋故事》	著录	著录	著录	
《晋建武故事》	著录	著录	著录	
孔愉《晋咸和咸康故事》	著录	著录	著录	
《晋建武以来故事》		著录		
《永平故事》		著录		
《晋泰始泰康故事》		著录		
《晋氏故事》		著录		
《晋诸杂故事》		著录		
《晋杂议》		著录		
车灌《晋修复山陵故事》	著录	著录	著录	
《交州杂事》	著录	著录	著录	
《晋八王故事》	著录	著录	著录	
卢綝《晋四王起事》	著录	著录	著录	
《桓玄伪事》	著录	著录	著录	
《晋东宫旧事》	著录	著录	著录	

书名及作者	隋志	章书	姚书	备注
《秦汉已来旧事》	著录	著录	著录	
范汪《尚书大事》	著录	著录	著录	
《大司马陶公故事》	著录	著录	著录	
《郗太尉为尚书令故事》	著录	著录	著录	
《华林故事名》		著录		
《咸宁三年武皇帝故事》		著录		
刘道荟《宋先朝故事》		著录		
《天正旧事》	著录	著录	著录	
应思远《沔南故事》	著录	著录	著录	
温子升《永安故事》		著录		
《皇储故事》	著录		著录	
萧大圜《梁旧事》	著录	著录	著录	
《京兆旧事》		著录		
宇文恺《东宫典记》	著录	著录	著录	.
《开业平陈记》	著录	著录	著录	
杨楞伽《邺都故事》		著录		
《邺城故事》		著录		
何晏《白起故事》		著录		
《诸葛故事》		著录		
王朗《秦故事》		著录		
《汉杂事》		著录		

　　可知《隋志》、章书、姚书所著录的旧事篇史籍合计有四十五部，其中章书删除《隋志》著录的仅有《皇储故事》这部史籍，可是增补著录的有《江东旧事》《魏武故事》《西京故事》《晋建武以来故事》《永平故事》《晋泰始泰康故事》《晋氏故事》《晋诸杂故事》《晋杂议》《华林故事名》《咸宁三年武皇帝故事》、刘道荟《宋先朝故事》、温子升《永安故事》《京兆旧事》、杨楞伽《邺都故事》《邺城故事》、何晏《白起故事》《诸葛故事》、王朗《秦故事》《汉杂事》二十部史籍，约占这四十五部史籍的44%。姚书既没有删除一部《隋志》著录的史籍，也没有增补著录任何一部史籍。而在这四十五部史籍中，章书共著录四十四部，约

占98%；姚书共著录二十五部，约占56%。据此看，这部分史籍的考证著录中，章书虽然删除了《隋志》所著录的一部史籍，但是却增补著录了二十部史籍，这样就远比姚书所著录的史籍多。

（十）

职官篇史籍是指职官制度之书，也是史部典籍的一个重要组成部分，其渊源，《隋书》卷三三《经籍志》有云："《周官》，冢宰掌建邦之六典，而御史数凡从正者。然则冢宰总六卿之属，以治其政，御史掌其在位名数，先后之次焉。今《汉书·百官表》列众职之事，记在位之次，盖亦古之制也。汉末，王隆、应劭等，以《百官表》不具，乃作《汉官解诂》《汉官仪》等书。是后相因，正史表、志，无复百僚在官之名矣。缙绅之徒，或取官曹名品之书，撰而录之，别行于世。"而职官制度则是更为前辈学者重视，作为学术研究的一把重要的钥匙，这也有必要将章书、姚书所著录的此类史籍加以分析，故略作一表加以比较。

书名及作者	隋志	章书	姚书	备注
王隆《汉官解诂》	著录	著录	著录	
应劭注《汉官》	著录	著录	著录	
应劭《汉官仪》	著录	著录	著录	
《汉官目录》		著录		
《汉官名秩》		著录		
蔡质《汉官典职仪式选用》	著录	著录	著录	
荀攸《魏官仪》	著录	著录	著录	
韦昭《官仪职训》	著录	著录	著录	
傅畅《晋公卿礼秩故事》	著录	著录	著录	
《晋新定仪注》	著录	著录	著录	
徐宣瑜《晋官品》	著录	著录	著录	
荀绰《百官表注》	著录	著录	著录	
干宝《司徒仪》	著录	著录	著录	
《宋职官记》	著录		著录	
《晋百官仪服录》	著录		著录	
《大兴二年定官品事》	著录		著录	

书名及作者	隋志	章书	姚书	备注
《百官品》	著录		著录	
丁孚《汉官仪式选用》		著录		
《百官阶次》	著录	著录	著录	一卷,《唐志》题范蔚宗撰。
王珪之《齐职仪》	著录	著录	著录	
王珪之《齐仪》	著录		著录	
《齐职仪》	著录		著录	
徐勉《梁选部》	著录	著录	著录	姚书作"梁选簿"。
《梁勋选格》	著录		著录	
陶藻《职官要录》	著录	著录	著录	
《梁官品格》	著录		著录	
《百官阶次》	著录	著录	著录	三卷。
《新定将军名》	著录		著录	
《吏部用人格》	著录		著录	
王秀道《百官春秋》	著录	著录	著录	《唐志》作"王道秀"。
《百官春秋》	著录		著录	章书王秀道《百官春秋》考证又有《百官春秋》二十卷。
何晏《官族传》	著录	著录	著录	
《魏晋百官名》	著录	著录	著录	
《咸熙元年百官名》		著录		
《晋百官名》	著录	著录	著录	
《晋武帝百官名》		著录		
陆机《晋惠帝百官名》		著录		
《晋武帝太始官名》		著录		
《晋怀帝永嘉官名》		著录		
《元康百官名》		著录		
《明帝东宫寮属名》		著录		
《晋东宫官名》		著录		
《征西寮属名》		著录		
《庾亮寮属名》		著录		
《庾亮参佐名》		著录		
《齐王官属名》		著录		

续表

书名及作者	隋志	章书	姚书	备注
伏滔《大司马寮属名》		著录		
《晋官属名》	著录	著录	著录	
《晋过江人士目》		著录		
卫禹《晋永嘉流士》		著录		
《永嘉流人名》		著录		
《王朝目录》		著录		
《登城三战簿》		著录		
《魏官品令》		著录		
《晋官品令》		著录		
《陈百官簿状》	著录	著录	著录	
《陈将军簿》	著录	著录	著录	
沈约《新定官品》	著录	著录	著录	
《梁百官人名》		著录		
《梁尚书职志仪注》	著录	著录	著录	
郭演《职令古今百官注》	著录	著录	著录	

　　可知《隋志》、章书、姚书所著录的职官篇史籍合计有六十一部，其中章书删除《隋志》著录的有《宋职官记》《晋百官仪服录》《大兴二年定官品事》《百官品》、王珪之《齐仪》《齐职仪》《梁勋选格》《梁官品格》《新定将军名》《吏部用人格》《百官春秋》等十一部史籍，可是增补著录的有《汉官目录》《汉官名秩》、丁孚《汉官仪式选用》《咸熙元年百官名》《晋武帝百官名》、陆机《晋惠帝百官名》《晋武帝太始官名》《晋怀帝永嘉官名》《元康百官名》《明帝东宫寮属名》《晋东宫官名》《征西寮属名》《庾亮寮属名》《庾亮参佐名》《齐王官属名》、伏滔《大司马寮属名》《晋过江人士目》、卫禹《晋永嘉流士》《永嘉流人名》《王朝目录》《登城三战簿》《魏官品令》《晋官品令》《梁百官人名》二十四部史籍，约占这六十一部史籍的38%。可是姚书没有增删任何一部《隋志》著录的史籍。而在这六十一部史籍中，章书一共著录五十部，约占82%；姚书一共著录三十八部，约占62%。因此看这部分史籍的考证著录中，章书虽然删除了《隋志》所著录的十二部史籍，但是却增补著录

了二十四部史籍，这就远比姚书所著录的史籍多。从章书仍然著录了王珪之《齐职仪》，却删除了王珪之《齐仪》《齐职仪》来看，他或许以为王珪之《齐职仪》、王珪之《齐仪》《齐职仪》实为一书，故删除其他两书，所以章宗源删除那些史籍还是颇有他的想法的。

（十一）

仪注类记吉凶行事，究其渊源，据《隋书》卷三三《经籍志》记云："仪注之兴，其所由来久矣。自君臣父子，六亲九族，各有上下亲疏之别。养生送死，吊恤贺庆，则有进止威仪之数。唐、虞已上，分之为三，在周因而为五。《周官》，宗伯所掌吉、凶、宾、军、嘉，以佐王安邦国，亲万民，而太史执书以协事之类是也。是时，典章皆具，可履而行。周衰，诸侯削除其籍。至秦，又焚而去之。汉兴，叔孙通定朝仪，武帝时始祀汾阴后土，成帝时初定南北之郊，节文渐具。后汉又使曹褒定汉仪，是后相承，世有制作。"而我国自古以来就是礼仪之邦，对于各种礼仪制度的制定修撰极为重视，而无论章书还是姚书也比较重视这一类史籍的考证著录，因此有必要列表将这两部《隋书·经籍志》考证名著加以比较分析。

书名及作者	隋志	章书	姚书	备注
卫敬仲《汉旧仪》	著录	著录	著录	
卫敬仲《汉中兴仪》	著录		著录	
傅瑗《晋新定仪注》	著录	著录	著录	
《晋杂仪注》	著录		著录	
《晋尚书仪》	著录	著录	著录	
徐广《晋尚书仪曹新定仪注》		著录		
《甲辰仪》	著录	著录	著录	
《封禅仪》	著录	著录	著录	
《宋仪注》	著录	著录	著录	十卷又二十卷。
《宋尚书仪注》	著录	著录	著录	
《宋废帝元徽仪注》		著录		
张镜《宋东宫仪记》	著录	著录	著录	

续表

书名及作者	隋志	章书	姚书	备注
《徐爰家仪》	著录	著录	著录	
萧子云《东宫新记》	著录	著录	著录	
《齐永明仪注》		著录		
《梁东宫元会仪注》		著录		
《陈元会仪注》		著录		
《宋太庙烝尝仪注》		著录		
《宋藉田仪注》		著录		
《梁五礼藉田仪注》		著录		
《晋先蚕仪注》		著录		
《晋元康仪》		著录		
《皇后亲蚕仪注》		著录		
《梁五礼先蚕仪注》		著录		
《宋南郊亲奉仪注》		著录		
《陈南北郊明堂仪注》		著录		
明山宾《梁吉礼仪注》	著录	著录	著录	
贺扬《梁宾礼仪注》	著录	著录	著录	
明山宾《吉仪注》	著录	著录	著录	
严植之《凶仪注》	著录	著录	著录	
陆琏《军仪注》	著录	著录	著录	
司马褧《嘉仪注》	著录	著录	著录	
沈约《梁仪注》		著录		
沈约《梁祭地祇阴阳仪注》		著录		
《梁尚书仪曹仪注》		著录		
《梁天子丧礼》		著录		
《梁大行皇帝皇后崩仪注》		著录		
《梁太子妃薨凶仪注》		著录		
《梁诸侯世子卒凶仪注》		著录		
《梁陈大行皇帝崩仪注》		著录		
丘仲孚《皇典》	著录	著录	著录	
《杂凶礼》	著录		著录	
何胤《政典》	著录	著录	著录	

续表

书名及作者	隋志	章书	姚书	备注
何胤《士丧仪注》	著录	著录	著录	
《杂仪注》	著录	著录	著录	
《陈尚书杂仪注》	著录		著录	
《陈吉礼》	著录	著录	著录	
《陈杂仪注》		著录		
《陈诸帝后崩仪注》		著录		
《陈杂仪注凶仪》		著录		
《陈皇太后崩仪注》		著录		
《陈皇太子妃薨仪注》		著录		
《陈宾礼》	著录	著录	著录	
《陈军礼》	著录		著录	
《陈嘉礼》	著录		著录	
《后魏仪注》	著录	著录	著录	《唐志》题常景撰。
《后齐仪注》	著录		著录	
《杂嘉礼》	著录		著录	
赵彦深《北齐吉礼》		著录		
《北齐皇太后丧礼》		著录		
《国亲皇太子序亲簿》	著录	著录	著录	
牛弘《隋朝仪礼》	著录	著录	著录	
高颎《隋吉礼》		著录		
董巴《大汉舆服志》	著录	著录	著录	
何晏《魏晋谥议》	著录	著录	著录	
《汝南君讳议》	著录	著录	著录	
《决疑要注》	著录	著录	著录	
徐广《车服杂注》	著录	著录	著录	
王逡之《礼仪制度》	著录		著录	
《汉礼器制度》		著录		
周迁《古今舆服杂事》	著录	著录	著录	
《晋卤簿图》	著录	著录	著录	
《卤簿仪》	著录		著录	
《陈卤簿图》	著录		著录	

续表

书名及作者	隋志	章书	姚书	备注
《齐卤簿仪》	著录		著录	
《诸卫左右厢旗图样》	著录		著录	
《诸王国杂仪注》		著录		
范汪《杂府州郡仪》		著录		
何胤《丧服治礼仪注》		著录		
《冠婚仪》		著录		
崔皓《婚仪祭仪》		著录		
《魏氏郊丘》		著录		
孔晁《晋明堂郊社议》		著录		
蔡谟《晋七庙议》		著录		
荀颉《晋杂议》		著录		
王景之《要典》		著录		
卢辩《祀典》		著录		
谢玄《内外书仪》	著录	著录	著录	
蔡超《书仪》	著录	著录	著录	
王弘《书仪》	著录	著录	著录	
谢朏《书笔仪》	著录	著录	著录	
《宋长沙檀太妃梦吊答书》	著录		著录	
王俭《吊答仪》	著录	著录	著录	
鲍行卿《皇室仪》	著录	著录	著录	
《皇室书仪》		著录		
王俭《吉书仪》	著录	著录	著录	
周舍《书仪疏》	著录		著录	
鲍泉《新仪》	著录		著录	
梁修端《文仪》	著录		著录	
李穆叔《赵李家仪》	著录		著录	
崔浩《女仪》		著录		
唐瑾《书仪》	著录	著录	著录	
《言语仪》	著录		著录	
《严植之仪》	著录		著录	
《迩仪》	著录		著录	

续表

书名及作者	隋志	章书	姚书	备注
《妇人书仪》	著录		著录	
释昙瑗《僧家书仪》	著录		著录	
卢公范《馈饷仪》		著录		
《要典杂事》	著录		著录	

可知《隋志》、章书、姚书所著录的仪注类史籍合计有一百零九部，其中章书删除《隋志》著录的有卫敬仲《汉中兴仪》《晋杂仪注》《杂凶礼》《陈尚书杂仪注》《陈军礼》《陈嘉礼》《后齐仪注》《杂嘉礼》、王逡之《礼仪制度》《卤簿仪》《陈卤簿图》《齐卤簿仪》《诸卫左右厢旗图样》《宋长沙檀太妃梦吊答书》、周舍《书仪疏》、鲍泉《新仪》、梁修端《文仪》、李穆叔《赵李家仪》《言语仪》《严植之仪》《迩仪》《妇人书仪》、释昙瑗《僧家书仪》《要典杂事》二十四部史籍，可是增补著录的有徐广《晋尚书仪曹新定仪注》《宋废帝元徽仪注》《齐永明仪注》《梁东宫元会仪注》《陈元会仪注》《宋太庙烝尝仪注》《宋藉田仪注》《梁五礼藉田仪注》《晋先蚕仪注》《晋元康仪》《皇后亲蚕仪注》《梁五礼先蚕仪注》《宋南郊亲奉仪注》《陈南北郊明堂仪注》、沈约《梁仪注》《梁祭地祇阴阳仪注》《梁尚书仪曹仪注》《梁天子丧礼》《梁大行皇帝皇后崩仪注》《梁太子妃薨凶仪注》《梁诸侯世子卒凶仪注》《梁陈大行皇帝崩仪注》《陈杂仪注》《陈诸帝后崩仪注》《陈杂仪注凶仪》《陈皇太后崩仪注》《陈皇太子妃薨仪注》、赵彦深《北齐吉礼》《北齐皇太后丧礼》、高颎《隋吉礼》《汉礼器制度》《诸王国杂仪注》、范汪《杂府州郡仪》、何胤《丧服治礼仪注》《冠婚仪》、崔皓《婚仪祭仪》《魏氏郊丘》、孔晁《晋明堂郊社议》、蔡谟《晋七庙议》、荀颙《晋杂议》、王景之《要典》、卢辩《祀典》《皇室书仪》、崔浩《女仪》、卢公范《馈饷仪》四十五部史籍，约占这一百零九部史籍的 40%。可是姚书没有增删《隋志》在这部分所著录的六十四部史籍中的任何一部。而在这一百零九部史籍中，章书共著录八十五部，约占 89%；姚书共著录六十五部，约占 60%。据此看这部分史籍的考证著录中，章书虽然删除了《隋志》所著录的二十四部史籍，但是却增补著录了四十五部史籍，仍然远比姚书所著录的史籍多。

（十二）

刑法篇史籍主要是指法律文书，包括有律、令、格、式，究其渊源，《隋书》卷三三《经籍志》有云："然则刑书之作久矣。盖藏于官府，惧人之知争端，而轻于犯。及其末也，肆情越法，刑罚僭滥。至秦，重之以苛虐，先王之正刑灭矣。汉初，萧何定律九章，其后渐更增益，令甲已下，盈溢架藏。晋初，贾充、杜预，删而定之。有律，有令，有故事。梁时，又取故事之宜于时者为《梁科》。后齐武成帝时，又于麟趾殿。删正刑典谓之《麟趾格》。后周太祖，又命苏绰撰《大统式》，隋则律令格式并行。"而法律文书的修撰对于社会稳定起着相当重要的作用，历朝历代都比较重视法律文书的修撰，因此也要将章书、姚书在这类法律文书所做的著录加以比较，为此略作一表加以分析。

书名及作者	隋志	章书	姚书	备注
杜预《律本》	著录	著录	著录	
张斐《汉晋律序注》	著录	著录	著录	
张斐《杂律解》	著录	著录	著录	
杜预《杂律》	著录		著录	
《魏晋律令》		著录		
宗躬《齐永明律》		著录		
蔡法度《晋宋齐梁律》	著录	著录	著录	
蔡法度《梁律》	著录	著录	著录	
《后魏律》	著录	著录	著录	
《北齐律》	著录	著录	著录	《唐志》：赵郡王叡撰，二十卷。
《麟趾格》		著录		
范泉《陈律》	著录	著录	著录	
《周律》	著录	著录	著录	
《周大统式》	著录	著录	著录	
《隋律》	著录	著录	著录	
《隋大业律》	著录	著录	著录	
《晋令》	著录	著录	著录	

书名及作者	隋志	章书	姚书	备注
《梁令》	著录	著录	著录	
《梁科》	著录	著录	著录	
《北齐令》	著录	著录	著录	
《北齐权令》	著录	著录	著录	
范泉《陈令》	著录	著录	著录	
范泉《陈科》	著录	著录	著录	
《隋开皇令》	著录	著录	著录	
《隋大业令》	著录		著录	
《汉建武律令故事》	著录	著录	著录	
贾充《晋故事》		著录		
孔稚圭《集定张杜律注》		著录		
应劭《汉朝议驳》	著录	著录	著录	
刘邵《律略论》	著录	著录		
应劭《律略论》		著录		
《晋杂议》	著录	著录	著录	
《晋弹事》	著录	著录	著录	
《南台奏事》	著录	著录	著录	
《汉名臣奏事》	著录	著录	著录	
《魏王奏事》	著录	著录	著录	
《汉诸王奏事》		著录		
《魏武制度》		著录		
陈寿《魏名臣奏事》	著录	著录	著录	
高堂隆《魏台杂访议》	著录	著录	著录	
《魏廷尉决事》	著录	著录	著录	
《晋驳事》	著录	著录	著录	
《廷尉驳事》		著录		
《后魏职令》		著录		
《晋杂制》	著录		著录	
《晋刺史六条制》	著录		著录	
《齐五服制》	著录		著录	
《陈新制》	著录		著录	

可知《隋志》、章书、姚书所著录的刑法篇史籍合计有四十八部，其中章书删除《隋志》著录的有杜预《杂律》《隋大业令》《晋杂制》《晋刺史六条制》《齐五服制》《陈新制》六部史籍，可是增补著录的有《魏晋律令》、宗躬《齐永明律》《麟趾格》、贾充《晋故事》、孔稚圭《集定张杜律注》《汉诸王奏事》《魏武制度》《廷尉驳事》《后魏职令》九部史籍，约占这四十八部史籍的19%。姚书既没有删除一部《隋志》著录的史籍，也没有增补著录一部史籍。而且在这四十八部史籍中，章书共著录四十一部，约占88%；姚书共著录三十八部，约占81%。因此说这部分史籍的考证著录中，章书虽然删除了《隋志》所著录的七部史籍，但是却增补著录了十一部史籍，略比姚书所著录的史籍多。

（十三）

杂传类包括有先贤传、耆旧传、传赞、高士传、孝子传、列女传、忠臣传、别传、家传、内传等史籍，是史部中最为繁杂的一类，究其源流，据《隋书》卷三三《经籍志》所云："古之史官，必广其所记，非独人君之举。《周官》，外史掌四方之志，则诸侯史记，兼而有之……故自公卿诸侯，至于群士，善恶之迹，毕集史职。而又闾胥之政，凡聚众庶，书其敬敏任恤者，族师每月书其孝悌睦姻有学者，党正岁书其德行道艺者，而入之于乡大夫。乡大夫三年大比，考其德行道艺，举其贤者能者，而献其书。王再拜受之，登于天府，内史贰之。是以穷居侧陋之士，言行必达，皆有史传。自史官旷绝，其道废坏，汉初，始有丹书之约、白马之盟。武帝从董仲舒之言，始举贤良文学。天下计书，先上太史，善恶之事，靡不毕集……又汉时，阮仓作《列仙图》，刘向典校经籍，始作《列仙》《列士》《列女》之传，皆因其志尚，率尔而作，不在正史。后汉光武，始诏南阳，撰作风俗，故沛、三辅有耆旧节士之序；鲁、庐江有名德先贤之赞。郡国之书，由是而作。魏文帝又作《列异》，以序鬼物奇怪之事，嵇康作《高士传》以叙圣贤之风。因其事类，相继而作者甚众，名目转广，而又杂以虚诞怪妄之说。"正是由于这一类史籍种类繁多，就更有必要略作一表对于章书、姚书所做的著录加以比较分析。

书名及作者	隋志	章书	姚书	备注
赵岐《三辅决录》	著录	著录	著录	
《海内先贤传》	著录	著录	著录	
《海内士品》	著录	著录	著录	
《四海耆旧传》	著录	著录	著录	
《海内先贤行状》	著录	著录	著录	姚书作《先贤集》，所引史料皆作《海内先贤行状》。
《徐州先贤传》	著录	著录	著录	《金楼子·说蕃篇》曰：刘义庆为荆州刺史，在州八年，撰《徐州先贤传》，奏上之。
刘义庆《徐州先贤传赞》	著录	著录	著录	
《兖州先贤传》	著录	著录	著录	
崔慰祖《海岱志》	著录	著录	著录	
范瑗《交州先贤传》	著录	著录	著录	
陈长寿《益部耆旧传》	著录	著录	著录	
《益州耆旧传杂记》		著录		
《续益部耆旧传》	著录	著录	著录	
《诸国清贤传》	著录	著录	著录	
白褒《鲁国先贤传》	著录	著录	著录	
张方《楚国先贤传赞》	著录	著录	著录	
周斐《汝南先贤传》	著录	著录	著录	
圈称《陈留耆旧传》	著录	著录	著录	
苏林《陈留耆旧传》	著录	著录	著录	
陈英宗《陈留先贤像赞》	著录	著录	著录	
江敞《陈留志》	著录	著录	著录	
《济北先贤传》	著录	著录	著录	
《庐江七贤传》	著录	著录	著录	
王基《东莱耆旧传》	著录	著录	著录	
习凿齿《襄阳耆旧记》	著录	著录	著录	
谢承《会稽先贤传》	著录	著录	著录	
《会稽先贤像赞》	著录	著录	著录	
钟离岫《会稽后贤传记》	著录	著录	著录	
陆胤《广州先贤传》		著录	著录	

续表

书名及作者	隋志	章书	姚书	备注
刘芳《广州先贤传》		著录	著录	
《青州先贤传》		著录	著录	
虞预《会稽典录》	著录	著录	著录	
《汉世要记》	著录		著录	
陆凯《吴先贤传》	著录	著录	著录	
《吴国先贤赞》		著录		
吴均《吴都钱塘先贤传》		著录	著录	
《南海先贤传》		著录		
郭缘生《武昌先贤志》	著录	著录	著录	
《武陵先贤传》		著录	著录	
留叔先《东阳朝堂像赞》	著录	著录	著录	
徐整《豫章烈士传》	著录	著录	著录	
熊默《豫章旧志》	著录	著录	著录	
熊欣《豫章旧志后撰》	著录		著录	
《豫章耆旧传》		著录		
《零陵先贤传》	著录	著录	著录	
刘彧《长沙耆旧传赞》	著录	著录	著录	
贺氏《会稽太守像赞》		著录		
高范《荆州先贤传》		著录	著录	
华隔《广陵烈士传》		著录	著录	
《蜀文翁学堂像题记》	著录	著录	著录	
《汉末名士录》		著录	著录	
习凿齿《逸人高士传》		著录	著录	
虞溥《江表传》		著录	著录	
嵇康《圣贤高士传赞》	著录	著录	著录	
皇甫谧《高士传》	著录	著录	著录	
皇甫谧《逸士传》	著录	著录	著录	
张胜《桂阳先贤画赞》	著录	著录	著录	
张显《逸民传》	著录	著录	著录	
孙盛《逸人传》		著录	著录	
虞盘佐《高士传》	著录	著录	著录	

书名及作者	隋志	章书	姚书	备注
孙绰《至人高士传赞》	著录	著录	著录	
周弘让《续高士传》	著录	著录	著录	
阮孝绪《高隐传》	著录	著录	著录	
《高隐传》	著录		著录	
魏隶《高士传》		著录	著录	
袁淑《真隐传》		著录	著录	
虞孝敬《高僧传》	著录	著录	著录	
《止足传》	著录	著录	著录	
王韶之《孝子传赞》	著录	著录	著录	
萧广济《孝子传》	著录	著录	著录	
郑缉之《孝子传》	著录	著录	著录	
师觉授《孝子传》	著录	著录	著录	
宋躬《孝子传》	著录	著录	著录	
徐广《孝子传》		著录	著录	
《孝子传略》	著录	著录	著录	
周景式《孝子传》		著录	著录	
刘向《孝子图》		著录	著录	
梁武帝《孝子传》		著录		
梁元帝《孝德传》	著录	著录	著录	
《孝友传》	著录	著录	著录	《唐志》题申秀《孝友传》八卷。
《曾参传》	著录		著录	
梁元帝《忠臣传》	著录	著录	著录	
梁元帝《显忠录》	著录	著录	著录	《唐志》题元怿《显忠录》，《隋志》作梁元帝，误。
张万贤《英藩可录》	著录	著录	著录	
刘昼《高才不遇传》	著录	著录	著录	
梁元帝《丹阳尹传》	著录	著录	著录	
钟岏《良吏传》	著录	著录	著录	
《海内名士传》	著录		著录	
袁敬仲《正始名士传》	著录	著录	著录	
刘义庆《江左名士传》	著录	著录	著录	

续表

书名及作者	隋志	章书	姚书	备注
戴逵《竹林七贤论》	著录	著录	著录	
孟氏《七贤传》	著录	著录	著录	《唐志》作"孟仲晖"。
张隐《文士传》	著录	著录	著录	
刘向《列士传》	著录	著录	著录	
范晔《阴德传》	著录	著录	著录	
《悼善传》	著录	著录	著录	
任昉《杂传》	著录	著录	著录	
《东方朔传》	著录	著录	著录	
《毋丘俭记》	著录	著录	著录	
管辰《管辂传》	著录	著录	著录	
《李固别传》		著录	著录	
《梁冀传》		著录	著录	
《何颙传》		著录		
《曹瞒传》		著录	著录	
《荀彧别传》		著录	著录	
《荀勖别传》		著录	著录	
《郑玄别传》		著录	著录	
《邴原别传》		著录	著录	
《程晓别传》		著录	著录	
《孙资别传》		著录	著录	
嵇喜《康传》		著录	著录	
《吴质别传》		著录	著录	
《潘尼别传》		著录	著录	
《潘岳别传》		著录	著录	
《刘廙别传》		著录	著录	
《郭泰别传》		著录	著录	
《卢谌别传》		著录	著录	
谢鲲《乐广传》		著录	著录	
《任嘏别传》		著录	著录	
钟会为其母传		著录	著录	
又生母传		著录		

书名及作者	隋志	章书	姚书	备注
何劭《王弼传》		著录	著录	
《华佗别传》		著录	著录	
《赵云别传》		著录	著录	
《费祎别传》		著录	著录	
《孙惠别传》		著录	著录	
陆机《顾谭传》		著录	著录	
《虞翻别传》		著录	著录	
《陆机云别传》		著录	著录	
杨孚《董卓传》		著录	著录	
《钟离意别传》		著录	著录	
《郗鉴别传》		著录	著录	
《王乂别传》		著录	著录	"王乂"姚书作"王叉"。
《桓彝别传》		著录	著录	
《王丞相别传》		著录	著录	
《阮光禄别传》		著录	著录	
《刘尹别传》		著录	著录	
《范宣别传》		著录	著录	
《王献之别传》		著录	著录	
《王恭别传》		著录	著录	
《司马徽别传》		著录	著录	
《向秀别传》		著录	著录	
《卫玠别传》		著录	著录	
《顾和别传》		著录	著录	
《王含别传》		著录	著录	
《孙放别传》		著录	著录	
《庾翼别传》		著录	著录	
《桓温别传》		著录	著录	
《顾恺之别传》		著录	著录	
《王长史别传》		著录	著录	
《王中郎传》		著录	著录	
《郗超别传》		著录	著录	

书名及作者	隋志	章书	姚书	备注
《王胡之别传》		著录	著录	
《王司徒传》		著录	著录	
《钟雅别传》		著录	著录	
《陆玩别传》		著录	著录	
《江惇传》		著录	著录	
《殷浩别传》		著录	著录	
《王珉别传》		著录	著录	
《王敦别传》		著录	著录	
《谢鲲别传》		著录	著录	
《王述别传》		著录	著录	
《谢玄别传》		著录	著录	
《樊英别传》		著录	著录	
《左思别传》		著录	著录	
《郭璞别传》		著录	著录	
《诸葛恢别传》		著录	著录	
《周顗别传》		著录	著录	
《孔愉别传》		著录	著录	
《蔡司徒别传》		著录	著录	
《王彪之别传》		著录	著录	
《罗府君别传》		著录	著录	
《祖约别传》		著录	著录	
《阮孚别传》		著录	著录	
《羊曼别传》		著录	著录	
《王劭王荟别传》		著录	著录	
《石勒传》		著录	著录	
《王彬别传》		著录	著录	
《王舒传》		著录	著录	
《王澄别传》		著录	著录	
《王邃别传》		著录	著录	
《卞壶别传》		著录	著录	
《虞光禄传》		著录	著录	

续表

书名及作者	隋志	章书	姚书	备注
《郤惜别传》		著录	著录	
《陈逵别传》		著录	著录	
《贺循别传》		著录	著录	
《桓冲别传》		著录	著录	
《桓豁别传》		著录	著录	
《周处别传》		著录	著录	
《贾充别传》		著录	著录	
《郤昙别传》		著录	著录	
《范汪别传》		著录	著录	
《蔡充别传》		著录	著录	
《司马晞传》		著录	著录	
《王雅别传》		著录	著录	
《荀粲别传》		著录	著录	
《司马无忌传》		著录	著录	
《高坐别传》		著录	著录	
《浮图澄别传》		著录	著录	
《支遁传》		著录	著录	
《明先生别传》		著录	著录	
《陈寔别传》		著录	著录	
《李合传》		著录	著录	
《夏仲御别传》		著录	著录	
《孟嘉别传》		著录	著录	
《葛仙公别传》		著录		
《刘根别传》		著录		
《陈武别传》		著录	著录	
《孙登别传》		著录	著录	
《王廙别传》		著录	著录	
《许逊别传》		著录	著录	
《郭翻别传》		著录	著录	
《诸葛恪别传》		著录	著录	
《许迈别传》		著录		

续表

书名及作者	隋志	章书	姚书	备注
《曹肇曹毗传》		著录	著录	
《蔡琰别传》		著录	著录	
《王蕴别传》		著录	著录	
《王蒙别传》		著录	著录	
《张载别传》		著录	著录	
《祢衡别传》		著录	著录	
《张华别传》		著录	著录	
《蒲元传》		著录	著录	
《罗含别传》		著录	著录	
《裴楷别传》		著录	著录	
《娄承先传》		著录	著录	
《马融别传》		著录	著录	
《胡综别传》		著录	著录	"胡综"，姚书作"故综"。
《冲波传》		著录	著录	
《杜兰香别传》		著录	著录	姚书记撰者为曹毗。
《孔融别传》		著录	著录	
《荀采传》		著录	著录	
《鲁女生别传》		著录	著录	
《陶侃传》		著录	著录	
《董正别传》		著录	著录	
《王威别传》		著录	著录	
《王瑕别传》		著录	著录	
《桓楷别传》		著录	著录	
《傅宣别传》		著录	著录	
《孟宗别传》		著录	著录	
《许肃别传》		著录	著录	
《庾衮别传》		著录	著录	
袁宏《山涛别传》		著录	著录	
《赵穆别传》		著录	著录	
《庾亮别传》		著录	著录	
《颜含别传》		著录	著录	

续表

书名及作者	隋志	章书	姚书	备注
《王湛别传》		著录	著录	
《傅咸别传》		著录	著录	
《王允别传》		著录	著录	
《卢植别传》		著录	著录	
《葛洪别传》		著录	著录	
《邹衍别传》		著录	著录	
《蔡邕别传》		著录	著录	
《孙略别传》		著录	著录	
《边让别传》		著录	著录	
《杜祭酒别传》		著录	著录	
《吴猛别传》		著录	著录	
《石虎别传》		著录	著录	
《雷焕别传》		著录	著录	
《徐邈别传》		著录	著录	
《羊祜别传》		著录	著录	
《张纯别传》		著录	著录	
《桓石秀别传》		著录	著录	
《祖逖别传》		著录	著录	
《江祚别传》		著录	著录	
《陆绩别传》		著录	著录	
《管宁别传》		著录	著录	
《何晏别传》		著录	著录	
《傅嘏别传》		著录	著录	
《何祯别传》		著录	著录	
《赵至别传》		著录	著录	
《智琼别传》		著录	著录	
《潘勖别传》		著录	著录	
《诸葛亮别传》		著录	著录	
《张衡别传》		著录	著录	
《曹植别传》		著录	著录	
《李陵别传》		著录	著录	

右上角：续表

书名及作者	隋志	章书	姚书	备注
《王祥别传》		著录	著录	
《江蒙别传》		著录	著录	
《赵岐别传》		著录	著录	
《李燮别传》		著录	著录	
《潘京别传》		著录	著录	
《曹肇传》		著录		
《杨彪别传》		著录	著录	
《张芜别传》		著录	著录	
《马钧别传》		著录	著录	
《贾逵别传》		著录	著录	
《桓谭别传》		著录	著录	
《徐延年别传》		著录	著录	
贺踪《杂传》	著录	著录	著录	
《杂传》	著录	著录	著录	
陆澄《杂传》	著录	著录	著录	
《桓玄传》		著录	著录	
皇甫谧《玄晏春秋》	著录	著录	著录	
《孔子弟子先儒传》	著录	著录	著录	
郭冲《诸葛亮隐没五事》		著录	著录	
《诸王传》		著录	著录	
《李氏家传》	著录	著录	著录	
《扬雄家牒》		著录	著录	
《桓氏家传》	著录	著录	著录	
《王朗王肃家传》一卷	著录	著录	著录	
《太原王氏家传》	著录	著录	著录	
褚觊《褚氏家传》	著录	著录	著录	
《薛常侍家传》	著录	著录	著录	
江祚《江氏家传》	著录	著录	著录	
庚斐《庚氏家传》	著录	著录	著录	
裴松之《裴氏家传》	著录	著录	著录	
傅畅《裴氏家记》		著录	著录	

续表

书名及作者	隋志	章书	姚书	备注
虞覧《虞氏家记》	著录	著录	著录	
曹毗《曹氏家传》	著录	著录	著录	
范汪《范氏家传》	著录		著录	
纪友《纪氏家纪》	著录		著录	
《韦氏家传》	著录		著录	
《何颙使君家传》	著录		著录	
明岌《明氏家训》	著录		著录	
王褒《王氏江左世家传》	著录	著录	著录	
崔氏《崔氏五门家传》	著录	著录	著录	
明粲《明氏世录》	著录	著录	著录	
《陆史》	著录	著录	著录	《唐志》题陆煦撰。
《暨氏家传》	著录	著录	著录	
姚氏《周齐王家传》	著录		著录	
王氏《尔朱家传》	著录	著录	著录	《唐志》：王劭《尔朱氏家传》二卷。
《周氏家传》	著录		著录	
《令狐氏家传》	著录	著录	著录	《唐志》令狐德棻撰。
《新旧传》	著录	著录	著录	
《汉南庾氏家传》	著录		著录	姚书作"汉南家传"。
《何氏家传》	著录	著录	著录	
《袁氏家传》		著录	著录	
《袁氏世纪》		著录	著录	
荀伯子《荀氏家传》		著录		
《严氏家传》		著录		
殷敬《殷氏家传》		著录	著录	
张太素《敦煌张氏家传》		著录		
《邵氏家传》		著录		
《陶氏家传》		著录	著录	
《嵇氏世家》		著录	著录	
《陈氏家传》		著录	著录	
《窦氏家传》		著录	著录	
《沈氏家传》		著录	著录	

书名及作者	隋志	章书	姚书	备注
《祖氏家传》		著录	著录	
《孙氏世录》		著录	著录	
《孔氏家传》		著录	著录	
《谢车骑家传》		著录	著录	
《顾恺之家传》		著录	著录	
《颜延之家传》		著录	著录	
《琅邪王氏录》		著录		
王琪之《童子传》	著录	著录	著录	
刘昭《幼童传》	著录	著录	著录	
来奥《访来传》	著录		著录	
梁元帝《怀旧志》	著录	著录	著录	
卢思道《知己传》	著录	著录	著录	
梁元帝《全德志》	著录	著录	著录	
梁元帝《同姓名录》	著录	著录	著录	
刘向《列女传》	著录	著录	著录	
赵母注《列女传》	著录	著录	著录	
高氏《列女传》	著录		著录	
刘歆《列女传颂》	著录		著录	
曹植《列女传颂》	著录	著录	著录	
缪袭《列女传赞》	著录		著录	
孙夫人《列女传序赞》		著录	著录	
项原《列女后传》	著录	著录	著录	
皇甫谧《列女传》	著录	著录	著录	
刘熙《列女传》		著录		
綦母邃《列女传》	著录	著录	著录	
《列女传要录》	著录		著录	
杜预《女记》	著录	著录	著录	
《美妇人传》	著录		著录	
虞通之《后妃记》		著录		
虞通之《妒记》	著录	著录	著录	
康泓《道人善道开传》	著录		著录	

续表

书名及作者	隋志	章书	姚书	备注
释宝唱《名僧传》	著录	著录	著录	
裴子野《众僧传》	著录	著录	著录	
僧惠皎《高僧传》	著录	著录	著录	
僧道宗《续高僧传》		著录		
释法进《江东名德传》	著录		著录	
王巾《法师传》	著录		著录	
释僧佑《萨婆多部传》	著录	著录	著录	
《梁故草堂法师传》	著录	著录	著录	
皎法师《尼传》	著录	著录	著录	《隋志》作"释宝唱撰"。
《法显传》	著录		著录	
《法显行传》	著录		著录	
严晶《梁武皇帝大舍》	著录		著录	
刘向《列仙传赞》	著录	著录	著录	
刘向撰、晋郭元祖赞《列仙传赞》	著录		著录	
葛洪《神仙传》	著录	著录	著录	
朱思祖《说仙传》	著录		著录	
《养性传》	著录	著录	著录	
《汉武内传》	著录	著录	著录	
《王乔传》	著录	著录	著录	
《太元真人东乡司命茅君内传》	著录	著录	著录	
华存《清虚真人王君内传》	著录	著录	著录	
《清虚真人裴君内传》	著录	著录	著录	
《正一真人三天法师张君内传》	著录	著录	著录	
《太极左仙公葛君内传》	著录	著录	著录	
《仙人马君阴君内传》	著录	著录	著录	
华峤《紫阳真人周君传》		著录	著录	
《关令内传》	著录	著录	著录	《唐志》题鬼谷先生撰,四皓注。
《南岳夫人内传》	著录	著录	著录	
项宗《紫虚元君魏夫人内传》		著录	著录	
《仙人许远游传》	著录	著录	著录	

续表

书名及作者	隋志	章书	姚书	备注
《李先生传》		著录	著录	
《颜修内传》		著录	著录	姚书误作"顾修内传"。
《灵人辛玄子自序》	著录	著录	著录	
王珍《刘君内记》	著录		著录	
孔稚珪《陆先生传》	著录		著录	
郭元祖《列仙赞序》	著录		著录	
《集仙传》	著录	著录	著录	
《洞仙传》	著录	著录	著录	《唐志》题见素子撰。
周季通《苏君记》	著录	著录	著录	
《嵩高寇天师传》	著录	著录	著录	
《华阳子自序》	著录	著录	著录	《唐志》茅处玄撰。
李氏《太上真人内记》	著录		著录	
《道学传》	著录	著录	著录	
刘义庆《宣验记》	著录	著录	著录	
傅亮《应验记》	著录		著录	
王琰《冥祥记》	著录	著录	著录	
王延秀《感应传》	著录	著录	著录	
王寿《古异传》	著录	著录	著录	"王寿"姚书据《新书艺文志》考作"袁王寿"。
戴祚《甄异传》	著录	著录	著录	
祖冲之《述异记》	著录	著录	著录	
刘敬叔《异苑》	著录	著录	著录	
《续异苑》	著录		著录	
干宝《搜神记》	著录	著录	著录	
陶潜《搜神后记》	著录	著录	著录	
魏文帝《列异传》	著录	著录	著录	
《录异传》		著录	著录	
荀氏《灵鬼志》	著录	著录	著录	
祖台之《志怪》	著录	著录	著录	
孔氏《志怪》	著录	著录	著录	
曹毗《志怪》		著录	著录	

书名及作者	隋志	章书	姚书	备注
刘之遴《神录》	著录	著录	著录	
无疑《齐谐记》	著录	著录	著录	
吴均《续齐谐记》	著录	著录	著录	
刘义庆《幽明录》	著录	著录	著录	
王曼颖《补续冥祥记》	著录	著录	著录	
郭氏《汉武洞冥记》	著录	著录	著录	
陆琼《嘉瑞记》	著录	著录	著录	
《祥瑞记》	著录	著录	著录	
许善心《符瑞记》	著录	著录	著录	
《灵异录》	著录		著录	
《灵异记》	著录	著录	著录	
萧绎《研神记》	著录	著录	著录	
侯君素《旌异记》	著录	著录	著录	
刘质《近异录》	著录	著录	著录	
谢氏《鬼神列传》	著录	著录	著录	
殖氏《志怪记》	著录	著录	著录	
王劭《舍利感应记》	著录		著录	
《真应记》	著录		著录	
《周氏冥通记》	著录	著录	著录	
颜之推《集灵记》	著录	著录	著录	
颜之推《冤魂志》	著录	著录	著录	
王劭《皇隋灵感志》		著录		
《汉时阮仓作列仙图》		著录		

　　可知《隋志》、章书、姚书所著录的杂传类史籍合计有四百五十二部，其中章书删除《隋志》著录的有《汉世要记》《豫章耆旧后撰》《高隐传》《曾参传》《海内名士传》、范汪《范氏家传》、纪友《纪氏家纪》《韦氏家传》《何颙使君家传》、明发《明氏家训》、姚氏《周齐王家传》《周氏家传》《汉南庾氏家传》、来奥《访来传》、高氏《列女传》、刘歆

《列女传颂》、缪袭《列女传赞》《列女传要录》《美妇人传》、康泓《道人善道开传》、释法进《江东名德传》、王巾《法师传》《法显传》、《法显行传》、严昌《梁武皇帝大舍》、刘向撰晋郭元祖赞《列仙传赞》、朱思祖《说仙传》、王珍《刘君内记》、孔稚珪《陆先生传》、郭元祖《列仙赞序》、李氏《太上真人内记》、傅亮《应验记》《续异苑》《灵异录》、王劭《舍利感应记》《真应记》三十六部史籍，可是增补著录的有《益州耆旧传杂记》、陆胤《广州先贤传》、刘芳《广州先贤传》《青州先贤传》《吴国先贤赞》、吴均《吴都钱塘先贤传》《南海先贤传》《武陵先贤传》《豫章耆旧传》、贺氏《会稽太守像赞》、高范《荆州先贤传》、华隔《广陵烈士传》《汉末名士录》、习凿齿《逸人高士传》、虞溥《江表传》、孙盛《逸人传》、魏隶《高士传》、袁淑《真隐传》、徐广《孝子传》、周景式《孝子传》、刘向《孝子图》、梁武帝《孝子传》《李固别传》《梁冀传》《何颙传》《曹瞒传》《荀彧别传》《荀勖别传》《郑玄别传》《邴原别传》《程晓别传》《孙资别传》、嵇喜《康传》《吴质别传》《潘尼别传》《潘岳别传》《刘廙别传》《郭泰别传》《卢谌别传》、谢鲲《乐广传》《任嘏别传》、钟会为其母传、生母传、何劭《王弼传》《华佗别传》《赵云别传》《费祎别传》《孙惠别传》、陆机《顾谭传》《虞翻别传》《陆机云别传》、杨孚《董卓传》《钟离意别传》《郗鉴别传》《王义别传》《桓彝别传》《王丞相别传》《阮光禄别传》《刘尹别传》《范宣别传》《王献之别传》《王恭别传》《司马徽别传》《向秀别传》《卫玠别传》《顾和别传》《王含别传》《孙放别传》《庾翼别传》《桓温别传》《顾恺之别传》《王长史别传》《王中郎传》《郗超别传》《王胡之别传》《王司徒传》《钟雅别传》《陆玩别传》《江惇传》《殷浩别传》《王珉别传》《王敦别传》《谢鲲别传》《王述别传》《谢玄别传》《樊英别传》《左思别传》《郭璞别传》《诸葛恢别传》《周颛别传》《孔愉别传》《蔡司徒别传》《王彪之别传》《罗府君别传》《祖约别传》《阮孚别传》《羊曼别传》、王劭《王荟别传》《石勒传》《王彬别传》《王舒传》《王澄别传》《王邃别传》《卞壶别传》《虞光禄传》《郗惜别传》《陈逵别传》《贺循别传》《桓冲别传》《桓豁别传》《周处别传》《贾充别传》《郗昙别传》《范汪别传》《蔡充别传》《司马晞传》《王雅别传》《荀粲别传》《司马无忌传》《高坐别传》《浮图澄别传》《支遁传》《明先生别传》《陈寔别传》《李合传》《夏仲御别传》《孟嘉别传》《葛仙公别传》《刘根别传》

《陈武别传》《孙登别传》《王廙别传》《许逊别传》《郭翻别传》《诸葛恪别传》《许迈别传》、曹肇《曹毗传》《蔡琰别传》《王蕴别传》《王蒙别传》《张载别传》《祢衡别传》《张华别传》《蒲元传》《罗含别传》《裴楷别传》《娄承先传》《马融别传》《胡综别传》《冲波传》《杜兰香别传》《孔融别传》《荀采传》《鲁女生别传》《陶侃传》《董正别传》《王威别传》《王碈别传》《桓楷别传》《傅宣别传》《孟宗别传》《许肃别传》《庾衮别传》、袁宏《山涛别传》《赵穆别传》《庾亮别传》《颜含别传》《王湛别传》《傅咸别传》《王允别传》《卢植别传》《葛洪别传》《邹衍别传》《蔡邕别传》《孙略别传》《边让别传》《杜祭酒别传》《吴猛别传》《石虎别传》《雷焕别传》《徐邈别传》《羊祜别传》《张纯别传》《桓石秀别传》《祖逖别传》《江祚别传》《陆绩别传》《管宁别传》《何晏别传》《傅碈别传》《何祯别传》《赵至别传》《智琼别传》《潘勖别传》《诸葛亮别传》《张衡别传》《曹植别传》《李陵别传》《王祥别传》《江蒙别传》《赵岐别传》《李燮别传》《潘京别传》《曹肇传》《杨彪别传》《张芜别传》《马钧别传》《贾逵别传》《桓谭别传》《徐延年别传》《桓玄传》、郭冲《诸葛亮隐没五事》《诸王传》《扬雄家牒》、傅畅《裴氏家记》《袁氏家传》《袁氏世纪》、荀伯子《荀氏家传》《严氏家传》、殷敬《殷氏家传》、张太素《敦煌张氏家传》《邵氏家传》《陶氏家传》《嵇氏世家》《陈氏家传》《窦氏家传》《沈氏家传》《祖氏家传》《孙氏世录》《谢车骑家传》《顾恺之家传》《颜延之家传》《琅邪王氏录》、孙夫人《列女传序赞》、刘熙《列女传》、虞通之《后妃记》、僧道宗《续高僧传》、华峤《紫阳真人周君传》、项宗《紫虚元君魏夫人内传》《李先生传》《颜修内传》《录异传》、曹毗《志怪》、王劭《皇隋灵感志》《汉时阮仓作列仙图》二百四十五部史籍，约占这四百五十二部史籍的54%。姚书没有删除一部《隋志》著录的史籍，可是却增补著录的有陆胤《广州先贤传》、刘芳《广州先贤传》《青州先贤传》、吴均《吴都钱塘先贤传》《武陵先贤传》、高范《荆州先贤传》、华隔《广陵烈士传》《汉末名士录》、习凿齿《逸人高士传》、虞溥《江表传》、孙盛《逸人传》、魏隶《高士传》、袁淑《真隐传》、徐广《孝子传》、周景式《孝子传》、刘向《孝子图》《李固别传》《梁冀传》《曹瞒传》《荀彧别传》《荀勖别传》《郑玄别传》《邴原别传》《程晓别传》《孙资别传》、嵇喜《康传》《吴质别传》《潘尼别传》《潘岳别传》《刘廙别传》《郭泰别传》

《卢谌别传》、谢鲲《乐广传》《任嘏别传》、钟会为其母传、何劭《王弼传》《华佗别传》《赵云别传》《费祎别传》《孙惠别传》、陆机《顾谭传》《虞翻别传》《陆机云别传》、杨孚《董卓传》《钟离意别传》《郗鉴别传》《王乂别传》《桓彝别传》《王丞相别传》《阮光禄别传》《刘尹别传》《范宣别传》《王献之别传》《王恭别传》《司马徽别传》《向秀别传》《卫玠别传》《顾和别传》《王含别传》《孙放别传》《庾翼别传》《桓温别传》《顾恺之别传》《王长史别传》《王中郎传》《郗超别传》《王胡之别传》《王司徒传》《钟雅别传》《陆玩别传》《江惇传》《殷浩别传》《王珉别传》《王敦别传》《谢鲲别传》《王述别传》《谢玄别传》《樊英别传》《左思别传》《郭璞别传》《诸葛恢别传》《周颉别传》《孔愉别传》《蔡司徒别传》《王彪之别传》《罗府君别传》《祖约别传》《阮孚别传》《羊曼别传》《王劭王荟别传》《石勒传》《王彬别传》《王舒传》《王澄别传》《王邃别传》《卞壶传》《虞光禄传》《郗惜别传》《陈逵别传》《贺循别传》《桓冲别传》《桓豁别传》《周处别传》《贾充别传》《郗昙别传》《范汪别传》《蔡充别传》《司马晞传》《王雅别传》《荀粲别传》《司马无忌传》《高坐别传》《浮图澄别传》《支遁传》《明先生别传》《陈寔别传》《李合传》《夏仲御别传》《孟嘉别传》《陈武别传》《孙登别传》《王勖别传》《许逊别传》《郭翻别传》《诸葛恪别传》《曹肇曹毗传》《蔡琰别传》《王蕴别传》《王蒙别传》《张载别传》《祢衡别传》《张华别传》《蒲元传》《罗含别传》《裴楷别传》《娄承先传》《马融别传》《胡综别传》《冲波传》《杜兰香别传》《孔融别传》《荀采传》《鲁女生别传》《陶侃传》《董正别传》《王威别传》《王嘏别传》《桓楷别传》《傅宣别传》《孟宗别传》《许肃别传》《庾衮别传》、袁宏《山涛别传》《赵穆别传》《庾亮别传》《颜含别传》《王湛别传》《傅咸别传》《王允别传》《卢植别传》《葛洪别传》《邹衍别传》《蔡邕别传》《孙略别传》《边让别传》《杜祭酒别传》《吴猛别传》《石虎别传》《雷焕别传》《徐邈别传》《羊祜别传》《张纯别传》《桓石秀别传》《祖逖别传》《江祚别传》《陆绩别传》《管宁别传》《何晏别传》《傅嘏别传》《何祯别传》《赵至别传》《智琼别传》《潘勖别传》《诸葛亮别传》《张衡别传》《曹植别传》《李陵别传》《王祥别传》《江蒙别传》《赵岐别传》《李燮别传》《潘京别传》《杨彪别传》《张芜别传》《马钧别传》《贾逵别传》《桓谭别传》《徐延年别传》《桓玄传》、郭冲《诸葛亮隐没五事》

《诸王传》《扬雄家牒》、傅畅《裴氏家记》《袁氏家传》《袁氏世纪》、殷敬《殷氏家传》《陶氏家传》《嵇氏世家》《陈氏家传》《窦氏家传》《沈氏家传》《祖氏家传》《孙氏世录》《孔氏家传》《谢车骑家传》《顾恺之家传》《颜延之家传》、孙夫人《列女传序赞》、华峤《紫阳真人周君传》、项宗《紫虚元君魏夫人内传》《李先生传》《颜修内传》《录异传》、曹毗《志怪》二百二十三部史籍，约占这四百五十二部史籍的49%。而在这四百五十二部史籍中，章书一共著录四百一十六部，约占92%；姚书一共著录四百三十部，约占95%。不过姚书所增补著录的那四百三十部史籍章书皆已著录，可是章书成书远早于姚书，姚书中多次引用"章氏《考证》"云云，可见姚书所增补著录的史籍当是借用章书已有的成果。

（十四）

要弄清楚章书、姚书之短长，还必须将二书之考证文字加以比较分析。章书卷一有云：

> 《史记音义》十二卷 宋中散大夫徐野民撰。
>
> 徐广，字野民，裴骃《集解序》曰：广研核众本为作《音义》。张守节《正义》曰：十三卷。《唐志》同十三。骃为注，散入百三十篇。《索隐后序》曰：广作《音义》十一卷，惟记诸家本异，同于义少有解释。

而姚书卷十一云：

> 《史记音义》十二卷，宋中散大夫徐野民撰。
>
> 徐野民，名广，有《毛诗背隐义》，见经部诗类。
>
> 裴骃《集解序》曰：广校此书，文句不同，有多有少，莫辨其实。而世之惑者，定彼从此，是非相贸，真伪舛杂，故中散大夫东莞徐广研核众本为作《音义》。且列异同，兼述训解，粗有所发明，而殊恨者省略。《正义》曰：徐作《音义》十三卷，骃为注，散入百三十篇。
>
> 《索隐后序》曰：广作《音义》十一卷，惟记诸家本异，同于义

少有解释。

《唐书·经籍志》：《史记音义》十三卷徐广撰。

《唐书·艺文志》：徐广《史记音义》十三卷。

钱大昕《养新录》：《史记》诸年表皆不记干支，注干支出于徐广，《六国表》，周元王元年徐广曰乙丑；《秦楚之际月表》，秦二世元年徐广曰壬辰是也；《十二诸侯年表》，共和元年亦当有徐广曰庚申字。今刊本乃于最上添一格书干支，而删去徐广注。读者遂疑以为史公本文曾不检，照后两篇亦太疏矣。考徐注之例，唯于每王之元年记干支。此表每十年辄书甲戌、甲申、甲午、甲辰、甲寅、甲子字，不特非史公正文，并非徐氏之例，其为后人羼入，凿凿可据。且史公以太阴纪年，故命太初之元为阏。逢摄提格，依此上推，共和必不值庚申，则庚申为徐注又何疑焉。

《小学考》曰：按：隋世讳"广"，故《隋志》以字著广，为邈之弟，邈为《群经音》，甚精，而广特作《史记音义》，此列传所以称为家世好学者欤！《索隐序》《集解序》《正义》具作十三卷，《索隐后序》又作《音义》十一卷，未知孰是。

从上面二书的考证看，姚书的考证文字明显比章书多一些。不过细看起来，要说所增补者所引用的还只是钱大昕《十驾斋养新录》和《小学考》二书，可是《十驾斋养新录》的撰写者钱大昕生于雍正六年，卒于嘉庆九年，此书嘉庆九年初次刊刻。《小学考》的撰写者谢启昆生于乾隆二年，卒于嘉庆七年，此书嘉庆三年成书，嘉庆二十一年树经堂初刊。而章宗源虽然是生于乾隆十七年，可是却卒于嘉庆五年，不可能看到《十驾斋养新录》和《小学考》二书，所以章书的考证中没有引用这二书是很正常的，正如下文中姚书还征引章书的考证文字。另外，姚书中还提到徐野民还撰有《毛诗背隐义》，这类考证文字可有可无。再则姚书征引裴骃《集解序》的文字略多于章书，其余的则没有超越章书，因此在对于徐野民《史记音义》的著录考证中姚书确有超过章书之处，但是多为章宗源去世之后刊刻之作。再看章书卷三所云：

《战国策》二十一卷高诱撰注。
今本三十三卷。

而姚书卷十三云：

《战国策》二十一卷，高诱撰注。

陈振孙《书录解题》曰：诱注《淮南子》自序言：自诱之少从同县卢君受其句读。卢君者，植也，与之同县，则诱乃涿郡人。又言建安十年，辟司空掾、东郡濮阳令。十七年，迁监河东，则诱乃汉末人。其出处略可见。

严可均《全汉文》曰：高诱，涿郡人。建安中，曹操辟为司空掾，除东郡濮阳令，迁监河东。有《战国策注》三十二卷、《吕氏春秋注》二十六卷、《淮南子注》二十一卷。

《唐日本国见在书目》：《战国策》三十三卷，刘向撰，高诱注。

《唐书·经籍志》：《战国策》三十二卷，高诱注。

《唐书·艺文志》：高诱注《战国策》三十二卷。

《宋史·艺文志·子部·纵横家》：高诱注。《战国策》三十三卷。

《崇文总目》曰：又有高诱注本二十卷，今缺第一、第五、第十一至二十，止存八卷。

曾巩《校定序》曰：此书高诱注本二十一篇，或曰二十二篇。《崇文总目》存者八卷，今存者十篇。

《书录解题》：《战国策》三十卷，司马迁《史记》所本刘向所校者也，但无撰人名氏，后汉高诱注，自东周至中山十二国，凡三十三篇。

《四库提要》曰：今本虽三十三卷，皆题曰高诱注，而有诱注者仅二卷至四卷、六卷至十卷，与《崇文总目》八篇数合，又最末三十二、三两卷合前八卷与曾巩《序》十篇数合，而其余二十三卷则皆宋姚宏所补注也。

就二书有关《战国策》的著录考证文字来看，章书考虑到该书仍然存世，所以只指出卷数不同，《隋志》作"二十一"，今本"三十三"。姚书则广征博引，既引用了章宗源能看到的《直斋书录解题》《唐书·经籍志》《唐书·艺文志》《宋史·艺文志》《校定序》，还征引了《四库提要》

《崇文总目》《全上古三代秦汉三国六朝文》以及日本学者藤原佐世所撰写的《日本国见在书目录》等典籍。不过严可均虽然生于乾隆二十七年，但是他开始编撰《全上古三代秦汉三国六朝文》则是嘉庆十三年诏开"全唐文馆"之后的事，成书更在其后，《日本国见在书目录》则是近代由黎庶昌、杨守敬传入中国的，章宗源当然无缘见到这两部书了。另外就学术规范上说姚书直接引用严可均《全上古三代秦汉三国六朝文》，而没有引用第一手史料，实在又有些不妥，这当是那时对于学术规范方面要求不高之缘故。还有章书卷十二云：

　　　　《北齐令》五十卷
　　　　《唐六典》曰：北齐赵郡王叡等撰《令》五十卷，取尚书二十八曹为其篇。《唐志》八卷。
　　　　《北齐权令》二卷
　　　　《通典》曰：北齐河清中，有司奏上《齐律》，其不可为定法者别为《权令》二卷，与之并行。

而姚书卷十九云：

　　　　《北齐令》五十卷
　　　　《北齐权令》二卷
　　　　并不著撰人。
　　　　《隋书·刑法志》：河清三年，尚书令、赵郡王叡等，奏上《齐律》十二篇。又上《新令》四十卷，大抵采魏、晋故事。又曰：其不可为定法者，别制《权令》二卷，与之并行。后平秦王高归彦谋反，须有约罪，律无正条，于是遂有《别条权格》，与律并行。大理明法，上下比附，欲出则依轻议。欲入则附从重法，奸吏因之，舞文出没。至于后主，权幸用事有不附之者，阴中以法。纲纪紊乱，卒至于亡。
　　　　《唐六典·刑部》注：北齐赵郡王叡等撰《令》五十卷，取尚书二十八曹为其篇名，又撰《权令》二卷，两《令》并行。
　　　　《唐书·经籍志》：《北齐令》八卷，赵郡王献撰。"献"当为"叡"。
　　　　《唐书·艺文志》：赵郡王叡《北齐律》二十卷、《令》八卷。

　　案：《唐六典·尚书省左司郎中右左司郎中》注云：尚书郎，北齐有吏部考功、主爵、殿中、仪曹、三公、驾部、祠部、主客、虞曹、屯田、起部、左中兵、左外兵、右中兵、右外兵、都兵、都官、二千石、比部、水部、膳部、度支、仓部、左民、右民、金部、库部二十八曹郎。此令五十卷之篇目即取是以命名也。

　　对于是书的著录考证，姚书多出《隋书·刑法志》文字、《唐六典·尚书省左司郎中右左司郎中》注文以及《唐书·经籍志》《唐书·艺文志》的著录文字，其他当是借用章书的成果。

　　再一类情况是姚书著录考证文字略多于章书，实际内容并不比章书有多少异同，甚至完全借用章书成果。如章书卷七所云：

　　　　《后魏辨宗录》二卷① 元晖业撰。

　　　　《后魏书·元晖业传》：晖业撰魏藩王家世，号为《辨宗室录》《北齐书·晖业传》作《辨宗录》。四十卷。《唐志》二卷。按此卷数《隋》《唐》二志与《后魏》《北齐》本传过相悬绝，必有讹误。

而姚书卷二十二云：

　　　　《后魏辨宗录》二卷，元晖业撰。

　　　　《魏书·景穆十二王传》：小新成，和平二年封。薨，子郁袭。郁长子弼，弼子晖业，字绍远。少险薄，长乃变节，涉子史，亦颇属文，而慷慨有志节。历位司空、太尉，加特进，领中书监，录尚书事。齐初，降封美阳县公、开府仪同三司、特进。晖业之在晋阳也，无所交通，居常闲暇，乃撰魏藩王家世，号为《辨宗室录》，四十卷，行于世。

　　　　《北齐书》本传：乃撰魏藩王家世，号为《辨宗录》，四十卷，行于世。位望隆重，又以性气不伦，每被猜忌。天保二年，从驾至晋阳宫，文宣杀之。又《魏收传》云：济阴王晖业撰《辨宗室录》三十卷。

---

① “辨”，原作“辩”，据《魏书》卷一九上《元晖业传》改，下同。

《唐书·经籍志》:《后魏辨宗录》二卷,元晖业撰。

《唐书·艺文志》:元晖业《后魏辨宗录》二卷。

章氏《考证》:此卷数《隋》《唐》二志与《后魏书》《北齐书》本传过相悬绝,必有讹误。

就二书有关《后魏辨宗录》的著录考证来看,文字上姚书略多于章书,但是就其内容上却没有多少超越,只是多叙述了元晖业的家世、生平而已。姚书甚至还征引了章氏的考证成果。再则章书卷十又云:

《梁选部》三卷徐勉撰。

《梁书·徐勉传》:勉在选曹,撰《选品》五卷。《南史·勉传》:撰《选品》三卷。《唐六典》注:太祝令、卫尉寺、太市令、东宫食官丞、嗣王府行参军,并引《梁选簿》。"簿",刊本或作"部",讹。《太平御览·职官部》:《梁选簿》曰:中书,自宋以来比尚书令,特进之流而无事任,清贵华重,大位多领之。《南史·徐勉传》:天监中,官名互有省置,勉撰立《选簿》,奏之,有诏施用。其制开九品为十八班,自是贪冒苟进者以财货取通,守道沦退者以贫寒见没矣。《唐志》三卷。

而姚书卷十七云:

《梁选簿》三卷,徐勉撰。

《梁书》本传:勉字修仁,东海郯人也。笃志好学。起家齐国子生。太尉文宪公王俭时为祭酒,每称勉有宰辅之量。梁天监二年,除尚书吏部郎,参掌大选。六年,迁吏部尚书。勉居选官,彝伦有序。寻又除尚书仆射、中卫将军。自小选迄于此职,常参掌衡石,甚得士心。在选曹,撰《选品》五卷。大同元年卒,时年七十。谥曰简肃公。又本纪:大同元年十一月丁未,中卫将军特进右光禄大夫徐勉卒。

《南史》本传:天监初,官名互有省置,勉撰立选簿奏之,有诏施用。其制开九品为十八班,自是贪冒苟进者以财货取通,守道沦退者以贫寒见没矣。又曰:勉多识前载,齐世王俭居职已后,莫有逮者。又曰：在选曹，撰《选品》三卷。

　　《唐书·经籍志》：《梁选部》三卷，徐勉撰。

　　《唐书·艺文志》：徐勉《梁选部》三卷。

　　章氏《考证》：《太平御览·职官部》引《梁选簿》，《唐六典》注：太祝令、卫尉寺、太市令、东宫食官丞、嗣王府行参军，并引《梁选簿》。"簿"，或作"部"。《梁书》五卷，《唐志》三卷。

从二书有关《梁选簿》的著录考证文字来看，姚书超出章书之处不多，仅是多出介绍徐勉家世、生平的内容，不过还征引了章书的考证成果。章书卷十三又云：

　　《诸国清贤传》一卷

　　《唐志》"清"作"先"。

而姚书卷二十云：

　　《诸国清贤传》一卷

　　《唐书·经籍志》：《诸国先贤传》一卷。《艺文志》同。

　　章氏《考证》：《诸国清贤传》一卷，《唐志》"清"作"先"。

就《诸国清贤传》来看，姚书完全与章书相同，只是文字略有改动，也就是说无超越之处。

　　还有一类情况是就考证著录的文字来看，章书略胜于姚书，如章书卷二所云：

　　《魏氏春秋》二十卷孙盛撰。

　　《晋书·孙盛传》：盛著《魏氏春秋》。《史通·题目篇》曰：孙盛有《魏氏春秋》，孔衍有《汉魏尚书》，陈寿、王劭曰志，何之元、刘璠曰典。此又好奇厌俗，习旧捐新，虽得稽古之宜，未达从时之义。《摸拟篇》曰：孙盛魏、晋二《阳秋》，每书年首，必云"某年春，帝正月"。夫年即编帝纪，而月又编帝名，以此拟《春秋》，所谓貌同心异也。《魏志·武纪》注引：刘备，人杰也，将生忧寡人。

臣松之以为，孙盛著书，多用《左氏》，以易旧文，后之学者，将何取信？且魏武方以天下励志，而用夫差分死之言，尤非其类。又《臧洪传》注：臣松之案：酸枣之盟，止有刘岱等五人而已。《魏氏春秋》横内刘表等数人，皆非事实。《陈泰传》注：臣松之案：孙盛言诸所改易，非别有异闻，自以意制，多不如旧。凡纪言之体，当使若出其口。辞胜而违实，固君子所不取。况复不胜，而徒长虚妄哉！愚按：《袁绍传》注引绍《檄州郡文》，与《文选》《后汉书》所载词句互有不同。《宋书·礼志》载：景初元年，有司奏以明帝为列祖论，《通鉴》亦取之。《太平御览·皇亲部》明帝"天姿秀出，立发委地"数语，乃《明帝纪论》。《唐志》作《魏武春秋》，"武"字，误。

而姚书卷十二云：

《魏氏春秋》二十卷，孙盛撰。

《晋书》本传：字安国，太原中都人。避难渡江。起家佐著作郎，历为陶侃、庾亮、庾翼、桓温参军。与温平蜀，赐爵安怀县侯。又从入关平洛，以功进封吴昌县侯。累迁秘书监、给事中。年七十二卒。盛笃学不倦，自少至老，手不释卷。著《魏氏春秋》。

《史通·题目篇》曰：孙盛有《魏氏春秋》，孔衍有《汉魏尚书》，此皆好奇厌俗，习旧捐新，虽得稽古之宜，未达从时之义。

《唐书·经籍志》：《魏武春秋》二十卷，孙盛撰。

《唐书·艺文志》：孙盛《魏武春秋》二十卷。章宗源曰"武"字误。

钱大昕《三国志考异》曰：裴松之注所引书有《异同评》，或作《异同杂语》，又作《异同记》，又作《杂记》，其实一书也。

严可均《全晋文编》曰：孙盛有《魏武春秋》。《三国志》注引《魏氏春秋评》凡四十三条，又引《魏氏春秋异同评》十条。

章氏《考证》：《唐志》有《魏阳秋异同》八卷，孙寿撰。《隋志》不著录。按诸书所引或题《孙盛异同杂语》《孙盛异同评》《孙盛评》，或称《孙盛杂语》，省"异同"二字。"孙寿"当是"孙盛"之误。

沈涛《铜熨斗斋随笔》曰：《孙盛传》著《魏氏春秋》《晋

阳秋》）。涛案：盛避晋郑太后讳，改"春秋"为"阳秋"，则
"魏氏春秋"亦当作"阳秋"。今《隋志》仍作"春秋"，当是后
人追改。

从来以上二书的考证看，二书《魏氏春秋》的著录考证文字相差不多，
只是章书侧重于征引现存的文献中的文字来考证《魏氏春秋》，有点像裴
松之注《三国志》的合本子注的方法，这可能是章宗源怕日后典籍遗失，
有感于《史记》《汉书》《后汉书》《三国志》诸书注文对于文献典籍保
存所做的贡献之缘故。而姚书超越章书之处在于钱大昕《廿二史考异》、
严可均《全上古三代秦汉三国六朝文》和沈涛《铜熨斗斋随笔》，不过沈
涛生于乾隆五十七年，到章宗源去世的嘉庆五年他只有八岁，当然《铜
熨斗斋随笔》成书是在章氏去世之后。据前文所考，钱大昕《廿二史考
异》、严可均《全上古三代秦汉三国六朝文》章宗源是看不到的。因此说
就典籍征引来说，姚书不如章书，就考证的其他文字来看，姚书确实征引
了一些章氏身后刊刻的著述，不过这只是姚氏生当逢时之利。再有章书卷
五云：

《晋起居注》三百一十七卷宋北徐州主簿刘道会撰，梁有三百二十二卷。
《唐志》"道会"作"道荟"，三百二十卷。愚按：昔人征引晋
代起居注，其不著年号而统称晋者，逸篇最多，证以《隋》《唐志》
所载，盖原本卷数至三百馀卷，宜征引之多也，《北堂书钞》《太平
御览》尤多引之。其书自武帝至安帝，总记两晋，当是合诸家而成
一书。如大医司马上雉头裘事，《白帖》卷十一。与《咸宁起居注》
同。荀勖羸毁赐奶酪事，《白帖》卷十六。王冲为治书御史，《书钞·设官部》。
桓石绥启校定四部书，《书钞》同上。与《太康起居注》同。正旦，飨
万国，有鸥鸟五集殿。《御览·时序部》。宁州上言甘露降。《艺文类聚·菓
部》。与《咸和起居注》同。相国表获张衡浑仪、土圭，归之天府。
《书钞·仪饰部》。与《义熙起居注》同。若泰始元年，太常诸葛绪、博
士祭酒刘熹议郊祀。《御览·宗亲部》。《晋书·礼志》阙载。泰始三年，
拜崇阳园妾李琰为修华，王宣为修容，徐琰为修仪，吴淑为婕好，赵
琰为充华。《御览·皇亲部》。《晋书·后妃传》阙载。太康元年，以庐陵
县都尉之阳都县来人。《太平寰宇记·江南西道》。《晋书·地理志》不载。

咸和元年诏曰：作琅琊王大车斧六十枚，侍臣剑八枚，将军手击四枚。《御览·兵部》。《晋书·诸王传》不载。咸和八年，有司奏庭燎，旧在端门内，依旧门内施。《艺文类聚·火部》《御览·火部》。《晋书·成帝纪》及《礼志》俱不载。永和中，廷尉王彪之与扬州刺史殷浩书，论元日合朔不可废。《御览·时序部》。较《晋书·礼志》为详。殿中将军，孝武太元中募选名家，以参顾问，始用琅琊王茂之奏也。《书钞·设官部》。《晋书·职官志》无殿中将军，《孝武纪》亦不载。廷尉监陆鸾上表求增筑讯堂，图先贤像，诏许之。《通典·职官门》注、《御览·职官部》。《晋书·刑法志》不载。至于命官诏词，房乔史例多从删削，而荀顗为司徒，曹志阐宏胄子，《书钞·设官部》。郑袤为司空，皇甫谧为中庶子，《御览·职官部》。本传所载诏词当即资于此书。惟泰始八年诏曰：议郎山涛，志为简静，凌虚笃素，立身行己，足以励俗，其以涛为吏部尚书。《书钞·设官部》。《晋书·涛传》与此诏不同。《元和姓纂》有尚书令浦选，此人名《晋书》未见。

而姚书卷十五云：

《晋起居注》三百一十七卷宋北徐州主簿刘道会撰，梁有三百二十二卷。

刘道会始末未详。"道会"作"道荟"。《唐书·艺文志》故事类有刘道荟《先朝故事》二十卷。

《唐书·经籍志》：《晋起居注》三百二十卷刘道会撰。

《唐书·艺文志》：刘道会《晋起居注》三百二十卷。

章氏《考证》曰：昔人征引晋代起居注，其不著年号而统称晋者，逸篇最多，证以《隋》唐志》所载，盖原本卷数至三百二十二卷，宜征引之多也，《北堂书钞》《太平御览》尤多引之。其书自武帝至安帝，总记两晋，当是合诸家而成一书，多《晋书》纪、志、列传所不载者。章氏此辑本，惜乎其不传。

就《晋起居注》的著录考证文字来看，姚书基本上没有超出章书所作的考证，甚至还引用章氏的考证成果。而章书则广征博引，征引了大量传世典籍中保留的《晋起居注》佚文，当亦是怕日后典籍遗失，有感于《史记》《汉书》《后汉书》《三国志》诸书注文对于文献典籍保存所做的贡献之缘故。

　　再有一类则是章书、姚书考证著录文字相差无几，内容却有差异，如章书卷四有云：

> 　　《南燕录》六卷记慕容德事。伪燕中书郎王景晖撰。
>
> 　　《初学记·地部》：王景晖《南燕书》曰：姚秦皇初三年，岁在丁酉，于长安渭滨得赤玺，上有文字，曰"天命燕德"。《新唐志》作景晖《南燕录》，《旧唐志》作"景暄"，入编年类。《史通·外篇》曰：南燕有赵郡王景晖，尝事德、超，撰二燕起居注。超亡，事于冯氏，官至中书令，乃撰《南燕录》六卷。

而姚书卷十四云：

> 　　《南燕录》六卷，记慕容德事。伪燕中书郎王景晖撰。
>
> 　　《史通·正史篇》曰：南燕有赵郡王景晖，尝事德、超，撰二燕《起居注》。超亡，事于冯氏，官至中书令，仍撰《南燕录》六卷。按：本志起居注类末有《南燕起居注》一卷。
>
> 　　《唐书·经籍志》：《南燕录》六卷，王景暄撰。"暄"盖"晖"之写误。
>
> 　　《唐书·艺文志》：王景晖《南燕录》六卷。
>
> 　　章氏《考证》：《初学记·地部》引王景晖《南燕录》。

　　从二书对于《南燕录》的考证的内容上来看，姚书并无超越，甚至还引用了章书的考证成果。但是章书却还征引了《初学记·地部》的佚文，并指出两《唐志》将此书纳入编年类，这又是姚书所未论及的。再有章书卷六云：

> 　　《洛阳记》一卷陆机撰。
>
> 　　"机"《唐志》作"玑"。《水经·谷水注》：九江直作圆水，水中作园坛三破之，夹水得相径通。《文选·闲居赋》注：洛阳三市：大市、马市、县市。《后汉书·光武纪》注：太学在讲堂长十丈，广

三丈。《艺文类聚·居处部》：洛阳城，周公所制，东西十里，南北十三里。《太平御览·居处部》：洛阳南宫有承风观，北宫有曾喜观，城外有宣阳、千秋、鸿地等观。《寰宇记·河南道》：宫墙西有二铜井。并引陆机《洛阳记》。

而姚书卷二十一云：

> 《洛阳记》一卷陆机撰。
> 陆机有《吴章篇》，见经部小学类。
> 《唐书·经籍志》：《洛阳记》一卷陆机撰。
> 《唐书·艺文志》：陆机《洛阳记》一卷。
> 章氏《考证》：《水经·谷水注》《文选·闲居赋》注、《后汉书·光武纪》注、《艺文类聚》《太平御览·居处部》《寰宇记·河南道》，并引陆机《洛阳记》。

就二书对于陆机《洛阳记》的著录考证内容来看，姚书除了提出在经部陆机撰有《吴章篇》外还征引了《唐书·经籍志》《唐书·艺文志》，再就是引用了章氏的考证成果。不过章书也指出"'机'《唐志》作'玑'"，还大量征引了《水经·谷水注》《文选·闲居赋》注、《后汉书·光武纪》注、《艺文类聚》《太平御览·居处部》《寰宇记·河南道》的佚文。还有卷八云：

> 《续文章志》二卷傅亮撰。
> 《唐志》卷同。《文选·海赋》注：广川木玄虚为《海赋》，文甚儁丽。《北堂书钞·设官部》：陆云才藻。并引傅亮《文章志》。无"续"字。《世说·文学篇》注：潘岳为文选言简章，[①] 清绮绝伦。《容止篇》注：左思貌丑顇，不持仪饰。《汰侈篇》注：石崇资产累巨万金，宅室舆马僭拟王者。并引《续文章志》，不著傅亮名。

而姚书卷二十三云：

---

① "为文"二字原阙，据《世说新语》卷上之下《文学篇》补。

《续文章志》二卷，傅亮撰。

傅亮有《应验记》一卷，见传记篇。

《唐书·经籍志》：《续文章志》二卷，傅亮撰。

《唐书·艺文志》：傅亮《续文章志》二卷。

章氏《考证》：《文选·海赋》注：广川木玄虚为《海赋》，文甚儁丽。《北堂书钞·设官部》：陆云才藻。并引傅亮《文章志》。无"续"字。《世说·文学篇》注：潘岳为文选言简章，清绮绝伦。《容止篇》注：左思貌丑顇，不持仪饰。《汰侈篇》注：石崇资产累巨万金，宅室舆马僭拟王者。并引《续文章志》，不著傅亮名。

从《续文章志》的著录考证文字来看，姚书略多，但是却有一多半文字是征引章书的考证成果。此外只有提到在传记篇傅亮还撰有《应验记》一卷，可是这与此书的著录考证关系不大，可有可无。而从姚书引用章氏成果可见章氏对于此书考证之贡献。

最后还有一类二书的不同之处，即姚书虽然在地理类著录《汉宫阁簿》、潘岳《关中记》、戴延之《洛阳记》《后魏洛阳记》、阮升之《南兖州记》、晏谟《齐地记》、刘芳《徐地录》、王范《交广二州记》《西河旧事》《分吴会丹阳三郡记》《晋太康土地记》《古今地名》、梁元帝《职贡图》、陈祁畅《异物志》《汉宫殿名》《汉宫阙疏》《三辅宫殿名》《长安图》《洛阳故宫名》《洛阳宫舍记》《晋宫阁名》《建康宫殿簿》、应劭《地理风俗记》、应劭《十三州记》、黄义仲《十三州记》、乐资《九州记》《四海图》《括地图》、卢植《冀州风土记》、裴秀《冀州记》、荀绰《冀州记》《中山记》《上党记》《三齐略记》、伏琛《齐记》、解道康《齐地记》、荀绰《兖州记》、华延儁《洛阳记》《河南十二县境簿》《汝南记》、王孚《安成记》、郭仲产《仇池记》《陇西记》、辛氏《三秦记》、郭仲产《秦州记》、段氏《蜀记》、袁休明《巴蜀志》、谯周《益州志》、任豫《益州记》《南中八郡志》、裴渊《广州记》、顾微《广州记》、王歆之《始兴记》《始安郡记》、刘欣期《交州记》、姚文感《交州记》《交州外域记》、段国《沙州记》《吴人外国图》、郭仲产《南雍州记》、罗含《湘中记》、甄烈《湘州记》《湘州荥阳郡记》、袁山松《宜都记》、黄闵《武陵记》、范汪《荆州记》、庾仲雍《荆州记》《荆州土地志》《荆州图

副记》、伍端休《江陵记》、史筌《武昌记》、张僧鉴《浔阳记》、张僧鉴
《豫章记》、邓德明《南康记》、荀伯于《临川记》、萧子开《建安记》、
朱阳《九江寿春记》、王玄谟《寿阳记》、纪义《宣城记》、山谦之《丹
阳记》《江乘地记》、韦昭《三吴郡国志》、顾长生《三吴土地记》、董贤
《吴地记》、王僧虔《吴郡地理记》、顾征《吴县记》《吴郡缘海四县记》、
刘道真《钱塘记》《会稽旧记》、孔灵符《会稽记》《会稽郡十城地志》、
郑缉之《东阳记》、郑缉之《永嘉记》、薛珝《异物志》、谯周《异物志》
《巴蜀异物志》《南方夷物记》、薛莹《荆扬已南异物志》、曹叔雅《广陵
异物志》、卢元明《嵩山记》《太山记》《邹山记》、徐灵期《南岳记》、
袁山松《勾将山记》、袁彦伯《罗浮山记》、竺法真《登罗山疏》、释慧
远《庐山纪略》、张野《庐山记》、周景式《庐山记》、支遁《天台山铭
序》、陶弘景《山图》、王韶之《神境记》、崔玄山《濑乡记》、伏滔《北
征记》、裴松之《述征记》《西征记》《北征记》、孟奥《北征记》、徐齐
民《北征记》、伍缉之《从征记》、丘渊之《征齐道里记》、吴均《入东
记》《东征记》、卢思道《西征记》等史籍，杂传类著录陆胤《广州先贤
传》、吴均《吴都钱塘先贤传》、高范《荆州先贤传》、华隔《广陵烈士
传》、虞溥《江表传》、习凿齿《逸人高士传》、袁淑《真隐传》、徐广
《孝子传》《李固别传》《梁冀传》《曹瞒传》、殷敬《殷氏家传》、华峤
《紫阳真人周君传》、项宗《紫虚元君魏夫人内传》《青州先贤传》《武陵
先贤传》《汉末名士录》、孙盛《逸人传》、魏隶《高士传》、周景式《孝
子传》、刘向《孝子图》《扬雄家牒》、傅畅《裴氏家记》《袁氏家传》
《袁氏世纪》《陶氏家传》《嵇氏世家》《陈氏家传》《窦氏家传》《沈氏
家传》《祖氏家传》《孙氏世录》《谢车骑家传》《顾恺之家传》《颜延
之家传》《李先生传》《颜修内传》《录异传》、曹毗《志怪》等史籍，
并大多著录了撰写者人名、卷数，却没有针对每一部史籍做任何考证。
相反章书却对于这些书皆有诸多考证文字，可参看章书，在此不再罗列
赘述。

　　从增删的史籍来看，正史及相关类史籍共有九十五部，据前文所考其
中章书删除《隋志》著录的有十部，可是增补著录的有十六部，约占这
九十五部史籍的 17%。姚书仅删除《隋志》著录的陆澄一百零二卷本
《汉书注》，不过在陆澄一卷本《汉书注》的考证文字中提到此一百零二

卷本；姚书还增补著录的有两部史籍，约占这九十五部史籍的 2%。古史类史籍共有的四十四部，其中章书删除《隋志》著录的有一部，可是增补著录的有十部，约占这四十四部史籍的 23%。杂史类史籍共有九十八部，其中章书删除《隋志》著录的有十三部，可是增补著录的有二十六部，约占这九十八部史籍的 27%。霸史类史籍共有三十六部，其中章书删除《隋志》著录的有十部，可是增补著录的有三部，约占这三十六部史籍的 8%。起居注类史籍共有六十六部，其中章书删除《隋志》著录的有十四部，可是增补著录的有十二部，约占这六十五部史籍的 18%。地理类史籍共有二百九十四部，其中章书删除《隋志》著录的有三十六部，可是增补著录的有一百五十六部，约占这二百九十五部史籍的 53%。谱系类史籍共有一百零九部，其中章书删除《隋志》著录的有二十三部，可是增补著录的有五十五部，约占这一百零九部史籍的 50%。簿录类史籍共有三十六部，其中章书删除《隋志》著录的有七部，可是增补著录的有七部，约占这三十六部史籍的 19%。旧事篇史籍共有四十五部，其中章书删除《隋志》著录的仅有一部，可是增补著录的有二十部，约占这四十五部史籍的 44%。职官篇史籍共有六十一部，其中章书删除《隋志》著录的有十一部，可是增补著录的有二十三部，约占这六十一部史籍的 38%。仪注类史籍共有一百零九部，其中章书删除《隋志》著录的有二十四部，可是增补著录的有四十四部，约占这一百零九部史籍的 40%。刑法篇史籍共有四十七部，其中章书删除《隋志》著录的有六部，可是增补著录的有九部，约占这四十七部史籍的 19%。杂传类史籍共有四百五十二部，其中章书删除《隋志》著录的有三十六部，可是增补著录的有二百四十五部，约占这四百五十二部史籍的 54%。姚书没有删除一部《隋志》著录的史籍，可是却增补著录的有二百二十三部史籍，约占这四百五十二部史籍的 49%。而古史类、杂史类、霸史类、起居注类、地理类、谱系类、旧事篇、簿录类、职官篇、仪注类、刑法篇史籍中姚书既没有删除一部《隋志》著录的史籍，也没有增补著录一部史籍。这样看姚书仅在正史及相关类史籍中删除《隋志》著录的一部，可是章书却一共删除了《隋志》著录的一百九十二部史籍。而姚书一共增补著录二百二十四部史籍，但是章书却增补著录六百二十六部史籍，其中杂传类史籍增补最多，多达二百四十四部，霸史类史籍增补最少，只有三部。

此外，就章书、姚书在各类史籍中著录来看，在九十五部正史及相关类史籍中，章书共著录八十五部，约占89%；姚书共著录八十部，约占85%。在四十四部古史类史籍中，章书共著录四十三部，约占98%；姚书共著录三十四部，约占77%。在九十八部杂史类史籍中，章书一共著录八十五部，约占87%；姚书一共著录七十二部，约占73%。在霸史类的三十六部史籍中，章书一共著录二十六部，约占72%；姚书一共著录三十三部，约占92%。在起居注类的六十六部史籍中，章书一共著录五十二部，约占79%；姚书一共著录五十四部，约占82%。在地理类的二百九十五部史籍中，章书共著录二百五十九部，约占88%；姚书共著录二百六十五部，约占90%。在谱系类的一百零九部史籍中，章书共著录八十六部，约占78%；姚书共著录五十四部，约占50%。簿录类的三十六部史籍中，章书共著录二十九部，约占81%；姚书共著录二十九部，约占81%。旧事篇的这四十五部史籍中，章书共著录四十四部，约占98%；姚书共著录二十五部，约占56%。在职官篇的六十一部史籍中，章书一共著录五十部，约占82%；姚书一共著录三十八部，占62%多。在仪注类的一百零九部史籍中，章书共著录八十五部，约占78%；姚书共著录六十五部，约占60%。在刑法类的四十七部史籍中，章书共著录四十一部，约占88%；姚书共著录三十八部，约占81%。在杂传类的四百五十二部史籍中，章书一共著录四百一十六部，约占92%；姚书共著录四百三十部，约占95%。不过姚书所增补著录的那四百三十部史籍章书皆已著录，可是章书成书远早于姚书，而且姚书中多次引用"章氏《考证》"云云，可见姚书所增补著录的史籍当是借用章书已有的考证成果。总的来看，二书共著录史籍有一千四百九十四部，其中章书共著录一千三百零三部，约占87%；姚书共著录一千二百一十八部，约占81%。

就章书、姚书的考证文字来看，二书各有短长，其长处在于：章书长于赅详，广征博引，借用了裴松之注《三国志》的合本子注的方法对大多数史籍做了比较详细的考证。而姚书则精于考证，有的典籍考证则采用了章宗源所未见到的后人修撰和刊刻较晚的典籍，甚至征引了章书的考证成果。其短处在于：章书在考证有的史籍时仅征引传世文献中的佚文，少做分析，不如姚书考证精细。不过姚书有关地理类的《汉宫阁簿》等大约一百二十四部史籍、杂传类的《广州先贤传》等大约三十九部史籍没做任何考证，仅著录书名、撰者姓名、卷数，在这一方面又不如章书，还有姚书所增补著录史籍章书皆已著录，当是征引章书考证成果。也就是说，从整体上看，章书征引典籍广博，大概当时就是这种学风，如桂馥《说文解字义证》。相比较而言，姚书则精于考证，还利用了大量章氏身后所刊刻面世的典籍详加考述。值得注意的是：章宗源属于乾嘉时期的学者，姚振宗则生活于近代，二人所处的时代相差百年左右，而正是在这一百年里中国社会发生了天翻地覆的变化，人们的思想也随之发生了变化，正是这种变化也必然导致了学者的治学风气的改变，因此说章书与姚书在考证方面的差异当是缘于二人所处的时代不同，治学风格的改易。

二　与《隋书经籍志详考》之比较

《隋书经籍志详考》于 20 世纪 90 年代由汲古书院出版，是日本学者兴膳宏、川合康三对《隋书·经籍志》考证研究的力作，《隋书经籍志详考》（以下简称《详考》）有助于对汉隋之间的学术在唐代以后的遗存与流失的考察。《详考》大体由三部分构成，一是对总序与各类小序的翻译，二是对序文与小序的注释，三是对所登录的书目、作者及小注的补注。卷首是兴膳宏教授的"解说"，卷末是以五十音序排列的《书名索引》和《人名索引》。据《后记》所云，这一工作始于 1974 年，而汲古书院出版于 1995 年，可见兴膳宏、川合康三用时之久，用功之深。不过与章宗源《隋经籍志考证》（以下简称章书）相比，二书还是互有短长。下面就此问题略作分析。

（一）

自司马谈、司马迁父子修撰《史记》起，纪传体成为史书中最重要的一种修史体裁，此后越来越受到重视，成为修撰正史的体裁。是史书中最重要的一部分，而《隋书·经籍志》中将正史及其相关的著述都归入这一部分，正因为如此才必须对章书与《详考》这一部分史书做些比较分析，为此略作一表。

书名及作者	隋志	章书	详考	备注
司马迁《史记》	著录	著录	著录	
裴骃注《史记》	著录	著录	著录	
延笃《史记音义》		著录		
《史记章隐》		著录		
徐野民《史记音义》	著录	著录	著录	
裴骃《史记音义》		著录		
邹诞生《史记音》	著录	著录	著录	
谯周《古史考》	著录	著录	著录	
班固《汉书》	著录	著录	著录	
应劭《汉书集解音义》	著录	著录	著录	
服虔《汉书音训》	著录	著录	著录	
韦昭《汉书音义》	著录	著录	著录	
刘显《汉书音》	著录		著录	
夏侯咏《汉书音》	著录	著录	著录	
萧该《汉书音义》	著录	著录	著录	
包恺《汉书音》	著录	著录	著录	
晋灼《汉书集注》	著录	著录	著录	
陆澄《汉书注》	著录	著录	著录	此《汉书注》章书著录一卷。
陆澄《汉书注》	著录	著录	著录	此《汉书注》章书著录一百二卷。
韦棱《汉书续训》	著录	著录	著录	
姚察《汉书训纂》	著录	著录	著录	
姚察《汉书集解》	著录		著录	
诸葛亮《论前汉事》	著录	著录	著录	
刘宝《汉书驳议》	著录	著录	著录	
姚察《定汉书疑》	著录		著录	
项岱《汉书叙传》	著录	著录	著录	
《汉疏》	著录		著录	
刘孝标注《汉书》	著录		著录	
孟康《汉书音》		著录	著录	
梁元帝《汉书注》	著录	著录	著录	
颜延年《汉书决疑》		著录		
崔浩《汉书音义》		著录		

续表

书名及作者	隋志	章书	详考	备注
应奉《汉书后序》		著录		
应奉《汉事》		著录		
刘珍《东观汉记》	著录	著录	著录	
谢承《后汉书》	著录	著录	著录	
薛莹《后汉记》	著录	著录	著录	
司马彪《续汉书》	著录	著录	著录	
华峤《汉后书》	著录	著录	著录	
谢沈《后汉书》	著录	著录	著录	
谢沈《后汉书外传》		著录		
张莹《后汉南记》	著录	著录	著录	
袁山松《后汉书》	著录	著录	著录	
刘义庆《后汉书》		著录		
范蔚宗《后汉书》	著录	著录	著录	
刘昭注《后汉书》	著录	著录	著录	
刘昭补注《后汉书》		著录		
刘芳《后汉书音》	著录	著录	著录	
臧兢《范汉音训》	著录	著录	著录	
萧该《范汉音》	著录	著录	著录	
范蔚宗《后汉书赞论》	著录	著录	著录	
范蔚宗《汉书缵》		著录	著录	
萧子显《后汉书》	著录	著录	著录	
王韶《后汉林》	著录		著录	
韦阐《后汉音》	著录		著录	
鱼豢《魏略》		著录		
王沈《魏书》	著录	著录	著录	
韦昭《吴书》	著录	著录	著录	
环济《吴纪》	著录	著录	著录	
张勃《吴录》		著录	著录	
陈寿《三国志》	著录	著录	著录	
卢宗道《魏志音义》	著录		著录	
何常侍《论三国志》	著录	著录	著录	

续表

书名及作者	隋志	章书	详考	备注
徐爰《三国志评》	著录	著录	著录	
王涛《三国志序评》	著录	著录	著录	
王隐《晋书》	著录	著录	著录	
虞预《晋书》	著录	著录	著录	
朱凤《晋书》	著录	著录	著录	
何法盛《晋中〈详考〉》	著录	著录	著录	
谢灵运《晋书》	著录	著录	著录	
臧荣绪《晋书》	著录	著录	著录	
萧子云《晋书》	著录	著录	著录	
萧子显《晋史草》	著录	著录	著录	
郑忠《晋书》	著录		著录	
沈约《晋书》	著录	著录	著录	
庾诜《东晋新书》	著录	著录	著录	
徐爰《宋书》	著录	著录	著录	
孙严《宋书》	著录	著录	著录	
沈约《宋书》	著录	著录	著录	
宋大明中所撰《宋书》	著录		著录	
萧子显《齐书》	著录	著录	著录	
刘陟《齐纪》	著录	著录	著录	
沈约《齐纪》	著录	著录	著录	
江淹《齐史》	著录	著录	著录	
谢昊《梁书》	著录	著录	著录	章书、《隋志》作"谢吴",《详考》作"谢昊"。
许亨《梁史》	著录	著录	著录	
姚察《梁书帝纪》	著录	著录	著录	
梁武帝《通史》	著录	著录	著录	
魏收《后魏书》	著录	著录	著录	
魏彦深《后魏书》	著录	著录	著录	
顾野王《陈书》		著录		
傅绰《陈书》		著录		
陆琼《陈书》	著录	著录	著录	

续表

书名及作者	隋志	章书	详考	备注
牛弘《周史》	著录	著录	著录	
王劭《齐书》		著录		

　　可知《隋志》、章书、《详考》所著录的正史及相关类史籍合计有九十五部，据前文所考其中章书删除《隋志》著录的有刘显《汉书音》等十部史籍，可是增补著录的有《史记章隐》等十六部史籍，约占这九十五部史籍的17%。《详考》没有删除一部《隋志》著录的史籍，可是却增补著录孟康《汉书音》、范蔚宗《汉书缵》、张勃《吴录》三部史籍，约占这九十五部史籍的3%。这样看即使将章书增补著录的十六部史籍中除去三部《详考》亦著录的史籍，再减去该书所删除《详考》却没有删除《隋志》著录的那十部史籍，章书仍然比《详考》多考证著录出三部史籍。而且这九十五部史籍中，章书一共著录八十五部，约占89%；《详考》一共著录八十一部，约占85%。据此看这部分史籍的考证著录中，章书虽然删除了《隋志》所著录的十部史籍，但是却增补著录了十六部史籍，还是比《详考》所著录的史籍多。因此说章宗源对于他删除史籍中还是有所考虑的。

（二）

　　古史也是史部典籍中的一种出现较早的史籍，据前文所考，已知最早的是出土于西晋太康元年汲冢竹简中的《竹书纪年》，至汉献帝时命荀悦仿效春秋体，作《汉纪》三十篇。其体裁为编年体，在史部的地位虽然不如正史，可是仍然在史部有着相当重要的地位，特别是北宋年间司马光主持修撰的《资治通鉴》重振斯体。编年体成为史籍的一种重要的体裁，为后代学者修史时广泛使用。因此无论清中期的章宗源还是日本学者兴膳宏、川合康三都对这一类史籍下了工夫，故在此略作一表针对章书与《详考》所著录的这一部分史书做些分析。

书名及作者	隋志	章书	详考	备注
《纪年》	著录	著录	著录	
荀悦《汉纪》	著录	著录	著录	
应劭注《荀悦汉纪注》		著录		
崔浩《汉纪音义》		著录		
袁彦伯《后汉纪》	著录		著录	
张璠《后汉纪》	著录	著录	著录	
袁晔《献帝春秋》	著录	著录	著录	
孙盛《魏氏春秋》	著录	著录	著录	
阴澹《魏纪》	著录	著录	著录	
孔舒元《汉魏春秋》	著录	著录	著录	
陆机《晋纪》	著录	著录	著录	
干宝《晋纪》	著录	著录	著录	
刘协《干宝晋纪注》		著录		
曹嘉之《晋纪》	著录	著录	著录	
习凿齿"汉晋阳秋"	著录	著录	著录	《详考》作"汉晋春秋"。
邓粲《晋纪》	著录	著录	著录	
孙盛《晋阳秋》	著录	著录	著录	
刘谦之《晋纪》	著录	著录	著录	
王韶之《晋纪》	著录	著录	著录	
周祗《崇安记》		著录		
檀道鸾《续晋阳秋》	著录	著录	著录	
徐广《晋纪》	著录	著录	著录	
裴松之《晋纪》		著录		
郭季产《续晋纪》	著录	著录	著录	
《晋录》		著录		
裴子野《宋略》	著录	著录	著录	
王智深《宋纪》		著录		
王琰《宋春秋》	著录	著录	著录	
鲍衡卿《宋春秋》		著录		
吴均《齐春秋》	著录	著录	著录	
王逸《齐典》	著录	著录	著录	
《齐典》	著录	著录	著录	

续表

书名及作者	隋志	章书	详考	备注
萧方等《三十国春秋》	著录	著录	著录	
李槩《战国春秋》	著录	著录	著录	
刘璠《梁典》	著录	著录	著录	
何之元《梁典》	著录	著录	著录	
谢昊《梁典》		著录		
阴僧仁《梁撮要》	著录	著录	著录	
姚最《梁后略》	著录	著录	著录	
萧韶《梁太清纪》	著录	著录	著录	
萧世怡《淮海乱离志》	著录	著录	著录	
崔子发《齐纪》	著录	著录	著录	
杜台卿《齐纪》		著录		
王劭《齐志》	著录	著录	著录	

可知《隋志》、章书、《详考》所著录的古史类史籍合计有的四十四部，据前文所考其中章书删除《隋志》著录的仅有袁彦伯《后汉纪》一部史籍，可是增补著录的有应劭注《荀悦汉纪注》等十部史籍，约占这四十四部史籍的23%。《详考》既没有删除一部《隋志》著录的史籍，也没有增补著录一部史籍。这样看即使将章书增补著录的十一部史籍中减去该书所删除而《详考》却没有删除《隋志》著录的那一部史籍，章书仍然比《详考》多考证著录出十部史籍。而且在这四十四部史籍中，章书一共著录四十三部，约占98%；《详考》一共著录三十四部，约占77%。因此看这部分史籍的考证著录中，章书虽然删除了《隋志》所著录的一部史籍，但是却增补著录了十一部史籍，相比较而言，《详考》仍然依照《隋志》，无增补著录之处。

（三）

所谓杂史就在于这部分典籍最为繁杂，既有《周书》、国语、杂传，又有载记、世谱等史籍。据前文所考，其渊源当与《战国策》以及陆贾《楚汉春秋》有关联，这一类史籍虽非正史，却是所谓博达之士的所见所闻。其体裁又比较繁杂。因此章书、《详考》在这一类史籍中的增补著录的史籍也颇多，这就需要对于二书做些比较分析，为了更好地说明问题，下面略作一表。

书名及作者	隋志	章书	详考	备注
《周书》	著录	著录	著录	
《古文琐语》	著录	著录	著录	
孔衍《春秋时国语》		著录		
孔衍《春秋后国语》		著录		
何承天《春秋前传》	著录	著录	著录	
何承天《春秋前杂传》	著录	著录	著录	
乐资《春秋后传》	著录	著录	著录	
刘向录《战国策》	著录		著录	
高诱《战国策》	著录	著录	著录	
延笃《战国策论》	著录	著录	著录	
陆贾《楚汉春秋》	著录	著录	著录	
荀爽《汉语》		著录		
伏无忌《古今注》	著录	著录	著录	
子贡《越绝记》	著录	著录	著录	章书引《四库目录》曰："汉袁康撰，其友吴平同定，旧称子贡作，误。"《详考》却作"子贡撰"。
赵晔《吴越春秋》	著录	著录	著录	
杨方《吴越春秋削繁》	著录	著录	著录	
皇甫遵《吴越春秋》	著录	著录	著录	
《吴越记》	著录	著录	著录	
沈氏《南越志》	著录	著录	著录	章书考证为沈怀远撰。
《小史》	著录		著录	
刘艾《汉灵献二帝纪》	著录	著录	著录	《详考》作"刘芳撰"。
《献帝传》		著录		
乐资《山阳公载记》	著录	著录	著录	
王粲《汉末英雄记》	著录	著录	著录	
司马彪《九州春秋》	著录	著录	著录	
刘孝标《九州春秋抄》		著录		
《魏武本纪》	著录	著录	著录	

续表

书名及作者	隋志	章书	详考	备注
孙寿《魏阳秋异同》		著录		
胡冲《吴历》		著录		
王隐《删补蜀记》		著录		
孙盛《蜀世谱》		著录		
《魏世谱》		著录		
《晋世谱》		著录		
《汉尚书》		著录		
孔衍《后汉尚书》		著录		
孔衍《魏尚书》	著录	著录	著录	
张温《后汉尚书》		著录		
郭颁《魏晋世语》	著录	著录	著录	
《汉末传》		著录		
《魏末传》	著录	著录	著录	
《魏氏大事》	著录		著录	
毛范《吕布本事》	著录		著录	
傅畅《晋诸公讃》	著录	著录	著录	
荀绰《晋后略记》	著录	著录	著录	
《王阆本事》		著录		
《徐江州本事》		著录		
《石崇本事》		著录		
张缅《晋书钞》	著录	著录	著录	
张氏《晋书鸿烈》	著录		著录	
《宋中兴伐逆事》	著录	著录	著录	
谢绰《宋拾遗》	著录	著录	著录	
李槩《左史》	著录	著录	著录	
梁祚《魏国统》	著录	著录	著录	
《梁帝纪》	著录	著录	著录	
《梁太清录》	著录	著录	著录	
刘仲威《梁承圣中兴略》	著录		著录	
《梁末代纪》	著录	著录	著录	
周兴嗣《梁皇帝实录》	著录	著录	著录	

续表

书名及作者	隋志	章书	详考	备注
谢吴《梁皇帝实录》	著录	著录	著录	《详考》作"谢昊"。
臧严《栖凤春秋》	著录	著录	著录	
赵齐旦《陈王业历》	著录		著录	
魏飒《史要》	著录	著录	著录	《详考》作"卫飒"。
鱼豢《典略》	著录	著录	著录	
王蔑《史汉要集》	著录	著录	著录	
张温《三史略》	著录	著录	著录	
张莹《史记正传》	著录	著录	著录	
张缅《后汉略》	著录	著录	著录	
侯谨《汉皇德纪》	著录	著录	著录	
韦昭《洞纪》	著录	著录	著录	
臧荣绪《续洞纪》	著录		著录	
陶弘景《帝王年历》		著录		
皇甫谧《帝王世纪》	著录	著录	著录	
皇甫谧《年历》		著录		
虞绰《帝王世纪音》	著录		著录	
来奥《帝王本纪》	著录	著录	著录	
何茂材《续帝王世纪》	著录	著录	著录	
吉文甫《十五代略》	著录		著录	
环济《帝王要略》	著录	著录	著录	
孟仪《周载》	著录	著录	著录	
葛洪《汉书钞》	著录	著录	著录	
葛洪《史记钞》		著录		
葛洪《后汉书钞》		著录		
王子年《拾遗录》	著录	著录	著录	
萧绮《王子年拾遗记》	著录	著录	著录	
杨晔《华夷帝王世记》	著录	著录	著录	
阮孝绪《正史削繁》	著录	著录	著录	
《童悟》	著录	著录	著录	
萧肃《合史》		著录		
宋孝王《关东风俗传》		著录		

续表

书名及作者	隋志	章书	详考	备注
甄鸾《帝王世录》	著录		著录	
刘绍《先圣本纪》	著录	著录	著录	
姚恭《年历帝纪》	著录	著录	著录	
《帝王诸侯世略》	著录		著录	
潘杰《王霸记》	著录		著录	
诸葛耽《帝录》		著录		
鲍衡卿《乘舆飞龙记》		著录		
《历代记》	著录	著录	著录	
王劭《隋书》	著录	著录	著录	

可知《隋志》、章书、《详考》所著录的杂史类史籍合计有九十八部，据前文所考其中章书删除《隋志》著录的有刘向录《战国策》等十三部史籍，可是增补著录的有孔衍《春秋时国语》等二十六部史籍，约占这九十八部史籍的 27％。《详考》既没有删除一部《隋志》著录的史籍，也没有增补著录一部史籍。这样看即使将章书增补著录的二十六部史籍中减去该书所删除的而《详考》没有删除《隋志》著录的那十三部史籍，章书仍然比《详考》多考证著录出十三部史籍。另外在这九十八部史籍中，章书一共著录八十五部，约占 87％；《详考》一共著录七十二部，约占 73％。因此看这部分史籍的考证著录中，章书虽然删除了《隋志》所著录的十三部史籍，但是却增补著录了二十六部史籍，而《详考》却未增补著录一部史籍，这就远不如章书所著录的史籍多。而《详考》仍然依照《隋志》，无增补创新之处。

（四）

近年研读五胡十六国时期的历史，深感史料之缺乏，而霸史这一时期各割据政权历史的史籍的产生与"自晋永嘉之乱，皇纲失驭，九州君长，据有中原者甚众"。颇有关联。不过《隋志》中还是著录了不少霸史类史籍，另外现存的一些典籍中或多或少地残存了一些霸史类史籍的佚文，章宗源以及前文提到的姚振宗等学者正是充分利用了这些佚文，对这一史籍的著录考证颇下工夫。因此就有必要比较章书、《详考》在这一类史籍中的著录情况，为了更清晰地说明问题，在此略作一表。

书名及作者	隋志	章书	详考	备注
田融《赵书》	著录	著录	著录	
王度《二石传》	著录	著录	著录	
王度《二石伪治时事》	著录	著录	著录	
常璩《汉之书》	著录	著录	著录	
常璩《华阳国志》	著录	著录	著录	
梁有《蜀平记》	著录		著录	
《蜀汉伪官故事》	著录		著录	
范亨《燕书》	著录	著录	著录	
张诠《南燕录》	著录	著录	著录	
王景晖《南燕录》	著录	著录	著录	
游览先生《南燕书》	著录		著录	
高闾《燕志》	著录	著录	著录	
何仲熙《秦书》	著录		著录	
裴景仁《秦记》	著录	著录	著录	
姚和都《秦纪》	著录	著录	著录	
张谘《凉记》	著录	著录	著录	
刘昞《凉书》	著录	著录	著录	
喻归《西河记》	著录	著录	著录	
车频《秦书》		著录		
段龟龙《凉记》	著录	著录	著录	
高道让《凉书》	著录	著录	著录	
《凉书》	著录	著录	著录	
《托跋凉录》	著录	著录	著录	
刘昞《敦煌实录》	著录	著录	著录	
崔鸿《十六国春秋》	著录	著录	著录	
《纂录》	著录		著录	
李槩《战国春秋》	著录	著录	著录	
和苞《汉赵记》	著录	著录	著录	
段国《吐谷浑记》	著录		著录	

续表

书名及作者	隋志	章书	详考	备注
梁有《翟辽书》	著录		著录	
《诸国略记》	著录		著录	
《永嘉后纂年记》	著录		著录	
《段业传》	著录		著录	
《天启纪》	著录	著录	著录	
《邺洛鼎峙记》		著录		
田融《苻朝杂记》		著录		

　　可知《隋志》、章书、《详考》所著录的霸史类史籍合计有三十六部，据前文所考，其中章书删除《隋志》著录的有《蜀平记》等十部史籍，可是增补著录的有车频《秦书》等三部史籍，约占这三十六部史籍的8%。《详考》既没有删除一部《隋志》著录的史籍，也没有增补著录一部史籍。而且在这三十六部史籍中，章书一共著录二十六部，约占72%；《详考》一共著录三十三部，约占92%。因此说在这部分史籍的考证著录中，章书虽然删除了《隋志》所著录的十部史籍，但是毕竟还增补著录了三部史籍，比《详考》仅依据《隋志》著录的史籍未作增减，章宗源还是有他的想法的。

（五）

　　起居注也是史籍中的重要一类，它是古代史官逐日记皇帝有关军国大事的言行所编撰而成的史籍，据前文所考，其源流与"内史掌王之命，遂书其副而藏之，是其职也"有关，最早以起居注命名的即是汉武帝时的《禁中起居注》，但是汉代直至隋代的起居注皆已亡佚，现存最早的完整的起居注当是唐初温大雅所撰写的《大唐创业起居注》。不过《隋志》对于起居注著录颇多，加之章宗源利用现存的一些典籍中所存的起居注佚文增补著录了一些不见于《隋志》的起居注。因此针对这一部分史籍章书与《详考》有何差异也要做点比较考述，下面略作一表加以分析。

书名及作者	隋志	章书	详考	备注
郭璞注《穆天子传》	著录	著录	著录	
《汉献帝起居注》	著录	著录	著录	
李轨《晋泰始起居注》	著录	著录	著录	
李轨《晋咸宁起居注》	著录	著录	著录	
李轨《晋泰康起居注》	著录	著录	著录	
《晋元康起居注》	著录		著录	
《永平元康永宁起居注》	著录	著录	著录	
《晋惠帝起居注》	著录	著录	著录	
《晋武帝起居注》		著录		
《晋康帝起居注》		著录		
《晋孝武起居注》		著录		
《晋永安起居注》		著录		
《永嘉建兴起居注》	著录		著录	
《晋建武大兴永昌起居注》	著录	著录	著录	
李轨《晋咸和起居注》	著录	著录	著录	
《晋咸康起居注》	著录	著录	著录	
《晋建元起居注》	著录	著录	著录	
《晋永和起居注》	著录	著录	著录	
《晋升平起居注》	著录	著录	著录	
《晋隆和兴宁起居注》	著录	著录	著录	
《晋咸安起居注》	著录	著录	著录	
《晋泰和起居注》	著录	著录	著录	
《晋宁康起居注》	著录	著录	著录	
《晋泰元起居注》	著录	著录	著录	
《晋隆安起居注》	著录	著录	著录	
《晋元兴起居注》	著录	著录	著录	
《晋义熙起居注》	著录	著录	著录	
《晋元熙起居注》	著录	著录	著录	
刘道会《晋起居注》	著录	著录	著录	
《流别起居注》	著录	著录	著录	
《晋崇宁起居注》		著录		
《晋宋起居注钞》	著录	著录	著录	

书名及作者	隋志	章书	详考	备注
《晋宋先朝起居注》	著录		著录	
《宋永初起居注》	著录	著录	著录	
《宋景平起居注》	著录	著录	著录	
《宋元嘉起居注》	著录	著录	著录	
《宋孝建起居注》	著录	著录	著录	
《宋大明起居注》	著录	著录	著录	
《宋景和起居注》	著录	著录	著录	《详考》作《景和起居注》。
《明帝在蕃注》	著录		著录	
《宋泰始起居注》	著录	著录	著录	
《宋泰豫起居注》	著录		著录	
梁有《宋元徽起居注》	著录		著录	
《昇明起居注》	著录		著录	
《宋起居注》		著录		
《齐永明起居注》	著录	著录	著录	
《建元起居注》	著录		著录	
《隆昌延兴建武起居注》	著录		著录	
《中兴起居注》	著录		著录	
《梁大同起居注》	著录	著录	著录	
《梁天监起居注》		著录		
《梁起居注》		著录		
徐勉《别起居注》		著录		
《后魏起居注》	著录	著录	著录	
《陈永定起居注》	著录	著录	著录	
《陈天嘉起居注》	著录		著录	
《陈天康光大起居注》	著录		著录	
《陈太建起居注》	著录		著录	
《陈至德起居注》	著录		著录	
《陈起居注》		著录		
《后周太祖号令》	著录	著录	著录	
《隋开皇起居注》	著录	著录	著录	
《南燕起居注》	著录	著录	著录	

续表

书名及作者	隋志	章书	详考	备注
《禁中起居注》		著录		
《明帝起居注》		著录		

　　可知《隋志》、章书、《详考》所著录的起居注类史籍合计有六十六部，据前文所考，其中章书删除《隋志》著录的有《晋元康起居注》等十四部史籍，可是增补著录的有《晋武帝起居注》等十二部史籍，约占这六十六部史籍的18%。《详考》既没有删除一部《隋志》著录的史籍，也没有增补著录一部史籍。这样看即使将章书增补著录的十二部史籍减去该书所删除的而《详考》没有删除《隋志》著录的那十四部史籍，章书仍然比《详考》少著录出两部史籍。另外，在这六十六部史籍中，章书一共著录五十二部，约占79%；《详考》一共著录五十四部，约占82%。据此看这部分史籍的考证著录中，章书虽然删除了《隋志》所著录的十四部史籍，但是却增补著录了十二部史籍，而《详考》却增补著录一部史籍，对于《隋志》来说没有突破。

（六）

　　地理类史籍也是史部中的一个重要组成部分，就其渊源，《尚书·禹贡》有关，不过《尚书》归入经部，而现存最早的地理类史籍当是《山海经》，《隋志》中所著录的地理类典籍虽然颇多，可是多已不存，幸而有此《隋志》才可窥其大概。而且章书、《详考》都对于这一类史籍著录颇多，因此更有必要将这一类章书、《详考》所著录史籍做些比较分析，为此略作一表。

书名及作者	隋志	章书	详考	备注
郭璞注《山海经》	著录	著录	著录	
郭璞注《水经》	著录	著录	著录	
《黄图》	著录	著录	著录	
应劭《地理风俗志》		著录		
《洛阳记》	著录	著录	著录	

续表

书名及作者	隋志	章书	详考	备注
陆机《洛阳记》	著录	著录	著录	
《洛阳宫殿簿》	著录	著录	著录	
《洛阳宫舍记》		著录		
《洛阳故宫名》		著录		
杨佺期《洛阳图》	著录	著录	著录	
华延儁《洛阳记》		著录		
戴延之《洛阳记》		著录		
《后魏洛阳记》		著录		
《汉宫阁簿》		著录		
《汉宫殿名》		著录		
《汉宫阙疏》		著录		
《晋宫阁名》		著录		
《河南十二县境簿》		著录		
《三辅宫殿名》		著录		
《建康宫殿簿》		著录		
郭缘生《述征记》	著录	著录	著录	
郭缘生《续述征记》		著录		
裴松之《述征记》		著录		
裴松之《西征记》		著录		
戴延之《西征记》	著录	著录	著录	
卢思道《西征记》		著录		
顾启期《娄地记》	著录	著录	著录	
周处《风土记》	著录	著录	著录	
山谦之《吴兴记》	著录	著录	著录	
张充之《吴兴山墟名》		著录		
顾夷《吴郡记》	著录	著录	著录	
顾征《吴县记》		著录		
董贤《吴地记》		著录		
《分吴会丹阳三郡记》		著录		
顾长生《三吴土地记》		著录		
韦昭《三吴郡国志》		著录		

续表

书名及作者	隋志	章书	详考	备注
王僧虔《吴郡地理记》		著录		
张勃《吴地记》		著录		
《吴郡缘海四县记》		著录		
《吴郡临海记》		著录		
刘损《京口记》	著录	著录	著录	
山谦之《南徐州记》	著录	著录	著录	
刘芳《徐地录》		著录		
虞孝敬《广梁南徐州记》	著录		著录	
阮升之《南兖州记》		著录		
苟绰《兖州记》		著录		
贺循《会稽记》	著录	著录	著录	
孔灵符《会稽记》		著录		
朱育《会稽土地记》	著录	著录	著录	
《会稽旧记》		著录		
《会稽郡十城地志》		著录		
沈怀文《隋王入沔记》	著录	著录	著录	
盛弘之《荆州记》	著录	著录	著录	
庾仲雍《荆州记》		著录		
范汪《荆州记》		著录		
《荆州土地志》		著录		
刘澄之《荆州记》		著录		
黄闵《神壤记》	著录		著录	
雷次宗《豫章记》	著录	著录	著录	
张僧鉴《豫章记》		著录		
扬雄《蜀王本记》	著录	著录	著录	
李膺《蜀记》		著录		
段氏《蜀记》		著录		
谯周《三巴记》	著录	著录	著录	
盖泓《珠崖传》	著录	著录	著录	
袁休明《巴蜀志》		著录		
圈称《陈留风俗传》	著录	著录	著录	

书名及作者	隋志	章书	详考	备注
陆翙《邺中记》	著录	著录	著录	
京相璠《春秋土地名》	著录	著录	著录	
宗居士《衡山记》	著录	著录	著录	
徐灵期《南岳记》		著录		
释慧远《庐山纪略》		著录		
张野《庐山记》		著录		
周景式《庐山记》		著录		
袁山松《勾将山记》		著录		
《太山记》		著录		
卢元明《嵩山记》		著录		
袁彦伯《罗浮山记》		著录		
竺法真《登罗山疏》		著录		
张曜《中山记》		著录		
《邹山记》		著录		
支遁《天台山铭序》		著录		
《名山略记》		著录		
释法显《游天竺记》		著录		
陶弘景《山图》		著录		
谢灵运《游名山志》	著录	著录	著录	
李彤《圣贤冢墓记》	著录	著录	著录	
释法显《佛国记》	著录	著录	著录	
释智猛《游行外国传》	著录	著录	著录	
《交州以南外国传》	著录	著录	著录	
东方朔《十洲记》	著录	著录	著录	
东方朔《神异经》	著录	著录	著录	
杨孚《异物志》	著录	著录	著录	
杨氏《南裔异物志》		著录		
《南方夷物记》		著录		
谯周《异物志》		著录		
万震《南州异物志》	著录	著录	著录	
《巴蜀异物志》		著录		

书名及作者	隋志	章书	详考	备注
薛莹《荆扬已南异物志》		著录		
薛珝《异物志》		著录		
陈祁畅《异物志》		著录		
曹叔雅《异物志》		著录		
朱应《扶南异物志》	著录	著录	著录	
《凉州异物志》	著录	著录	著录	
间先生《间象传》	著录		著录	
沈莹《临海水土物志》	著录	著录	著录	
杨孚《交州异物志》	著录	著录	著录	
常宽《蜀志》	著录	著录	著录	
束皙《发蒙记》	著录	著录	著录	
陆澄《地理书》	著录	著录	著录	
《三辅故事》	著录	著录	著录	
庾仲雍《湘州记》	著录	著录	著录	
顾夷《吴郡记》	著录			此前已著录，此属重复。
《日南传》	著录	著录	著录	
庾仲雍《江记》	著录	著录	著录	
庾仲雍《汉水记》	著录	著录	著录	
谢灵运《居名山志》	著录	著录	著录	
戴祚《西征记》	著录	著录	著录	
《庐山南陵云精舍记》	著录		著录	
刘澄之《永初山川古今记》	著录	著录	著录	
《元康三年地记》	著录	著录	著录	
《元嘉六年地记》	著录		著录	
《元康六年户口簿记》	著录		著录	
《太康地记》		著录		
《晋太康土地记》			著录	
《九州郡县名》	著录		著录	
《晋太康州郡县名》			著录	
《司州记》	著录		著录	
《并帖省置诸郡旧事》	著录		著录	

续表

书名及作者	隋志	章书	详考	备注
任昉《地记》	著录	著录	著录	
郭璞注《山海经图赞》	著录	著录	著录	
《山海经音》	著录	著录	著录	
郦善长注《水经》	著录	著录	著录	
《庙记》	著录	著录	著录	
陆澄《地理书钞》	著录	著录	著录	
任昉《地理书钞》	著录		著录	
刘黄门《地理书抄》	著录	著录	著录	章书又作"刘澄之"。
杨衒之《洛阳伽蓝记》	著录	著录	著录	
萧世诚《荆南地志》	著录	著录	著录	
《巴蜀记》	著录		著录	
李氏《益州记》	著录	著录	著录	
任豫《益州记》		著录		
任豫《益州记》谯周《益州志》		著录		
裴渊《广州记》		著录		
顾微《广州记》		著录		
刘澄之《广州记》		著录		
郭仲彦《湘州记》	著录	著录	著录	《详考》作"郭仲产"。
甄烈《湘州记》		著录		
《湘州荥阳郡记》		著录		
苟绰《冀州记》		著录		
裴秀《冀州记》		著录		
郭仲产《秦州记》		著录		
段国《沙州记》		著录		
刘欣期《交州记》		著录		
《交州外域记》		著录		
姚文感《交州记》		著录		
刘澄之《扬州记》		著录		
刘澄之《江州记》		著录		
刘澄之《豫州记》		著录		
刘澄之《梁州记》		著录		

续表

书名及作者	隋志	章书	详考	备注
《甘州记》		著录		
《洺州记》		著录		
《苏州记》		著录		
《湘州图副记》	著录	著录	著录	
释道安《四海百川水源记》	著录	著录	著录	
刘璆《京师寺塔记》	著录		著录	
辛氏《三秦记》		著录		
山谦之《丹阳记》		著录		
《三齐略记》		著录		
晏谟《齐地记》		著录		
伏琛《齐记》		著录		
解道康《齐地记》		著录		
梁元帝《职贡图》		著录		
王范《交广二州记录》		著录		
黄义仲《十三州记》		著录		
应劭《十三州记》		著录		
乐资《九州志》		著录		
《西河旧事》		著录		
张僧鉴《浔阳记》		著录		
邓德明《南康记》		著录		
王韶之《南康记》		著录		
潘岳《关中记》		著录		
罗含《湘中记》		著录		
庾仲雍《湘中记》		著录		
王歆之《始兴记》		著录		
刘道真《钱塘记》		著录		
郑缉之《东阳记》		著录		
纪义《宣城记》		著录		
王烈之《安城记》		著录		
王韶之《神境记》		著录		
史筌《武昌记》		著录		

书名及作者	隋志	章书	详考	备注
黄闵《武陵记》		著录		
袁山松《宜都记》		著录		
《古今地名》	著录	著录	著录	
杜预《汝南记》		著录		
郑缉之《永嘉记》		著录		
《南中八郡志》		著录		
荀伯于《临川记》		著录		
《陇西记》		著录		
伍端休《江陵记》		著录		
崔玄山《濑乡记》		著录		
萧子开《建安记》		著录		
丘渊之《征齐道里记》		著录		
王元谟《寿阳记》		著录		
《上党记》		著录		
吴均《入东记》		著录		
《江乘记》		著录		
《仇池记》		著录		
卢植《冀州风土记》		著录		
张光禄《华山精舍记》	著录	著录	著录	
《张骞出关志》	著录	著录	著录	
鲍至《南雍州记》	著录	著录	著录	
释昙宗《京师寺塔记》	著录		著录	
郭仲产《南雍州记》		著录		
虞仲翔《川渎记》		著录		
《寻江源记》	著录	著录	著录	
《后园记》	著录		著录	
《始安郡记》		著录		
释昙景《外国传》	著录		著录	
释法盛《历国传》	著录	著录	著录	
《西京记》	著录	著录	著录	
《京师记》	著录		著录	

续表

书名及作者	隋志	章书	详考	备注
《江表行记》	著录	著录	著录	
《淮南记》	著录	著录	著录	
《古来国记》	著录		著录	
阚骃《十三州志》	著录	著录	著录	
《林邑国记》	著录	著录	著录	
《慧生行传》	著录		著录	
戴氏《宋武北征记》	著录	著录	著录	
裴松之《北征记》		著录		
徐齐民《北征记》		著录		
孟奥《北征记》		著录		
伏滔《北征记》		著录		
伍缉之《从征记》		著录		
《东征记》		著录		
刘澄之《司州山川古今记》	著录	著录	著录	
张氏《江图》	著录	著录	著录	
刘氏《江图》	著录	著录	著录	
《水饰图》	著录		著录	
《瓯闽传》	著录		著录	
《北荒风俗记》	著录	著录	著录	
《诸蕃风俗记》	著录	著录	著录	
《男女二国传》	著录		著录	
《突厥所出风俗事》	著录	著录	著录	
顾野王《舆地志》	著录	著录	著录	
《舆地图》		著录		
姚最《序行记》	著录	著录	著录	
温子升《魏永安记》	著录	著录	著录	
《国都城记》	著录	著录	著录	
《周地图记》	著录	著录	著录	
《冀州图经》	著录	著录	著录	
《齐州图经》	著录		著录	
李叔布《齐州记》	著录	著录	著录	

书名及作者	隋志	章书	详考	备注
《幽州图经》	著录		著录	
《外国图》		著录		
《括地图》		著录		
《秦地图》		著录		
《雍州图经》		著录		
《宣城郡图经》		著录		
《上谷郡图经》		著录		
《四海图》		著录		
《江都图经》		著录		
《东郡图经》		著录		
《洛阳图经》		著录		
《广陵郡图经》		著录		
《丹阳郡图经》		著录		
《蜀郡图经》		著录		
《长安图》		著录		
《弘农郡图经》		著录		
《历阳县郡图经》		著录		
《河南郡图经》		著录		
《荆州图副记》		著录		
江得藻《聘北道里记》	著录	著录	著录	
《魏聘使行记》	著录	著录	著录	
《李谐行记》	著录		著录	
刘师知《聘游记》	著录		著录	
《朝觐记》	著录		著录	
李绘《封君义行记》	著录	著录	著录	
薛泰《舆驾东行记》	著录	著录	著录	
诸葛颖《北伐记》	著录		著录	
诸葛颖《巡抚扬州记》	著录	著录	著录	
《大魏诸州记》	著录	著录	著录	
《并州入朝道里记》	著录		著录	
《赵记》	著录	著录	著录	

续表

书名及作者	隋志	章书	详考	备注
《代都略记》	著录		著录	
《世界记》	著录		著录	
《大隋翻经婆罗门法师外国传》	著录		著录	
《州郡县部簿》	著录		著录	
《隋区宇图志》	著录	著录	著录	
裴矩《隋西域图》	著录	著录	著录	
郎蔚之《隋诸州图经集》	著录	著录	著录	
《隋诸郡土俗物产记》	著录	著录	著录	
《西域道里记》	著录		著录	
《诸蕃国记》	著录		著录	
许善心《方物志》	著录	著录	著录	
《并州总管内诸州图》	著录		著录	

可知《隋志》、章书、《详考》所著录的地理类史籍合计有二百九十五部，据前文所考其中章书删除《隋志》著录的有虞孝敬《广梁南徐州记》等三十六部史籍，可是增补著录的有应劭《地理风俗志》等一百五十六部史籍，约占这二百九十五部史籍的53%。《详考》除删去一部《隋志》重复著录的顾夷《吴郡记》，没有增补著录一部史籍。这样看即使将章书增补著录的一百五十六部史籍中除去三十六部，仍然比《详考》多著录一百二十一部史籍。而且在这二百九十五部史籍中，章书共著录二百五十九部，约占88%；《详考》共著录一百三十九部，约占47%。因此说在这部分史籍的考证著录中，章书虽然删除了《隋志》所著录的三十六部史籍，但是却增补著录了一百五十七部史籍，远比《详考》所著录的史籍多。另外，从章宗源在书中删除重复著录的顾夷《吴郡记》来看，章书所删除的那些史籍还是有所考虑的。

（七）

中国古代自战国以来进入所谓封建地主制社会，地主取代了世袭的领主，不过到了魏晋南北朝时期则出现了士族这一社会阶层，而谱系类典籍修撰之风的兴盛正是与魏晋南北朝时期士族崛起，甚至在某些时期与门阀士族专制朝政的政治格局有着关系密切。但是进入杨隋统治时期后其开国皇帝杨坚即实行科举制度，士族在政治上也就失去了特权，但是这一阶层在社会上仍然有相当的影响力，因此《隋志》修撰之时对于这一类史籍仍是比较重视的。也正是源于此，《隋书·经籍志》还是将谱系类史籍归为史部的一类，因此，无论章书还是《详考》在这一类史籍的考证著述都是颇下工夫的，这就有必要将章书、姚书加以比较分析，下面略作一表。

书名及作者	隋志	章书	详考	备注
《世本王侯大夫谱》	著录	著录	著录	
刘向《世本》	著录	著录	著录	
宋衷《世本》	著录	著录	著录	
《世本别录》		著录		
宋均注《帝谱世本》		著录		
孙氏注《系本》		著录		
《世本谱》		著录		
《汉氏帝王谱》	著录	著录	著录	
梁有《宋谱》	著录		著录	
刘湛《百家谱》	著录	著录	著录	
《齐帝谱属》	著录		著录	
王俭《百家集谱》	著录	著录	著录	
王逡之《续俭百家谱》	著录		著录	
《南族谱》	著录		著录	
《百家谱拾遗》	著录		著录	
《齐梁帝谱》	著录	著录	著录	
《梁帝谱》	著录		著录	
《齐永元中表簿》	著录	著录	著录	
《梁大同四年表簿》		著录		
《梁亲表簿》		著录		
王僧孺《百家谱》	著录	著录	著录	
王僧孺《百家谱集钞》	著录	著录	著录	
贾执《百家谱》	著录	著录	著录	
傅昭《百家谱》	著录		著录	

续表

书名及作者	隋志	章书	详考	备注
徐勉《百官谱》		著录		
《百家谱世统》	著录		著录	
《百家谱钞》	著录		著录	
贾执《姓氏英贤谱》	著录	著录	著录	
王司空《新集诸州谱》	著录		著录	
《诸姓谱》	著录		著录	
《益州谱》	著录		著录	
《关东关北谱》	著录		著录	
《梁武帝总集境内十八州谱》	著录	著录	著录	
《氏族要状》	著录	著录	著录	
《后魏皇帝宗族谱》	著录	著录	著录	
元晖业《后魏辨宗录》	著录	著录	著录	
《魏孝文列姓族牒》	著录	著录	著录	
《后魏方司格》		著录		
《后齐宗谱》	著录	著录	著录	
《周宇文氏谱》		著录		
《益州谱》	著录		著录	
《冀州姓族谱》	著录	著录	著录	
《洪州诸姓谱》	著录	著录	著录	
《吉州诸姓谱》	著录		著录	
《江州诸姓谱》	著录		著录	
《诸州杂谱》	著录		著录	
《袁州诸姓谱》	著录	著录	著录	
《扬州谱钞》	著录		著录	
《司马氏系本》		著录		
《挚氏世本》		著录		
姚最《述系传》	著录		著录	
《京兆韦氏谱》	著录	著录	著录	
《谢氏谱》	著录	著录	著录	
《杨氏血脉谱》	著录		著录	
《杨氏家谱状并墓记》	著录		著录	

书名及作者	隋志	章书	详考	备注
《杨氏枝分谱》	著录		著录	
《杨氏谱》	著录	著录	著录	
《北地傅氏谱》	著录	著录	著录	
《苏氏谱》	著录	著录	著录	
《嵇氏谱》		著录		
《庾氏谱》		著录		
《孙氏谱》		著录		
《阮氏谱》		著录		
《孔氏谱》		著录		
《刘氏谱》		著录		
《陈氏谱》		著录		
《王氏谱》		著录		
《郭氏谱》		著录		
《崔氏谱》		著录		
《诸葛氏谱》		著录		
《周氏谱》		著录		
《吴氏谱》		著录		
《羊氏谱》		著录		
《许氏谱》		著录		
《桓氏谱》		著录		
《冯氏谱》		著录		
《殷氏谱》		著录		
《陆氏谱》		著录		
《顾氏谱》		著录		
《虞氏谱》		著录		
《卫氏谱》		著录		
《魏氏谱》		著录		
《温氏谱》		著录		
《曹氏谱》		著录		
《李氏谱》		著录		
《袁氏谱》		著录		

续表

书名及作者	隋志	章书	详考	备注
《索氏谱》		著录		
《戴氏谱》		著录		
《贾氏谱》		著录		
《郝氏谱》		著录		
《郗氏谱》		著录		
《韩氏谱》		著录		
《张氏谱》		著录		
《荀氏谱》		著录		
《祖氏谱》		著录		
《司马氏谱》		著录		
《路氏谱》		著录		
王僧孺《范氏谱》		著录		
《杜氏谱》		著录		
《阳氏谱叙》		著录		
《蔡氏谱》		著录		
《应氏谱》		著录		
《昃氏谱》		著录		
何氏《姓苑》	著录	著录	著录	
《复姓苑》	著录	著录	著录	
《竹谱》	著录	著录	著录	
顾烜《钱谱》	著录	著录	著录	
《钱图》	著录		著录	
挚虞《族姓昭穆记》		著录		

可知《隋志》、章书、《详考》所著录的谱系类史籍合计有一百零九部，据前文所考，其中章书删除《隋志》著录的有《宋谱》等二十三部史籍，而增补著录的有《世本别录》等五十五部史籍，约占这一百零九部史籍的50%。《详考》既没有删除一部《隋志》著录的史籍，也没有增补著录任何一部史籍。这样看加上章书增补著录的五十五部史籍，再减去该书所删除的而《详考》没有删除《隋志》著录的那二十三部史籍，章书仍然比《详考》多考证著录出三十二部史籍。另外，在这一百一十

部史籍中，章书一共著录八十六部，约占 79%；《详考》一共著录五十四部，约占 50%。因此看在这部分史籍的考证著录中，章书虽然删除了《隋志》所著录的二十四部史籍，但是却增补著录了五十五部史籍，远比《详考》所著录的史籍多。

（八）

簿录类史籍也是史部中不可缺少的一类，据前文所考，其源流当与汉代刘向《别录》、刘歆《七略》有关联，而目录之学又是学术研究中不可缺少的一门学问，甚至有学者认为目录之学是史学研究的一把钥匙，因此有必要对章书、姚书这一类史籍的著录情况做一考述分析，下面就此略作一表。

书名及作者	隋志	章书	详考	备注
刘向《七略别录》	著录	著录	著录	
刘歆《七略》	著录	著录	著录	
荀勖《晋中经》	著录	著录	著录	
《晋义熙以来新集目录》	著录	著录	著录	
王俭《宋元徽元年四部书目录》	著录	著录	著录	
王俭《今书七志》	著录	著录	著录	
殷钧《梁天监六年四部书目录》	著录	著录	著录	
刘遵《梁东宫四部目录》	著录	著录	著录	
刘孝标《梁文德殿四部目录》	著录	著录	著录	
阮孝绪《七录》	著录	著录	著录	
《魏阙书目录》	著录		著录	
《陈祕阁图书法书目录》	著录		著录	
《陈天嘉六年寿安殿四部目录》	著录	著录	著录	
《陈德教殿四部目录》	著录		著录	
《陈承香殿五经史记目录》	著录		著录	
殷淳《四部书目序录》		著录		
《开皇四年四部目录》	著录	著录	著录	《唐志》题牛弘撰。
《开皇八年四部目录》	著录	著录	著录	《唐志》题牛弘撰。
《开皇二十年书目》		著录		

续表

书名及作者	隋志	章书	详考	备注
《香厨四部目录》	著录		著录	
《隋大业正御书目录》	著录	著录	著录	
《法书目录》	著录	著录	著录	
杨松珍《史目》		著录		
裴松之《史目》		著录		
《杂仪注目录》	著录		著录	
荀勖《杂撰文章家集叙》	著录	著录	著录	
挚虞《文章志》	著录	著录	著录	
傅亮《续文章志》	著录	著录	著录	
宋明帝《晋江左文章志》	著录	著录	著录	
沈约《宋世文章志》	著录	著录	著录	
顾恺之《晋文章纪》		著录		
《文章志》		著录		
丘渊之《文章录》		著录		
《书品》	著录		著录	
《名手画录》	著录	著录	著录	
《正流论》	著录	著录	著录	

可知《隋志》、章书、《详考》所著录的簿录类史籍合计有三十六部，据前文所考，其中章书删除《隋志》著录的有《魏阙书目录》等七部史籍，而增补著录的有殷淳《四部书目序录》等七部史籍，约占这三十六部史籍的19%。《详考》既没有删除一部《隋志》著录的史籍，也没有增补著录任何一部史籍。这样看即使将章书增补著录的七部史籍中减去该书所删除的而《详考》没有删除《隋志》著录的那七部史籍，章书与《详考》著录史籍数量相同，都是二十九部，均约占81%。

（九）

旧事篇典籍是记典章制度之书，也是史部的一个组成部分，据前文所考，西汉初年，萧何定律令，张苍制章程，叔孙通定仪法，此后各项制度逐渐完备起来。而研究某一时期历史则必须掌握那一时期的典章制度，只有这样才能深入地进行学术研究，可见有关典章制度史籍之重要。因此也有必要认真地将章书和《详考》在这一部分史籍方面所作的增补著录情况做些比较分析，为了进一步地弄清楚有关问题，在此略作一表。

书名及作者	隋志	章书	详考	备注
《汉武帝故事》	著录	著录	著录	
《西京杂记》	著录	著录	著录	
《汉魏吴蜀旧事》	著录	著录	著录	
《江东旧事》		著录		
《魏武故事》		著录		
《晋朝杂事》	著录	著录	著录	
《晋宋旧事》	著录	著录	著录	
《西京故事》		著录		
《晋要事》	著录	著录	著录	
《晋故事》	著录	著录	著录	
《晋建武故事》	著录	著录	著录	
孔愉《晋咸和咸康故事》	著录	著录	著录	
《晋建武以来故事》		著录		
《永平故事》		著录		
《晋泰始泰康故事》		著录		
《晋氏故事》		著录		
《晋诸杂故事》		著录		
《晋杂议》		著录		
车灌《晋修复山陵故事》	著录	著录	著录	
《交州杂事》	著录	著录	著录	
《晋八王故事》	著录	著录	著录	
卢綝《晋四王起事》	著录	著录	著录	
《桓玄伪事》	著录	著录	著录	
《晋东宫旧事》	著录	著录	著录	
《秦汉已来旧事》	著录	著录	著录	
范汪《尚书大事》	著录	著录	著录	
《大司马陶公故事》	著录	著录	著录	
《郗太尉为尚书令故事》	著录	著录	著录	
《华林故事名》		著录		

续表

书名及作者	隋志	章书	详考	备注
《咸宁三年武皇帝故事》		著录		
刘道荟《宋先朝故事》		著录		
《天正旧事》	著录	著录	著录	
应思远《沔南故事》	著录	著录	著录	
温子升《永安故事》		著录		
《皇储故事》	著录		著录	
萧大圜《梁旧事》	著录	著录	著录	
《京兆旧事》		著录		
宇文恺《东宫典记》	著录	著录	著录	
《开业平陈记》	著录	著录	著录	
杨楞伽《邺都故事》		著录		
《邺城故事》		著录		
何晏《白起故事》		著录		
《诸葛故事》		著录		
王朗《秦故事》		著录		
《汉杂事》		著录		

可知《隋志》、章书、《详考》所著录的旧事篇史籍合计有四十五部，据前文所考，其中章书删除《隋志》著录的仅有《皇储故事》这部史籍，而增补著录了《江东旧事》等二十部史籍，约占这四十五部史籍的44%。《详考》既没有删除一部《隋志》著录的史籍，也没有增补著录任何一部史籍。这样看即使将章书减去该书所删除的而《详考》没有删除《隋志》著录的那一部史籍，章书仍然比《详考》多考证著录出十九部史籍。另外在这四十五部史籍中，章书一共著录四十四部，约占98%；《详考》一共著录二十五部，约占56%。据此看这部分史籍的考证著录中，章书虽然删除了《隋志》所著录的一部史籍，但是却增补著录了二十部史籍，《详考》则与《隋志》著录相同，没有增减，远不如章书著录的史籍多。

（十）

职官制度也是历史研究的一个重要的工具，而职官篇史籍则是指职官制度之书，也是史部典籍的一个重要组成部分，据前文所考，其源自先秦时期，即《周官》所云："冢宰掌建邦之六典，而御史数凡从正者。然则冢宰总六卿之属，以治其政，御史掌其在位名数，先后之次焉。"《隋书·经籍志》著录了许多职官篇的史籍，不过章宗源还是在此基础上做了一些增补，所以有必要将章书、《详考》所著录的此类史籍加以比较分析，为此略作一表。

书名及作者	隋志	章书	详考	备注
王隆《汉官解诂》	著录	著录	著录	
应劭注《汉官》	著录	著录	著录	
应劭《汉官仪》	著录	著录	著录	
《汉官目录》		著录		
《汉官名秩》		著录		
蔡质《汉官典职仪式选用》	著录	著录	著录	
荀攸《魏官仪》	著录	著录	著录	
韦昭《官仪职训》	著录	著录	著录	
傅畅《晋公卿礼秩故事》	著录	著录	著录	
《晋新定仪注》	著录	著录	著录	
徐宣瑜《晋官品》	著录	著录	著录	
荀绰《百官表注》	著录	著录	著录	
干宝《司徒仪》	著录	著录	著录	
《宋职官记》	著录		著录	
《晋百官仪服录》	著录		著录	
《大兴二年定官品事》	著录		著录	
《百官品》	著录		著录	
丁孚《汉官仪式选用》		著录		
《百官阶次》	著录	著录	著录	一卷，《唐志》题范蔚宗撰。
王珪之《齐职仪》	著录	著录	著录	
王珪之《齐仪》	著录		著录	
《齐职仪》	著录		著录	
徐勉《梁选簿》	著录	著录	著录	
《梁勋选格》	著录		著录	

书名及作者	隋志	章书	详考	备注
陶藻《职官要录》	著录	著录	著录	
《梁官品格》	著录		著录	
《百官阶次》	著录	著录	著录	三卷。
《新定将军名》	著录		著录	
《吏部用人格》	著录		著录	
王秀道《百官春秋》	著录	著录	著录	《唐志》作王道秀。
《百官春秋》	著录		著录	
何晏《官族传》	著录	著录	著录	
《魏晋百官名》	著录	著录	著录	
《咸熙元年百官名》		著录		
《晋百官名》	著录	著录	著录	
《晋武帝百官名》		著录		
陆机《晋惠帝百官名》		著录		
《晋武帝太始官名》		著录		
《晋怀帝永嘉官名》		著录		
《元康百官名》		著录		
《明帝东宫寮属名》		著录		
《晋东宫官名》		著录		
《征西寮属名》		著录		
《庾亮寮属名》		著录		
《庾亮参佐名》		著录		
《齐王属名》		著录		
伏滔《大司马寮属名》		著录		
《晋官属名》	著录	著录	著录	
《晋过江人士目》		著录		
卫禹《晋永嘉流士》		著录		
《永嘉流人名》		著录		
《王朝目录》		著录		
《登城三战簿》		著录		
《魏官品令》		著录		
《晋官品令》		著录		

续表

书名及作者	隋志	章书	详考	备注
《陈百官簿状》	著录	著录	著录	
《陈将军簿》	著录	著录	著录	
沈约《新定官品》	著录	著录	著录	
《梁百官人名》		著录		
《梁尚书职志仪注》	著录	著录	著录	
郭演《职令古今百官注》	著录	著录	著录	

可知《隋志》、章书、《详考》所著录的职官篇史籍合计有六十一部，据前文所考，其中章书删除《隋志》著录的有《宋职官记》等十一部史籍，而增补著录的有《汉官目录》等二十三部史籍，约占这六十一部史籍的38%。《详考》既没有删除一部《隋志》著录的史籍，也没有增补著录任何一部史籍。而且在这六十一部史籍中，章书一共著录五十部，约占82%。《详考》没有增删《隋志》在这部分所著录的三十八部史籍中的任何一部，约占这六十一部史籍的62%。因此在这部分史籍的考证著录中，章书虽然删除了《隋志》所著录的十二部史籍，但是却增补著录了二十三部史籍，远比《详考》所著录的史籍多。

（十一）

我国自古以来就是礼仪之邦，在各种礼仪制度的制定修撰上是颇下工夫的，也是极为重视的。正如《隋志》所云："典章皆具，可履而行。"另据前文所考，仪注类史籍专记吉凶行事，当源自先秦时期，《周官》一书有载。而无论章书还是姚书对于这一类史籍的考证著录也比较重视，因此有必要将这两部《隋书·经籍志》考证名著加以比较分析，下面略作一表。

书名及作者	隋志	章书	详考	备注
卫敬仲《汉旧仪》	著录	著录	著录	
卫敬仲《汉中兴仪》	著录		著录	
傅瑗《晋新定仪注》	著录	著录	著录	

续表

书名及作者	隋志	章书	详考	备注
《晋杂仪注》	著录		著录	
《晋尚书仪》	著录	著录	著录	
徐广《晋尚书仪曹新定仪注》		著录		
《甲辰仪》	著录	著录	著录	
《封禅仪》	著录	著录	著录	
《宋仪注》	著录	著录	著录	十卷又二十卷。
《宋尚书仪注》	著录	著录	著录	
《宋废帝元徽仪注》		著录		
张镜《宋东宫仪记》	著录	著录	著录	
《徐爱家仪》	著录	著录	著录	
萧子云《东宫新记》	著录	著录	著录	
《齐永明仪注》		著录		
《梁东宫元会仪注》		著录		
《陈元会仪注》		著录		
《宋太庙烝尝仪注》		著录		
《宋藉田仪注》		著录		
《梁五礼藉田仪注》		著录		
《晋先蚕仪注》		著录		
《晋元康仪》		著录		
《皇后亲蚕仪注》		著录		
《梁五礼先蚕仪注》		著录		
《宋南郊亲奉仪注》		著录		
《陈南北郊明堂仪注》		著录		
明山宾《梁吉礼仪注》	著录	著录	著录	
贺扬《梁宾礼仪注》	著录	著录	著录	
明山宾《吉仪注》	著录	著录	著录	
严植之《凶仪注》	著录	著录	著录	
陆琏《军仪注》	著录	著录	著录	
司马褧《嘉仪注》	著录	著录	著录	
沈约《梁仪注》		著录		
沈约《梁祭地祇阴阳仪注》		著录		

续表

书名及作者	隋志	章书	详考	备注
《梁尚书仪曹仪注》		著录		
《梁天子丧礼》		著录		
《梁大行皇帝皇后崩仪注》		著录		
《梁太子妃薨凶仪注》		著录		
《梁诸侯世子卒凶仪注》		著录		
《梁陈大行皇帝崩仪注》		著录		
丘仲孚《皇典》	著录	著录	著录	
《杂凶礼》	著录		著录	
何胤《政典》	著录	著录	著录	
何胤《士丧仪注》	著录	著录	著录	
《杂仪注》	著录	著录	著录	
《陈尚书杂仪注》	著录		著录	
《陈吉礼》	著录	著录	著录	
《陈杂仪注》		著录		
《陈诸帝后崩仪注》		著录		
《陈杂仪注凶仪》		著录		
《陈皇太后崩仪注》		著录		
《陈皇太子妃薨仪注》		著录		
《陈宾礼》	著录	著录	著录	
《陈军礼》	著录		著录	
《陈嘉礼》	著录		著录	
《后魏仪注》	著录	著录	著录	《唐志》题常景撰。
《后齐仪注》	著录		著录	
《杂嘉礼》	著录		著录	
赵彦深《北齐吉礼》		著录		
《北齐皇太后丧礼》		著录		
《国亲皇太子序亲簿》	著录	著录	著录	
牛弘《隋朝仪礼》	著录	著录	著录	
高颎《隋吉礼》		著录		
董巴《大汉舆服志》	著录	著录	著录	
何晏《魏晋谥议》	著录	著录	著录	

右上角：续表

书名及作者	隋志	章书	详考	备注
《汝南君讳议》	著录	著录	著录	
《决疑要注》	著录	著录	著录	
徐广《车服杂注》	著录	著录	著录	
王逡之《礼仪制度》	著录		著录	
《汉礼器制度》		著录		
周迁《古今舆服杂事》	著录	著录	著录	
《晋卤簿图》	著录	著录	著录	
《卤簿仪》	著录		著录	
《陈卤簿图》	著录		著录	
《齐卤簿仪》	著录		著录	
《诸卫左右厢旗图样》	著录		著录	
《诸王国杂仪注》		著录		
范汪《杂府州郡仪》		著录		
何胤《丧服治礼仪注》		著录		
《冠婚仪》		著录		
崔皓《婚仪祭仪》		著录		
《魏氏郊丘》		著录		
孔晁《晋明堂郊社议》		著录		
蔡谟《晋七庙议》		著录		
荀颤《晋杂议》		著录		
王景之《要典》		著录		
卢辩《祀典》		著录		
谢玄《内外书仪》	著录	著录	著录	"谢玄"，《详考》误作"谢元"。
蔡超《书仪》	著录	著录	著录	
王弘《书仪》		著录		
谢朏《书笔仪》	著录	著录	著录	
《宋长沙檀太妃梦吊答书》	著录		著录	
王俭《吊答仪》	著录	著录	著录	
鲍行卿《皇室仪》	著录	著录	著录	
《皇室书仪》		著录		
王俭《吉书仪》	著录	著录	著录	

续表

书名及作者	隋志	章书	详考	备注
周舍《书仪疏》	著录		著录	
鲍泉《新仪》	著录		著录	
梁修端《文仪》	著录		著录	
李穆叔《赵李家仪》	著录		著录	
崔浩《女仪》		著录		
唐瑾《书仪》	著录	著录	著录	
《言语仪》	著录		著录	
《严植之仪》	著录		著录	
《迩仪》	著录		著录	
《妇人书仪》	著录		著录	
释昙瑗《僧家书仪》	著录		著录	
卢公范《馈饷仪》		著录		
《要典杂事》	著录		著录	

可知《隋志》、章书、《详考》所著录的仪注类史籍合计有一百零九部，据前文所考，其中章书删除《隋志》著录的有卫敬仲《汉中兴仪》等二十四部史籍，而增补著录的有徐广《晋尚书仪曹新定仪注》等四十四部史籍，约占这一百零九部史籍的40%。可是《详考》没有增删《隋志》在这部分所著录的六十三部史籍中的任何一部。而且在这一百零九部史籍中，章书共著录八十五部，约占78%；《详考》共著录六十三部，约占58%。据此看这部分史籍的考证著录中，章书虽然删除了《隋志》所著录的二十四部史籍，但是却增补著录了四十五部史籍，《详考》则与《隋志》著的史籍数量相同，远比章书所著录的史籍少。

（十二）

今人常云"有法可依，有法必依"。而刑法篇史籍正是专指法律文书，并包括有律、令、格、式，究其渊源，当与先秦时期商鞅、李悝之流法家人物有关，西汉初年，萧何定律九章，此后逐渐完备。由于法律文书的修撰对于社会稳定起着相当重要的作用，所以历朝历代都比较重视法律文书的修撰，不过《隋志》所著录的这些法律文书的完整文本皆已亡佚。

可是不论章书还是《详考》都在这一类史籍的著录方面下了些工夫，故此也要将这二书在法律类史籍方面所做的增补著录做些考述，为此略作一表加以比较。

书名及作者	隋志	章书	详考	备注
杜预《律本》	著录	著录	著录	
张斐《汉晋律序注》	著录	著录	著录	
张斐《杂律解》	著录	著录	著录	
杜预《杂律》	著录		著录	
《魏晋律令》		著录		
宗躬《齐永明律》		著录		
蔡法度《晋宋齐梁律》	著录	著录	著录	
蔡法度《梁律》	著录	著录	著录	
《后魏律》	著录	著录	著录	
《北齐律》	著录	著录	著录	《唐志》：赵郡王叡撰，二十卷。
《麟趾格》		著录		
范泉《陈律》	著录	著录	著录	
《周律》	著录	著录	著录	
《周大统式》	著录	著录	著录	
《隋律》	著录	著录	著录	
《隋大业律》	著录	著录	著录	
《晋令》	著录	著录	著录	
《梁令》	著录	著录	著录	
《梁科》	著录	著录	著录	
《北齐令》	著录	著录	著录	
《北齐权令》	著录	著录	著录	
范泉《陈令》	著录	著录	著录	
范泉《陈科》	著录	著录	著录	
《隋开皇令》	著录	著录	著录	
《隋大业令》	著录		著录	
《汉建武律令故事》	著录	著录	著录	
贾充《晋故事》		著录		

续表

书名及作者	隋志	章书	详考	备注
孔稚圭《集定张杜律注》		著录		
应劭《汉朝议驳》	著录	著录	著录	
刘邵《律略论》	著录	著录	著录	
《晋杂议》	著录	著录	著录	
《晋弹事》	著录	著录	著录	
《南台奏事》	著录	著录	著录	
《汉名臣奏事》	著录	著录	著录	
《魏王奏事》	著录	著录	著录	
《汉诸王奏事》		著录		
《魏武制度》		著录		
陈寿《魏名臣奏事》	著录	著录	著录	
高堂隆《魏台杂访议》	著录	著录	著录	
《魏廷尉决事》	著录	著录	著录	
《晋驳事》	著录	著录	著录	
《廷尉驳事》		著录		
《后魏职令》		著录		
《晋杂制》	著录		著录	
《晋刺史六条制》	著录		著录	
《齐五服制》	著录		著录	
《陈新制》	著录		著录	

可知《隋志》、章书、《详考》所著录的刑法篇史籍合计有四十七部，据前文所考，其中章书删除《隋志》著录的有杜预《杂律》等六部史籍，而增补著录的有《魏晋律令》等九部史籍，约占这四十七部史籍的19%。《详考》则没有增删《隋志》在这部分所著录的三十九部史籍中的任何一部。这样看在这四十七部史籍中，章书共著录四十一部，约占88%；《详考》共著录三十八部，约占81%。因此看在这部分史籍的考证著录中，章书虽然删除了《隋志》所著录的六部史籍，但是却增补著录了九部史籍，比《详考》所著录的史籍多。

（十三）

　　杂传类史籍顾名思义就在于杂，据前文所考，这类史籍包括有先贤传、耆旧传、传赞、高士传、孝子传、列女传、忠臣传、别传、家传、内传等史籍，究其源流，当始于先秦之时，也正是由于这一类史籍种类繁多，所以无论《隋志》还是后人考证之作的章书、《详考》都是在史部中著录史籍最多的一类，特别是章书增补著录颇多，因此就更有必要对章书、姚书所做的著录加以比较分析，故此略作一表。

书名及作者	隋志	章书	详考	备注
赵岐《三辅决录》	著录	著录	著录	
《海内先贤传》	著录	著录	著录	
《海内士品》	著录	著录	著录	
《四海耆旧传》	著录	著录	著录	
《海内先贤行状》	著录	著录	著录	《详考》作《先贤集》，所引史料皆作"海内先贤行状"。
《徐州先贤传》	著录	著录	著录	《金楼子·说蕃篇》曰：刘义庆为荆州刺史，在州八年，撰《徐州先贤传》，奏上之。
刘义庆《徐州先贤传赞》	著录	著录	著录	
《兖州先贤传》	著录	著录	著录	
崔慰祖《海岱志》	著录	著录	著录	
范瑷《交州先贤传》	著录	著录	著录	
陈长寿《益部耆旧传》	著录	著录	著录	
《益州耆旧传杂记》		著录		
《续益部耆旧传》	著录	著录	著录	
《诸国清贤传》	著录	著录	著录	
白褒《鲁国先贤传》	著录	著录	著录	
张方《楚国先贤传赞》	著录	著录	著录	
周斐《汝南先贤传》	著录	著录	著录	
圈称《陈留耆旧传》	著录	著录	著录	
苏林《陈留耆旧传》	著录	著录	著录	

续表

书名及作者	隋志	章书	详考	备注
陈英宗《陈留先贤像赞》	著录	著录	著录	
江敞《陈留志》	著录	著录	著录	
《济北先贤传》	著录	著录	著录	
《庐江七贤传》	著录	著录	著录	
王基《东莱耆旧传》	著录	著录	著录	
习凿齿《襄阳耆旧记》	著录	著录	著录	
谢承《会稽先贤传》	著录	著录	著录	
《会稽先贤像赞》	著录	著录	著录	
钟离岫《会稽后贤传记》	著录	著录	著录	
陆胤《广州先贤传》		著录		
刘芳《广州先贤传》		著录		
《青州先贤传》		著录		
虞预《会稽典录》	著录	著录	著录	
《汉世要记》	著录		著录	
陆凯《吴先贤传》	著录	著录	著录	
《吴国先贤赞》		著录		
吴均《吴都钱塘先贤传》		著录		
《南海先贤传》		著录		
郭缘生《武昌先贤志》	著录	著录	著录	
《武陵先贤传》		著录		
留叔先《东阳朝堂像赞》	著录	著录	著录	
徐整《豫章烈士传》	著录	著录	著录	
熊默《豫章旧志》	著录	著录	著录	
《豫章耆旧传》		著录		
《豫章旧志后撰》	著录		著录	
《零陵先贤传》	著录	著录	著录	
刘彧《长沙耆旧传赞》	著录	著录	著录	
贺氏《会稽太守像赞》		著录		
高范《荆州先贤传》		著录		
华隔《广陵烈士传》		著录		
《蜀文翁学堂像题记》	著录	著录	著录	

续表

书名及作者	隋志	章书	详考	备注
《汉末名士录》		著录		
习凿齿《逸人高士传》		著录		
虞溥《江表传》		著录		
嵇康《圣贤高士传赞》	著录	著录	著录	
皇甫谧《高士传》	著录	著录	著录	
皇甫谧《逸士传》	著录	著录	著录	
张胜《桂阳先贤画赞》	著录	著录	著录	
张显《逸民传》	著录	著录	著录	
孙盛《逸人传》		著录		
虞盘佐《高士传》	著录	著录	著录	
孙绰《至人高士传赞》	著录	著录	著录	
周弘让《续高士传》	著录	著录	著录	
阮孝绪《高隐传》	著录	著录	著录	
《高隐传》	著录		著录	
魏隶《高士传》		著录		
袁淑《真隐传》		著录		
虞孝敬《高僧传》	著录	著录	著录	
《止足传》	著录	著录	著录	
王韶之《孝子传赞》	著录	著录	著录	
萧广济《孝子传》	著录	著录	著录	
郑缉之《孝子传》	著录	著录	著录	
师觉授《孝子传》	著录	著录	著录	
宋躬《孝子传》	著录	著录	著录	
徐广《孝子传》		著录		
《孝子传略》	著录	著录	著录	
周景式《孝子传》		著录		
刘向《孝子图》		著录		
梁武帝《孝子传》		著录		
梁武帝《孝德传》	著录	著录	著录	
《孝友传》	著录	著录	著录	《唐志》题申秀《孝友传》八卷。
《曾参传》	著录		著录	

书名及作者	隋志	章书	详考	备注
梁元帝《忠臣传》	著录	著录	著录	
梁元帝《显忠录》	著录	著录	著录	《唐志》题元怿《显忠录》，《隋志》作梁元帝，误。
张万贤《英藩可录》	著录	著录	著录	
刘昼《高才不遇传》	著录	著录	著录	
梁元帝《丹阳尹传》	著录	著录	著录	
钟岏《良吏传》	著录	著录	著录	
《海内名士传》	著录		著录	
袁敬仲《正始名士传》	著录	著录	著录	
刘义庆《江左名士传》	著录	著录	著录	
戴逵《竹林七贤论》	著录	著录	著录	
孟氏《七贤传》	著录	著录	著录	《唐志》作"孟仲晖"。
张隐《文士传》	著录	著录	著录	《详考》作"张骘"。
刘向《列士传》	著录	著录	著录	
范晏《阴德传》	著录	著录	著录	
《悼善传》	著录	著录	著录	
任昉《杂传》	著录	著录	著录	
《东方朔传》	著录	著录	著录	
《毋丘俭记》	著录	著录	著录	
管辰《管辂传》	著录	著录	著录	
《李固别传》		著录		
《梁冀传》		著录		
《何颙传》		著录		
《曹瞒传》		著录		
《荀彧别传》		著录		
《荀勖别传》		著录		
《郑玄别传》		著录		
《邴原别传》		著录		
《程晓别传》		著录		
《孙资别传》		著录		
嵇喜《康传》		著录		

书名及作者	隋志	章书	详考	备注
《吴质别传》		著录		
《潘尼别传》		著录		
《潘岳别传》		著录		
《刘廙别传》		著录		
《郭泰别传》		著录		
《卢谌别传》		著录		
谢鲲《乐广传》		著录		
《任旼别传》		著录		
《任旼别传》		著录		
钟会为其母传		著录		
何劭《王弼传》		著录		
《华佗别传》		著录		
《赵云别传》		著录		
《费祎别传》		著录		
《孙惠别传》		著录		
陆机《顾谭传》		著录		
《虞翻别传》		著录		
《陆机云别传》		著录		
杨孚《董卓传》		著录		
《钟离意别传》		著录		
《郗鉴别传》		著录		
《王义别传》		著录		
《桓彝别传》		著录		
《王丞相别传》		著录		
《阮光禄别传》		著录		
《刘尹别传》		著录		
《范宣别传》		著录		
《王献之别传》		著录		
《王恭别传》		著录		
《司马徽别传》		著录		
《向秀别传》		著录		

书名及作者	隋志	章书	详考	备注
《卫玠别传》		著录		
《顾和别传》		著录		
《王含别传》		著录		
《孙放别传》		著录		
《庾翼别传》		著录		
《桓温别传》		著录		
《顾恺之别传》		著录		
《王长史别传》		著录		
《王中郎传》		著录		
《郗超别传》		著录		
《王胡之别传》		著录		
《王司徒传》		著录		
《钟雅别传》		著录		
《陆玩别传》		著录		
《江惇传》		著录		
《殷浩别传》		著录		
《王珉别传》		著录		
《王敦别传》		著录		
《谢鲲别传》		著录		
《王述别传》		著录		
《谢玄别传》		著录		
《樊英别传》		著录		
《左思别传》		著录		
《郭璞别传》		著录		
《诸葛恢别传》		著录		
《周颙别传》		著录		
《孔愉别传》		著录		
《蔡司徒别传》		著录		
《王彪之别传》		著录		
《罗府君别传》		著录		
《祖约别传》		著录		

续表

书名及作者	隋志	章书	详考	备注
《阮孚别传》		著录		
《羊曼别传》		著录		
王劭《王荟别传》		著录		
《石勒传》		著录		
《王彬别传》		著录		
《王舒传》		著录		
《王澄别传》		著录		
《王邃别传》		著录		
《卞壸别传》		著录		
《虞光禄传》		著录		
《郗愔别传》		著录		
《陈逵别传》		著录		
《贺循别传》		著录		
《桓冲别传》		著录		
《桓豁别传》		著录		
《周处别传》		著录		
《贾充别传》		著录		
《郗昙别传》		著录		
《范汪别传》		著录		
《蔡充别传》		著录		
《司马晞传》		著录		
《王雅别传》		著录		
《荀粲别传》		著录		
《司马无忌传》		著录		
《高坐别传》		著录		
《浮图澄别传》		著录		
《支遁传》		著录		
《明先生别传》		著录		
《陈寔别传》		著录		
《李合传》		著录		
《夏仲御别传》		著录		

书名及作者	隋志	章书	详考	备注
《孟嘉别传》		著录		
《葛仙公别传》		著录		
《刘根别传》		著录		
《陈武别传》		著录		
《孙登别传》		著录		
《王勘别传》		著录		
《许逊别传》		著录		
《郭翻别传》		著录		
《诸葛恪别传》		著录		
《许迈别传》		著录		
曹肇《曹毗传》		著录		
《蔡琰别传》		著录		
《王蕴别传》		著录		
《王蒙别传》		著录		
《张载别传》		著录		
《祢衡别传》		著录		
《张华别传》		著录		
《蒲元传》		著录		
《罗含别传》		著录		
《裴楷别传》		著录		
《娄承先传》		著录		
《马融别传》		著录		
《胡综别传》		著录		
《冲波传》		著录		
《杜兰香别传》		著录		
《孔融别传》		著录		
《荀采传》		著录		
《鲁女生别传》		著录		
《陶侃传》		著录		
《董正别传》		著录		
《王威别传》		著录		

续表

书名及作者	隋志	章书	详考	备注
《王垠别传》		著录		
《桓楷别传》		著录		
《傅宣别传》		著录		
《孟宗别传》		著录		
《许肃别传》		著录		
《庾衮别传》		著录		
袁宏《山涛别传》		著录		
《赵穆别传》		著录		
《庾亮别传》		著录		
《颜含别传》		著录		
《王湛别传》		著录		
《傅咸别传》		著录		
《王允别传》		著录		
《卢植别传》		著录		
《葛洪别传》		著录		
《邹衍别传》		著录		
《蔡邕别传》		著录		
《孙略别传》		著录		
《边让别传》		著录		
《杜祭酒别传》		著录		
《吴猛别传》		著录		
《石虎别传》		著录		
《雷焕别传》		著录		
《徐邈别传》		著录		
《羊祜别传》		著录		
《张纯别传》		著录		
《桓石秀别传》		著录		
《祖逖别传》		著录		
《江祚别传》		著录		
《陆绩别传》		著录		
《管宁别传》		著录		

书名及作者	隋志	章书	详考	备注
《何晏别传》		著录		
《傅嘏别传》		著录		
《何祯别传》		著录		
《赵至别传》		著录		
《智琼别传》		著录		
《潘勖别传》		著录		
《诸葛亮别传》		著录		
《张衡别传》		著录		
《曹植别传》		著录		
《李陵别传》		著录		
《王祥别传》		著录		
《江蒙别传》		著录		
《赵岐别传》		著录		
《李燮别传》		著录		
《潘京别传》		著录		
《曹肇传》		著录		
《杨彪别传》		著录		
《张芜别传》		著录		
《马钧别传》		著录		
《贾逵别传》		著录		
《桓谭别传》		著录		
《徐延年别传》		著录		
贺踪《杂传》	著录	著录	著录	
《杂传》	著录	著录	著录	
陆澄《杂传》	著录	著录	著录	
《桓玄传》		著录		
皇甫谧《玄晏春秋》	著录	著录	著录	
《孔子弟子先儒传》	著录	著录	著录	
郭冲《诸葛亮隐没五事》		著录		
《李氏家传》	著录	著录	著录	
《扬雄家牒》		著录		

续表

书名及作者	隋志	章书	详考	备注
《桓氏家传》	著录	著录	著录	
《王朗王肃家传》一卷	著录	著录	著录	
《太原王氏家传》	著录	著录	著录	
褚觊《褚氏家传》	著录	著录	著录	
《薛常侍家传》	著录	著录	著录	
江祚《江氏家传》	著录	著录	著录	
庾斐《庾氏家传》	著录	著录	著录	
裴松之《裴氏家传》	著录	著录	著录	
傅畅《裴氏家记》		著录		
虞览《虞氏家记》	著录	著录	著录	
曹毗《曹氏家传》	著录	著录	著录	
范汪《范氏家传》	著录		著录	
纪友《纪氏家纪》	著录		著录	
《韦氏家传》	著录		著录	
《何颙使君家传》	著录		著录	
明岌《明氏家训》	著录		著录	
王褒《王氏江左世家传》	著录	著录	著录	
崔氏《崔氏五门家传》	著录	著录	著录	
明粲《明氏世录》	著录	著录	著录	
《陆史》	著录	著录	著录	《唐志》题陆煦撰。
《暨氏家传》	著录	著录	著录	
姚氏《周齐王家传》	著录		著录	
王氏《尔朱家传》	著录	著录	著录	《唐志》：王劭《尔朱氏家传》二卷。
《周氏家传》	著录		著录	
《令狐氏家传》	著录	著录	著录	《唐志》令狐德棻撰。
《新旧传》	著录	著录	著录	
《汉南庾氏家传》	著录		著录	
《何氏家传》	著录	著录	著录	
《袁氏家传》		著录		
《袁氏世纪》		著录		
荀伯子《荀氏家传》		著录		

书名及作者	隋志	章书	详考	备注
《严氏家传》		著录		
殷敬《殷氏家传》		著录		
张太素《敦煌张氏家传》		著录		
《邵氏家传》		著录		
《陶氏家传》		著录		
《嵇氏世家》		著录		
《陈氏家传》		著录		
《窦氏家传》		著录		
《沈氏家传》		著录		
《祖氏家传》		著录		
《孙氏世录》		著录		
《孔氏家传》	著录	著录	著录	
《谢车骑家传》		著录		
《顾恺之家传》		著录		
《颜延之家传》		著录		
《琅邪王氏录》		著录		
王琪之《童子传》	著录	著录	著录	
刘昭《幼童传》	著录	著录	著录	
来奥《访来传》	著录		著录	
梁元帝《怀旧志》	著录	著录	著录	
卢思道《知己传》	著录	著录	著录	
梁元帝《全德志》	著录	著录	著录	
梁元帝《同姓名录》	著录	著录	著录	
刘向《列女传》	著录	著录	著录	
赵母注《列女传》	著录	著录	著录	
高氏《列女传》	著录		著录	
刘歆《列女传颂》	著录		著录	
曹植《列女传颂》	著录	著录	著录	
缪袭《列女传赞》	著录		著录	
孙夫人《列女传序赞》		著录		
项原《列女后传》	著录	著录	著录	

续表

书名及作者	隋志	章书	详考	备注
皇甫谧《列女传》	著录	著录	著录	
刘熙《列女传》		著录		
綦母邃《列女传》	著录	著录	著录	
《列女传要录》	著录		著录	
杜预《女记》	著录	著录	著录	
《美妇人传》	著录		著录	
虞通之《后妃记》		著录		
虞通之《妒记》	著录	著录	著录	
康泓《道人善道开传》	著录		著录	
释宝唱《名僧传》	著录	著录	著录	
裴子野《众僧传》	著录	著录	著录	
僧惠皎《高僧传》	著录	著录	著录	
僧道宗《续高僧传》		著录		
释法进《江东名德传》	著录		著录	
王巾《法师传》	著录		著录	
释僧佑《萨婆多部传》	著录	著录	著录	
《梁故草堂法师传》	著录	著录	著录	
皎法师《尼传》	著录	著录	著录	《隋志》作"释宝唱撰"。
《法显传》	著录		著录	
《法显行传》	著录		著录	
严屺《梁武皇帝大舍》	著录		著录	
刘向《列仙传赞》	著录	著录	著录	
刘向撰、晋郭元祖赞《列仙传赞》	著录		著录	
葛洪《神仙传》	著录	著录	著录	
朱思祖《说仙传》	著录		著录	
《养性传》	著录	著录	著录	
《汉武内传》	著录	著录	著录	
《王乔传》	著录	著录	著录	
《太元真人东乡司命茅君内传》	著录	著录	著录	
华存《清虚真人王君内传》	著录	著录	著录	

续表

书名及作者	隋志	章书	详考	备注
《清虚真人裴君内传》	著录	著录	著录	
《正一真人三天法师张君内传》	著录	著录	著录	
《太极左仙公葛君内传》	著录	著录	著录	
《仙人马君阴君内传》	著录	著录	著录	
华峤《紫阳真人周君传》		著录		
《关令内传》	著录	著录	著录	《唐志》题鬼谷先生撰，四皓注。
《南岳夫人内传》	著录	著录	著录	
项宗《紫虚元君魏夫人内传》		著录		
《仙人许远游传》	著录	著录	著录	
《李先生传》		著录		
《颜修内传》		著录		
《灵人辛玄子自序》	著录	著录	著录	
王珍《刘君内记》	著录		著录	
孔稚珪《陆先生传》	著录		著录	
郭元祖《列仙赞序》	著录		著录	
《集仙传》	著录	著录	著录	
《洞仙传》	著录	著录	著录	《唐志》题见素子撰。
周季通《苏君记》	著录	著录	著录	
《嵩高寇天师传》	著录	著录	著录	
《华阳子自序》	著录	著录	著录	《唐志》茅处玄撰。
李氏《太上真人内记》	著录		著录	
《道学传》	著录	著录	著录	
刘义庆《宣验记》	著录	著录	著录	
傅亮《应验记》	著录			
王琰《冥祥记》	著录	著录	著录	
王延秀《感应传》	著录	著录	著录	
王寿《古异传》	著录	著录	著录	
戴祚《甄异传》	著录	著录	著录	
祖冲之《述异记》	著录	著录	著录	
刘敬叔《异苑》	著录	著录	著录	
《续异苑》	著录		著录	

续表

书名及作者	隋志	章书	详考	备注
干宝《搜神记》	著录	著录	著录	
陶潜《搜神后记》	著录	著录	著录	
魏文帝《列异传》	著录	著录	著录	
《录异传》		著录		
荀氏《灵鬼志》	著录	著录	著录	
祖台之《志怪》	著录	著录	著录	
孔氏《志怪》	著录	著录	著录	
曹毗《志怪》		著录		
刘之遴《神录》	著录	著录	著录	
无疑《齐谐记》	著录	著录	著录	
吴均《续齐谐记》	著录	著录	著录	
刘义庆《幽明录》	著录	著录	著录	
王曼颖《补续冥祥记》	著录	著录	著录	
郭氏《汉武洞冥记》	著录	著录	著录	
陆琼《嘉瑞记》	著录	著录	著录	
《祥瑞记》	著录	著录	著录	
许善心《符瑞记》	著录	著录	著录	
《灵异录》	著录		著录	
《灵异记》	著录	著录	著录	
萧绎《研神记》	著录	著录	著录	
侯君素《旌异记》	著录	著录	著录	
刘质《近异录》	著录	著录	著录	
谢氏《鬼神列传》	著录	著录	著录	
殖氏《志怪记》	著录	著录	著录	
王劭《舍利感应记》	著录		著录	
《真应记》	著录		著录	
《周氏冥通记》	著录	著录	著录	
颜之推《集灵记》	著录	著录	著录	
颜之推《冤魂志》	著录	著录	著录	
王劭《皇隋灵感志》		著录		
《汉时阮仓作列仙图》		著录		

可知《隋志》、章书、《详考》所著录的杂传类史籍合计有四百五十二部，据前文所考其中章书删除《隋志》著录的有《汉世要记》等三十六部史籍，可是增补著录的有《益州耆旧传杂记》等二百四十五部史籍，约占这四百五十二部史籍的54％。《详考》则没有增删《隋志》在这部分所著录的二百四十二部史籍中的任何一部。而且在这四百五十二部史籍中，章书共著录四百一十六部，约占92％；《详考》共著录二百零八部，占46％多。据此看这部分史籍的考证著录中，章书虽然删除了《隋志》所著录的三十六部史籍，但是却增补著录了二百四十四部史籍，远超过《详考》所著录的史籍数目。

（十四）

要弄清楚章书、《详考》之短长，还必须将二书之考证文字加以比较分析，以考其短长。章书卷一有云：

> 《古史考》二十五卷晋义阳亭侯谯周撰。
>
> 《蜀志·谯周传》：周所著有《古史考》。刘知几《史通·摸拟篇》曰：谯周撰《古史考》，其书李斯之弃市也，云："秦杀其大夫李斯。"以诸侯之大夫名天子之丞相，以此拟《春秋》，所谓貌同而心异也。又《外篇·论古今正史》曰：周以迁《书》，周秦以上或采诸子，不专据正经，于是作《古史考》二十五篇，皆凭旧典，以纠其谬，今与《史记》并行于代焉。愚按：《文选》王元长《曲水诗序》注引公孙述窃位，蜀人任永讬目盲一事，其书兼及东京，不徒纠迁《史》之谬。而《毛诗正义》引伏羲"作瑟"，杜佑《通典》注引"无句作盘"诸语，既与《世本·作篇》相类，至《史记·索隐》所引《周纪》不窋、《秦纪》处父等事，词意多主辩驳，体裁实异正史。《唐志》列诸杂史，得之。

而《详考》《经籍二·史部·正史》云：

> 《古史考》二十五卷晋义阳亭侯谯周撰。
>
> 参照《经部》论语（1）4，《三国志·蜀书》卷一二本传，可见他撰《古史考》。还有《晋书》卷八二《司马彪传》说："初，谯

周以司马迁《史记》书周、秦以上，或采俗语百家之言，周于是作
《古史考》二十五篇，皆凭旧典，以纠迁之谬误。"

　　《日本》《古史考》二十五卷　晋义阳亭侯谯周撰

　　《旧唐》《古史考》二十五卷　谯周撰（杂史类）

　　《新唐》谯周《古史考》二十五卷（杂史类）

　　《通志》《古史考》二十五卷　晋义阳亭侯谯周撰

据此来看，章书充分征引史料，利用《三国志》《史通》考证谯周修撰
《古史考》及其缘由，还征引了《史记》《文选》的注文以及《毛诗正
义》《世本》的典籍。而《详考》虽然在此没有做一小传，不过却指出参
照《经部》论语（1）4 所作的简介，还利用了比《史通》更原始的《晋
书·司马彪传》对于《古史考》的成书及缘由加以考述，还征引《旧唐
书·经籍志》《新唐书·艺文志》《通志》《日本国见在书目录》等书目
考证此书，可是却很少利用其他典籍。还有章书卷二云：

　　《齐春秋》三十卷梁奉朝请吴均撰。

　　《梁书·吴均传》：均表求撰《齐春秋》，书成三十卷，奏之。高
祖以其书不实，使刘之遴请问数条，竟支离无对，敕付省焚之。《史
通·外篇》曰：梁时奉朝请吴均请撰齐史，乞给起居注并群臣行状，
有诏："齐氏故事，布在流俗，闻见既多，可自搜访也。"均遂撰
《齐春秋》三十篇。其书称梁帝为齐明佐命，帝恶其实，诏燔之。然
其私本竟能与萧氏所撰并传于后。又《编次篇》曰：《春秋》嗣子谅
闇，未逾年而废者，即不成君，故不别加篇目。而吴均《齐春秋》
乃以郁林为纪，事不师古，何滋章之甚欤！《叙事篇》曰：魏收代
史，称刘氏纳贡，则曰"来献百牢"。吴均齐录，叙元日临轩，必云
"朝会万国"。夫以吴征鲁赋，禹计涂山，持彼往事，用为今说，置
于文章则可，施于简册则否矣。《摸拟篇》曰：《春秋三传》各释经
义，如《公羊传》屡云："何以书？记其事也。"此则先引经语，继
以释辞，非史体也。如吴均《齐春秋》，每书灾变，亦曰："何以书？
记异也。"夫事无他议，言从己出，辄自问而自答，岂叙事之理邪？
以此拟《公羊》，所谓貌同心异也。《初学记》引"宜都王铿屏风压
背，言谈不辍"一事；《北堂书钞·设官部》引"柳世龙门三台不

绝"一事；《文选注》十二事；《太平御览》二十四事。《唐志》卷同。

而《详考》《经籍二·史部·古史》云：

> 《齐春秋》三十卷_{梁奉朝请吴均撰}。

> 吴均（四六九—五二〇），字叔庠，吴兴故鄣（浙江省）人也。曾任建安王伟的江州国侍郎，除奉朝请。《梁书》卷四九文学本传："均表求撰《齐春秋》，书成奏之，高祖以其书不实，使中书舍人刘之遴诘问数条，竟支离无对，敕付省焚之，坐免职。"（《南史》七二也相同）。

> 《梁书》《南史》也著录三十卷。
> 《日本》《齐春秋》三十卷　梁奉朝请吴均撰
> 《旧唐》《齐春秋》三十卷　吴均撰
> 《新唐》吴均《齐春秋》三十卷
> 《通志》《齐春秋》三十卷　梁奉朝请吴均撰

从此书的考证文字来看，明显的是章书多于《详考》。就其内容来说，章书运用《梁书》《史通》考证《齐春秋》的成书过程及波折，还指出《北堂书钞》《文选注》《太平御览》皆有《齐春秋》的佚文。《详考》则先做撰者吴均的小传，再利用《梁书》《南史》考《齐春秋》的成书过程及波折，并利用《旧唐书·经籍志》《新唐书·艺文志》《通志》《日本国见在书目录》等书目以证明此书的存在。

再有一类情况，即是二书的考证文字在数量上虽然相差无几，但就其内容来说，颇有差异，如章书卷三有云：

> 《魏武本纪》四卷_{梁并《历》五卷}。
> 《艺文类聚·服饰部》：上俭率，茵缛取温，无有缘饰。《太平御览·学部》：吾读介之推之避晋封，申包胥之逃楚赏，未尝不废书而叹。二事并引《魏武本纪》。《唐志》杂史类《魏武本纪年历》五卷，编年类又有《魏武本纪》四卷。《旧唐志》三卷。自是重出。然《纪》并《历》为五卷，与梁《七录》合。

而《详考》《经籍二·史部·杂史》云：

> 《魏武本纪》四卷梁并《历》五卷。
>
> 《旧唐》《魏武本纪》三卷（编年）。《魏武本纪年历》五卷
> （杂史）
>
> 《新唐》《魏武本纪》四卷（编年）。《魏武本纪年历》五卷
> （杂史）
>
> 《通志》《魏武本纪年历》五卷

可知章书在此考证颇详，既利用《旧唐书·经籍志》《新唐书·艺文志》考述《魏武本纪》《魏武本纪年历》卷数及异同，指出编年类也有《魏武本纪》四卷，"自是重出"，又征引了《艺文类聚》《太平御览》中所保存的此书佚文。而《详考》的考证文字中超出章书的就是注意到《通志》著录《魏武本纪年历》五卷。还有章书卷六云：

> 《洛阳官殿簿》一卷
>
> 《唐志》三卷。《世说·巧艺篇》注：陵云台上壁方十三丈，高九尺。《文选·东京赋》注：北宫有云龙门、神虎门。《艺文类聚·居处部》：明光、徽音、式干、晖章、含章、建始、仁寿、宣光、嘉福、百福、芙蓉、九华、流圃、华光、崇光，并殿名。《初学记·居处部》：有魏太极、九龙、芙蓉、九华、承光诸殿。《后汉书·刘宽传》注：华光殿在华林园内。《寰宇记·河南道》：西宫临章殿有穷池。并引《洛阳官殿部》。此书征引尚多，今约举各书一事，以从大略，后仿此。

而《详考》《经籍二·史部·地理》云：

> 《洛阳官殿簿》一卷
>
> 撰者未详。
>
> 《日本》《洛阳官殿簿》一卷
>
> 《旧唐》《洛阳官殿簿》三卷
>
> 《新唐》《洛阳官殿簿》三卷

　　《通志》《洛阳宫殿簿》三卷

从二书的考证来看，章书详于《详考》既指出两《唐志》著录此书为三卷，并征引了此书散见于《后汉书》注、《太平寰宇记》《世说新语》注、《初学记》《艺文类聚》《文选》注中的佚文，可称是广征博引。而《详考》仅比章书多利用《通志》《日本国见在书目录》。再有章书卷七云：

　　《谢氏谱》一十卷
　　《世说·德行篇》注：谢安娶沛国刘耽女。《文学篇》注：谢据娶太原王韬女，名绥。《言语篇》注：谢重女月镜适王惛之。《方正篇》注：谢石娶诸葛恢小女，名文熊。又：谢奉祖端，散骑常侍。父凤，吏部尚书。《品藻篇》注：谢聘历侍中、廷尉卿。《简傲篇》注：谢万娶太原王述女，名荃。《轻诋篇》注：谢尚书长女僧要适庾龢，次女僧韶适殷歆。并引《谢氏谱》。此书为刘孝标所引，自是晋、宋间人所撰。《唐志》：《谢氏家谱》一卷，卷数既不合宜，且列次于唐人诸谱间，乃别是一书，撰在唐时。

而《详考》《经籍二·史部·谱系》云：

　　《谢氏谱》一十卷
　　撰者未详。谢氏即是陈郡阳夏（河南省）谢氏，与琅琊王氏并为六朝的名门贵族。除《世说新语》刘孝标注征引《谢氏谱》外，在宋本《世说叙录》附《陈国阳夏谢氏谱》。
　　《新唐》《谢氏家谱》一卷
　　《通志》《谢氏谱》十卷

从二书的考证来看，章书不论文字还是内容都多于《详考》，指出《新唐志》著录此书一卷，并加以辨析，还征引了《谢氏谱》散见于《世说新语》中的佚文。而《详考》也有与章书不同之处，即略述陈郡阳夏谢氏，指出其在六朝时期与琅琊王氏同为名门贵族，还利用郑樵的《通志》。章书卷十又云：

　　《魏官仪》一卷荀攸撰，梁有，隋亡。

　　《魏志·卫颉传》：诏典著作，又为《魏官仪》。《唐志》作荀攸等撰。《南齐书·百官志》云：今则有《魏氏官仪》、鱼豢《中外官》。① 鱼氏书未见著录。《初学记·文部》：尚书郎缺，试诸郎，故孝廉能文案者先试一日，宿召会都坐，给笔墨以奏。《太平御览·服章部》皂缘领袖中单。并引《魏官仪》。

而《详考》《经籍二·史部·职官》云：

　　梁有荀攸《魏官仪》一卷（亡）

　　荀攸（一五七—二一四），字公达，颍川颍阴（河南省）人。建安末年，在曹操手下任尚书令。《三国志·魏志》一〇。

　　《旧唐》《魏官仪》一卷　荀攸撰

　　《新唐》荀攸《魏官仪》一卷

　　《通志》《魏官仪》一卷　荀攸撰

可知二书虽然考证文字相差无几，但是就内容来看，章书既利用了《唐志》，还指出《三国志·魏志》有卫颉修撰《魏官仪》的记载，并利用《南齐书》加以分析，还征引了散见于《初学记》《太平御览》等类书中的《魏官仪》佚文。《详考》虽然在这些方面不如章书，不过还是依其体例。撰写了荀攸小传，还指出《通志》也著录此书。

　　还有一类史籍，即是二书考证文字与前面一部分的情况大体相似，章书卷十二有云：

　　《北齐律》十二卷目一卷。

　　《唐志》：赵郡王叡《北齐律》二十卷。《通典》曰：北齐文宣受禅后，议造《齐律》，积年不成。其决狱依魏旧式。武成河清三年，尚书令赵郡王叡等，奏上《齐律》十二篇。《唐六典》曰：凡定罪九百四十九条，大抵采魏晋故事。至武帝又造《刑书要制》，与

---

　　① "则"字原无；"魏"，原误作"卫"，皆据《南齐书》卷一六《百官志》增改。

《律》兼行。宣帝广《刑书要制》为《刑经圣制》，谓之"法经"。

而《详考》《经籍二·史部·谱系》云：

> 《北齐律》十二卷目一卷
>
> 撰者未详。在北齐文宣帝（在位五五〇—五五九）时代着手制定律令，不过见于完成是在武成帝（在位五六一—五六五）时代。《隋书·刑法志》曰："河清三年（五六四），尚书令赵郡王（高）叡等，奏上《齐律》十二篇。又上《新令》四十卷，大抵采魏晋故事。"还有《唐六典》六、《通典》一六四同。
>
> 《旧唐》《北齐律》二十卷　赵郡王叡撰
>
> 《新唐》赵郡王叡《北齐律》二十卷
>
> 《通志》《北齐律》十二卷

从二书对于《北齐律》的考证内容来说，章书征引了《通典》《唐六典》两部典章制度的名著论述《北齐律》的成书时间，还指出北周的法律文书的修撰情况，可是《详考》却利用了更早的《隋书·刑法志》，因此在此书的考证内容章书略逊于《详考》。

再有一类史籍的考证却与前面情况不同，如章书卷五所云：

> 《晋泰康起居注》二十一卷李轨撰。
>
> 《南齐书·州郡志》：北徐州，镇钟离。《晋太康二年起居注》：置淮南钟离。《初学记·职官部》：秘书丞桓石绥启校定四部书目，诏遣郎中四人各掌一部。《艺文类聚·食物部》诏曰：尚书令荀勖既久病羸毁，可赐奶酪，太官随日给之。《北堂书钞·饮食部》：赐石蜜五升。《太平御览·职官部》：诏故司空王基夙为先帝授任，基子冲尚书郎，虽在清途，尤未免楚挞其，以冲为治书御史。《兵部》：诏曰：诸王中尉及诸军皆典兵，以备不虞，乃有著甲战衣木履持长矛者，此为儿戏，而无相弹悍也。《车部》：齐王归藩，诏赐香衣辇一乘。[①]齐王出镇，诏赐清油云母犊车。《器物部》：齐王出藩，诏赐椷檬杯盘各有

---

① "香衣辇"，原作"衣香辇"，据《太平御览》卷七七四《车部》改。

差。《饮食部》：尚书郭奕有疾，日赐酒米、猪羊肉。石崇母疾，日赐清酒、粳米、猪羊肉。并引《太康起居注》。"泰"，作"太"。《唐志》二十二卷。

而《详考》《经籍二·史部·起居注》云：

> 《晋泰康起居注》二十一卷李轨撰。
> 晋泰康是晋武帝的年号。
> 《旧唐》《晋泰康起居注》二十二卷　李轨撰
> 《新唐》李轨《晋泰康起居注》二十二卷
> 《通志》《晋泰康起居注》二十二卷　李轨撰
> 辑本汉学（众家晋史）

就此来看，章书既征引了散见于《南齐书》《北堂书钞》《艺文类聚》《初学记》中的《晋泰康起居注》的佚文，又利用了两《唐志》。可是《详考》仅有利用《通志》等典籍方面与章书不同。还有卷十三云：

> 《李氏家传》一卷
> 《世说·赏誉篇》注：《李氏家传》云：膺岳峙渊清，峻貌贵重，华夏称曰"颍川李府君，颙颙如玉山"。《太平广记·名贤类》又引《李膺家录》。

而《详考》《经籍二·史部·杂传》云：

> 《李氏家传》一卷
> 撰者未详。李氏即是颍川（河南省）李氏。《世说新语·赏誉篇》注李膺的故事，引《李氏家传》。

有关《李氏家传》的考证，二书的差异尤为明显，章书既征引了此书散见于《世说新语·赏誉篇》注中的佚文，还指出"《太平广记·名贤类》又引《李膺家录》"。可是《详考》仅指出李氏即颍川李氏，《世说新语·赏誉篇》注中李膺的故事引自《李氏家传》。

从章书、《详考》所增删的史籍来看，正史及相关类史籍共有九十五部，据前文所考其中章书删除《隋志》著录的有十部史籍，可是增补著录的有十六部史籍，约占这九十五部史籍的 17%。古史类史籍共有的四十四部，其中章书删除《隋志》著录的有一部，可是增补著录的有十部，约占这四十四部史籍的 23%。杂史类史籍共有九十八部，其中章书删除《隋志》著录的有十三部，可是增补著录的有二十六部，约占这九十八部史籍的 27%。霸史类史籍共有三十六部，其中章书删除《隋志》著录的有十部，可是增补著录的有三部，约占这三十六部史籍的 8%。起居注类史籍共有六十六部，其中章书删除《隋志》著录的有十四部，可是增补著录的有十二部，约占这六十六部史籍的 18%。地理类史籍共有二百九十五部，其中章书删除《隋志》著录的有三十六部，可是增补著录的有一百五十六部，约占这二百九十五部史籍的 53%。谱系类史籍共有一百零九部，其中章书删除《隋志》著录的有二十三部，可是增补著录的有五十五部，约占这一百一十部史籍的 50%。簿录类史籍共有三十六部，其中章书删除《隋志》著录的有七部，可是增补著录的有七部，约占这三十六部史籍的 19%。旧事类史籍共有四十五部，其中章书删除《隋志》著录的仅有一部，可是增补著录的有二十部，约占这四十五部史籍的 44%。职官类史籍共有六十一部，其中章书删除《隋志》著录的有十一部，可是增补著录的有二十三部，约占这六十一部史籍的 38%。仪注类史籍共有一百零九部，其中章书删除《隋志》著录的有二十四部，可是增补著录的有四十四部，约占这一百零九部史籍的 40%。刑法类史籍共有四十七部，其中章书删除《隋志》著录的有六部，可是增补著录的有九部，约占这四十七部史籍的 19%。杂传类史籍共有四百五十二部，其中章书删除《隋志》著录的有三十六部，可是增补著录的有二百四十五部，约占这四百五十二部史籍的 54%。可知章书中地理类、杂传类删除的史籍最多，其次是仪注类，再次是谱系类，再次是起居注类，再次是杂史类，再次是职官类，再次是正史及相关类、古史类、霸史类，再次是簿录类，再次是刑法类，最少的是古史类、旧事类史籍。而增补著录的史籍则是杂传类最多，有二百四十四部，其次是地理类，再次是谱系类，再次是仪注类，再次是杂史类，再次是职官类，再次是旧事类，再次是正史及相关类，再次是起居注类，再次是古史类、刑法类，再次是簿录类，增补史籍最少的是霸史类，只有三部。另外章书虽然删除了《隋志》所著录的一百九十二部史籍，但是却增补著录了六百一十六部史籍，但是《详考》却未增补著录一部史籍，就这一点来看，《详考》完全依照《隋志》著录的史籍加以考证，没有突破。

　　此外，就章书、《详考》在各类史籍中著录来看，在九十五部正史及相关类史籍中，章书共著录八十四部，约占89%；《详考》一共著录七十九部，约占83%。在四十四部古史类史籍中，章书共著录四十三部，约占98%；《详考》一共著录三十四部，约占77%。在九十八部杂史类史籍中，章书一共著录八十五部，约占87%；《详考》一共著录七十二部，约占73%。在霸史类的三十六部史籍中，章书一共著录二十六部，约占72%；《详考》一共著录三十三部，约占92%。在起居注类史籍的六十六部史籍中，章书一共著录五十二部，约占79%；《详考》一共著录五十四部，约占82%。在地理类史籍的二百九十五部史籍中，章书共著录二百五十九部，约占88%；《详考》共著录一百三十九部，约占47%。在谱系类的一百零九部史籍中，章书共著录八十六部，约占79%；《详考》一共著录五十四部，约占50%。簿录类的三十六部史籍中，章书共著录二十九部，约占81%；《详考》共著录二十九部，也是约占81%。旧事类的这四十五部史籍中，章书共著录四十四部，约占98%；《详考》共著录二十五部，约占56%。在职官篇的六十一部史籍中，章书一共著录五十部，约占82%；《详考》共著录三十八部，约占62%。在仪注类的一百零九部史籍中，章书共著录八十五部，约占78%；《详考》共著录六十五部，约占60%。在刑法类的四十七部史籍中，章书共著录四十一部，约占88%；《详考》共著录三十八部，约占81%。在杂传类的四百五十二部史籍中，章书一共著录四百一十六部，约占92%；《详考》共著录二百零八部，约占46%，正好是章书所著录史籍的一半。总的来看，二书共著录史籍有一千四百九十四部，其中章书共著录一千三百零三部，约占87%；《详考》一共著录八百六十八部，约占58%。

　　从章书、《详考》的考证文字来看，二书的长处在于：章书详于《详考》，章书长于赅详，广征博引，使用了合本子注的方法比较详细地考证了大多数史籍。而《详考》则对于著录的史籍撰者尽可能地考证出生平，做一小传，然后多利用一些书目进行考证，甚至利用了《崇文总目》《郡斋读书志》《直斋书录解题》《通志》《日本国见在书目录》等书目，还尽量使用成书较早的典籍中的第一手史料。二书的不足之处在于：章书除利用《旧唐书·经籍志》《新唐书·艺文志》之外，很少征引利用其他书目对于所著录的史籍加以考证，所著录的史籍撰者也未作介绍，仅征引了与撰写那部著述有关的史料。可是《详考》考证文字却过于简略，甚至没有利用章宗源、姚振宗的考证成果，仅就书目加以考证，其他史料少有利用。

三　与《隋书经籍志补》之比较

《隋书经籍志补》是出生于陕西富平的近现代学者张鹏一针对《隋书·经籍志》所作的补考著述，张鹏一曾入泾阳味经书院读书，其间协助山长刘古愚校勘《史记》和《尔雅注疏》。光绪二十七年（1901）春迁居西安，从事古代经典及史籍文献的考据研究。而陕西自五代十国以降由于政治中心的丧失、经济重心的南移，文化也处于一个不太先进的地位，进入清代，在代表文化先进与否的科举考试上，陕西及第的举子人数明显地落后于江浙一带，特别是有清一代陕西籍的状元仅王杰一人。张氏身为陕西人，能撰写出《隋书经籍志补》实在难能可贵。《隋书经籍志补》（以下简称张书）共两卷，第一卷为经部，第二卷为史、子、集三部。由于《隋经籍志考证》仅存史部，故在此仅将此书所著录的史部典籍与章书加以比较分析。

（一）

据张书所考，史部著录正杂史类有后魏刘昞《三史略记》一百三十篇八十四卷、后魏元延明《帝王世纪注》、后魏任城王顺《帝录》、燕国平恒《帝王略注》百篇、后魏元晖《科录》二百七十卷、后魏清河张彝《历帝图》五卷、后魏李师尚《前汉功臣序赞》、张冲《前汉书义》十二卷、隋于仲文《汉书刊繁》、后魏清河张始均《魏志》三十卷、隋敦煌宋绘《王隐晋书注》、后魏崔逞《燕记》、后魏渤海封懿《燕书》、后魏北地梁祚《国统》、崔浩等《国书》三十卷、后周兰陵萧欣《梁史》一百卷、隋博陵杜台卿《齐记》二十卷、梁高阳许亨《齐书》五十卷、隋太原王劭《齐书纪传》一百卷、隋博陵李德林《北齐未修书》二十四卷，共二十部史籍；刑法仪注类有《皇诰》十八篇、伪左仆射李思冲《皇诰》

十八篇、后魏太原王慧龙《国典》十八篇、后魏任城王澄《皇诰宗制》并《训诂》一卷、后魏河内常爽《门下诏书》四十卷、《太和后朝仪》五十馀卷、《魏方司格》一卷、后魏游肇《冠昏仪》、北齐赵郡李绘等《北齐五礼》《北齐吉礼》七十二卷、北齐南阳赵彦深《北齐王太子丧礼》十卷、隋辛彦之《隋新礼》《隋礼要》《隋祝文》,共十五部史籍;杂传类有后魏元孚《古今明妃贤后传》四卷、刘芳《徐州人物录》二十卷、刘昞《韩子人物志》、后魏中山李孙皎《显忠录》二十卷、宋绘《中朝多士传》十卷、北齐右北平阳休之《幽州人物志》、北齐广平宋孝王《关东风俗传》三十卷、北齐范阳卢怀仁《中表实录》二十卷、封伟伯《封氏本录》六卷、后周南阳乐运《谏苑》四十一卷,共十部史籍;地理类有后魏太原王遵业《三晋记》十卷、后魏李先《舆地记》、后周河东薛寘《西京记》三卷、后周兰陵萧大圜《寓记》三卷、隋河南宇文恺《东都图记》二十卷、隋丹阳诸葛颖《銮舆北巡记》三卷、《幸江都道里》一卷、《洛阳古今记》一卷、隋臡《晋王北伐记》十五卷、隋博陵崔赜《东征记》,共十部史籍;谱系类有后魏渤海高谅《亲表谱录》四十馀卷、《代谱》四百八十卷、宋绘《姓系谱录》五十卷、隋东海鲍宏《周皇室谱》三篇、后周兰陵萧撝等《世谱》、隋河间刘善经《诸刘谱》三十卷,簿录类有后魏范阳卢昶《甲乙新录》、隋高阳许善心《七林》,共八部史籍。合计六十三部史籍。

但是,张书所增补著录的后魏北地梁祚撰写《国统》,章书卷三亦有著录考证,云:

> 《魏国统》二十卷梁祚撰。
> 《后魏书·儒林传》:梁祚撰并陈寿《三国志》,名曰《国统》。

从书名看,二书著录略有不同,不过撰写者同为梁祚,而且张书对于此书的考证亦为“本传:‘撰并陈寿《三国志》,名曰《国统》。’”可知二书所著录的是同一部史籍。

张书增补著录的杜台卿撰写《齐记》二十卷,章书卷二也加以著录考证,有云:

> 《齐纪》二十卷杜台卿撰,不著录。

《北史·杜台卿传》：台卿著《齐纪》二十卷。《隋书·台卿传》同。

可见张书与章书所著录的《齐记》，不仅书名相同，就连撰写者、卷数也完全相同，因此二书所著录的为叙述北齐历史的同一典籍。

张书增补著录的王劭撰写《齐书纪传》一百卷，章书卷二著录考证有云：

　　《齐书》一百卷王劭撰，不著录。
　　《隋书·王劭传》：劭初撰《齐志》，为编年体，二十卷，复为《齐书》纪传一百卷。或文辞鄙野，或不轨不物，骇人视听，大为有识所嗤鄙。据此则劭所著纪传名《齐书》，编年名《齐志》，《隋志》阙载其《齐书》。《唐志》则正史、古史两类俱题《齐志》，无"言"旁。自是重出。《史通》惟称《齐志》。

可知张书著录的《齐书纪传》与章书著录的《齐书》虽然书名有异，但是张书对于此书的考证亦曰："本传：'初撰《齐志》，为编年体，二十卷，复为《齐书》纪传一百卷，及《平贼记》三卷。'"而且撰写者、卷数也相同，所以张书与章书所著录的是同一部记载北齐历史的纪传体史书。

张书所增补著录的《魏方司格》一卷，章书卷七著录考证云：

　　《后魏方司格》一卷不著录。
　　见《唐志》。《史通·书志篇》曰：谱牒之作，中原有《方司殿格》。

从书名看，张书与章书著录的略有不同，可是都著录为一卷，无撰写者。而且如张书著录梁祚《国统》，称其为后魏北地人，但是章书著录为《魏国统》。说明张书称北魏为后魏，章书称北魏为魏，因此说张书与章书所著录的当是同一部史籍。

张书所增补著录的《北齐吉礼》七十二卷，章书卷十一著录考证云：

　　《北齐吉礼》七十二卷赵彦深撰，不著录。

见《新唐志》。《旧唐志》作"赵彦琛"。

可见张书与章书著录的《北齐吉礼》书名相同，卷数一致，只是在此书名后没有明确记载撰写者姓名，可是在著录下一部史籍《北齐王太子丧礼》时则著录撰写者为"北齐南阳赵彦深"，故张书与章书所著录的是同一部典籍。

张书增补著录的李孙皎《显忠录》二十卷，章书卷十三却著录考证云：

> 《显忠录》二十卷梁元帝撰。
>
> 《后魏书·清河王怿传》：怿以忠而获谤，乃鸠集古昔忠烈之士，为《显忠录》二十卷，以见意焉。《韩子熙传》：清河之忠诚款笃，形于文翰，搜括史传，撰《显忠录》，区目十篇，分卷二十。《唐志》题元怿《显忠录》，《隋志》作梁元帝，误。

可见章书与张书所著录的《显忠录》书名、卷数相同，只是撰写者不同，一为李孙皎，一为梁元帝。不过章氏已明确指出"《隋志》作梁元帝，误。"另外张书在考证此书时亦云：《北史·李先传》："先子孙皎，为清河王怿撰《舆地图》及《显忠录》。"《魏书·孝文五王传》："清河王怿以忠而获谤，乃鸠集古昔忠烈之士，为《显忠录》二十卷，以见意焉。"又《韩麒麟传》："子熙与怿中大夫刘定兴、学官令傅灵摽、宾客张子慎伏阙上书曰：'清河之忠诚款笃，形于文翰，搜括史传，撰《显忠录》，区目十篇，分卷二十。既欲彰忠心于万代，岂可为逆乱于一朝？'"因此说张书所著录的《显忠录》与章书著录的实为一书。

张书所增补著录的宋孝王撰写《关东风俗传》三十卷，章书卷三著录考证云：

> 《关东风俗传》六十三卷宋孝王撰，不著录。
>
> 见《唐志》。《北齐书·循吏传》：宋世良从子孝王，求入文林馆不遂，因非毁朝士，撰《别录》二十卷。会齐平，改为《关东风俗传》，更广见闻，勒成三十卷，上之。

可知章书与张书所著录的《关东风俗传》书名相同，撰写者为同一人，只是卷数有所不同，但是章书的考证文字中亦云三十卷，因此说二书所著录的为同一部史籍。只是不知何故，章氏著录此书卷数为六十三卷。

张书增补著录的薛真撰写《西京记》三卷，章书卷六著录考证云：

> 《西京记》三卷
>
> 　脱撰名。按：《后周书》：薛真撰《西京记》三卷，引据该洽，世称其博闻焉。《唐志》作"薛冥"。

可见张书、章书所著录的《西京记》，不仅书名相同，撰写者、卷数也著录的一致，所以二书所著录的应为同一部史籍。

这样如果除去章书也著录的《国统》等八部史籍，张书史籍增补著录的只有五十五部，相对于章书所增补著录的六百二十六部史籍来看，实在有些少了。不过在章氏考证的基础上仍然能增补著录五十五部史籍，实属不易。

（二）

就章书与张书的考证文字来看，首先选择二书均著录的史籍，如章书卷一有云：

> 《齐书》一百卷王劭撰，不著录。
>
> 《隋书·王劭传》：劭初撰《齐志》，为编年体，二十卷，复为《齐书》纪传一百卷。或文辞鄙野，或不轨不物，骇人视听，大为有识所嗤鄙。据此则劭所著纪传名《齐书》，编年名《齐志》，《隋志》阙载其《齐书》。《唐志》则正史、古史两类俱题《齐志》，无"言"旁。自是重出。《史通》惟称《齐志》。

张书卷二云：

> 《齐书纪传》一百卷　　隋太原王劭
>
> 　本传：初，撰《齐志》，为编年体，二十卷，复为《齐书》纪传一百卷，及《平贼记》三卷。

按：《北史》劭本传论：以为劭久在史官，既撰《齐书》，兼修
隋典，好诡怪之说，尚委曲之谈，文词鄙秽，体统烦杂。而刘知几
《史通·载言篇》则云："王劭撰《齐》《隋》二史，其所取也，文
皆诣实，理多可信；至于悠悠饰词，皆不之取。"于《言语篇》云：
"王、宋孝王。著书，叙元、高时事，抗词正笔，务存直道；方言世
语，由此毕彰。"当时论史，各持意见如此。见钱大昕《养新录》。

案：实际上张书与章书所著录的皆为《齐书》，只是不知何故张氏著录为
《齐书纪传》。就从考证文字看，二书皆引用《隋书·王劭传》，章书还利
用了《唐志》及《王劭传》论证《齐书》。《齐志》虽然都是王劭所撰，
但是《齐书》为纪传体，《齐志》编年体，不是同一部史籍，并且征引了
《王劭传》对《齐书》的评价。而张书却引用了后出的《北史·王劭传》
中的那段评价，不过张书还征引了《史通》《载言篇》《言语篇》对于
《齐书》的评述，还引用了钱大昕《十驾斋养新录》的论述。这一点章氏
虽然在此并未考述，但是在卷二著录考证《齐志》中却也利用《史通》
《论赞篇》《题目篇》《载文篇》《补注篇》《言语篇》《叙事篇》《曲笔
篇》《摸拟篇》《外篇》《杂说》《忤时篇》中的记载详加考述了王劭的这
两部著述，远比张氏考述详尽。下面再看章书卷二所云：

> 《齐纪》二十卷杜台卿撰，不著录。
> 《北史·杜台卿传》：台卿著《齐纪》二十卷。《隋书·台卿传》同。
> 《史通·叙事篇》曰：齐丘之犊，彰于载纊。原注云：台卿《齐纪》
> 载纊云"首牛入西谷，逆犊上齐丘"也。《唐志》编年类有《北齐
> 纪》二十卷，无撰名，列于王劭《志》前，当即台卿之书，脱载
> 其名。

张书卷二云：

> 《齐纪》二十卷　隋博陵杜台卿
> 本传云：有集十五卷，《齐纪》二十卷，行于世。

就章书、张书对于杜台卿《齐纪》的著录考证来看，张氏仅引用《杜台

卿传》，而章氏则还征引了《史通》，并利用《唐志》论证编年类中的《北齐纪》二十卷，"当即台卿之书，脱载其名"。此后再看章书卷三又云：

> 《魏国统》二十卷梁祚撰。
> 《后魏书·儒林传》：梁祚撰并陈寿《三国志》，名曰《国统》。《世说·容止篇》注：刘伶肆意放荡，以宇宙为狭。《初学记·人部》：曹公败于张绣，典韦力战，大骂而死。又：山涛在总角中，耆老见者，箕裾敛衽。《文部》：孙权梦北面顿首于天帝，见人以笔点其额。《太平御览·兵部》：孙权赐甘宁酒米，宁以米赐帐下，酌酒饮，其都督衔枚出斫敌。《人事部》：顾雍谏孙权，以公孙渊未可信。又：黄权对文帝曰："臣降吴不可，归蜀无路，是以归命。"又：太祖过故人伯奢，道逢二人笑曰："观君有奔惧之色。"又：崔周平兄玄平为议曹，以忠直称。又：王昶戒兄子曰："救寒无如重裘，止谤莫若自修。"《四夷部》：西夷有异犀，三角，以为簪，消除凶逆。又：西南夷有大湖，名"禁水"。水中有物，啧啧作声，名曰"鬼弹"，又：夷名曰"濮"，重译乃通。共引梁祚《魏国统》十三事。《新唐志》作《魏书国纪》，"书"字误增，"纪"宜作"统"。《旧唐志》作《国纪》，脱"魏"字，皆十卷，入编年类。《通志略》作《魏国纪》误认为后魏，遂与卢彦卿《后魏纪》、元行冲《魏典》并列。

张书卷二云：

> 《国统》　后魏北地梁祚
> 本传：撰并陈寿《三国志》，名曰《国统》。

从章书、张书对于梁祚《魏国统》的考证文字看，张书仅引用《魏书·梁祚传》，而章书却除了征引《梁祚传》外，还指出《旧唐志》《新唐志》《通志略》著录的错误，并征引了见于《初学记》《太平御览》中《魏国统》的佚文。章书卷三又云：

《关东风俗传》六十三卷宋孝王撰，不著录。

见《唐志》。《北齐书·循吏传》：宋世良从子孝王，求入文林馆不遂，因非毁朝士，撰《别录》二十卷。会齐平，改为《关东风俗传》，更广见闻，勒成三十卷，上之。言多妄谬，篇第冗杂，无著述体。《史通·书志篇》曰：宋孝王《关东风俗传》有《坟籍志》，其所录皆邺下文儒之士，雠校之司。所列书名，惟取当时撰著。《通典·食货门》载"北齐时授田无法，宋世良天保中献书，请以当家牛地先给贫人"，又"豪族种类不同，心意亦异，宋世良献书，请令散配郡国无士族之处"二事。《唐六典》注：宋孝王问先达司马膺之后魏、北齐敕曰建金鸡事。并引《关东风俗传》。

张书卷二云：

《关东风俗传》三十卷　北齐广平宋孝王

见《宋世轨传》云：孝王求入文林馆，不遂，因非毁朝士，撰《别录》二十卷。会平齐，改为《关东风俗传》，更广见闻。勒成三十卷，上之。言多妄谬，篇第冗杂，无著述体。

按：《史通·书志篇》云：宋孝王《关东风俗传》有《坟籍志》，其所录皆邺下文儒之士，雠校之司。所列书名，惟取当时撰者。习兹楷则，庶免讥嫌。语曰："虽有丝麻，无弃菅蒯。"于宋生得之矣。然则《齐书》之讥孝王，未可信矣。

就章书、张书对于宋孝王《关东风俗传》的考证文字来看，张氏所云见《宋世轨传》的那段记载，实际上是见于《北齐书·循吏·宋世良传》，下文又引用《史通》给宋孝王辩诬。章书除了也征引了《北齐书·循吏·宋世良传》《史通》，叙述了《关东风俗传》成书经过，并加以评述外，还征引了见于《通典》《唐六典》注中《关东风俗传》的佚文。下面再看章书卷十三有关《显忠录》的那段考证文字：

《后魏书·清河王怿传》：怿以忠而获谤，乃鸠集古昔忠烈之士，为《显忠录》二十卷，以见意焉。《韩子熙传》：清河之忠诚款笃，形于文翰，搜括史传，撰《显忠录》，区目十篇，分卷二十。《唐志》

题元怿《显忠录》，《隋志》作梁元帝，误。

可是张书卷二却云：

> 《北史·李先传》："先子孙皎，为清河王怿撰《舆地图》及
> 《显忠录》。"《魏书·孝文五王传》："清河王怿以忠而获谤，乃鸠集
> 古昔忠烈之士，为《显忠录》二十卷，以见意焉。"又《韩麒麟传》：
> "子熙与怿中大夫刘定兴、学官令傅灵摽、宾客张子慎伏阙上书曰：
> '清河之忠诚款笃，形于文翰，搜括史传，撰《显忠录》，区目十篇，
> 分卷二十。既欲彰忠心于万代，岂可为逆乱于一朝？'云云。"

案：二书皆引用《魏书》《孝文五王·清河王怿传》《韩麒麟传》，章书
征引了《唐志》，指出《隋志》著录作者误为梁元帝。此外张书还利用
《北史·李先传》确定撰写者为李孙皎，但是据《北史·李先传》所云：
"先少子皎。""皎孙义徽。太和中，以儒学博通，有才华，补清河王怿府
记室。笺书表疏，文不加点，清典赡速，当世称之。又为怿撰《舆地图》
及《显忠录》。"可知并无李孙皎之人，李皎是李先的少子，而《显忠录》
的撰写者是李皎之孙李义徽，因此说张氏将《显忠录》撰写者定为李孙
皎，实为大误。不过撰写者可说是李义徽，亦可说是元怿，因为《魏书》
《孝文五王·清河王怿传》《韩麒麟传》皆云此书系元怿所撰。

另外苦于章书、张书都著录考证的史籍只有寥寥八部，可做考述的仅
有以上四部，似不能很好地说明问题，所以各在章书、张书再找几部较重
要的史籍加以对比分析。据章书卷一所云：

> 《晋书》八十六卷本九十三卷，今残缺。晋著作郎王隐撰。
> 《王隐传》：父铨，历阳令，少好学，有述作之志，每私录晋事
> 及功臣行状，未就而卒。隐博学多闻，受父遗业，西都旧事，多所谙
> 究。太兴初，召隐为著作郎，令撰晋史。时虞预私撰《晋书》，而生
> 长东南，不知中朝事，数访于隐，并借隐所著书窃写之，所闻渐广。
> 是后疾隐，形于颜色。隐竟以谤免，黜归于家，贫无资用，书遂不
> 就。乃依庾亮于武昌，供其纸笔，书乃得成，诣阙上之。隐虽好著
> 述，而文辞芜拙不伦。其书次第可观者，皆其父所撰。文体混漫，义

不可解者，隐之作也。《史通·外篇》：隐为《晋书》八十九卷，成康六年，是诣阙奏上。《史通·论赞篇》曰："王隐曰议。"《书志篇》曰："王隐后来，加以《瑞异》。"《称谓篇》曰：时采新名，列成篇题。若王《晋》之《十士》《寒俊》，沈《宋》之《二凶》《索房》，即其事也。《浮词篇》曰：隐称诸葛亮挑战，冀获曹咎之利，其事相符，言之谠矣。《曲笔篇》曰：其有舞词弄札，饰非文过，若王隐、虞预毁辱相凌。《书事篇》曰：王隐、何法盛之徒，专访州闾细事，委相琐言，聚而编之，目为鬼神传录。《人物篇》曰：当两晋殊宅，若何桢、许询，文雅高于扬、豫。王隐广列诸传，而遗此不编，纲漏吞舟。《史记索隐》曰：外戚，纪后妃也，后族亦代有封爵故也。《汉书》编之列传之中。王隐则谓之为纪，而在列传之首也。愚案：《世说·方正篇》注引王隐《孙盛不与故君相闻议》，其体不似史中论赞。《文选·谢修卜忠贞墓启》注引征士翟汤数语，则不称"议"而称"述"。《北堂书钞·设官部》引有《石瑞记》，《书钞》引此虽未明称王隐，而《艺文部》补注引《贾逵墓碑》生金事则题王隐《石瑞记》。补注乃明陈禹谟所撰，明人言固多不可信，而此似有所本。当即《史通》所谓"瑞异"，其时《张掖玄石图》指为晋受魏祚之祥，故因以题篇。《史通》以王隐《瑞异》与魏收《释老》，并言文取相配，故改《石瑞》而称"瑞异"也。沈约《州郡志》、郦氏《水经注》复引隐书《地道记》，刘昭《续汉·郡国志》注引《晋书·地道记》尤多，然不题名王隐，惟沈、郦称隐名，故专举之。是知易志为记，王隐所撰，非何氏做题。《史通·题目篇》曰：何氏《中兴》易志为记。《太平御览·人事部》：刘叔龙赤色大唇，少言语，有大志，自县小吏至雍州刺史一事，题名《寒俊传》。《文学部》王褒读诗流涕一事，题名《处士传》。《处士》与《十士》异。《史通》以"二凶"对言，取数相配，非"处士"之讹。《艺文类聚·灵异部》：王矩至长沙，见一人自称天上京兆杜灵之。《太平广记》载：苏韶、夏侯恺亡后见鬼事，《御览·人事部》亦引苏韶事，而《广记》似全篇。自是《鬼神传》中之词，其他逸篇征引，众家晋史以王隐为最多。《唐志》八十九卷，又按：《北齐书·宋显传》：从祖弟绘，依准裴松之注《国志》体，注王隐及《中《详考》》，二注皆不见前《志》著录。

而张书卷二著录考证宋绘《王隐晋书注》云：

见《宋显传》："魏时，张缅晋书未入国，绘依准裴松之注《国志》体，注王隐《晋书》及《中兴书》。又撰《中朝多士传》十卷，《姓系谱录》五十篇。以诸家年历不同，多有纰缪，乃刊正异同，撰《年谱录》，未成。河清五年并遭水漂湿。"

从以上考证文字来看，章书考证了王隐《晋书》的成书经过，并引用《史通》的《论赞篇》《书志篇》《称谓篇》《浮词篇》《曲笔篇》《书事篇》《人物篇》评述王隐《晋书》，还征引了散见于《史记索隐》《宋书·州郡志》《水经注》《世说新语》注、《北堂书钞》《艺文类聚》《太平御览》《太平广记》《文选》注中的佚文，此外还从《北齐书·宋显传》看出宋绘注王隐《晋书》一事。而张书仅利用《北齐书·宋显传》，并在原文的"王隐"二字之下随意加上"晋书"二字却未作任何注释。反倒不如中华本《北齐书》在这段话之后做一校勘记，云："这里疑有脱文，当云'注王隐《晋书》及何法盛《晋中兴书》'，如有简省，也可作'注王隐及何法盛《书》'。今上举王隐而无书名，下举书名，又不出何法盛姓名，又'中《详考》'上无'晋'字，都不妥。"因此说就章书这段考证文字远比张书做得详尽。再看章书卷八云：

《宋元徽元年四部书目录》　四卷王俭撰。

《南齐书·王俭传》：撰定《元徽四部书目》。《唐志》卷同。

《隋志》序曰：宋元徽元年，王俭造目录，大凡一万五千七百四卷。

张书卷二云：

《甲乙新录》　　后魏范阳卢昶

《孙惠蔚传》云："既入东观，见典籍未周，乃上疏曰：'臣闻圣皇之御世也，必幽赞人经，参天二地，宪章典故，述遵鸿猷。故《易》曰："观乎天文以察时变，观乎人文以化成天下。"然则《六经》、百氏，图书秘籍，乃承天之正术，治人之贞范。是以温柔疏远，《诗》《书》之教；恭俭易良，《礼》《乐》之道。爻象以精微为神，《春秋》以属辞为化。故大训炳于东序，艺文光于麟阁。斯实太平之枢宗，胜残之要道，有国之灵基，帝王之盛业。安上靖民，敦风美俗，其在兹乎？及秦弃学术，《礼经》泯绝。汉兴求访，典文载举，先王遗训，灿然复存。暨光武拨乱，日不暇给，而入洛之书二千馀。魏晋之世，尤重典坟，收亡集逸，九流咸备。观其鸠阅史篇，访购经论，纸竹所载，略尽无遗。臣学阙通儒，思不及远，徒循章句，片义无立。而慈造曲覃，厕班秘省，忝官承乏，唯书是司。而观、阁旧典，先无定目，新故杂糅，首尾不全。有者累帙数十，无者旷年不写。或篇第祗落，始末沦残；或文坏字误，谬烂相属。篇目虽多，全定者少。臣今依前丞臣卢昶所撰《甲乙新录》，欲裨残补阙，损并有无，校练句读，以为定本，次第均写，永为常式。其省先无本者，广加推寻，搜求令足。然经记浩博，诸子纷纶，部帙既多，章篇纰缪，当非一二校书，岁月可了。今求令四门博士及在京儒生四十人，在秘书省专精校考，参定字义。如蒙听许，则典文允正，群书大集。'诏许之。"

就这两段考证文字的字数来看，张书远多于章书，不过张书仅引用《魏书·孙惠蔚传》，此外没有引用其他任何文献，可是章书在对《宋元徽元年四部书目录》考证中，既征引了《南齐书·王俭传》，引用了《隋志》《唐志》，又比张书的考证高明一点。

通过对二书考证文字的分析，章书的考证大多比张书详尽，特别是二书皆著录考证的几部史籍，张书除在《关东风俗传》的考证文字中引用《史通》为宋孝王辩诬略有创新外，不论从引用文献多寡，还是考证之详细，张书皆略逊于章书。

由此可知，张书史部共著录考证了《三史略记》等六十三部史籍，据考其中《国统》等八部章书亦考证著录，除此之外，张书共增补著录五十五部，而张书增补著录这些史籍超出了章书的著录考证成果，实属不易。就二书的考证文字来看，章书长于博览群书，详加考证，征引的典籍，主要是正史志、传，还包括经、史、子、集各部。并考述《隋志》之误，如：考证出《显忠录》的撰写者不是梁元帝，应遵从《唐志》为元恺。张书虽然考证不如章书详博，但是也利用了《魏书》《周书》《北齐书》《隋书》《北史》等正史中的史料，并引用了《史通》为宋孝王等文士辩诬。还考证出《显忠录》的作者应为李孙皎，这就比章书的考证又进了一步。令人遗憾的是，由于张氏读书疏忽，将《北史·李先传》中的"皎孙义徽。太和中"误解为"皎孙，义徽、太和中"，又不知是何原因，将此书的撰写者误为李孙皎，而实际上《显忠录》的作者是李皎的孙儿李义徽。不过总的来说，二书互有短长，特别是张书史部所增补著录的五十五部，在前辈学者的基础上有所超越。

四　与《隋书经籍志校补》之比较

《隋书经籍志校补》为晚清学者汪之昌所撰。汪之昌（1834—1892），字振民，出生于江苏昆山。同治六年（1867）副贡，壮年放弃科举考试，光绪年间，主持学古堂讲席，教授后学，近代文献学家、《钱遵王读书敏求记校正》撰写者章钰即出自其门下。他还仰慕明清之际大儒顾炎武之治学博通。他本人又是藏书家，王謇《续补藏书纪事诗》有云："胸罗二十有八宿，杂事刘家最有名。青学斋中白头叟，考经辑佚稿纵横。"他所撰写的《隋书经籍志校补》（以下简称《校补》）也是一部清人研究《隋书·经籍志》的著述，全书按经史子集分为四卷，也是缘于章书仅存史部，因此仅将该书第二卷史部与章书相比较，并加以考述。

（一）

据《校补》第二卷补考，史部典籍有萧子云《晋书》一百一十卷、韦棱《汉书续训》三卷、刘昭《集注后汉书》一百八十卷、《幼童传》十卷、刘彤注干宝《晋纪》四十卷、姚察《汉书训纂》三十卷、王规注《续汉书》二百卷、萧方等注范晔《后汉书》《三十国春秋》、吴均注范晔《后汉书》九十卷、《齐春秋》三十卷、《庙记》十卷、《十二州记》十六卷、《钱唐先贤传》五卷、许亨《齐书》并《志》五十卷、《梁史》五十八卷、陆琼续司马迁《史记》、熊襄《齐典》、刘祥《宋书》、何承天《宋书》、徐广《晋纪》四十六卷、王智深《宋纪》三十卷、裴子野《宋略》二十卷、抄合《后汉书》四十馀卷、《齐梁春秋》、刘谦之《晋纪》二十卷、裴松之《晋纪》、何之元《梁典》三十卷、王韶之《晋安帝阳秋》、张缅《后汉纪》四十卷、《晋抄》三十卷、邱灵鞠《大驾南讨纪论》《江左文章录序》、庾诜《帝历》二十卷、续伍端休《江陵记》一卷、《晋朝杂事》五卷、《总抄》五十卷、庾曼倩《丧服仪》《汉皇德传》二十五卷、《三国总略》二十卷、《四科传》四卷、《亡典》七卷、《魏驳》九卷、《皇帝王历三合纪》一卷、《孔子赞》一卷、《晋起居注》《赵起居注》、苏侃与丘巨源《萧太尉记》、苏侃《圣皇瑞命记》一卷、《咸宁注》、裴景仁《秦记》十卷、《别起居注》六百卷、刘师知《起居注》、王逡之《永明起居注》、徐勉《左丞弹事》五卷、《选品》五卷、裴子野《百官九品》二卷、《坿益谥法》一卷、傅畅《故事》《晋先蚕仪注》《晋官表注》、何承天与傅亮《朝仪》《前传》《杂论》、徐广《车服注》、江蒨《江左遗典》、何祯《冠仪约制》、王堪《冠仪》、严植之《凶礼仪注》四百七十九卷、萧子云《东宫新记》二十卷、邱仲孚《皇典》二十卷、《南宫故事》一百卷、《尚书具事杂仪》、明山宾《吉礼仪注》二百二十四卷、《礼仪》二十卷、王僧孺《东宫新记》《起居注》《两台弹事》五卷、王淮之《仪注》、徐广《军服仪注》、司马褧《嘉礼仪注》一百一十二卷、鲍泉《新仪》四十卷、《魏台杂访》、孔稚珪《律文》二十卷、《录叙》一卷、《晋令》、孔休源《奏议弹文》十五卷、蔡法度《梁律》二十卷、《令》三十卷、《科》四十卷、刘义庆《徐州先贤传》十卷、孔逭《三吴决录》、袁淑《真隐传》、宗测续皇甫谧《高士传》三卷、《衡山记》《庐山记》、阮孝绪《高隐传》《七录》等书二百五十卷、梁简文帝《昭明太子传》五卷、《诸王传》三十卷、任昉《杂传》二百四十七卷、柳恢《仁政传》、梁元帝《孝德传》三十卷、《忠臣传》三十、《丹阳尹传》十卷、《注汉书》一百一十五卷、《内典博要》一百卷、《全德志》《怀旧志》《荆南志》《江州记》《贡职图》《古今同姓名录》一卷、《式赞》三卷、陆杲《沙门传》三十卷、陆煦《晋书》《陆史》十五卷、《陆氏骊泉志》一卷、裴子野续《裴氏家传》三卷、《众僧传》二十卷、虞通之《妒妇记》、颜协《晋仙传》五卷、《日月灾异图》两卷、江子一续《黄图》、班固《九品》、萧子显《普通北伐记》五卷、《贵俭传》三十卷、江德藻《北征道里记》三卷、王僧孺《十八州谱》七百一十卷、《百家谱集》十五卷、《东南谱集抄》十卷、《中表簿》、顾协《异姓苑》五卷、殷钧《品目》、殷淳《四部书目》四十卷、宋明帝《江左以来文章志》、王俭《七志》三十卷，合计一百三十七部典籍。且不说与章书所著录的一千三百零三部史籍相比，就是与章书所增补著录的六百一十六部史籍相比也相差不少。

　　而且《校补》所著录考证的一些史籍章书已著录，据二书比较书名、撰写者、卷数不一致的还有刘肜注干宝《晋纪》、王规注《续汉书》、萧方等注范晔《后汉书》、吴均《齐春秋》《十二州记》《钱唐先贤传》、许亨《齐书》并《志》、陆从典续司马迁《史记》、刘祥《宋书》、何承天《宋书》、裴子野《齐梁春秋》、王韶之《晋安帝阳秋》、张缅《后汉纪》《晋抄》、邱灵鞠《大驾南讨纪论》《江左文章录序》、庾诜《帝历》、续伍端休《江陵记》《总抄》、庾曼倩《丧服仪》《三国总略》《四科传》《亡典》《魏驳》《皇帝王历三合纪》《孔子赞》《晋起居注》《赵起居注》、苏侃与丘巨源《萧太尉记》、苏侃《圣皇瑞命记》、刘师知《起居注》、徐勉《左丞弹事》《选品》、裴子野《百官九品》《垆益谥法》、傅畅《故事》《晋官表注》、何承天与傅亮《朝仪》、徐广《车服注》、江蒨《江左遗典》、何祯《冠仪约制》、王堪《冠仪》、邱仲孚《南宫故事》《尚书具事杂仪》、明山宾《吉礼仪注》《礼仪》、王僧孺《东宫新记》《起居注》《两台弹事》、王淮之《仪注》、徐广《军服仪注》、鲍泉《新仪》《魏台杂访》、孔稚珪《律文》、孔休源《奏议弹文》、蔡法度《梁律》《令》《科》、刘义庆《徐州先贤传》、孔道《三吴决录》、宗测续皇甫谧《高士传》《庐山记》、梁简文帝《昭明太子传》、柳憕《仁政传》、梁元帝《荆南志》《江州记》《贡职图》《古今同姓名录》《式赞》、陆杲《沙门传》、陆煦《晋书》《陆史》《陆氏骊泉志》、裴子野《续裴氏家传》、虞通之《妒妇记》、颜协《晋仙传》《日月灾异图》、江子一续《黄图》、班固《九品》、萧子显《普通北伐记》《贵俭传》、江德藻《北征道里记》、王僧孺《十八州谱》《百家谱集》《东南谱集抄》《中表簿》、顾协《异姓苑》、殷钧《品目》、殷淳《四部书目》，共计九十部，这部分史籍大约占该书考证出的那一百三十七部的66%，所占比例可观。

（二）

　　不过在史部增补的这九十部典籍中有一些并不能真正算作汪氏《校补》所考证而增补的，其中有几部史籍实际上甚至根本就没有成书，而被汪氏所误增收的，如《校补》第二卷所云：

　　《梁书·忠壮世子方等传》："注范晔《后汉书》，撰《三十国春秋》及《净住子》"《净住子》，注"萧子良撰"。同上。

可是《梁书》卷四四《世祖二子·忠壮世子方等传》却云："方等注范晔《后汉书》，未就。"可知萧方等注范晔《后汉书》并未完成，因此这部书不应著录。还有《校补》第二卷云：

> 《陈书·陆琼传》："集二十卷。子从典续司马迁《史记》，迄于隋。"同上。

但是《陈书》卷三十《陆琼附子从典传》却云："右仆射杨素奏从典续司马迁《史记》，迄于隋，其书未就。"可见陆从典所续司马迁《史记》也没有完成，所以此书也不该著录。还有《校补》第二卷云：

> 《梁书·裴子野传》："《宋略》二十卷，抄合《后汉书》四十馀卷，《齐梁春秋》未就。"《志》除《宋略》外，馀未著录，同上。

可知裴子野撰写的《齐梁春秋》未成书，当然不存于世，故此也不应著录。还有《校补》第二卷云：

> 《梁书·江蒨传》："撰《江左遗典》三十卷，文集十五卷。"均未著录。同上。

但是《梁书》卷二一《江蒨传》却云："撰《江左遗典》三十卷，未就，卒。"知《江左遗典》江蒨并未完成，也不应该著录。

还有一些史籍虽然《校补》所记的书名、撰写者、卷数与章书所著录的不完全一致，但是实际上是同一部书的，如《校补》第二卷记载，刘彤注干宝《晋纪》四十卷，而据章书卷二所云：

> 《干宝晋纪注》六十卷刘协撰，不著录。
> 见《唐志》。愚按：《梁书·刘昭传》：伯父彤集众家《晋书》注干宝《晋纪》，为四十卷。《史通》亦作"刘彤"。《太平御览·设官部》引"李胤母丧，拜金紫光禄大夫，给吏卒，门施行马。"一

事，题刘彤注。《唐志》作"刘协"，恐误。

可知《校补》考证出的注干宝《晋纪》与章书所著录的《干宝晋纪注》，书名不相同，撰写者姓名也不同，不过章书引用《梁书》《史通》考证《唐志》所记载的撰写者姓名可能有误，也可能是刘彤，所以在此《校补》与章书著录考证的是同一部史籍。还有《校补》第二卷又记载，吴均《钱唐先贤传》五卷，而章书卷十三云：

> 《吴郡钱塘先贤传》 五卷梁吴均撰，不著录。
> 见《唐志》。《梁书·吴均传》：均著《钱塘先贤传》五卷。

案："钱唐"与"钱塘"虽然文字不完全相同，但都是指钱塘江一带，而这一地区古代隶属于吴郡。另外章书所征引的《梁书·吴均传》亦云"钱塘先贤传"。因此说即使《校补》与章书著录考证的此书名不同，但是撰写者、卷数相同，即是同一部史籍。《校补》第二卷还记载有王韶之《晋安帝阳秋》，而章书卷二云：

> 《晋纪》 十卷宋吴兴太守王韶之撰。
> 《宋书·王韶之传》：父伟之少有志尚，当世诏令奏，辄白书写。泰元、隆安时事，小大悉撰录之。韶之因此私撰《晋安帝阳秋》，既成，时人谓宜居史职，即除著作佐郎，使续后事，讫义熙九年。善叙事，辞论可观，为后代嘉史。又云：韶之为晋史，序王珣货殖，王廞作乱。《文心雕龙·史传篇》曰：王韶续末而不终。《南史·萧韶传》曰：昔王韶之为《隆安纪》十卷，说晋末之乱。《史通·杂述篇》曰：若王韶《晋安隆记》，此之谓偏记者也。愚案：《世说》注、《初学记》所引并题韶之《晋安帝纪》，《新、旧唐志》则称韶之《崇安记》，《新志》入杂史，《旧志》入编年，皆十卷。

虽然书名一为《晋安帝阳秋》，一为《晋纪》，并且仅章书著录此书卷数，但是撰写者同为王韶之，而且《校补》第二卷也引用《宋书·王韶之传》中"父伟之少有志尚，当世诏令奏，辄白书写。泰元、隆安时事，小大悉撰录之。韶之因此私撰《晋安帝阳秋》，既成，时人谓宜居史职，即除著作佐郎，使续后事，讫义熙九年。"根据这段记载，因此说《校补》与章书所著录考证的是同一部史籍，只是《隋志》记载的书名与《宋书·王韶之传》所记载的有异而已。再看《校补》第二卷记载有张缅《晋抄》三十卷，而章书卷三云：

> 《晋书钞》三十卷梁豫章内史张缅撰。
>
> 《梁书·张缅传》：缅钞《晋书》众家异同，为《晋钞》三十卷。《北齐书·宋显传》曰：后魏时，张缅《晋书》未入国史。

可知虽然章书与《校补》著录的书名不同，但是撰写者同为张缅，卷数也同样是三十卷，而且章书考证文字中所征引《梁书·张缅传》的那段记载同样被《校补》第二卷所使用，因此不论是《校补》所述的《晋抄》还是章书所著录考证的《晋书钞》，都是同一部史籍。再有《校补》第二卷记载刘师知《起居注》十卷，而章书卷五也云：

> 《陈永定起居注》八卷
>
> 《陈书·刘师知传》：初，世祖敕师知撰《起居注》，自永宁"宁"，《南史》作"定"。二年秋至天嘉元年冬，为十卷。

而《校补》的那段考证文字即是"《陈书·刘师知传》：'撰《起居注》，自永定二年秋至天嘉元年冬，为十卷。'"因陈朝有"永定"而无"永宁"年号，故《校补》则径改作"永定"。还有章书与《校补》所记卷数有异，但是撰写者同为刘师知，因此说《校补》所记的《起居注》与章书所著录的《陈永定起居注》是同一部书。再有《校补》第二卷记载有傅畅《故事》，据章书卷十云：

> 《晋公卿礼秩故事》九卷傅畅撰。

《校补》与章书著录的书名貌似不同，可是《校补》中的那段考述文字中却有"'傅畅《故事》'，当即引《晋公卿礼秩故事》也"。所以说《校补》与章书著录考述的是同一部典籍。还有《校补》第二卷记载有《晋官表注》十六卷，而章书卷十也云：

　　《百官表注》十六卷荀绰撰，梁有，隋亡。

可见章书著录的书名与《校补》所见的书名有异，但是《校补》却说
"又《晋官表注》当即荀绰《晋百官注》十六卷"。这样二书著录考述出
的书名、撰写者以及卷数则完全一致，因此二书著录考述的是同一部史
籍。再有《校补》第二卷记载有徐广《车服注》一卷，可是章书卷十一
又云：

　　《车服杂注》一卷徐广撰。
　　《宋书·徐广传》：义熙初，奉诏撰《车服杂注》。《晋书·广传》作
《车服仪注》。《左传·桓公·正义》：古者，贵贱皆执笏，即今手板也。
引广《车服仪制》。《初学记·职官部》：尚书令，轺车墨耳后户。
《北堂书钞·武功部》：角，前世书记所不载，羌吹以惊中国之马。
《设官部》：三公，安车驾三；特进，驾二。并作《广车服仪制》。
《后汉书·明帝纪》注：汉明帝案古礼，天子郊庙，衣画而裳绣。作
广《车服注》。《宋书·礼志》亦称徐广《车服注》，无"杂"字。《儒林传序》
注：天子朝，冠通天冠。作广《舆服杂注》。《书钞·衣冠部》：公卿祭服，
天子释奠衣。皆引《杂注》。《文选·东京赋》注：轻车置弩于轼上，载以
属车。《北堂书钞·车部》：轾车，前隐膝也。并作广《车服志》。

而且《校补》亦称《车服注》"当即指《车服杂注》一卷。"再加上章书
的考证中时而称此书为《车服仪注》，时而称《车服仪制》，时而称《广
车服仪制》，时而称《车服注》，时而称《舆服杂注》，时而称《车服
志》，因此二书著录的这部书是同书异名的一部史籍。另外《校补》第二
卷记载的还有徐广《军服仪注》，可是章书卷十一又云：

　　《车服杂注》一卷徐广撰。
　　《宋书·徐广传》：义熙初，奉诏撰《车服杂注》。《晋书·广传》作
《车服仪注》。

而中华书局本《宋书》校勘记又认为《军服仪注》应作"车服仪注"，

所以此《军服仪注》实为《车服杂注》，又和前文所述的徐广《车服注》
同为一书。再看《校补》第二卷记载有明山宾《吉礼仪注》二百二十四
卷，可是章书卷十一又云：

> 梁明山宾撰《吉仪注》二百六卷，录二卷。隋亡。
> 《梁书·明山宾传》：山宾著《吉礼仪注》二百二十四卷。

从章书对于《吉仪注》的考证文字看，章书所著录考证的《吉仪注》与
《校补》所考的《吉礼仪注》实为一书，至于二书著录考述的书名不同，
是缘于《隋志》即著录此书为《吉仪注》，按章书的体例基本不改动书名
之故。再有《校补》第二卷记载，孔稚珪《律文》二十卷，章书卷十
二云：

> 《集定张杜律注》二十卷齐孔稚珪等撰，不著录。
> 《南齐书·孔稚珪传》：江左相承用晋世《张杜律》二十卷，世
> 祖留心法令，诏狱官详正旧注。先是七年，删定郎王植撰定律章表奏
> 之……至九年，稚珪上表曰：臣与公卿八座共删注律，司徒臣子良，
> 创立条绪。臣宋躬、臣王植等，抄撰同异。其中洪疑大议，圣照玄
> 览，断自天笔，就成《律文》二十卷，《录序》一卷。

虽然《校补》与章书所著录的书名不同，可是撰写者和卷数相同，而且
《校补》所考也是出自《南齐书·孔稚珪传》，因此《校补》所考出的
《律文》与章书所著录考证的《集定张杜律注》实为一书。再则《校补》
第二卷记载有《魏台杂访》，章书卷十二亦云：

> 《魏台杂访议》三卷高堂隆撰。
> 《唐志》仪注、故事两类重出。《宋书·礼志》曰：前后但见读
> 春夏秋冬四时令，至于服黄之时，独阙不读，不解其故。《文选》谢
> 惠连《捣衣诗》注：玉簪，以玉为笄也。《后汉书·牟长传》注：物
> 故之义，高堂隆答曰："物，无也。故，事也。"《史记·匈奴传·索隐》
> 同。《艺文类聚·岁时部》：王肃对，用未社丑腊义。《初学记·岁时
> 部》：高堂隆对，用未祖丑腊义。《御览·时序部》同。《服食部》：弁柢，

有笄无缨。《太平御览·时序部》：华歆常以腊日宴子弟，王朗慕之，其法由来渐矣。并引《魏台访议》。

可见《校补》与章书所著录的书名不同，而且又没有撰写者、卷数，但是《校补》考证云："《宋书·礼志二》读时令条引《魏台杂访》。"章书考证中亦征引《宋书·礼志》，那么再看看《宋志》原文："《魏台杂访》曰：'前后但见读春、夏、秋、冬四时令，至于服黄之时，独阙不读。今不解其故。'"这说明章书所著录考证的《魏台杂访议》是和《校补》所考证出的《魏台杂访》实为同一部史籍。还有《校补》第二卷记载，义庆《徐州先贤传》十卷，章书卷十三亦云：

> 《徐州先贤传》一卷
> 　《金楼子·说蕃篇》曰：刘义庆为荆州刺史，在州八年，撰《徐州先贤传》，奏上之。《新唐志》：王义度《徐州先贤传》九卷，又一卷。愚按：《唐志》"王义度"，乃"临川王刘义庆"误删"临川刘"三字，又讹"庆"作"度"。《隋志》《旧唐志》并脱落撰名。《初学记·地部》：范蠡扁舟浮五湖。《文选》谢灵运《庐陵王墓诗》注云：楚老者，彭城之隐人也。并引《徐州先贤传》。

虽然《校补》所考与章书著录的卷数不同，而且《校补》记撰写者为义庆，章书未著录撰写者，可是章书的考证文字中却说撰写者是临川王刘义庆。再则《校补》、章书所记书名相同，另外章书的考证文字中又云：《新唐志》："《徐州先贤传》九卷，又一卷。"这样卷数又与《校补》相同，因此可以说《校补》、章书所记的是同一部书。再看《校补》第二卷还记载有梁元帝《贡职图》，章书卷六亦云：

> 《职贡图》一卷梁元帝撰，不著录。
> 　见《唐志》。《艺文类聚·杂文部》引梁元帝《职贡图·序》，《巧艺部》引《职贡图·赞》。张彦远《历代名画记》曰：《职贡图》一，梁元帝画外国酋渠、诸蕃土俗本末，仍各图其来贡者之状。

案：《校补》第二卷所记载的下一部史籍《古今同姓名录》为一卷，所以此《贡职图》当也是一卷。这样看《校补》所考与章书著录的这部史籍除书名不同，撰写者、卷数皆同，而且《校补》所考的《贡职图》确实出自《梁书·元帝纪》，章书著录的《职贡图》也是出自《旧唐书·经籍志》《新唐书·艺文志》《艺文类聚》，所不同只在于"贡职"二字的顺序，因此《校补》与章书所著录考证的当为同一著述。还有《校补》第二卷记载，梁元帝《古今同姓名录》一卷，章书卷十三又云：

> 《同姓名录》一卷梁元帝撰。
> 今存。

虽然《校补》与章书所著录考证的书名不同，不过撰写者皆为梁元帝，卷数同是一卷，就连书名也只是《校补》，所记比章书多"古今"二字，因此说《校补》所记与章书所著录考证的是同一部典籍。再看《校补》第二卷载有虞通之《妒妇记》，章书卷十三又云：

> 《妒记》二卷虞通之撰。
> 《宋书·后妃传》：宋世诸主，莫不严妒，太宗每疾之。湖孰令袁慆妻以妒忌赐死，使近臣虞通之撰《妒妃记》。《南史·王藻传》亦载此言。《世说·贤媛篇》注：桓温妻南郡主，《轻诋篇》注：王丞相曹夫人，《艺文类聚·人部》：谢太傅刘夫人、京邑士人妇、泰元中荀妇庾氏、诸葛玄直妻刘氏，《菓部》：武阴女嫁阮宣，并引《妒记》。《太平御览》所引略同。《唐志》卷同，《郡斋读书志》曰：古有《妒记》，久已亡之。

可知《校补》所记与章书所著录考证的这部史籍仅撰写者姓名相同，书名却不同，《校补》也无卷数，但是《校补》所引用的史料亦出自《宋书·后妃·孝武王皇后传》中的"使近臣虞通之撰《妒妃记》"。因此说《校补》与章书所记的是同一部史籍。只是不知何故《世说新语》《艺文类聚》《郡斋读书志》以及《新唐书·艺文志》皆作"妒记"。再有《校补》第二卷记载，江德藻《北征道里记》三卷，章书卷六云：

> 《聘北道里记》二卷江德藻撰。

《太平寰宇记·淮南道》：江德藻《聘北道里记》曰：江淮间有露筋驿，今有祠存，一名鹿筋驿。云昔有孝女为蚁蚋所食，惟存筋骸而已。《陈书·江德操传》：德操，字德藻。天嘉四年，与中书郎刘师知使齐，著《北征道里记》三卷。《隋志》别有刘师知《聘游记》三卷。

虽然说《校补》所记与章书所著录考证的这部史籍仅撰写者姓名相同，书名、卷数皆不同，可是章书引用《陈书·江德操传》的书名亦是《北征道里记》，卷数也是三卷，因此《校补》与章书所记的是同一部书。再有《校补》第二卷记载，王僧孺《百家谱集》十五卷，章书卷七云：

《百家谱集钞》十五卷王僧孺撰。

《梁书·王僧孺传》：僧孺有《百家谱集》十五卷。《元和姓纂》皮姓、间姓引僧儒《百家谱》。

《校补》所记与章书所著录的这部史籍虽然书名有异，但是《校补》、章书所引用的文献都是《梁书·王僧孺传》，二书所记的撰写者、卷数皆相同。还有章书所著录的书名仅比《校补》多一个"钞"字，所以《校补》与章书所记的应是同一部史籍。再看《校补》第二卷载有王僧孺《十八州谱》七百一十卷，章书卷七又云：

《梁武帝总集境内十八州谱》六百九十卷梁有，隋亡。

《元和姓纂》：梁天监《十八州谱》"路氏"一卷，东阳、巨鹿《谱》旧望。《唐书·柳冲传》：晋太元中，河东贾弼撰《姓氏簿状》，十八州百十六郡，合七百一十二篇。《唐志》：王僧孺《十八州谱》七百一十二卷。

虽然《校补》所记与章书所著录的书名有异，卷数不同，不过《校补》、章书所记的撰写者皆是王僧孺，章书的考证文字中的书名亦作"十八州谱"，与《校补》书名一致，因此说《校补》与章书所记当是同一部书。还有《校补》第二卷记载有殷淳《四部书目》四十卷，章书卷八又云：

《四部书目序录》三十九卷殷淳撰，不著录。

见《唐志》。《宋书·殷淳传》：淳在秘书阁，撰《四部书目》，
凡四十卷，行于世。

《校补》与章书所记的书名、卷数有异，但是撰写者皆是殷淳。再则《校
补》引用的亦是出自《宋书·殷淳传》的那段史料，因此《校补》与章
书所记当是同一部史籍。

因此，以上这二十部史籍虽然《校补》与章书所记的或书名不同，
或撰写者姓名不同，或卷数有异，但据前文所考，《校补》与章书所记实
际上是同一部史籍，这样就要从前文所考的那九十部《校补》增补的史
籍中减去这二十部，再减去前文所考的那四部实际并未成书的史籍，因此
《校补》增补的史籍也就只剩六十六部。

《校补》考证出的史籍还有一类的情况值得注意，如第二卷载有何承
天《宋书》，章书卷一云：

　　《宋书》六十五卷宋中散大夫徐爰撰
　　《徐爰传》："先是元嘉中，使何承天草创国史。世祖初，又诏使
山谦之、苏宝生踵成之。六年，又以爰领著作郎，使终其业。爰虽因
前作，而专为一家之书……何承天始撰《宋书》，草立纪传，止于武
帝功臣，其所撰志为《天文》《律历》，自此外悉委山谦之。谦之病
亡，苏宝生续造诸传，元嘉名臣皆其所撰。大明中，徐爰因何、苏所
述，勒为一史，起自义熙初，讫大明末。"

可见章书虽然没有著录何承天《宋书》，但是在著录考证徐爰《宋书》时
征引史料考证了何承天《宋书》修撰原委，因此说章书的考证文字中也
提到此书。《校补》第二卷又云：

　　《梁书·徐勉传》："《左丞弹事》五卷，《齐太庙祝文》二卷。"
均未著录。《选品》五卷，此有徐勉"《梁选簿》三卷"，未识异同。《会林》
五十卷。此杂家类有"《会林》五卷"，无作者姓名。第八页。

章书卷十云：

《梁选部》三卷徐勉撰。

《梁书·徐勉传》：勉在选曹，撰《选品》五卷。《南史·勉传》：撰《选品》三卷。《唐六典》注：太祝令、卫尉寺、太市令、东宫食官丞、嗣王府行参军，并引《梁选簿》。"簿"，刊本或作"部"，讹。《太平御览·职官部》：《梁选簿》曰：中书，自宋以来比尚书令，特进之流而无事任，清贵华重，大位多领之。《南史·徐勉传》：天监中，官名互有省置，勉撰立《选簿》，奏之，有诏施用。其制开九品为十八班，自是贪冒苟进者以财货取通，守道沦退者以贫寒见没矣。《唐志》：三卷。

至于《选品》是否就是《梁选簿》，正如《校补》所云"未识异同"，不过章书、《校补》皆引用《梁书·徐勉传》的那段有关徐勉撰写《选品》的记载。虽然章书、《校补》都没有明确说《选品》就是《梁选簿》，但是这至少可以说章书的考证文字中亦有《选品》一书。另外《校补》第二卷又云：

《梁书·裴子野传》："续《裴氏家传》三卷。"未著录。《众僧传》二十卷，杂传、杂家并见。《方国使图》一卷。未著录。同上。

章书卷十三云：

《裴氏家传》四卷裴松之撰。

《世说·文学篇》注：裴荣，有风姿才气，撰《语林》数卷，号曰"裴子"。《任诞篇》注：裴颖，娶王戎长女。并引《裴氏家传》。《梁书·裴子野传》：子野续《裴氏家传》二卷。《唐志》：松之《裴氏家记》三卷。

案：《校补》所引《梁书·裴子野传》的记载有误，《梁书》《南史》的《裴子野传》皆云"集注《丧服》、续《裴氏家传》各二卷"，所以裴子野续《裴氏家传》是二卷，不是三卷。另外，章书虽然没有著录裴子野续《裴氏家传》，可是该书系裴松之《裴氏家传》的续本，因此也可以在著录考证裴松之《裴氏家传》时提到此书，而不专门著录。

前文所考，《校补》所记而实际并未成书和章书已著录考证的那二十四部史籍，再加上在章书的考证文字中已考述的这三部史籍，一共二十七部史籍，这样实际上《校补》史部所增补的史籍只剩下六十三部，这只约占《校补》史部所考证出的一百三十七部史籍的46%。这实际增补的六十三部史籍与章书所增补著录的六百二十六部史籍相比，仅占十分之一左右，实在有些少。

（三）

再从考证文字来看《校补》、章书这两部对《隋书·经籍志》的考证著述，据《校补》第二卷所云：

> 《梁书·萧子云传》："《晋书》一百一十卷。"此作"一百二卷"。第一页。

章书卷一却云：

> 《晋书》十一卷本一百二卷，梁有，今残缺。萧子云撰。
> 《梁书·萧子云传》：子云以晋代竟无全书，弱冠便留心撰著，至年二十六书成，表奏之，诏付秘阁。又云：著《晋史》，至《二王列传》，欲作论语草隶法，言不尽意，遂不能成，略指论飞白一势而已。所著一百一十卷。《南史》同。唐贞观《修书诏》曰：子云学埋涸流。愚按：《颜氏家训·杂艺篇》曰：萧子云每叹曰：吾著《晋书》，刊本作《齐书》，误。勒成一典，文章宏义，自谓可观，惟以笔迹得名，亦异事也。《太平御览·人事部》：明帝以太常桓荣为五更，躬轼其闾，亲行养老之礼。乃后汉事而题萧子云《晋书》。《唐志》：九卷。

二书比较，《校补》仅引用《梁书·萧子云传》考述撰写此书，却未解说修撰此书之原委、过程，而章书虽然也是征引《梁书·萧子云传》，却还将萧子云撰写此书原委、过程的记载一并引用，注明"《南史》同"。还注出《唐志》的著录情况，利用《颜氏家训》加以考述，并辑出见于《太平御览》的佚文。《校补》第二卷又云：

《陈书·何之元传》："《梁典》三十卷。"第四页。

章书卷二却云：

　　《梁典》三十卷陈始兴王谘议何之元撰。

　　《陈书·何之元传》：之元以为梁氏肇自武皇，终于敬帝，其盛衰之迹，足以垂鉴戒，定褒贬。究其始终，起齐永元元年，迄于王琳遇获，七十五年行事，草创为三十卷，号曰《梁典》。其序曰：案三皇之简为《三坟》，五帝之策为《五典》，此典义所由矣。至乃《尚书》述唐帝为《尧典》，虞帝为《舜典》，斯又经文明据。若夫马《史》、班《汉》，述帝称纪，自兹阙后，因相祖习。惟何法盛《晋书》变帝纪为帝典，即云师古，在理为优，故今之所作称为《梁典》。梁有天下，自中大同以前，区寓宁晏。太清以后，寇道文侵。首尾而言，未为尽美。故开此一书，分为六意。以高祖创基，因乎齐末，寻宗讨本，起自永元，今以前如干卷为《追述》。高祖生自布衣，长于弊俗，爰逮君临，弘戬政术，四纪之内，实云殷阜，今以如干卷为《太平》。世不常夷，时无恒治，今以如干卷为《述乱》。高祖晏驾，太宗幽辱，拨乱反正，阙庸斯在，今以如干卷为《世祖》。致于四海困穷，五德升替，敬皇绍立，仍以禅陈，今以如干卷为《敬帝》。骠骑王琳，崇立后嗣，虽不达天命，然是其忠节，今以如干卷为《后嗣主》。至在太宗，虽加美谥，而太宝之号，世所不遵，盖以拘于贼景故也。承圣继历，自接太清，神笔诏书，岂宜辄改，详之后论，盖有理焉。夫事有终始，人有业行，本末之间，实资详悉。又编年而举其岁次者，盖以分明而易寻也。若夫猃狁孔炽，鲠我中原，始自一君，终为二主，事有相涉，言成混漫。今以未分之前为北魏，既分之后，高氏所辅为东魏，宇文所挟为西魏，所以相分别也。重以盖彰殊体，繁省异文，其间损益，颇有凡例。《南史·何之元传》所载《序》言甚略。《史通·杂说》注曰：何之元《梁典》称议纳侯景，高祖曰："文叔得尹遵之降而隗嚣灭，安世用羊祜之言而孙皓平。"夫汉、晋之君，事书僭盗，梁主必不舍其谥号呼以字名。此由须对语丽词故也。愚按：《文选·宣德皇后令》注：高祖起家齐巴陵王法曹。《百僚劝进今上笺》注：高祖本兰陵郡县中都里人也。《石阙铭》注：

齐明帝崩，遗诏授高祖雍州刺史。永元二年，高祖拥南康王宝融，以主号令。三年，义旗发自襄阳，己酉檄京师。此皆《追述篇》之语。《太平御览·人事部》引"刘许与阮籍、李绪筑室钟阜之旁，共听内义，钻寻经典"一事。《地部》《宗亲部》《乐部》亦引《梁典》四事，而脱去撰名，未知为刘为何？《文苑英华》载何之元《高祖事论》一篇，文近二千言，《目录》称为《高祖革命论》。《唐志》同。

可见《校补》仅引用《陈书·何之元传》，考出何之元撰写《梁典》三十卷，但是章书除征引《陈书·何之元传》，做出了《校补》同样的考述，还叙述了《梁典》的成书过程，并借用《史通》评述《梁典》，又利用其他文献对《梁典》加以考述。此外，还将《梁典》散见于传世文献中的佚文附于考证文字之中。《校补》第二卷又云：

> 《宋书·沈昙庆传》："裴景仁，本伧人，多悉戎荒事。昙庆使撰《秦记》十卷，叙苻氏僭伪本末。"同上。

章书卷四却云：

> 《秦记》十一卷宋殿中将军裴景仁撰，梁雍州主簿席惠明注。
> 《宋书·沈昙庆传》：裴景仁，助戍彭城，本伧人，多悉戎事，昙庆使撰《秦记》十卷，叙苻氏本末，其书传于世。《史通·叙事篇》曰：按裴景仁《秦记》，称苻坚方食，抚盘而诟。王劭《齐志》述：受纥洛干感恩，脱帽而谢。及彦鸾撰以新史，重规删其旧录，乃易"抚盘"以"推案"，变"脱帽"为"免冠"。夫近世通无案食，羌俗不施冠冕，直以事不类古，改从雅言，欲学者何以考时俗之不同，察古今之有异？又《外篇》曰：河东裴景仁正车频《秦书》讹僻，删为《秦记》十一篇。《世说·排调篇》注：苻朗降谢玄，用为散骑侍郎。善识味，著《苻子》数十篇，盖老庄之流也。《太平御览·人事部》：姚苌围苻坚，遣仆射尹纬诣阙陈事。坚曰："卿，宰相才也。"二事题裴景仁《秦书》。《初学记·地部》：苻健至长安，贾元等上尊号，设坛城南渭水之阳。又：苻健皇始四年，山鸡来，入

人家栖宿，养子而去。《御览·地部》皇始五年，凤凰降渭滨。三事题裴景仁《苻书》。《御览·人事部》：苻坚幸太学，博士卢壹曰：韦逞母宋传其父业，得《周官音义》，课授后生。于是就宋立讲室，隔纱幔而授业焉。《初学记·人部》同。此作景仁《前秦记》。《艺文类聚·人部》：苻坚祖洪见坚状貌，欲令头坚腹软，字之曰"坚头"。《草部》：苻洪之先居武都，家生蒲，长五丈，状如竹，咸异之，谓之蒲家，因以氏焉。洪后以谶文改姓苻氏。《木部》：初，长安谣云"凤凰止阿房"，至慕容冲入阿房而居焉。冲小字"凤皇"。《服饰部》：韦逞母授经书，并题《秦记》，不著景仁名。《御览·人事部》：邵宏言称字之法。又：司马勋杀赵琨，而弃其尸，琨子琼求父尸不得，有群鸟悲鸣，寻鸟向山而得父尸。又：姚苌大破苻登，置酒高会，曰："吾不如王兄有四。"又：桓温问杨亮曰："姚襄何如人？"答曰："天下杰也。"《服章部》：皇始四年，新平县有长人见。《工艺部》：吕光破龟兹，获鸠摩罗什。《饮食部》苻朗善别味。共七事，亦引《秦记》，不著撰名。姚和都亦撰《秦纪》，字从"系"，景仁《记》从言。诸书征引不著景仁名者，皆作《记》。自系景仁之书，且韦逞母授经、苻朗别味二事，与著景仁名所纪正同。《旧唐志》"席惠明"作"杜惠明"，入编年类。《新唐志》亦作"杜"，入伪史类。

可知《校补》只是利用《宋书·沈昙庆传》考补了《秦记》的撰写者及卷数，而章书除此之外，还征引《史通》对于《秦记》的评述，还指出《隋志》与两《唐志》在注者的姓氏不同。并将《秦记》散见于传世文献中的佚文附于考证文字之中，又注意到姚和都《秦纪》与裴景仁《秦记》书名的不同，从而断定《艺文类聚》《初学记》《太平御览》所征引的文字皆是出自裴景仁《秦记》。

还有一类就是《校补》与章书的考证文字不仅字数，就连内容也基本相同，如《校补》第二卷云：

　　《宋书·明帝纪》："撰《江左以来文章志》。"同上。

章书卷八却云：

《晋江左文章志》三卷宋明帝撰。

《宋书·明帝纪》：帝在藩时，撰《江左以来文章志》。

就考证文字来看，字数章书比《校补》略多一点，但是考述都是出自《宋书·明帝纪》，而且内容也一致。

再有一类即是《校补》与章书的考证文字相差不多，如《校补》第二卷云：

《梁书·韦棱传》："著《汉书续训》三卷。"同上。

章书卷一却云：

《汉书续训》三卷梁北平谘议参军韦棱撰。钱宫詹《隋书考异》曰："北平"当作"平北"。

《南史》《隋·韦棱传》：棱著《汉书续训》二卷，《唐志》同二卷。

可见章书不仅也著录了《汉书续训》的撰写者和卷数，还征引了钱宫詹《隋书考异》，并在考证文字中指出《南史》《隋书》的《韦棱传》以及两《唐志》著录的卷数为二卷，与《校补》、章书著录的不同。《校补》第二卷又云：

《宋书·裴松之传》："所著文论及《晋纪》行于世。"未著录。同上。

章书卷二却云：

《晋纪》卷亡，裴松之撰。不著录。

《宋书·裴松之传》：松之著有《晋纪》。《贞观修书诏》曰：干、陆、曹、邓略纪帝王，鸾、盛、广、松才编载纪，其文既野，其事罕有。《北堂书钞·设官部》：江彪三为选官，少有荐举。题松之《晋纪》。

从考证文字看，章书不仅也引用《宋书·裴松之传》考述《晋纪》的撰写者，还征引了《贞观修书诏》对于各家《晋书》《晋纪》的评述。并辑出见于《北堂书钞》中的佚文。《校补》第二卷又云：

> 《梁书·任昉传》："《杂传》二百四十七卷。"此注"一百四十七卷"，不合。同上。

章书卷十三却云：

> 《杂传》三十六卷任昉撰，本一百四十七卷，亡。
>
> 《梁书·任昉传》：昉撰《杂传》二百四十七卷。《唐志》一百二十卷。《文选·王文宪集序》注：任昉《杂传》：魏德公谓郭林宗曰："经师易获，人师难遭。"

可知章书与《校补》一致，引用《梁书·任昉传》，考述了《杂传》的撰写者和卷数，还列举了《隋志》《唐志》的卷数，注意到各书著录的差异，辑出见于《文选》注中该书的佚文。

因此说，就考证文字的内容来看，章书明显详于《校补》，《校补》一般都是仅引用一条史料考述书名、撰写者、卷数，而章书则除了大多征引《校补》也引用的史料外，还利用两《唐志》《史通》《颜氏家训》等典籍对所著录的史籍加以考述。此外，还辑出了散见于传世文献中的史籍佚文，有助于古籍辑佚。此外《校补》撰写体例也有些不足，主要是没有如同前面考证中所见的那几部《隋书·经籍志》考证著述那样先著录书名、卷数、撰写者姓名，然后在加以考证，而是仅列举一条史料，不做任何考述，特别是张鹏一《隋书经籍志补》与《校补》是同一类的著述，可是张书则在这方面做得比《校补》认真。

据以上考述可知，《校补》所考述的共计有一百三十七部史籍，而书名、撰写者、卷数不一致的有九十部，其中有四部史籍实际上甚至根本就没有成书而被汪氏所误增收，还有一些虽然《校补》所记的书名、撰写者、卷数与章书所著录的不完全一致，但是实际上是同一部书的有二十部，再有三部史籍在章书的考证文字中已考述，这样实际上真正是《校补》考述出的史籍只有六十三部，这只约占《校补》史部所考证出的一百三十七部史籍的 46%，不足一半，再则，就考证文字来看，《校补》过于简略，而章书则比之精详，既征引正史考述各部史籍的成书经过，又运用《史通》《颜氏家训》等典籍对于所著录的史籍加以考述，并辑出已散失的史籍佚文。还有前文所考《校补》的那几部实际并未完成的史籍，《校补》大多并未作说明，仅有《齐梁春秋》注明"未就"，此种做法实不可取。

小结

外篇将章宗源《隋经籍志考证》与其他一些学者著述加以比较分析，考其得失，笔者以为从章书与姚书的史部所增删的史籍看，姚书仅在正史及相关类史籍中删除《隋志》著录的一部，而章书却一共删除了《隋志》著录的一百九十二部史籍。而姚书一共增补著录二百二十四部史籍，章书却增补著录六百二十六部史籍，就章书、姚书的考证文字来看，二书各有短长，章书长于赅详，广征博引，姚书则精于考证。就章书与兴膳宏等《详考》的史部来说，章书虽然删除了《隋志》所著录的一百九十二部史籍，但是却增补著录了六百二十六部史籍，而《详考》却未增补著录一部史籍，就这一点来看，《详考》完全依照《隋志》著录的史籍加以考证，没有突破。从章书、《详考》的考证文字来看，章书详于《详考》。而《详考》则对于著录的史籍撰者尽可能地考证出生平，做一小传，然后多利用一些书目进行考证，不过考证文字也过于简略，甚至没有利用章宗源、姚振宗的考证成果。至于章书与张书，张书的史部实际共增补著录五十五部，这些史籍也确实是章书所未著录考证的，这实属不易。从考证义字中也可看出，章书长于考证。就章书、江氏《校补》来说，《校补》实际上真正增补考述出的史籍只有六十三部，这也是不太容易的。不过从考证文字来看，《校补》确实有些过于简略，甚至对于实际并未完成的史籍也加以著录，又大多并未作说明。这方面《校补》不如章书精详。

补　篇

由于章书的光绪三年崇文书局刊本中存在着一些讹误，而王颂蔚所做的批校中也有谬误，故在此对这两部分问题一并做些纠谬工作，写成纠讹，附于全书最后，作为补篇。

纠　讹

章宗源《隋经籍志考证》虽然收罗文献颇多，考证甚精，但是崇文书局刊本中还有一些不足之处，为了方便读者阅读使用，在此对那些讹误加以订正，① 并说明理由。

卷一

该卷有云：

> 《东观汉记》一百四十三卷起光武纪注至灵帝，长水校尉刘珑等撰。
>
> 王颂蔚批校云：《和帝纪》：元和十三年春正月丁丑，帝幸东观，览书林，阅篇籍。

可是《后汉书》卷三《和帝纪》无"元和"年号，却作"［永元］十三年春正月丁丑，帝幸东观，览书林，阅篇籍，博选术艺之士以充其官"。故"元和"应作"永元"。

---

① 《隋经籍志考证》中还有"玄"字避讳作"元"，"弘"字避讳作"宏"，"胤"字避讳作"允"，"丘"字避讳作"邱"，这些都牵涉到古代避讳的问题，不属于讹谬，因此对这类问题不做勘误考述。

又云：

> 《后汉书》一百三十卷无帝纪，吴武陵太守谢承撰。
>
> 《新唐志》同……愚按：《文选》，颜延年《北使洛诗》注引《承书》。徐俶《戎车首路》永明九年策秀才文注：阴修、敷化二都，威教克平。阮嗣宗《劝进表》注：黄他求没，将投骸虏廷……张景阳《六命》注：士庶流宕，他州异境……

但是《文选》卷三七《劝进表》的作者却是刘越石，即"闻鸡起舞"的刘琨，而不是阮嗣宗，因此"阮嗣宗"应作"刘越石"。注文中有曰："黄他求没，将投骸虏廷。"而非"黄他求没，将投骸边廷。""边廷"当是清人避讳之故。另外，张景阳所撰《六命》，《文选》卷三五作《七命》，应据此改作《七命》。

王颂蔚批校云：

> "灵帝即位"至"病卒"。又。

可是《后汉书》卷一七《赵典传》所引《谢承书》却云："灵帝即位，典与窦武、王畅、陈蕃等谋共诛中常侍曹节、侯览、赵忠等，皆下狱自杀。"所以"病卒"应作"自杀"。

又云：

> 《汉后书》十七卷本九十七卷，今残缺。晋少府卿华峤撰。
>
> 《晋书·华峤传》：初，峤以《汉纪》烦秽，有改作之志。会为台郎，徧观祕籍，遂就其绪，起于光武，终于孝献，一百十五年。为帝纪十二卷、皇后纪二卷、十典九卷、传十七卷及三谱、序传、目录，凡九十七卷。峤以皇后配天作合，前史作《外戚传》以继末编，非其义也，故易为皇后纪，以次帝纪。又改志为典，以有《尧典》故也。而改名《汉后书》，《隋》《唐志》作《后汉书》，刊讹。奏之。峤所撰十典未成，而终何劭奏峤中子彻使踵成之，未竟而卒。缪播又奏峤少子畅为佐著作郎，克成十典。《史通·书志篇》：华峤曰典。永嘉丧乱，经籍遗没，峤《书》存者五十原注一作"三十"。馀卷。

《晋书》卷四四《华表附峤传》却云："峤以《汉纪》烦秽，慨然有改作之意。会为台郎，典官制事，由是得遍观秘籍，遂就其绪。起于光武，终于孝献，一百九十五年，为《帝纪》十二卷、《皇后纪》二卷、十典十卷、传七十卷，及三谱、序传、目录，凡九十七卷。峤以皇后配天作合，前史作《外戚传》以继末编，非其义也，故易为《皇后纪》，以次《帝纪》。又改志为典，以有《尧典》故也。而改名《汉后书》奏之……所撰书十典未成而终，秘书监何劭奏峤中子彻为佐著作郎，使踵成之，未竟而卒。后监缪征又奏峤少子畅为佐著作郎，克成十典，并草魏、晋纪传，与著作郎张载等俱在史官。永嘉丧乱，经籍遗没，峤《书》存者三十馀卷。"故此"缪播"应作"缪征"。

又云：

《后汉南记》四十五卷本五十五卷，今残缺。晋江州从事张莹撰。

《世说·言语篇》注：引荀谞典籍文章不涉征，无所就……《太平御览·地部》：樊重家素富，闭门城市……

但是《太平御览》五七《地部》却云："樊重家素富，田至三百顷，竹木成林，六畜放牧，桑漆鱼池，闭门成市。"因此"闭门城市"应作"闭门成市"。

又云：

《魏略》三十八卷魏京兆鱼豢撰，不著录。

见《旧唐志》正史类……裴松之《魏志注》言：《魏略》以秦朗与孔桂俱在《佞幸篇》，《明帝纪》注。东里衮见《游说传》，《三少帝纪》注。以董遇、贾洪、邯郸淳、薛夏、隗禧、苏林、乐祥等为儒宗，《王肃传》注其传有序。以脂习、王修、庞淯、文聘、成公英、郭宪、单固七人为《纯固传》，《王修传》注。王思、薛悌、郄嘉见《苛吏传》，《梁习传》注。以苏林、吉茂、沐并、时苗四人为《清介传》，《刘劭传》注。以孙宾硕、祝公道、杨阿若、鲍出等四人在《勇侠传》，宾硕虽汉人而豢编之《魏书》，盖以其人接魏，事义相类故也……

而《后汉书》卷二三《常林传》注却云："《魏略》以林及吉茂、沐并、时苗四人为《清介传》。"所以"苏林"应作"常林"。"《刘劭传》注"应作"《常林传》注"。

又云：

> 《魏书》四十八卷晋司空王沈撰。
>
> 《晋书·王沈传》：沈与荀颐、阮籍共撰《魏书》，多为时讳，未若陈寿之实录也……裴松之《魏志·武纪》注所多引述操令……《邓克王传》注：讥其"容貌姿美"一类之言，而分以为三。《史通·叙事篇》亦云……

可是《三国志·魏书》中无《邓克王传》，而且据《三国志》卷二〇《魏书·邓哀王传》注中有云"臣松之以'容貌姿美'一类之言，而分以为三，亦叙属之一病也。"因此说"邓克王"应作"邓哀王"。

又云：

> 《吴书》二十五卷韦昭撰，本五十五卷，梁有，今残缺。
>
> 《吴志韦曜昭避晋讳称曜。传》：诸葛恪表曜为太史令，撰《吴书》，华核、薛莹与参同，孙皓欲为父和作纪，曜执以和不登帝位宜名为传……《艺文类聚·服饰部》又言：上脱金带赐逊。《太平御览·服章部》同……

但是《艺文类聚·服饰部》中并无"上脱金带赐逊"。这段记载见于《衣冠部》卷六七《衣冠部》，故此"服饰部"应改作"衣冠部"。

又云：

> 《吴录》三十卷张勃撰，梁有，隋亡。
>
> 《史记索隐·伍子胥传》：张勃，晋人，吴鸿胪俨之子也，作《吴录》，裴骃注引之是矣……《文选·笙赋》注：湘东酃以为酒有名……张衡《七命》注：吴兴乌程县酒有名。《初学记·兽部》：九真郡庞郡多象，生山中，郡内及日南饶之……

可《文选》卷三五《七命》的作者是张景阳，而非张衡，因此应改作"张景阳"。《初学记》卷二九《兽部》又云"《吴录·地理经》曰：九真郡庞县多象，象生山中。郡内及日南饶之。"所以"庞郡"应作"庞县"。

又云：

> 《晋书》八十六卷本九十三卷，今残缺。晋著作郎王隐撰。
>
> 《王隐传》：父铨，历阳令，少好学，有述作之志，每私录晋事及功臣行状，未就而卒……沈约《州郡志》、郦氏《水经注》复引隐书《地道记》，刘昭《续汉·郡图志》注引《晋书·地道记》尤多，然不题名王隐，惟沈、郦称隐名，故专举之……《艺文类聚·灵异部》：王矩至长沙，见一人自称天上京兆杜灵之……

而《水经注》卷四、卷五数处出现"刘昭注《续汉书·郡国志》"的文字，因此"郡图志"应作"郡国志"。《艺文类聚》卷七九《灵异部》却云："王隐《晋书》曰：镇南刘弘以故刺史王毅子衡阳太守矩为广州。矩至长沙，见一人，长大，著布单衣，自持奏在岸上。矩省奏云：'京兆杜灵之。'仍入舡共语，称叙稀阔。矩问：'君京兆人，何时发来？'答曰：'朝发。'矩怪问：'京兆去此数千，哪得朝发今至？'杜答曰：'仆天上在京兆，去此乃数万，何止数千乎！'"因此"社灵之"应作"杜灵之"。

又云：

> 《晋中兴书》七十八卷起东晋。宋湘东太守何法盛撰。
>
> 《宋书》沈约自叙曰：沈伯玉与谢超宗、何法盛校书东官……《文选》殷仲文《桓公九年井诗》注引《桓玄录》，谢灵运《述祖德诗》、玄晖《八公山诗》、任彦昇《奏弹王源》注并引《陈郡谢录》，阮嗣宗《劝进表》注引《刘聪录》，庚元规《让中书表》注引《颍川庚录》，《谢修卜忠贞墓启》注引《济阴卜录》……

但是《文选》卷三七《劝进表》的作者却是刘越石，即刘琨，而不是阮嗣宗，因此"阮嗣宗"应作"刘越石"。

又云：

《晋书》三十六卷宋临川内史谢灵运撰。

《宋书·谢灵运传》：太祖登祚，征为秘书监，使整理秘阁书，补足阙文。以晋氏一代竟无一家之史，令灵运撰《晋书》，粗立条贯，书竟不就。《梁书·止足传序》曰：灵运《晋书·止足传》凡论晋氏文士之避乱者，殆非其人。惟阮思旷遗荣好遁，殆达辱矣……《文选·萧扬州荐士表》注引序曰："上品无寒门，下品无贵族。"……

但是《梁书》卷五二《止足传》却云："谢灵运《晋书·止足传》，先论晋世文士之避乱者，殆非其人；唯阮思旷遗荣好遁，远殆辱矣。"故此"凡论"应作"先论"。另外《文选》卷三八只有《为萧扬州荐士表》而无《萧扬州荐士表》，故此文标题应增"为"字。文中注所引谢灵运《晋书序》却云："下品无高门，上品无贱族。"也应据此改。

又云：

《晋书》一百一十卷齐徐州主簿臧荣绪撰。

《陈书·何之元传》曰：荣绪称"史无论断，犹起居注耳。"……《书钞·设官部》引：熙宁二年，省司农职，孝武宁康复置。乃《百官志》语……

而《陈书》卷三四《何之元传》却云："案臧荣绪称，'史无裁断，犹起居注耳'。"故此"史无论断"应为"史无裁断"。另外《北堂书钞》卷五三《设官部》云：臧荣绪《晋书》："哀帝兴宁二年，省司农之职，后孝武宁康复置。"因此"熙宁"应作"兴宁"。

又云：

《晋书》十一卷本一百二卷，梁有，今残缺。萧子云撰。

《梁书·萧子云传》：子云以晋代竟无全书，弱冠便留心撰著，至年二十六书成，表奏之，诏付秘阁。又云：著《晋史》，至《二王列传》，欲作论语草隶，言不尽意，遂不能成，略指论飞白一势而已。所著一百一十卷……

但是《梁书》卷三五《萧子恪附弟子云传》却云"著《晋史》,至《二王列传》,欲作论语草隶法,言不尽意,遂不能成,略指论飞白一势而已。'"因此"论语草隶"应作"论语草隶法"另外《萧子恪附弟子云传》云:"所著《晋书》一百一十卷。"故应据此补"晋书"二字。

又云:

《晋史草》三十卷梁萧子显撰。

《唐志》编年类有萧景畅《晋史草》三十卷。子显,字景阳,"畅"乃"阳"字之讹。《太平御览·兵部》引《晋史草》曰:姚略时有贺僧者,不知何人,自云游历五郡,时人号为"贺五郡"。斋戒奉道,为百姓说吉凶,略死泓立,僧谓泓曰:"宜洁扫一马厩,开屋设大柳。有异马,其大非常,自远所来矣。"

可是《太平御览》卷三五九《兵部》引《晋史草》却云:姚略时有贺僧者,不知何人,自云游历五郡,时人号为贺五郡。斋戒奉道,为百姓说吉凶。略死泓立,僧谓泓曰:"宜洁扫一马厩,开屋设大柳,有异马,其大非常,自远来,天所送矣。"据此可知,"大柳"应作"大柳"。

又云:

《晋书》一百一十卷梁沈约撰,梁有,隋亡。

《宋书·自叙》曰:约尝以晋氏一代竟无全书,年二十许,便有撰述之意。泰始初,征西将军蔡兴宗为启明帝,有敕赐许,所撰之书,凡一百二十卷。《南史》曰:一百馀卷。条理虽举,而采掇未周。永明初,遇盗失五帙。《梁书·约传》曰:约撰《晋书》一百一十卷……

但是《宋书》无《自叙》,卷一〇〇有沈约《自序》,故此"自叙"应作"自序"。而《自序》却云:"尝以晋氏一代竟无全书,年二十许,便有撰述之意。泰始初,征西将军蔡兴宗为启明帝,有敕赐许,自此迄今,年逾二十,所撰之书,凡一百二十卷。条流虽举,而采掇未周,永明初,遇盗失第五帙。建元四年未终,被敕撰国史。"据下文当补"建元四年未终被敕撰国史"十一字。

又云：

《宋书》六十五卷宋中散大夫徐爰撰。

《徐爰传》："先是元嘉中，使何承天草创国史。世祖初，又诏山谦之、苏宝生踵成之。六年，又以爰领著作郎，使终其业。爰虽因前作，而专为一家之书。上表曰：皇宋剿定鲸鲵，天人亿属。而恭服勤于三分，让德迈于不嗣。宜依衔书改文，登舟变号，起元义熙，为王业之始，战序宣力，为功臣之断。其伪玄篡窃，同于新莽，虽灵武克殄，自详之晋录。及犯命于纪，受戮霸朝，虽揖禅让之前，皆之宋策。国典体大，方垂不朽，请外详议，伏须尊承。表语《南史》不同。于是江夏王义恭等三十五人同爰议，宜以义熙元年为断，王休若、檀道鸾二人谓以元兴二年为始，虞龢谓宜以开国为宋公元年。诏曰：项籍、圣公，编录二汉，前史已有成列。《桓玄传》宜在宋典，馀如爰议。沈约《自叙》曰：何承天始撰《宋书》，草立纪传，止于武帝功臣，其所撰志为《天文》《律历》，自此外悉委山谦之……《太平御览·服章部》引《志》曰：武弁，世谓之龙冠也……《人事部》武帝登祚，加颜延之金章紫绶。《初学记·人事部》。刘元景少便引弓马，夙以勇称……

可是《宋书》卷九四《恩幸·徐爰传》却云："先是元嘉中，使著作郎何承天草创国史。世祖初，又诏使奉朝请山谦之、南台御史苏宝生踵成之。六年，又以爰领著作郎，使终其业。爰虽因前作，而专为一家之书。上表曰：臣闻虞史炳图，原光被之美，夏载昭策，先随山之勤。天飞虽王德所至，终陟固有资田跃，神宗始于俾乂，上日兆于纳揆。其在《殷颂》，《长发》玄王，受命作周，实唯雍伯，考行之盛则，振古之弘轨。降逮二汉，亦同兹义，基帝创乎丰郊，绍祚本于昆邑。魏以武命《国志》，晋以宣启《阳秋》，明黄初非更姓之本，太始为造物之末，又近代之令准，式远之鸿规。典谟缅邈，纪传成准，善恶具书，成败毕记。然馀分紫色，滔天泯夏，亲所芟夷，而不序于始传，涉、圣、卓、绍，烟起云腾，非所诛灭，而显冠乎首述，岂不以事先归之前录，功偕著之后撰。伏惟皇宋承金行之浇季，钟经纶之屯极，拥玄光以凤翔，秉神符而龙举，剿定鲸鲵，天人亿属。晋禄数终，上帝临宋，便应奄膺纮宇，对越神工，而恭服勤于三分，让德迈于不嗣。其为巍巍荡荡，赫赫明明，历观逖闻，莫或斯等。宜依衔书改文，登舟变号，起元义熙，为王业之始，战序宣力，为功臣之断。其伪玄篡窃，同于新莽，虽灵武克殄，自详之晋录。及犯命于纪，受戮霸朝，虽揖禅之前，皆著之宋策。国典体大，方垂不朽，请外详议，伏须尊承。于是内外博议，江夏王义恭等三十五人同爰议，宜以义熙元年为断，散骑常侍巴陵王休若、尚书金部郎檀道鸾二人谓以元兴二年为始，太学博士虞龢谓宜以开国为宋公元年。诏曰：项籍、圣公，编录二汉，前史已有成列。《桓玄传》宜在宋典，馀如爰议。"因此"何承天"前应补"著作郎"三字，"山谦之"前应补"使奉朝请"四字，"苏宝生"前应补"南台御史"四字。"皇宋剿定鲸鲵"，应作"臣闻虞史炳图原光被之美夏载昭策先随山之勤天飞虽王德所至终陟固有资田跃神宗始于俾乂上日兆于纳揆其在殷颂长发玄王受命作周实唯雍伯考行之盛则振古之弘轨降逮二汉亦同兹义基帝创乎丰郊绍祚本于昆邑魏以武命国志晋以宣启阳秋明黄初非更姓之本太始为造物之末又近代之令准式远之鸿规典谋缅邈纪传成准善恶具书成败毕记然馀分紫色滔天泯夏亲所芟夷而不序于始传涉圣卓绍烟起云腾非所诛灭而显冠乎首述岂不以事先归之前录功偕著之后撰伏惟皇宋承金行之浇季钟经纶之屯极拥玄光以凤翔秉神符而龙举剿定鲸鲵"，"天人伫属"之下应补"晋禄数终上帝临宋便应奄膺纮宇对越神工"十八字，"让德迈于不嗣"之下应补"其为巍巍荡荡赫赫明明历观逖闻莫或斯等"十八字。"典请外详议"，应作"国典体大方垂不朽请外详议"。"于是江夏王义恭等三十五人同爰议"，应作"于是内外博议江夏王义恭等三十五人同爰议"。"王休若"之上应补"散骑常侍巴陵"六字，"檀道鸾"之上应补"尚书金部郎"五字，"虞龢"之上应补"太学博士"四字。《宋书》无《自叙》，卷一〇〇有沈约《自序》，故此"自叙"应作"自序"。另外《太平御览》卷四三五《人事部》云："柳元景，字孝仁，河东解人也。良家子少便弓马，慕尚将帅，数随父伐蛮，凤以勇称。"因此"刘元景"应作"柳元景"。

王颂蔚批校又云：

《永初郡国》及何《志》并又有阳城、缑氏县。汉旧名，并属河南。徐无此二县，而有侨洛阳。阳城县……

但是《宋书》卷三七《州郡志》却云："阳城县，孝武大明元年省。"因此"阳城县"之下应补"孝武大明元年省"七字。

又云：

> 《宋书》六十五卷齐冠军录事参军孙严撰。
>
> 《唐志》五十八卷……《初学记·地部》：高祖平关洛，致钟虞旧器南还，一大钟落水……又：高祖表沙门什法义，于嵩庙坛下得玉璧、黄金。宗炳结于衡山，欲怀向平之志。高祖北伐，沈由子。姚宏率众奄至青泥关……

而《初学记》卷五《地部》却云：孙严《宋书》曰："宗炳寻名山，西陟荆巫，南登衡岳，因结宇衡山，欲怀尚平之志。"故此"向平之志"应作"尚平之志"。卷七《地部》云：孙严《宋书》曰：高祖北伐，沈田子入武关，屯青泥。姚泓自率大众数万奄至青泥关。据此"沈由子"应补作"沈田子入武关屯青泥"；"姚宏"应作"姚泓"。

又云：

> 《通史》四百八十卷梁武帝撰。起三皇，讫梁。
>
> 《梁书·武帝纪》：帝造《通史》，躬制赞序，凡六百卷。《吴均传》：敕使撰《通史》，均草本纪、世家功已毕，惟列传未就……

可是《梁书》卷四九《文学·吴均传》却云："寻有敕召见，使撰《通史》，起三皇，讫齐代，均草本纪、世家功已毕，唯列传未就。"因此"敕"应补作"寻有敕召见"。"通史"之下应补"起三皇讫齐代"六字。

卷二

该卷有云：

> 《献帝春秋》十卷袁晔撰。
>
> 《吴志·陆瑁传》注云：袁迪孙晔，字思光，作《献帝春秋》……《通鉴考异》引刘表上诸葛玄领豫章太守一句，作表暐《献帝春秋》。

而《资治通鉴》卷六一汉献帝兴平二年十二月条考异曰："袁暐《献帝春秋》云：刘表上玄领豫章太守。"因此说"表暐"应作"袁晔"。

此条有王颂蔚批校云：

"术从日磾"至"而死"，《孔融传》注……

但是《后汉书》卷七〇《孔融传》注所引《献帝春秋》云："术从日磾借节观之，因夺不还，条军中十馀人使促辟之。日磾谓术曰：'卿先代诸公辟士云何？而言促之，谓公府掾可劫得乎？'从术求去，而术不遣，既以失节屈辱忧恚。"因此"而死"应作"忧恚"。而《三国志》卷六《魏志·袁术传》注所引《献帝春秋》云："术从日磾借节观之，因夺不还，备军中千馀人，使促辟之。日磾谓术曰："卿家先世诸公，辟士云何，而言促之，谓公府掾可劫得乎！"从术求去，而术留之不遣，既以失节，屈辱忧恚而死。"可见王颂蔚批校所误当与《三国志》卷六《魏志·袁术传》注有关，不过《后汉书》与《三国志》哪部书引用《献帝春秋》出现讹误，不得而知。但是王颂蔚既然采用《后汉书》卷七〇《孔融传》注所引《献帝春秋》，就应当以此为准。

王颂蔚批校又云：

"梁州义从"至"为'章'"，《董卓传》注，一页。

可是《后汉书》卷七二《董卓传》注所引《献帝春秋》却云："凉州义从宋建、王国等反，诈金城郡降，求见凉州大人故新安令边允、从事韩约。约不见，太守陈懿劝之使往，国等便劫质约等数十人。金城乱，懿出，国等扶以到护羌营，杀之，而释约、允等。陇西以爱憎露布，冠约、允名以为贼，州购约、允各千户侯。约、允被购，'约'改为'遂'，'允'改为'章'。"据此可知"梁州义从"应作"凉州义从"。

王颂蔚批校又云：

"建安七年"至"后池"，《续汉书·五行志》补注，六页。

而《后汉书》卷一〇四《五行志》所引《献帝春秋》云："建安七年，五色大鸟集魏郡，众鸟数千随之。"因此"后池"应为"随之"。

又云：

> 《汉魏春秋》九卷孔舒元撰。
>
> 《晋书·孔衍传》：衍，字舒元。《新唐志》杂史类有孔衍《汉春秋》十卷，《后汉春秋》六卷，《旧唐志》六卷外，又有《后汉春秋》十四卷。《后魏春秋》九卷……

而《旧唐书》卷四六《经籍志》却云"《后汉尚书》六卷孔衍撰。""《后汉春秋》六卷孔衍撰。"因此"又有《后汉春秋》十四卷"应作"又有《后汉尚书》六卷"。

又云：

> 《干宝晋纪注》六十卷刘协撰，不著录。
>
> 见《唐志》。愚按：《梁书·刘昭传》：伯父肜集众家《晋书》注干宝《晋纪》四十卷……

而《梁书》卷四九《文学·刘昭传》却云："伯父肜集众家《晋书》注干宝《晋纪》，为四十卷。"故此应补"为"字。

又云：

> 《晋纪》十一卷讫明帝，晋荆州别驾邓粲撰。
>
> 《晋书·邓粲传》：粲以父谦有忠信，而世无知者，乃著《元明纪》十篇……

而《晋书》卷八二《邓粲传》却云："粲以父骞有忠信，而世无知者，乃著《元明纪》十篇。"因此说"谦"应作"骞"。

又云：

> 《晋纪》二十三卷宋中散大夫刘谦之撰。
>
> 《宋书·刘康祖传》：康祖弟谦之，好学，撰《晋纪》二十

卷……《赏誉篇》注：萧抡有才学，善《三礼》，历常侍、国子博士……

但是《世说新语》中卷下《赏誉篇》却云："萧轮有才学，善《三礼》，历常侍、国子博士。"因此"萧抡"应作"萧轮"。

又云：

《晋纪》十卷宋吴兴太守王韶之撰。

《宋书·王韶之传》：父伟之少有志尚，当世诏令奏，辄白书写……今《晋书·息传》作：恩穷蹙，赴海自沉。此足考异……

而"恩穷蹙，赴海自沉。此足考异"。这条史料出自《晋书》卷一〇〇《孙恩传》，而非所谓《息传》，故此"息传"应为"孙恩传"。

又云：

《晋纪》四十五卷宋中散大夫徐广撰。

《晋书·徐广传》：广，字行思，勒成《晋纪》，凡四十六卷……《世说·政事篇》：注："王导，阿衡三世。"数语，题徐广《历记》，"历"乃"晋"字之讹。《雅量篇》注：春元二十年，有蓬星如粉絮，刘孝标谓：泰元末，有此妖，以证华林园杯劝长星之说，为不足信……

可是《世说新语》上卷下《政事篇》却题徐广《历纪》，故改"历记"作"历纪"。中卷上《雅量篇》云："泰元二十年，有蓬星如粉絮，刘孝标谓：泰元末，有此妖，以证华林园杯劝长星之说，为不足信。"因此改"春元二十年"为"泰元二十年"。

又云：

《宋略》二十卷梁通直郎裴子野撰。

《梁书·裴子野传》：初，子野曾祖松之，宋元嘉中受诏续何承天《宋史》，未及成而卒。子野常欲继成先业，及齐永明末，沈约所撰《宋书》既行，子野更删撰写《宋略》二十卷。约见而叹曰："吾弗逮也。"……

而《梁书》卷三〇《裴子野传》却云："初，子野曾祖松之，宋元嘉中受诏续修何承天《宋史》，未及成而卒。子野常欲继成先业。及齐永明末，沈约所撰《宋书》既行，子野更删撰为《宋略》二十卷。其叙事评论多善，约见而叹曰：'吾弗逮也。'"因此"二十卷"应补"其叙事评论多善"七字。

又云：

> 《梁典》三十卷陈始兴王谘议何之元撰。
>
> 《陈书·何之元传》：之元以为梁氏肇自武皇，终于敬帝，其盛衰之迹，足以垂鉴戒，定褒贬……《石阙铭》注：齐明遗诏，授高祖雍州刺史。永元二年，高祖拥南康王宝融，以主号令。三年，义旗发自襄阳，以西檄京师……

可是《文选》卷五六《石阙铭》却云："齐明帝崩，遗诏授高祖雍州刺史。永元二年，高祖拥南康王宝融，以主号令。三年，义旗发自襄阳，己酉檄京师。"因此"齐明"应补作"齐明帝崩"，"以西"应改作"己酉"。

又云：

> 《齐志》十卷后齐事，王劭撰。
>
> 《北史·王劭传》：劭，字君懋，撰《齐志》，为编年体二十卷。《唐志》十七卷。《史通·论赞篇》曰：王劭意在简直，言兼鄙野……《补注篇》曰：有躬为史臣，手自刊补，虽志存该博，而才阙论叙。除烦则意有所怯，毕载则言有所妨。遂乃定彼榛楛，列为子注。若萧大圜《淮海乱离志》、羊衒之《洛阳伽蓝记》、宋孝王《关东风俗传》、王邵《齐志》之类是也……

但是《洛阳伽蓝记》的作者却作"杨衒之"，据此"羊衒之"当改作"杨衒之"。

卷三

该卷有云：

《楚汉春秋》 九卷陆贾撰。

《后汉书·班彪传》：汉兴，大中大夫陆贾记录时功，作《楚汉春秋》九篇……《史记·刘敬叔孙通传·索隐》：萧何云："臣三谏不从，请以身当之。"抚剑将自杀。上离席云：吾定计不易太子。《太平御览·兵部、人事部》：……《刑法部》：正疆数言事而当，上使参乘，解玉剑以佩之，天下定以为守。有告之者，上曰："天下方急，汝河在？"曰："亡。"上曰："正疆沐浴霜露与我从事，而汝亡，告之何也。"下廷尉劓。《服章部》：北郭先生献带于淮阴侯，曰："牛为人任用，力尽犹不置其革。"

而《史记》卷九九《刘敬叔孙通传·索隐》却云：《楚汉春秋》："叔孙何云'臣三谏不从，请以身当之'。抚剑将自杀。上离席云'吾听子计，不易太子'。"因此"萧何"应作"叔孙何"。而《太平御览》卷六四八《刑法部》云："正疆首茉事而当，上使参乘，解玉剑以佩之。天下定，出以为守。有告之者，上曰：'天下方急，汝何在？'曰：'亡。'上曰：'正疆沐浴霜露，与我从军而汝亡，告之何也？'下廷尉劓。"因此将"汝河在"的"河"字改作"何"。卷六九六《服章部》又云："北郭先生献带于淮阴侯，曰：牛马为人任用，力尽犹不置其革。"因此"牛为人任用"应作"牛马为人任用"。

又云：

《古今注》 八卷伏无忌撰。

《后汉书·伏湛传》子无忌，自采集古今，删著事要，号曰《伏侯注》……《后汉书》注引光武诸帝讳，"秀"之字曰"茂"，"庄"之字曰"严"，"炟"之字曰"著"，"隆"之字曰"盛"，"祜"之字曰"福"，"保"之字曰"守"，"炳"之字曰"明"，"缵"之字曰"继"，"志"之字曰"意"，"宏"之字曰"大"，"协"之字曰"合"。至章帝，"肇"之字曰"始"，音"兆"……

而《后汉书》卷四《和帝纪》云："肇之字曰始。肇音兆。"故改"至章帝"为"至和帝"。

又云：

> 《献帝传》卷亡，不著录。
> 《魏志·武纪》注引建安二十一年诏词、延安元年禅代众仪……

而《三国志》卷二《魏志·文帝纪》却无延安年号，禅代众仪见于延康元年，故"延安元年"应改作"延康元年"。

又云：

> 《帝王世纪》十卷皇甫谧撰。起三皇，尽汉、魏。
> 《史通·论赞篇》曰：皇甫谧、葛洪，列具所号……《史记索隐》《五帝纪》。云：皇甫谧号"元宴先生"，今所引者是其所作《帝王代纪》也。又云：补《三皇纪》。按神农之后，凡八代事，见《帝王代记》及《古史》……

但是《史通·内篇·论赞篇》却云："皇甫谧、葛洪，列其所号。"故"列具所号"应改作"列其所号"。而《史记》卷一《五帝纪索隐》却云"皇甫谧，字士安，晋人，号'玄晏先生'。"故此"元宴先生"当是避讳所作，应作"玄晏先生"。下文"帝王代纪"当是避讳，应改作"帝王世纪"。同纪《索隐》所引之史籍《帝王代记》《古史》，应分别为《帝王世纪》《古史考》。

又云：

> 《先圣本纪》十卷刘绦撰。
> 《南史·刘昭传》昭子绦着《先圣本纪》十卷……《文选》《王文宪集序》《马汧督诔》《竟陵王行状》注引"子产治郑三十年，卒，国人哭于巷，妇人哭于机"一事，作刘绦《圣贤本纪》。

而《文选》卷四六《王文宪集序》注云：刘绦《圣贤本纪》曰："子产

治郑二十年，卒，国人哭于巷，妇人哭于机。"卷六〇《齐竟陵文宣王行状》注云：刘缜《圣贤本纪》曰："子产治郑二十年，卒，国人哭于巷，商贾哭于市，农夫号于野。"因此"三十年"应作"二十年"。

卷四

该卷有云：

> 《二石伪治时事》二卷王度撰。
> 《开元占经》：石混说：建武时，有马四目，录着殿中十馀日，哭去，不知所在……

可是《开元占经》卷一一八却云："石混说：建武十四年时，忽有斓马一疋，有四目，系着殿中十馀日，突去，不知所在。"因此"建武时"应作"建武十四年时"，"有马四目"应作"忽有斓马一匹有四目"，"录"应作"系"，"哭去"应作"突去"。

又云：

> 《燕志》十卷记冯跋事。魏侍中高闾撰。
> 《初学记·居处部》：慕容熙造逍遥宫。《太平御览·天部》：太平十五年，自春不雨。至于五月，有司奏右部王荀妻产妖，乃暴荀妻于社，大雨普洽。《兵部》：光始五年，慕容熙与苻后征高丽，为冲车驰道以攻之。《人事部》：李陵君长谷之东，先生与高云游燕往来，每憩其家，陵与妻王氏每夜自赍酒馔而至……

但是《太平御览》卷四七五《人事部》却云：高闾《燕志》曰："李陵居长谷之东，先主与高云游宴，往来每憩其家。陵与其妻王氏，每夜自赍酒馔而至。"故此"君"应作"居"；"先生"应作"先主"。

又云：

> 《秦记》十一卷宋殿中将军裴景仁撰，梁雍州主簿席惠明注。
> 《宋书·沈昙庆传》：裴景仁助成彭城，本伧人多悉戎事，昙庆使撰《秦记》十卷，叙苻氏本末，其书传于世……《御览·人事

部》：苻坚幸太学，博士卢壶曰：韦逞母宋传其父业，得《周官音义》，课授后生。于是就宋立讲室，隔纱幔而授业焉。《初学记·人部》同。

而《太平御览》卷四〇四《人事部》却云：裴景仁《前秦记》曰："苻坚幸太学，问博士经典。博士卢壶对曰：'周官礼注，未有其师。韦逞母宋傅其父业，得周官音义。自非此母，无可授后。'坚于是就宋立讲室书堂，生徒百二十人，隔绛纱幔而授业焉。"因此"卢壶"应作"卢壶"。

王颂蔚批校又云：

> 《秦记》曰："苻坚"至"父尸"。

可是《太平御览》卷四一一《人事部·孝感》所引《秦记》却云："苻健皇始玄年，晋梁州刺史司马勋入秦州，获尚书赵琨，煞而弃其尸。琨子焕求父尸不得，乃悲号不已。俄有群鸟悲鸣，从山而来，来而复反，寻鸟向山而得父尸。"因此说王颂蔚所校"苻坚"应改为"苻健"。

又云：

> 《凉记》八卷记张轨事。伪燕右仆射张谘撰。
> 《唐志》十卷……《史通·外篇》曰：前凉张骏十五年，命其西曹边浏集内外事，以付秀才索绥作《凉国春秋》五十卷。又：张重华护军参军刘庆在东莞，专修国史二十馀年，著《凉记》十二卷……

但是《史通·外篇·古今正史篇》却云："前凉张骏十五年，命其西曹边浏集内外事，以付秀才索绥作《凉国春秋》五十卷。又张重华护军参军刘庆在东莞，专修国史二十馀年，著《凉记》十二卷。"因此说"东莞"应改作"东莞"。

又云：

> 《秦书》三卷秦冯翊车频撰，不著录。
> 《史通·外篇》曰：前秦史官初有赵渊、车敬、梁熙、韦谭，相

继著述。符坚尝取而观之，见苟太后幸孝威事，怒而焚之，灭其本。后著作郎董谊追录旧语，十不一存……《北堂书钞·武功部》：符登刻兜鍪作"死休"字，示士必死为度。故战所向无前。又符苌围襄阳，作飞云车攻城，克之……

而《北堂书钞》卷一二六《武功部》却云："符登刻兜鍪作"死休"字，示士必死为度。故战所向无前。又苟苌围襄阳，作飞云车以攻城，克之。"故此"符苌"应作"苟苌"，"作飞云车攻城"应作"作飞云车以攻城"。

又云：

《凉记》十卷记吕光事。伪凉著作佐郎段龟龙撰。
《史通·外篇》曰：段龟龙记吕氏……《初学记·武部》：咸宁三年，发张骏陵，得鞭，饰以珊瑚……

而《北堂书钞》卷二二《武部》却云："咸宁二年，发张骏陵，得鞭，饰以珊瑚。"所以"咸宁三年"应作"咸宁二年"。

王颂蔚批校云：

"武王吕光"至"所宗"，三百八十五，引《凉州记》，八页。

可是《太平御览》卷三八五《人事部·幼知》所引《凉州记》却云："武王吕光，字世明，以石氏建武四年生，夜有光辉，举舍异之，因名曰光。年十岁，与诸兄弟于里巷阙军戏，群童咸推为主，割土处中，部分行伍，乡党皆称之。"所以"所宗"应作"称之"。

卷五

该卷有云：

《汉献帝起居注》五卷
王颂蔚批校云："宋贵人名都，常山太守泓之女也。见《献帝起居注》。"《董卓传》注，十二页。"旧时官殿"至"足观"，又，十二页……

"建安二十二年"至"不复",《续汉书·礼仪志》补注,一页。

但是《后汉书》卷七二《董卓传》注所引《献帝起居注》却云:"旧时官殿悉坏,仓卒之际,拾摭故瓦材木,工匠无法度之制,所作并无足观也。"因此说"足观"应补作"足观也"。而《后汉书》卷九四《礼仪志》注所引《献帝起居注》"建安二十二年二月壬申,诏书绝,立春宽缓诏书不复行。"因此"不复"应补作"不复行"。

又云:

> 《晋泰始起居注》二十卷李轨撰。
> 《蜀志·诸葛瞻传》注诏曰:诸葛亮在蜀,尽其心力,其子瞻临难死义,天下之善一也。其孙京随才署吏,后为郡令……

而《三国志》卷三五《蜀志·诸葛瞻传》注却云:"诸葛亮在蜀,尽其心力,其子瞻临难而死义,天下之善一也。其孙京,随才署吏,后为郿令。"故此"郡令"应作"郿令"。

又云:

> 《晋泰康起居注》二十一卷李轨撰。
> 《南齐书·州郡志》:北徐州,镇钟离……《太平御览·职官部》:……《车部》:齐王归藩,诏赐衣香辇一乘……

可是《太平御览》卷七七四《车部》所引《晋太康起居注》却云:"齐王归藩,诏赐香衣辇一乘。"故此"衣香辇"应作"香衣辇"。

又云:

> 《晋建武大兴永昌起居注》九卷梁有二十卷。
> 《唐志》二十二卷。《太平御览·服用部、职官部》:《晋大兴起居注》曰:元年置通直散骑常侍四人。又元帝依故事,召陈郡王隐待诏著作,单衣介帻,翔望朝著作之省。

但是《太平御览》卷二三四《职官部》所引《晋太兴起居注》却云:

"元帝依故事召陈郡王隐待诏著作，单衣介帻，朔望朝著作之省。"故此"翔望"改作"朔望"。

又云：

> 《晋泰元起居注》二十五卷梁五十四卷。
>
> 《唐志》五十二卷……《太平御览·车部》：司隶校尉刘毅奏护军羊琇私用四宏文，乘羊车，请免官治罪。诏如所奏。并引《晋泰元起居注》。

可是《太平御览》卷七七五《车部》所引《晋太元起居注》却云："司隶校尉刘毅奏护军羊琇，私角弩四张，又乘羊车，请免官，罪。诏曰：'羊车虽无制，非素所乘者，可如所奏。'"因此"私用四宏文乘羊车"应作"私角弩四张又乘羊车"。

又云：

> 《晋义熙起居注》十七卷梁三十四卷。
>
> 《唐志》三十四卷……《太平御览·天部》……《器物部》：诏林邑王范明达献金盌一副，盖百副。

而《太平御览》卷七六〇《器物部》所引《义熙起居注》却云："诏林邑王范明达献金盌一副，盖一副。"故此"百副"应作"一副"。

卷六

该卷有云：

> 《洛阳记》四卷
>
> 无撰名。《水经·谷水注》：千金堨，魏时更修……《初学记·地部》：汉洛阳四关，东城皋关，南伊阙关，西函谷关，北孟津关……

可是《初学记》卷七《地部》却云：《洛阳记》云："汉洛阳四关，东成皋关，南伊阙关，西函谷关，北孟津关。"故此"城皋关"应作"成皋关"。

又云：

> 《洛阳宫舍记》<small>卷亡，不著录。</small>
> 《文选·东都赋》注：洛阳有云龙门，有端门……《太平御览·珍宝部》：宫中有林同等观，皆云母置窗里，日照之，炜炜有光……

可是《太平御览》卷八〇八《珍宝部》所引《洛阳宫殿记》却云："宫中有林商等观，皆云母置窗里，日照之，炜炜有光。"所以"林同"应作"林商"。

又云：

> 《河南十二县境簿》<small>卷亡，不著录。</small>
> 《水经·谷水注》：河南县，城东十五里有千金堨……《文选·闲居赋》注：城南五里，浴水浮桥……

但是《文选》卷一六《闲居赋》注所引《河南郡县境界簿》却云："城南五里，洛水浮桥。"因此"浴水"应作"洛水"。

又云：

> 《吴兴记》<small>三卷山谦之撰。</small>
> 王颂蔚批校云……"县西北"至"永县"。又"海盐"补注。

而《后汉书》卷一一二《郡国志》却云："乌程……《吴兴记》曰：'县西北其山有项籍祠。兴平二年，太守许贡奏分县为永县。"因此"海盐"应改作"乌程"。

又云：

> 《南徐州记》<small>二卷山谦之撰。</small>
> 《唐志》同。《文选·七发》注：京江，《禹贡》北江，春秋朔望，辄有太涛。《求自试表》注、《初学记·地理部》并引……

可是《文选》卷三四《七发》注所引《南徐州记》却云："京江，禹贡北江。春秋分朔，辄有大涛。"所以"太涛"应作"大涛"。

又云：

　　《荆州记》三卷 宋临川王侍郎盛弘之撰。

　　《通典·州郡门》：凡言地理者，在辨区域，征因草，知要害，察风土，如诞而不经，偏记杂说，何瑕偏举……《太平御览·文部》：冠军县《张唐墓碑》背曰：白楸之棺，易朽之裳，铜钱不入，瓦器不藏。嗟矣后人，幸勿见伤……

但是《太平御览》卷五五一《文部》却云："盛弘之《荆州记》曰：冠军县《张詹墓碑》背曰：白楸之棺，易朽之裳，铜钱不入，瓦器不藏。嗟矣后人，幸勿见伤。"因此"张唐"应作"张詹"。

又云：

　　《豫章记》一卷 雷次宗撰。

　　王颂蔚批校云：不著撰人《豫章志》……"江淮唯此县及吴、临湘三县是也。"

可是《后汉书》卷一一二《郡国志》所引《豫章记》却云："江淮唯此县及吴、临湘三县是令。"故应将"三县是也"改作"三县是令"，这样也与上文相对应。

又云：

　　《地理书》一百四十九卷录一卷。陆澄合《山海经》已来一百六十家，以为此书。澄本之外，其旧事并多零失。见存别部自行者，唯二十四家，今列之于上。

而《隋书》卷三三《经籍志》却云："《地理书》一百四十九卷录一卷。陆澄合《山海经》已来一百六十家，以为此书。澄本之外，其旧事并多零失。见存别部自行者，唯四十二家，今列之于上。"因此"二十四家"应作"四十二家"。

又云：

　　《湘洲记》二卷庾仲雍撰。

但是《隋书》卷三三《经籍志》却作"湘州记"，所以应以《隋志》
为是。

　　又云：

　　《永初山川古今记》二十卷齐都官尚书刘澄之撰。
　　《唐志》同……《文选·若热行》注：宁州瘴气菌露，四时不
绝。菌，草名，有毒，其上露触之，肉即溃烂……

而《文选》卷二八有《苦热行》一文，无《若热行》，故应改作"苦
热行"。

　　又有王颂蔚批校云：

　　《永初二年郡国志》
　　《宋书·州郡志》……《永初郡国》又有苞县、作中、怀安二
县。又……《永初郡国》有长安、夹阳二县。又。

但是中华书局点校本《宋书》卷三七《州郡志》校勘记所云："苞县、作
中、怀安二县"衍"县作"二字，当作"苞中、怀安二县"。另外《宋
书》卷三八《州郡志》云："《永初郡国》有常安、夹阳二县。"据此
"长安"应作"常安"。

　　又有王颂蔚批校云：

　　《晋地道记》
　　"有许城。《左传》定八年，郑伐许。"《续汉书·郡国志》"沛有泗水
亭"补注……"有石门关、烧梁关。"又"中丘"补注……"无血水所
出。"又"梼栎"补注。

可是《后汉书》卷一一〇《郡国志》注所引《晋地道记》却云："有石
门塞、烧梁关。"，因此"石门关"应作"石门塞"。另外《后汉书》卷
一一三《郡国志》注所引《地道记》云："连山，无血水所出。"故应补

"连山"二字。

又有王颂蔚批校云：

　　《晋地记》
　　"孝武太元十五年，梁州刺史周表立。"《宋书·州郡志》"汉中太守"。

但是《宋书》卷三八《州郡志》却云："南汉中太守，《晋地记》，孝武太元十五年，梁州刺史周琼表立。"因此应据《宋书·州郡志》将"梁州刺史周表立"改作"梁州刺史周琼表立"，"汉中太守"改作"南汉中太守"。

又云：

　　《晋太康地道记》
　　"后汉固始、铜阳、公安四县卫士，习此曲于阙下歌之，今《鸡鸣》是也。"《续汉书·百官志》补注。

而《后汉书》卷一一六《百官志》注所引《晋太康地道记》却云："后汉固始、铜阳、公安、细阳四县卫士，习此曲于阙下歌之，今《鸡鸣》是也。"因此应补"细阳"二字。

又云：

　　《地理书抄》十卷刘黄门撰。
　　《文选·西征赋》注：刘澄之《地理书》曰：肴有纯石，或谓石肴。《后汉书·献帝纪》注：刘澄之《地记》曰：禅陵，以汉禅位，故以名焉……

但是《后汉书》卷九《献帝纪》注所引刘澄之《地记》却云："以汉禅魏，故以名焉。"因此"禅位"应作"禅魏"。

又云：

　　《广州记》卷亡，裴渊撰，不著录。
　　《水经·浪水注》：尉佗墓后有大冈，谓之马鞍冈……《文选》

陆士衡《赠顾交趾诗》注：五岭：大庾、始贺、临贺、桂阳、揭阳。
《史记·张耳传索隐》《前汉书·张耳传》注、《御览·地部》同……

而《文选》卷二四陆士衡《赠顾交趾诗》注："裴渊《广州记》五岭云：大庾、始安、临贺、桂阳、揭阳。"《史记》卷八九《张耳传索隐》亦云："裴氏《广州记》云'大庾、始安、临贺、桂阳、揭阳斯五岭。'"《汉书》卷三二《张耳传》注亦同，《太平御览》卷五四《地部》亦云："《广州记》曰：有五岭，大庾、始安、临贺、桂阳、揭阳是也。"因此"始贺"应作"始安"。

又云：

《湘州记》一卷郭仲彦撰。

王颂蔚批校云：不著撰人《湘州记》："耒阳县"至"春纸臼"。
《宦者·蔡伦传》。

而《后汉书》卷七八《宦者·蔡伦传》注云："《湘州记》：'耒阳县北有汉黄门蔡伦宅，宅西有一石臼，云是伦舂纸臼也。'"因此王颂蔚校语脱"也"字。

又云：

《湘州记》卷亡，甄烈撰，不著录。

《太平御览·地部》：石鷰山，石形似鷰，大小如一，山明云净，即翩翩飞翔。《州郡部》：荆大明中，望气者云：湘东有天子气，遣日者巡视，斩冈以厌之……

但是《太平御览》卷一七一《州郡部》却云："甄烈《湘州记》曰：宋大明中，望气者云湘东有天子气，遣日者巡视，斩冈以厌之。郛湘东王为天子。"因此"荆大明中"应作"宋大明中"。

又云：

《三秦记》卷亡，辛氏撰。不著录。

《通典·州郡门》注：谓辛氏《三秦》之类，皆自述乡国灵怪。

今考诸书所引《三秦记》，如：……桃林塞，有军马经过，好行则休息林下，恶行则决河漫近不得过。《水经·河水注》《元和郡县志·河南道》……

而《水经注》卷四《河水》却云：“桃林塞，在长安东四百里，若有军马经过，好行则牧华山，休息林下；恶行则决河漫延，人马不得过矣。”所以“漫近”应作“漫延”。

又云：

《三齐略记》卷亡，不著录。

《续汉·郡国志》注：鬲城东蒲台，《水经·河水注》同。牟平惔侯国南有犬蹲山，又南山康成书带草……

可是《后汉书》卷《郡国志》注却云：“《三齐记》曰：‘南有蹲犬山，山似犬蹲，有神……’”因此“犬蹲山”应作“蹲犬山”。

又云：

《十三州记》卷亡，黄义仲撰，不著录。

王颂蔚批校云：“傅岩在其界，今住穴不存。”《后汉书·董卓传》注引《十三州记》。

但是《后汉书》卷七二《董卓传》注所引《十三州记》曰：“傅岩在其界，今住穴尚存。”因此“不存”应作“尚存”。

又云：

《西河旧事》一卷 不著录。

见《唐志》。《世说·言语篇》注：河西牛羊肥，酪过精好，但泻酪置草上，都不解散也……

而《世说新语》上卷上《言语篇》注云“河西牛羊肥，酪过精好，但泻酪置革上，都不解散也”。因而“草上”应作“革上”。

又云：

> 《湘中记》卷亡，罗含撰，不著录。
>
> 《水经·湘水注》：湘水之出于阳朔，则舲为之舟。至洞庭，日月若出入于其中也。《续汉·郡国志》注：营、洮、雍、祈、宜、耒、烝、表、来、渌、连、倒、伪、泊、资水，皆注湘……

但是《后汉书》卷一一二《郡国志》注却云："罗含《湘中记》曰：营、洮、雍、祈、宜、春、烝、耒、米、渌、连、浏、沩、汨、资水，皆注湘。"故此皆应以《后汉志》为准。

又云：

> 《征齐道里记》卷亡，丘渊之撰。不著录。
>
> 《太平御览·时序部》：丘渊之《征齐道里记》曰：城北十五里有柳泉，符朗常以为解禊处。《北堂书钞·岁时部》同……

《晋书》有《苻朗传》，故"符朗"应作"苻朗"。

又云：

> 《上党记》卷亡，不著录。
>
> 王颂蔚批校云：……"白城"至"二十里"，又。

而《后汉书》卷一一三《郡国志》注所引《上党记》却云："城在郡南山中百二十里。"因此应以《后汉志》为准。另外正文云："泫氏有长平亭。"所以注所引《上党记》中的城绝非什么"白城"，而当是指泫氏县城。

又云：

> 《江表行记》一卷
>
> 《寰宇记·江西南道》：《江表记》曰：江中有鳖洲，长三里，与芜湖相接。

可是《太平寰宇记》卷一〇三只有"江南西道"，却无"江西南道"。而在州之上唐代设"道"这一级，宋代设"路"这一级这一级监察区。另据云《太平寰宇记》至道三年分天下为十五路之前，所以《太平寰宇记》划分天下领州政区当时依据唐代唐玄宗所分的十五道，在这十五道中恰好有"江南西道"，并且《太平寰宇记》卷一○三《江南西道》有云："《江表记》曰：江中有鳖洲，长三里，与芜湖相接。"据此可知，"江西南道"应作"江南西道"。

又云：

《十三州志》十卷 阚骃撰。

王颂蔚批校云："护乌桓"至"更置焉"。又，六页。

而《后汉书》卷四《和帝纪》注所引《十三州志》却云："护乌丸，拥节，秩比二千石。武帝置，以护内附乌丸，既而并于匈奴中郎将。中兴初，班彪上言宜复此官，以招附东胡，乃复更置焉。"故此"乌桓"应作"乌丸"。

又云：

《北征记》卷亡，徐齐民撰。不著录。

《续汉·郡国志》注：徐齐民《北征记》曰：裴林东有大隧涧，郑庄公所阙。

可是《后汉书》卷一○九《郡国志》却云："《左传·宣元年》诸侯会于棐林，杜预曰县东有林乡。徐齐民《北征记》曰：'县东南有大隧涧，郑庄公所阙。'"所以"裴林"应作"棐林"。

王颂蔚批校又云：

案：此章氏大误，《郡国志》云：菀陵有斐林。

可是据上文所考王颂蔚作"斐林"，亦误。

又云：

《北征记》卷亡，伏滔撰。不著录。

《续汉·郡国志》注：濑乡有老子庙，庙中有九井，水相通。

又云：彭城北有山，临泗，有宋桓魋石椁，皆青石，隐龟龙麟凤之象。

而《后汉书》卷一〇九《郡国志》却云："城北六里有山，临泗，有宋桓魋石椁，皆青石，隐起龟龙鳞凤之象。"故此"彭城北有山"应作"城北六里有山"。

又云：

《从征记》卷亡，伍缉之撰，不著录。

《汉书·东平宪王传》注：鲁人藏孔子所乘车于庙中，是颜路所请者也。献帝时，庙遇火烧之……

王颂蔚批校云：案：《苍传》作"伍缉之《从西征记》"。

但是《后汉书》卷四二《东平宪王苍传》注所引伍缉之《从征记》却云："鲁人藏孔子所乘车于庙中，是颜路所请者也。献帝时，庙遇火烧之。"因此"汉书"应作"后汉书"，"东平宪王传"应作"后汉书·东平宪王苍传"，"从西征记"应作"从征记"。

又云：

《冀州图经》一卷

《太平御览·地部》：《冀州图经》曰：纥真山，在城之东北，登之如数百里内然……

可是《太平御览》卷四五《地部》却云："《冀州图经》曰：纥真山，在城之东北，登之望桑乾代郡，如数百里内然。"可知"登之"下脱"望桑乾代郡"五字。

又云：

《赵记》十卷脱撰名。

《北齐书·李公绪传》：公绪，字穆叔，撰《赵语》"语"，当作"记"。十三卷。《太平御览·州郡部》：李公绪《赵记》曰：赵孝成王造坛台之名为赵都，朝诸侯，故曰"信都"……

而《太平御览》卷一六一《州郡部》却云："李公绪《赵记》曰：赵孝成王造坛台之宫为赵都，朝诸侯，故曰'信都'。"因此"造坛台之名"应作"造坛台之宫"。

又云：

《隋区宇图志》一百二十九卷

《唐志》：虞茂《区宇图》……《太平御览·文部》：《隋大业拾遗》曰：大业之初，敕内史舍人豆威、起居舍人崔祖濬等，撰《区宇图志》一部，五百馀卷……

而《太平御览》卷六〇二《文部》云："《隋大业拾遗》曰：大业之初，敕内史舍人窦威、起居舍人崔祖濬等，撰《区宇图志》一部，五百馀卷。"故此"豆威"应作"窦威"。

卷七

该卷有云：

《梁武帝总集境内十八州谱》六百九十卷梁有，隋亡。

《元和姓纂》：梁天监《十八州谱》"路氏"一卷，东阳、巨鹿，《谱》旧望。《唐书·柳冲传》：晋太元中，河东贾弼撰《姓氏簿状》，十八州百十六郡，合七百一十二卷……

可是《新唐书》卷一九九《儒学·柳冲传》却云："晋太元中，河东贾弼撰《姓氏簿状》，十八州百十六郡，合七百一十二篇。"因此"合七百一十二卷"应作"合七百一十二篇"。

又云：

《后魏辩宗录》二卷元晖业撰。

《后魏书·元晖业传》：晖业撰魏藩王世家，号为《辩宗室录》……

但是《魏书》卷《元晖业传》却云："乃撰魏藩王世家，号为《辨宗室录》，四十卷，行于世。"因此"辩"字应作"辨"字，"世家"应作"家世"。

又云：

> 《庾氏谱》卷亡，不著录。
> 《魏志·管宁传》注：庾遁支嗣克昌，为世盛门……

而《三国志》卷一一《魏志·管宁传》所引《庾氏谱》却云："［庾］遁胤嗣克昌，为世盛门。"所以"支嗣克昌"应作"胤嗣克昌"。

又云：

> 《王氏谱》卷亡，不著录。
> 《魏志·崔林传》注：王雄，字符伯……《世说·德行篇》注：王导娶曹淑，王献之娶郗道茂。《言语篇》注：王微祖又，父澄。

但是《世说新语》卷上之上《言语篇》却云："微字幼仁，琅邪人。祖父乂，平北将军。父澄，荆州刺史。"因此"又"应作"乂"。

又云：

> 《崔氏谱》卷亡，不著录。
> 《蜀志·诸葛亮传》注：《崔氏谱》曰：崔平，太尉烈子，均之弟也……

可是《三国志》卷三五《蜀志·诸葛亮传》却云："《崔氏谱》曰：崔州平，太尉烈子，均之弟也。"故此"崔平"应作"崔州平"。

又云：

> 《顾氏谱》卷亡，不著录。
> 《世说·文学篇》注：顾夷，辟州主簿，不就……又《文选》陆韩卿《答内兄希叔诗》注：顾盼，字希叔，邵陵王国常侍……

但是《文选》卷二六却作"奉答内兄希叔诗"，可见《隋经籍志考证》脱漏"奉"字。

又云：

> 《魏氏谱》卷亡，不著录。
>
> 《世说·赏誉篇》注：魏卫隐，历义兴太守。《排调篇》注：卫颛，仕至山阴令。并引《魏氏谱》。

可是《世说新语》中卷下《赏誉篇》注所引《魏氏谱》却云："隐字安时，会稽上虞人。历义兴太守、御史中丞。"因此"卫隐"应作"魏隐"。《世说新语》下卷下《排调篇》注所引《魏氏谱》云："颛仕至山阴令。"因此"卫颛"应作"魏颛"。

又云：

> 《应世谱》卷亡，不著录。
>
> 《后汉书·应劭传》注：《应世谱》曰：劭，字仲远。

而《后汉书》卷四八《应奉附子劭传》却云："劭字仲远。《谢承书》曰、《应氏谱》并云'字仲远'，《续汉书·文士传》作'仲援'，《汉官仪》又作'瑗'，未知孰是。"所以"应世谱"应皆作"应氏谱"。

卷八

该卷有云：

> 《七略》七卷刘歆撰。
>
> 《汉志》曰：刘向卒，哀帝使向子歆卒父业。歆于是总群书而奏其《七略》……《太平御览·职官部》：孝宣帝重申不害《君臣篇》，使黄门郎张子乔正其字，乃申子解题。此类《汉志》皆未取。冯商、庄忽奇、杜参、史朱宇，师古注皆依《七略》，补《汉志》。至如《曲台记》：《易》九师道训、《文选·竟陵王行状》注。娟子、曹子建《七启》注。《谈天衍》《雕龙赫》《宣德皇帝令》注。《鹖冠子》《辩命论》注。《盘盂书》，《新

刻漏铭》注。班固本注虽依《七略》，而语多从简……

而"宣德皇帝令"，《文选》卷三六却作"宣德皇后令"，可见"宣德皇帝令"应作"宣德皇后令"。

又云：

> 《梁天监六年四部书目录》四卷殷钧撰。
>
> 《梁书·殷钧传》：天监初，钧启校定秘阁四部书目。《唐志》：丘宾卿《梁天监四年书目》四部。

可是《新唐书》卷五八《艺文志》却云："丘宾卿《梁天监四年书目》四卷。"因此"四部"应作"四卷"。

又云：

> 《文章志》四卷挚虞撰。
>
> 《晋书·挚虞传》：虞撰《文章志》四卷……《后汉书·桓彬传》注：桓麟文见在者十八篇，有碑九首，诔七首，说一首，《沛相郭府君书》一首。

但是《后汉书》卷三七《桓荣附玄孙彬传》却云："麟文见在者十八篇，有碑九首，诔七首，《七说》一首，《沛相郭府君书》一首。"所以"说"应作"七说"。

又云：

> 《续文章志》二卷傅亮撰。
>
> 《唐志》卷同……《世说·文学篇》注：潘岳选言简章，清绮绝伦……

而《世说新语》卷上之下《文学篇》却云："〔潘〕岳为文选言简章，清绮绝伦。"因此"潘岳"之下应补"为文"二字。

卷九

该卷有云：

> 《魏武故事》 卷亡，不著录。
> 《魏志·武纪》注载：建安十五年十二月己亥，公令：上还阳、柘、苦三县户二万，但食武兵万户……

但是《三国志》卷一《魏志·武帝纪》注所引《魏武故事》却云："建安十五年十二月己亥，公令：上还阳、柘、苦三县户二万，但食武平万户。"因此"武兵万户"应作"武平万户"。
又云：

> 《晋宋旧事》 一百三十五卷
> 《初学记·岁时部》：魏帝逊位，祖以酉日，腊以丑日。《服食部》：太后、皇后，雀钮，白玉珮……

可是《初学记》卷二六《器物部》所引《晋宋旧事》云"太后、皇后，雀钮，白玉珮"。《服食部》无此记载。故此"服食部"应作"器物部"。
又云：

> 《晋八王故事》 十卷
> 《世说·方正篇》注：杨济，有才识，累迁太子太保，与杨骏同诛。萧艾，少好功名，不休士检。齐王起义，用领右将军，王败，见诛……

而《世说新语》中卷上《方正篇》却云："《八王故事》曰：[董]艾字叔智，弘农人。祖遇，魏侍中。父缓，秘书监。艾少好功名，不修士检。齐王起义，艾为新汲令，赴军，用艾领右将军。王败，见诛。"因此"萧艾"应作"董艾"。
又云：

　　《晋四王起事》四卷晋廷尉卢綝撰。

　　《水经·荡水注》：惠帝征成都王颖战败，百僚奔散，惟侍中嵇绍扶帝，众斩之，血污帝袂。帝曰："嵇侍中血，勿洗也。"……《太平御览》：……《服章部》：惠帝自洛阳。得鹿车一乘，以单帛裙为帱……《布帛部》：张方移帝于长安，兵入内殿取物，人持御绢二匹。自魏晋之积将百馀万匹，三日輂之，尚不缺用……

　　但是《太平御览》卷六九六《服章部》所引《四王起事》却云："惠帝还洛阳。得萝虒车一乘，以单帛裙为帱。"因此"惠帝自洛阳"应作"惠帝还洛阳"，"鹿车"应作"萝虒车"。卷八一七《布帛部》所引《四王起事》却云："张方移惠帝于长安，兵人入殿取物，持调御绢二尺幅。自魏晋之积将百馀万匹，三日取之，尚不缺角。"因此"三日輂之尚不缺用"应作"三日取之尚不缺角"。

　　又云：

　　《晋东宫旧事》十卷

　　《唐志》题张敞撰，《旧志》十一卷。《颜氏家训·书证篇》或问曰：……又问：《东宫旧事》"六色罽緤"，是何等物？当作何音？答曰：菁，牛藻也。读若威。又寸断五色丝，横著线股间，绳之，以象菁草，用以饰物，即名为菁。于时当绀六色罽，作此菁以饰绳带，张敞因造丝旁畏耳，宜作"隈"……《太平御览·皇亲部》：司徒会稽王导子等启云：皇太子继体宸极，年德并茂，宜简国媛，缉宣内教。故中书令太常王献之、新安公主息女，六行聿修，四德光备，庆深积善。金曰：宜作配储官，正位中馈。太元二十八年，皇太子纳妃琅琊临沂王氏，时年十四……

　　可是《颜氏家训》卷六《书证篇》却云："或问曰：东宫旧事'六色罽緤'，是何等物？当作何音？"答曰：案：说文云：'菁，牛藻也，读若威。'音隐：'坞瑰反。'即陆机所谓'聚藻，叶如蓬'者也。又郭璞注三苍亦云：'蕰，藻之类也，细叶蓬茸生。'然今水中有此物，一节长数寸，细茸如丝，圆绕可爱，长者二三十节，犹呼为菁。又寸断五色丝，横著线股间绳之，以象菁草，用以饰物，即名为菁；于时当绀六色罽，作此菁以

饰绲带，张敞因造糸旁畏耳，宜作'缦'。"因此"读若威"之下应有
"读若威"三字，"宜作'隈'"应作"宜作'缦'"。《太平御览》卷一四
九《皇亲部》所引《东宫旧事》又云："司徒会稽王道子等启云：皇太子
系体宸极，年德并茂，宜简国媛，缉宣内教。故中书令太常王献之、新安
公主息女，六行聿修，四德光备，庆深积善。金曰：宜作配储宫，正位中
馈。太元二十一年，皇太子纳妃琅琊临沂王氏，时年十四。"故此"司徒
会稽王导子"应作"司徒会稽王道子"，"继体宸极"应作"系体宸极"，
"太元二十八年"应作"太元二十一年"。

又云：

> 《汉杂事》卷亡，不著录。
>
> 《文选·东京赋》注：诸侯属车九乘，秦灭九国，兼其车服。故
> 大驾属车八十一乘……

但是《文选》卷三《东京赋》注所引《汉杂事》却云："诸侯贰车九
乘，秦灭九国，兼其车服。故大驾属车八十一乘。"因此"属车"应作
"贰车"。

卷十

该卷有云：

> 《汉官》五卷应劭注。
>
> 《后汉书·应劭传》：时始迁都于许，旧章湮没，书记罕存。劭
> 慨然叹息，乃缀集所闻，著《汉礼仪故事》……

而《后汉书》卷四八《应劭传》却云："时始迁都于许，旧章湮没，书记
罕存。劭慨然叹息，乃缀集所闻，著《汉官礼仪故事》。"因此"汉礼仪
故事"应作"汉官礼仪故事"。

又云：

> 《魏官仪》一卷荀攸撰，梁有，隋亡。
>
> 《魏志·卫颚传》：诏典著作，又为《魏官仪》。《唐志》作荀攸等撰。

《南齐书·百官志》云：今有《卫氏官仪》、鱼豢《中外官》……

可是《南齐书》卷一六《百官志》却云："今则有《魏氏官仪》、鱼豢《中外官》。"因此"今"下应有"则"字，而"卫氏官仪"应作"魏氏官仪"。

又云：

《汉官仪式选用》一卷丁孚撰，不著录。

《续汉·礼仪志》注引酎金律，《通典·礼门》同。皇后出桑于蚕官仪……《后汉书·章纪》注：酎金九真、交趾、日南者用犀角二，若瑇瑁甲，郁林用象牙，若翠羽各二十，准以当金。

而《后汉书》卷四《章帝纪》注所引《汉仪式》却云："九真、交趾、日南者用犀角二，长九寸，若瑇瑁甲一；郁林用象牙一，长三尺已上，若翠羽各二十，准以当金。"因此章书所引《后汉书·章帝纪》注中的"酎金"二字应删，"犀角二"之下应补"长九寸"三字，"瑇瑁甲"之下应补"一"字，"象牙甲"之下应补"一长三尺已上"六字，"翠羽"之下应补"各二十"三字，"以当金"之前应补"准"字。

又云：

《齐职仪》五十卷齐长水校尉王珪之撰。

《南齐书·王逡之传》从弟珪之，有史学，撰《齐职仪》。永明九年，其子显上启曰：臣亡父故长水校尉珪之，籍素为基，依儒习性，以宋元徽二年被敕使纂集古设官历代分职，凡在坟策，必尽详究。是以等级掌司，咸加编录。黜陟迁补，该研记。述章服之差，兼冠佩之饰。属值启运，轨度维新，故太宰臣渊奉宣敕旨，事速洗正。刊定未毕，臣私门凶祸。不揆庸微，谨冒启上，凡五十卷，谓之《齐职仪》……

但是《南齐书》卷五二《王逡之传》却云："从弟珪之，有史学，撰《齐职仪》。永明九年，其子中军参军颙上启曰：臣亡父故长水校尉珪之，藉素为基，依儒习性。以宋元徽二年被敕使纂集古设官历代分职，凡在坟策，必尽详究。是以等级掌司，咸加编录。黜陟迁补，悉该研记。述章服之差，兼冠佩之饰。属值启运，轨度惟新。故太宰臣渊奉宣敕旨，使速洗正。刊定未毕，臣私门凶祸。不揆庸微，谨冒启上，凡五十卷，谓之《齐职仪》。仰希永升天阁，长铭祕府。"因此"该研记"应作"悉该研记"。

又云：

> 《大司马寮属名》卷亡，伏滔撰。不著录。
>
> 《世说·赏誉篇》注：伏滔《大司马寮属名》曰：赵悦，字悦子，下邳人。历大司马参军、左卫参军。《黜免篇》注：邓遐，字应元，陈郡人。勇力绝人，为桓温参军。枋头之役，温既怀耻忿，且惮遐，因免遐官，病卒。此引《大司马寮属名》。《品藻篇》注：刘奭，字文时，彭城人。引《大司马官属名》。

案：据上文"黜免篇注邓遐字应元陈郡人勇力绝人为桓温参军枋头之役温既怀耻忿且惮遐因免遐官病卒此引大司马寮属名品藻篇注刘奭字文时彭城人引大司马官属名"应为正文。

又云：

> 《永嘉流人名》卷亡，不著录。
>
> 《世说·德行篇》注：胡母辅之，字彦国，泰山奉高人。湘州刺史。周镇，字康时，陈留尉氏人……《赏誉篇》注：王澄第四子微。《规箴篇》注：王澄，父义，第三娶乐安任氏女，生澄。《容止篇》注：卫玠，以永嘉六年五月至豫章，六月二十日卒。

而《世说新语》卷中之下《规箴篇》却云："王澄，父义，第三娶乐安任氏女，生澄。"因此"义"应作"乂"。卷下之上《容止篇》云："卫玠，以永嘉六年五月六日至豫章，六月二十日卒。"可见"五月"下有"六日"二字。

又云：

> 《令古今百官注》十卷郭演撰。

可是《隋书》卷三三《经籍志》却作"职令古今百官注"可知"令"字前应有"职"字。

卷十一

该卷有云：

> 《宋仪注》十卷又二十卷
> 《唐志》二卷。《南齐书·舆服志》云：宋明帝泰始四年，更制五辂，仪修五冕，朝会缮猎，各有所服，事见《宋注》。无"仪"字。

但是《南齐书》卷一七《舆服志》却云："宋明帝泰始四年，更制五辂，议修五冕，朝会缮猎，各有所服，事见《宋注》。"因此"仪修五冕"应作"议修五冕"。

又云：

> 《徐爰家仪》一卷
> 《唐志》同。《太平御览·时序部》：蜡本施祭，故不贺。其明日为小岁贺，称初岁福起，馨无不宜。正旦贺，称元正守庆，百福维新。小岁之贺，既非大庆，礼止门内……

但是《太平御览》卷三三《时序部》所引《徐爰家仪》却云："蜡本施祭，故不贺。其明日为小岁贺，称初岁福起，馨无不宜。正旦贺，称元正首庆，百福维新。小岁之贺，既非大庆，礼止门内。"因此"守庆"应作"首庆"。

又云：

> 《梁东宫元会仪注》卷亡，不著录。
> 《通典·乐门》：梁天监六年，东宫新成，太子于崇正殿宴会，司马褧议，旧《东宫元会仪注》，宫臣先入，入时无乐，至上官客入，方奏乐。又议：上官元会，奏《大壮》武舞、《大观》文舞。旧《东宫仪注》既不奏，问乐府有，缀是旧仪注阙。

而《通典》卷一四七《乐门》却云："梁天监六年，东宫新成，太子于崇正殿宴会，司马褧议，旧《东宫元会仪注》，宫臣先入，入时无乐，至上宫客入，方奏乐。又议：上宫元会，奏《大壮》武舞、《大观》文舞。旧《东宫仪注》既不奏，问乐府有，恐是旧仪注阙。"因此"缀是旧仪注阙"应作"恐是旧仪注阙"。

又云：

《晋先蚕仪注》卷亡，不著录。

《宋书·礼志》：皇后安车驾六，以两辕安车驾五为副……《太平御览·乐部》云：茄者，卷芦叶吹之以作乐也。《资产部》云：亲蚕前二日，太祝令质明以牢祀所谓先蚕也……

可是《太平御览》卷八二五《资产部》却云："亲蚕前三日，太祝令质明以牢祀所谓先蚕也。"所以"二日"应作"三日"。

又云：

《梁五礼先蚕仪注》卷亡，不著录。

《艺文类聚·礼部》《初学记·礼部》：《梁五礼先蚕仪注》曰：亲桑前二日，太祝令质明以太牢祀先蚕……

但是《初学记》卷一四《礼部》所引《梁五礼先蚕仪注》却云："亲蚕前二日，太祝令质明以太牢祀先蚕。"因此"亲桑"应作"亲蚕"。

又云：

《隋朝仪礼》一百卷牛弘撰。

《隋书·礼仪志》：高祖命牛弘、辛彦之等采梁及北齐《仪注》，以为《五礼》……又《牛弘传》曰：奏敕修撰《五礼》，勒成百卷。

而《隋书》卷四九《牛弘传》却云"奉敕修撰《五礼》，勒成百卷"，因此"奏"应作"奉"。

又云：

《书仪》十卷王弘撰。

《太平御览·时序部》引《书仪》曰：昔贾谊在湘东，六月三庚日有鹖鸟来，南方毒恶，太阳销铄，万物、人因避之。

可是《太平御览》卷三一《时序部》引《书仪》却云："昔贾谊在湘南，六月三庚日有鹖鸟来，南方毒恶，太阳销铄，万物、人因避之。"因此"湘东"应作"湘南"。

卷十二

该卷有云：

《律本》二十一卷杜预撰。

《晋书·杜预传》：预与贾充等定律令，今既定，预为之注解，乃奏之。《通典·刑门》：司马文王秉魏政，命贾充、郑冲、荀颢、荀勖、羊祜、王业、杜友、杜元凯、裴楷、周雄、郭颀、成公绥、柳轨、荣邵等，定法律，就汉九章增十一篇，仍其族类，正其体号，改旧律为《刑名》《法律》，办《囚律》为《告劾》《系讯》《断狱》，为《盗律》为《请赇》《诈伪》《水火》《毁亡》，因事类为《卫官》《违制》，撰《周官》为《诸侯律》，合二十篇，六百三十条，二万七千六百五十七言。《唐六典》曰：晋氏受命，命贾充等增损汉、魏律，为一十篇，一《刑名》，二《法例》，三《盗律》，四《贼律》，五《诈伪》，六《请赇》，七《告劾》，八《捕律》，九《系讯》，十《断狱》，十一《杂律》，十二《户律》，十三《擅兴律》，十四《毁亡》，十五《卫官》，十六《水火》，十七《厩律》，十八《关市》，十九《违制》，二十《诸侯》，凡一千五百三十条……

但是《通典》卷一六三《刑制》却云："司马文王秉魏政……命贾充、郑冲、荀颢、荀勖、羊祜、王业、杜友、杜元凯、裴楷、周雄、郭颀、成公绥、柳轨、荣邵等，定法律，就汉九章增十一篇，仍其族类，正其体号，改旧律为《刑名》《法例》，办《囚律》为《告劾》《系讯》《断狱》，分《盗律》为《请赇》《诈伪》《水火》《毁亡》，因事类为《卫官》《违制》，撰《周官》为《诸侯律》，合二十篇，六百三十条，二万七千六百五十七言。"故此"法律"应作"法例"，"为"应作"分"。而《唐六典》卷六《刑部典》却云："晋氏受命，命贾充等增损汉、魏律，为二十篇，一《刑名》，二《法例》，三《盗律》，四《贼律》，五《诈伪》，六《请赇》，七《告劾》，八《捕律》，九《系讯》，十《断狱》，十一《杂律》，十二《户律》，十三《擅兴律》，十四《毁亡》，十五《卫宫》，十六《水火》，十七《厩律》，十八《关市》，十九《违制》，二十《诸侯》，凡一千五百三十条。"因此"为一十篇"应作"为二十篇"。

又云：

《汉晋律序注》 一卷晋僮长张斐撰。

《史记·平准书·索隐》：钦，状如跟，着足下以代腓。至魏武改以代刖也……《太平御览·刑法部》：张汤制《越宫律》，赵禹作《朝会正见律》。又曰：情者，心也。心戚则情，动于中而形于外。故奸人则必心愧而面赤，内悼而色夺……又《御览》曰：髡钳，五岁刑，笞二百。若诈为，将吏越武库垣，兵守逃归家，兄弟保人之属，并五岁刑也……

可是《太平御览》卷六三九《刑法部》却云："张汤制《越宫律》，赵禹作《朝会正见律》。又曰：情者，心也。心戚则情，动于中而形于外。故奸人则必心愧而面赤，内怖而色夺。"故此"悼"应作"怖"。而卷六四二《刑法部》又云："髡钳，五岁刑，笞二百。若诸士诈伪，将吏越武帝垣，兵守逃归家，兄弟保人之属，并五岁刑也。"因此"若诈为"应作"若诸士诈伪"。

又云：

《魏晋律令》 卷亡，不著录。

《唐六典》魏氏受命，乃命陈群等采汉律为《魏律》十八篇，增汉萧何律《劫掠》《诈伪》《毁亡》《告劾》《系讯》《断狱》《请赇》《惊事》《偿赃》等九篇也……《御览·皇亲部》引《晋服制令》，又《时序部》引有《祠令》言：季夏土王日，祀黄帝；迎气日，祀中霤；立秋，祀白帝；立秋后，祀灵星；季冬藏冰，祭司寒之神。又

《车部》引《卤簿令》言：天子玉辂、金辂、象辂，皇太子金辂，王公象辂，及指南车、记里车、辟恶、安车、羊车、玉钺车……

但是《太平御览》卷二五《时序部》所引《祠令》却云："季夏土王日，祀黄帝；迎气日，祀中雷；立秋，祀白帝；立秋后，祀灵星；季冬藏冰，祭司寒之神。"因此"炅星"应作"灵星"，而卷七七五《车部》所引《卤簿令》"天子玉辂、金辂、象辂，皇太子金辂，王公象辂，及指南车、记里车、辟恶车、安车、羊车、玉钺车"。因此"辟恶"应作"辟恶车"。

又云：

《梁律》二十卷梁义兴太守蔡法度撰。

《梁书·武帝纪》天监二年夏，尚书删定郎蔡法度上《梁律》二十卷……《唐六典》曰：梁命蔡法度、沈约等十人增损《晋律》，为二十篇，一、《刑名》，二、《法例》，三、《盗劫》，四、《贼叛》，五、《诈伪》，六、《受眛》，七、《告劾》，八、《讨捕》，九、《系囚》，十、《断狱》，十一、《杂狱》，十二、《户狱》，十三、《擅兴》，十四、《毁亡》，十五、《卫宫》，十六、《水火》，十七、《仓库》，十八、《厩律》，十九、《关市》，二十、《违制》。其刑名之制，加《晋律》……

而《唐六典》卷六《刑部典》却云："梁命蔡法度、沈约等十人增损《晋律》，为二十篇，一、《刑名》，二、《法例》，三、《盗劫》，四、《贼叛》，五、《诈伪》，六、《受赇》，七、《告劾》，八、《讨捕》，九、《系囚》，十、《断狱》，十一、《杂狱》，十二、《户狱》，十三、《擅兴》，十四、《毁亡》，十五、《卫宫》，十六、《水火》，十七、《仓库》，十八、《厩律》，十九、《关市》，二十、《违制》。其刑名之制，加《晋律》。"因此"受眛"应作"受赇"。

又云：

《麟趾格》四卷文襄帝时撰，不著录。

见《唐志》。《北齐书·王浑传》：浑删定《麟趾格》……

但是《北齐书》卷二九《李浑传》云：李浑"删定《麟趾格》"。因此"王浑传"应作"李浑传"。

又云：

《晋令》四十卷

《唐六典》曰：晋命贾充等撰《令》四十篇，一、《户》，二、《学》，三、《贡士》，四、《官品》，五、《吏员》，六、《俸廪》，七、《服制》，八、《祠》，九、《户调》，十、《佃》，十一、《复除》，十二、《关市》，十三、《捕亡》，十四、《狱官》，十五、《鞭杖》，十六、《医药疾病》，十七、《丧葬》，十八、《杂》上，十九、《杂》中，二十、《杂》下，二十一、《门下散骑中书》，二十二、《尚书》，二十三、《三台秘书》，二十四、《王公侯》，二十五、《军吏员》，二十六、《选吏》，二十七、《选将》，二十八、《选杂士》，二十九、《官卫》，三十、《十赎》，三十一、《军战》，三十二、《军水战》三十三至三十八皆《军法》，三十九、四十皆《杂法》……

可是《唐六典》卷六《刑部典》却云："晋命贾充等撰《令》四十篇：一、《户》，二、《学》，三、《贡士》，四、《官品》，五、《吏员》，六、《俸廪》，七、《服制》，八、《祠》，九、《户调》，十、《佃》，十一、《复除》，十二、《关市》，十三、《捕亡》，十四、《狱官》，十五、《鞭》杖，十六、《医药疾病》，十七、《丧葬》，十八、《杂上》，十九、《杂中》，二十、《杂下》，二十一、《门下散骑中书》，二十二、《尚书》，二十三、《三台秘书》，二十四、《王公侯》，二十五、《军吏员》，二十六、《选吏》，二十七、《选将》，二十八、《选杂士》，二十九、《宫卫》，三十、《赎》，三十一、《军战》。三十二、《军水战》，三十三至三十八皆《军法》，三十九、四十皆《杂法》。"因此"十赎"应删作"赎"。

又云：

《隋开皇令》三十卷目一卷。

《唐六典》曰：隋开皇，命高颎等撰《令》三十卷……《唐志》：牛弘等《隋开皇令》三十卷。《旧唐志》作"裴正等"。

而《旧唐书》卷四六《经籍志》却云："《隋开皇令》三十卷裴正等撰。"因此"斐正"应作"裴正"。

又云：

> 《集定张杜律注》二十卷齐孔稚圭等撰，不著录。
> 《南齐书·孔稚圭传》：江左相承用晋世《张杜律》二十卷，世祖留心法令，诏狱官祥正旧注。先是七年，删定郎王植撰定律章表奏之，曰：臣寻晋律，文简辞曰，旨通大网，事之所质，取断难释。张斐、杜预同注一章，而生杀永除……

可是《南齐书》只有孔稚珪，而无孔稚圭其人，其下的考证文字中所征引的史料亦出自卷四八《孔稚珪传》，所以此处著录考证《集定张杜律注》文字中的"孔稚圭"皆应作"孔稚珪"。另外《孔稚珪传》云："江左相承用晋世《张杜律》二十卷，世祖留心法令，数讯囚徒，诏狱官详正旧注。先是七年，尚书删定郎王植撰定律章表奏之，曰：臣寻晋律，文简辞约，旨通大纲，事之所质，取断难释。张斐、杜预同注一章，而生杀永殊。"因此"生杀永除"应作"生杀永殊"。

又云：

> 《魏主奏事》十卷

而《隋书》卷三三《经籍志》却云："《魏王奏事》十卷。"因此"魏主"应作"魏王"。

卷十三：

该卷有云：

> 《海内先贤传》四卷魏明帝时撰。
> 《旧唐志》四卷，《新唐志》五卷。《世说·德行篇》注：颍川先辈为海内所师者，定陵陈释叔、颍川荀淑、长社钟皓……

但是《世说新语》上卷上《德行篇》却云："颍川先辈为海内所师者，定陵陈稺叔、颍阴荀淑、长社钟皓。"因此"颍川荀淑"应作"颍阴荀淑"。

又云：

　　《会稽先贤传》七卷谢承撰。
　　《初学记·人事部》：陈业送郡守萧府君丧，扬波出尸，业兄渡海倾命，骨烂不辨，业割血洒骨……《太平御览·职官部》……《服用部》：董昆为大农挛，坐无完席……

可是《太平御览》卷七〇九《服用部》却云："董昆为大农帑丞，坐无完席。"所以"大农挛"应作"大农帑丞"。

又云：

　　《显忠录》二十卷梁元帝撰。
　　《后魏书·清河王怿传》……《韩子熙传》：清河之忠诚款笃，形于文翰，搜括史传，撰《显忠录》，区目之篇，分卷二十……

但是《魏书》卷六〇《韩麒麟附子子熙传》却云："王之忠诚款笃，节义纯贞，非但蕴藏胸襟，实乃形于文翰，搜括史传，撰《显忠录》，区目十篇，分卷二十。"因此"区目之篇"应作"区目十篇"。

又云：

　　《何颙传》一卷不著录。
　　见《唐志》。《太平御览·人事部、疾病部》引《何颂别传》：颙有人伦鉴，谓张仲景将为名医，卒如其言。

而《太平御览》卷四四四《人事部》、卷七三九《疾病部》却云："《何颙别传》曰：同郡张仲景总角造颙，谓曰：'君用思精而韵不高，后将为名医。'卒如其言。"故此"何颂别传"应作"何颙别传"。

又云：

　　《故综别传》……
　　已上见《艺文类聚》。

可是《艺文类聚》，中并无《故综别传》，卷七〇《服饰部》却有《胡综别传》，当据此改作《胡综别传》。

又云：

> 《桓氏家传》一卷
>
> 《北堂书钞·设官部》：延康元年，初置散骑之官，迁桓范为散骑侍郎。又魏太子始立，桓范以文学举为舍人。《太平御览·职官部》：桓范为交州刺史，谢表。并引《桓氏家传》。

但是《太平御览》卷二五五《职官部》所引《桓氏家传》却云"范为兖州刺史"，可见桓范任职于兖州，非交州，因此"交州"应作"兖州"。

又云：

> 《裴氏家传》四卷裴松之撰。
>
> 《世说·文学篇》注：裴荣，有风姿才气，撰《语林》数卷，号曰"裴子"……《梁书·裴子野传》：子野续《裴氏家传》三卷……

可是《梁书》卷二四《裴子野传》却云："子野少时，集注《丧服》、续《裴氏家传》各二卷。"因此"三卷"应作"二卷"。

又云：

> 《妒记》二卷虞通之撰。
>
> 《宋书·后妃传》：宋世诸主，莫不严妒，太宗每疾之。湖熟令袁慆妻以妒忌赐死，使近世虞通之撰《妒妇记》……

而《宋书》卷四一《后妃·孝武文穆王皇后传》却云："宋世诸主，莫不严妒，太宗每疾之。湖孰令袁慆妻以妒忌赐死，使近臣虞通之撰《妒妇记》。"所以"湖熟令"应作"湖孰令"。

又云：

　　《李先生传》_{卷亡，不著录。}

　　《太平御览·天部》：李先生名广，字祖和，南阳人……又《菜部》：郭翻于羊渚遇神人，付书一牒，曰："问李先生，当知我。"并引《李先生传》。

但是《太平御览》卷九七七《菜茄部》所引《李先生传》却云："郎中乔翻，于羊渚遇神人，意欲啖姜，而市无之。神人以绢数匹，并书一牒，付信，入市门南下，任意所如。须臾，得姜数斗还。以问神人，神人曰：'问李先生，当知我。'"因此"郭翻"应作"乔翻"。

　　又云：

　　《志怪》四卷_{孔氏撰。}

　　《文苑英华》顾况《戴氏广异记序》孔慎言《神怪志》……《太平御览·鳞介部》：会稽史谢宗……

可是《太平御览》卷九三一《鳞介部》却云："会稽吏谢宗……"因此"史"应作"吏"。

　　又云：

　　《旌异记》十五卷_{侯君素撰。}

　　《北史·李文博传》：同郡侯白，字君素，著《旌异记》十五卷……

而《北史》卷八三《李文博传》却云："又有魏郡侯白，字君素……著《旌异记》十五卷，行于世。"因此"同郡侯白"应作"魏郡侯白"。不过《隋书》卷五八《李文博传》又云："爽同郡侯白，字君素……著《旌异记》十五卷，行于世。"可见章宗源作"同郡侯白"，当是将《北史·李文博传》与《隋书·李文博传》相混所致。

　　又云：

　　《皇隋灵感志》十卷_{王劭撰，不著录。}

　　《唐志》入子部小说。《北史·王劭传》：劭采民间歌谣，引图书

谶纬，依约符命，据摭佛经，撰为《皇隋灵感志》《隋书·劭传》作《开
皇隋灵感志》。三十卷。

《北史·王劭传》却云："劭于是采人间歌谣，引图书谶纬，依约符命，
捃摭佛经，撰为《皇隋灵感志》合三十卷……"因此"民间"应作"人
间"，"据"应作"捃"。《隋书》卷六九《王劭传》又云："劭于是采民
间歌谣，引图书谶纬，依约符命，捃摭佛经，撰为《开皇隋灵感志》，合
三十卷。"当是将《北史·王劭传》与《隋书·王劭传》相混所致，可是
《北史》与《隋书》记载文字有略有不同。

小结

据此可知，《隋经籍志考证》刊本是有瑕疵的，虽然这些讹误当与章
宗源原作不无关系，但大多当是传抄刊刻时出现的错误，再则，在一部近
二十万字的著述中找出这点瑕疵也是可以理解的。而王颂蔚批校中存在的
失误之处，可能与他使用的典籍版本有关，也许确实存在个别失误。不过
总的来看，瑕不掩瑜，这部书依然是清人对《隋书·经籍志》考证研究
的经典著述，而王颂蔚的批校也确实为此书增色不少。

结　语

　　本书共分为内篇、外篇、补篇三大部分，首先就《隋经籍志考证》是否仅完成史部、所增补的书籍、所删除的史籍及王颂蔚批校等问题，逐一做了考述。认为《隋经籍志考证》本是一部完整的有关《隋书·经籍志》考证著述，只是由于人为的原因现存的只有史部。仅就现今残存的史部而言，也增补著录了六百二十六部史籍，其中除一百七十五部仅征引一部传世文献外，其他四百五十一部则征引了多种文献加以考证，有的史籍考证甚至涉及经、史、子、集四部。其中涉及经部的史籍有六部，涉及两《唐志》所增补的史籍合计有一百三十八部，除此以外涉及其他正史的还有一百四十三部，涉及地理类的史籍有七十八部，涉及史部正史、地理类以外的史籍有三十六部，涉及子部类书类的史籍有二百五十七部，涉及子部除类书以外的其他的典籍有一百三十部史籍，涉及集部典籍的史籍有七十部。可见《隋经籍志考证》所征引文献资料之多，涉及的文献范围之广，这些皆可说明章宗源用功之深，学识之广博。

　　而章宗源《隋经籍志考证》所删除的史籍共有一百九十二部，占《隋书·经籍志》史部著录的典籍八百八十二部的五分之一多，数量实在不少。至于为何《隋经籍志考证》删除这么多史籍，笔者以为当是缘于这些被删除的史籍在清代章宗源撰写《隋经籍志考证》时大多已亡佚，甚至在当时仍然传世的书籍特别是《史记》《汉书》《后汉书》《三国志》这前四史注释以及《北堂书钞》《艺文类聚》《初学记》《太平御览》等类书中也不太容易看到这些史籍所遗留的痕迹，这可能是章宗源删除这些史籍的一个缘由。但是在《隋经籍志考证》中还是保存绝大多数《隋书·经籍志》中著录的史籍，在这些史籍中也有相当多的没有佚文残存于世的史籍，可是却被《旧唐书·经籍志》《新唐书·艺文志》著录。还有在《隋经籍志考证》增补著录的史籍中还有相当多的也仅见于两《唐志》的著录。基于这两点考虑，余以为章宗源所删除史籍的最重要依据可能是这些史籍是否见于《旧唐书·经籍志》《新唐书·艺文志》著录，再加上是否有佚文见于传世典籍。不过就该书删除的史籍来看，章氏在撰写这部著述之时还是有些疏漏的。可是就以当时的科学技术水准来看，我们实在不可在这方面过分地苛求章宗源这位生活在乾嘉时期的前辈学者。

从这部《隋经籍志考证》整体上看，章宗源虽然删除了一百九十二部典籍，几乎占了《隋书·经籍志》史部著录的八百八十二部典籍的20%，存在着删除史籍过多、删书过于武断以及误删了九部典籍的问题。但是瑕不掩瑜，《隋经籍志考证》增补著录史籍达总数六百二十六部，而且所增补著录的史籍据有所据。这样将删除了一百九十二部除去《隋经籍志考证》中所著录考证的史籍达到一千三百零三部。此外，就该书的考证文字来看，章宗源针对所征引的传世典籍进行了勘误、质疑、考证，删其重复，并对其中一些问题采取存疑的态度，而没有轻易地做出取舍。这些都说明章宗源之博学及治学之谨慎，因此也可以说《隋经籍志考证》一书之文献学价值实在不可低估。

再则，王颂蔚批校涉及或补充著录《隋经籍志考证》的史籍有一百六十三部。其中涉及史部的许多类，其中地理类最多，有六十部史籍，簿录类最少，只有两部史籍，约占1%。其中王颂蔚在正史、地理、杂传这三类史籍下工夫最大，这一方面说明这三类典籍散布在传世文献中的佚文最多，另一方面也可看出王颂蔚对于这几类史籍的重视程度，以及他在这几类史籍中所下的工夫之深厚。在批校中王颂蔚既考证了一些史籍的成书及过程，又评述一些史籍的史料价值，补正了章宗源的考证中所出现的疏漏，进一步完善了《隋经籍志考证》。王颂蔚还广征博引，辑出残存在传世文献中的一些佚文，辑出的佚文有的甚至有二三十条之多。因此说王颂蔚的批校对《隋经籍志考证》一书来说具有很高的文献价值，进一步完善了这部清代学者著述的文献学著作。

外篇主要将《隋经籍志考证》与姚振宗《隋书经籍志考证》、张鹏一《隋书经籍志补》、汪之昌《隋书经籍志校补》，以及今世日本学者兴膳宏、川合康三《隋书经籍志详考》这几部有关《隋书·经籍志》的考补著述相比较，考其得失。就章书与姚书的史部所增删的史籍看，姚书仅在正史及相关类史籍中删除《隋志》著录的一部，章书却一共删除了《隋志》著录的一百九十二部。而姚书一共增补著录二百二十四部史籍，但是章书却增补著录六百二十六部史籍，其中杂传类史籍增补最多，多达二百四十四部，霸史类史籍增补最少，只有三部。从著录的史籍来看，二书共著录史籍有一千四百九十四部，其中章书共著录一千三百零三部，约占87％；姚书共著录一千二百一十八部，约占81％。另外就章书、姚书的考证文字来看，二书各有短长，章书长于赅详，广征博引，借用了裴松之注《三国志》的合本子注的方法，对于大多数史籍做了比较详细的考证。而姚书则精于考证，在典籍考证方面既利用了章氏所未见到的后人修撰和刊刻较晚的典籍，甚至还征引了章书的考证成果。不过二书也有不足之处，如：章书在引用传世文献中的佚文时较少做细致的分析考证，可是姚书中却有一百多部史籍未做任何考证，仅著录书名、撰者姓名、卷数，在这一方面姚书又不如章书。这种在考证上的差异，大概是一个时期与另一个时期的学风不同所致，因为毕竟姚振宗与章宗源二位学者所生活的年代相差百年左右，而这一百年中国社会出现大的变动，人们的思想、学者的治学风气也发生很大变化。

　　就章书与兴膳宏等《详考》的史部相比较而言，章书虽然删除了《隋志》所著录的一百九十二部史籍，但是却增补著录了六百二十六部史籍。但是《详考》虽然没有删除《隋志》所著录的一部史籍，却未增补著录一部史籍，就这一点来看，《详考》完全依照《隋志》著录的史籍加以考证，没有突破。从各类史籍的增删来看，章书中地理类、杂传类删除的史籍最多，古史类、旧事类史籍最少。而增补著录的史籍则是杂传类最多，有二百四十四部，霸史类最少，仅有三部。就史籍的著录来说，二书共著录史籍有一千四百九十四部，其中章书共著录一千三百零三部，约占87％；《详考》一共著录八百六十八部，约占58％，基本沿用《隋志》，未作任何增删。从章书、《详考》的考证文字来看，章书详于《详考》。相对而言，《详考》则在著录的史籍时尽可能地考证出撰写者的生平，做一小传，然后多利用一些书目进行考证，甚至利用了《崇文总目》《郡斋读书志》《直斋书录解题》《通志》以及《日本国见在书目录》等书目，还尽量使用成书较早的典籍中的第一手史料。可是二书皆有不足之处，如：章书介绍所著录史籍的撰写者较少，仅征引了与撰写那部著述有关的史料。而《详考》仅就《隋志》著录的史籍加以考证，其他史料却少有利用，考证文字也过于简略，甚至没有利用章宗源、姚振宗的考证成果。

　　再将章书与张书加以比较，张书的史部共著录考证了《三史略记》等六十三部史籍，据考其中有八部史籍章书实际已考证著录，除此之外，张书共增补著录五十五部，这些史籍也确实是章书所未著录考证的，这实属不易。就二书的考证文字来看，章书长于博览群书，考证赅详，征引的典籍包括经史子集各部。并纠正了《隋志》的讹误，如：考证出《显忠录》不应该是梁元帝。而张书虽然考证的不如章书详博，但是也利用《魏书》《周书》《北齐书》《隋书》《北史》等正史中的史料，并引用《史通》给宋孝王等文士辩诬。还考证出《显忠录》的作者应为李孙皎，这就比章书的考证又进了一步，令人遗憾的是由于张氏读书疏忽，大概是将《北史·李先传》中的"皎孙义徽。太和中"误解为"皎孙，义徽、太和中"，将此书的撰写者误为李孙皎，可是实际上《显忠录》的作者是孙李皎之李义徽。不过总的来说，二书还是互有短长的。

　　就章书、汪氏《校补》来看，《校补》所考述的共计有一百三十七部史籍，而书名、撰写者、卷数不一致的有九十部，其中实际上根本就没有成书却被汪氏所误增收的有四部，还有一些虽然《校补》所记的书名、撰写者、卷数与章书所著录的不完全一致，实际上是同一部书的有二十部。再有三部史籍在章书的考证文字中已做考述，这样实际上真正是《校补》增补考述出的史籍只有六十三部，这只约占《校补》史部所考证出的一百三十七部史籍的46%，不足一半。就考证文字来看，《校补》过于简略，对于实际并未完成的史籍，大多未作说明，此种做法实不可取。而章书则比之精详，既征引正史考述各部史籍的成书经过，又利用《史通》《颜氏家训》等典籍考述了所著录的史籍，并辑出散见于传世文献中的佚文。

　　至于补篇，则只是依据所征引的经史子集各方面传世文献的原文，考出章宗源《隋经籍志考证》光绪年间崇文书局刻本及王颂蔚批校中所出现的错字、误字，加以纠正，并说明其缘由。

　　因此，《隋经籍志考证》的光绪年间刊本及其王颂蔚批校中虽然存在瑕疵，这可能与章宗源《隋经籍志考证》原作以及王颂蔚批校本身有关，不过笔者以为这大多当是传抄刊刻时出现的错误，或是王颂蔚批校此书时所使用的典籍版本存在的问题，再则在一部近二十万字的著述中找出这点瑕疵也是可以理解的。另外，章书现今仅存史部，是一部残书，这确实不如姚书、《详考》那两部完整的《隋书·经籍志》考证著述，实在有点让人们感到遗憾。不过总的来看，瑕不掩瑜，可以说这部产生于清乾嘉时期有关《隋书·经籍志》的考证著述是那个时期学者具有影响力的著述，也可称是一部传世之作，对于研究清代乾嘉学派在史学方面的治学理念也有重要的参考价值。

主要参考文献

一　传世文献

司马迁：《史记》，中华书局 1959 年版。

班固：《汉书》，中华书局 1962 年版。

范晔：《后汉书》，中华书局 1965 年版。

陈寿：《三国志》，中华书局 1959 年版。

房玄龄：《晋书》，中华书局 1974 年版。

沈约：《宋书》，中华书局 1974 年版。

萧子显：《南齐书》，中华书局 1972 年版。

姚思廉：《梁书》，中华书局 1973 年版。

姚思廉：《陈书》，中华书局 1972 年版。

魏收：《魏书》，中华书局 1974 年版。

魏徵、长孙无忌：《隋书》，中华书局 1973 年版。

李延寿：《南史》，中华书局 1975 年版。

李延寿：《北史》，中华书局 1974 年版。

刘昫：《旧唐书》，中华书局 1975 年版。

欧阳修、宋祁：《新唐书》，中华书局 1975 年版。

司马光：《资治通鉴》，中华书局 1956 年版。

郦道元撰、王国维校：《水经注校》，上海人民出版社 1984 年版。

李林甫：《唐六典》，中华书局 1992 年版。

杜佑：《通典》，中华书局 1988 年版。

刘知几：《史通》，辽宁教育出版社 1997 年版。

颜之推：《颜氏家训集解》（增补本），中华书局 1993 年版。

瞿昙悉达：《开元占经》，九州出版社 2012 年版。

欧阳询：《艺文类聚》，上海古籍出版社 1982 年版。

虞世南：《北堂书钞》，中华书局 1977 年版。

徐坚：《初学记》，中华书局 1962 年版。

李昉：《太平御览》，中华书局 1960 年版。

刘义庆撰、余嘉锡笺疏：《世说新语笺疏》，中华书局 1983 年版。

孙星衍：《孙渊如诗文集》，上海书店 1989 年版。

萧统：《文选》，上海古籍出版社 1986 年版。

二　相关著述

姚振宗：《隋书经籍志考证》，北京图书馆出版社《隋唐五代史补编》，
　　2005 年。

张鹏一：《隋书经籍志补》，清华大学出版社《二十五史艺文经籍志考补
　　萃编》第十三卷，2013 年。

汪之昌：《隋书经籍志校补》，清华大学出版社《二十五史艺文经籍志考
　　补萃编》第十三卷，2013 年。

兴膳宏、川合康三：《隋书经籍志详考》，日本东京汲古书院，1995 年。

三　今人论文

李庆：《关于〈隋书经籍志考证〉的三个问题》，《复旦学报》（社会科学
　　版）1985 年第 6 期。

刘洪全：《姚振宗与〈隋书经籍志考证〉》，《内蒙古师范大学学报》（哲
　　学社会科学版）1983 年第 1 期。

戴维民：《姚振宗目录学研究》，《四川图书馆学报》1985 年第 6 期。

丁延峰：《姚振宗与〈隋书经籍志考证〉辩误三则》，《四川图书馆学报》
　　2005 年第 5 期。

伍媛媛：《试论〈隋书经籍志考证〉中的"类中分类"》，《大学图书情报
　　学刊》2008 年第 2 期。

余庆蓉：《姚振宗目录学研究补述》，《图书馆》1989 年第 4 期。

王余光：《清以来史志书目补辑研究》，《图书馆学研究》2002 年第 3 期。

孙振田：《姚振宗对章学诚目录学的继承与发展》，《南京师范大学文学院
　　学报》2007 年第 12 期。

赵伟达、李文学：《"目录学大宗"姚振宗》，《绍兴文理学院学报》第 28
　　卷第 11 期，2008 年 5 月。

施龚彦：《姚振宗〈隋书经籍志考证〉探析》，硕士学位论文，湖北大学，
　　2010 年。

葛兆光：《评兴膳宏、川合康三〈隋书·经籍志详考〉》，《唐研究》第二
　　辑，北京大学出版社 1997 年版。

杜云虹：《〈隋书·经籍志〉研究》，博士学位论文，山东大学，2012 年。

庄婷婷：《〈隋书·经籍志〉和〈隋书·经籍志补〉体例和著录方式的比
　　较研究》，《东南大学学报》（哲学社会科学版）2006 年第 8 卷增刊。

后　记

　　历时两载，总算把这部研究著述完成了，这里首先要感谢我的两位恩师：一位是我的硕士导师马驰教授，驰师学术治学严谨，昔日为我的第一篇论文更是逐字逐句地修改，指出其中的诸多不足，这些虽然已过去近二十年，但是仍然历历在目。再一位是我的博士导师贾二强教授，我与二强师的关系与其他老师又有所不同，人们常说"良师益友"，我以为我与二强师的关系才可以称得上是真正的良师益友，十馀年前，承蒙二强师不弃，列入门墙，成为贾门的第一个博士研究生。由于二强师学识渊博，治学严谨。虽然我的资质鲁钝，悟性不高，可是经过此后的三年半的学习，受益匪浅，在学业上取得了更大的进步。除了在学业之外，二强师在为人处事方面为人正直，仗义执言，秉公办事，言传身教，也使我获益甚多。在此对于二位恩师表示深深的谢意。

　　再一位对于我的一生产生巨大影响的是先父黄永年教授，是先父首先将我带入学术的殿堂，记得早在十三四岁时，虽然当时社会处于"十年动乱"时期，但是他老人家就命我阅读了一些传世文献及名家的学术著述，还在版本目录学方面对我多加指教，这些都为我以后从事历史研究及教学打下了坚实的基础。此后虽然他老人家对于我的学业没有过多地做具体的指导，但是给我指引了明确的治学方向。虽然先父去世已逾七载，但是他老人家孜孜不倦，在夜晚的台灯下读书写作的情景仍然历历在目，使我难以忘怀。而他老人家渊博的学识、严谨的治学态度、独特的治学眼光、优雅的行文布局，这些都使我受益终身。

　　另外还要感谢北京大学辛德勇教授、华南师范大学曹旅宁教授、碑林博物馆王其祎研究员；陕西师范大学周晓薇、赵望秦、焦杰教授，王雪玲、苏小华博士，以及院里的其他师友对于我的学业也多有帮助。全国高校古籍整理研究工作委员会的安平秋、杨忠主任及曹亦冰、刘玉才教授和顾歆艺、卢伟老师，以及其他专家教授对我在学术上多有指教与帮助；又承蒙陕西师范大学人文学部的各位专家教授对我的这部书稿不弃，通过了我申报的 2014 年陕西师范大学度优秀著作出版资助；中国社会科学出版社的郭沂纹副总编、宋燕鹏老师为此书的编辑出版更是付出了极大的艰辛，实在让我感动，在此一并表示由衷的感谢！

　　最后，感谢我的母亲、妻子及小女。母亲系出名门，虽然由于种种原因她老人家并未从事历史教学研究，但是对于我在为人处事方面教育颇多，在"文革"动乱之时，仍然引导我走上了正确的人生轨道。小女若琰更是不断激励着我，特别是在她 2008 年赴美国留学攻读博士学位之后，还不断地与我通电话，发 QQ，发微信，与我相约在学业上共同努力。因此说没有她们的支持和鼓励，这部著述是不可能在短短的两年多的时间内完成并出版的。

黄寿成　谨　记

2014 年 7 月